ハガキスム

異教者のエティカ

宇野邦一

青土社

パガニスム　目次

Ⅲ　ドゥルーズのラプソディ

Ⅳ　非有機的生のほうへ

Ⅴ　身体、物、イメージ

パガニスム　異教者のエティカ

序　パガニスム、あるいは異教の明視

　この本は、今世紀に入ってから折りに触れて書いてきたなかで、そのうち自分の追求にとっての道標になると思えた、およそ三十の文章を収録している。

　冒頭には、ジャン・ジュネの長いあいだ秘蔵されていた作品『判決』を翻訳した際にあとがきとして書いたエッセーを配置し、最後にもジュネに的を絞った文章をならべた。ジュネに関しては、一冊の論を書いたことがあり、そのとき読みこんだ言葉の襞から響いてきた震動は、ずっとやまないでいる。彼が監獄で作品を書いた時間、非行少年から泥棒になった過程で培われた文学、愛と放浪、その後の強い政治的動機をもつ劇作、パレスチナの抵抗運動に捧げられた最後の長編『恋する虜』。

　アントナン・アルトーとともに、これほどいつも自分が（そして書くことが）根底から「試される」と感じてきた作家は、他にはいない。その表現はジュネの犯罪、監獄、そして性愛の体験と無関係ではありえないが、それだけでもありえない。ジュネの言葉は、はるかに体験の記録以上のものであり、体験とはまったく異なる〈思考〉の次元を含んでいる。その特異な〈哲学的〉とも言える次元を、なんとか説明し、定義しようとしてきた。しかしそれがなかなかできないので、いつも時間をおいては、また作品にもどっていく。ついこの頃も、初期に書かれたまま、いつしかアメリカの図書館に所蔵されていたジュネの戯曲草稿『ヘリオガバルス』が刊行されたのを読んで驚愕したばかりだ。

　ジュネの本を読み返しているうち、あるとき「異教」（パガニスム）という言葉が、強度の意味を帯びて響くようになっていた。「異教という言葉はあらゆる社会に対して突きつけられた挑戦状のような響きがする」。「異教という言葉は異教徒を、世紀の底深く、《太古の闇》と異名のつけられている時代に沈ませる。神がまだ存在していなかった闇の時代だ。一種の陶酔と無私無欲によって異教徒は、どんなものにも同じようにまた自己自身にも同じように、うやうやしく接近し、品位を落とすことがない」[1]。要するに、異教徒は挑戦的であり、陶酔的であり、無私無欲であり、《太古の闇》に沈み、うやうやしく、品位を保つ。そんな異教徒が一体どこにいるのか。「異教の書物」でもある、その本のいたるところに異教徒はいる。どこにもいないのであって、それはジュネ自身のことでしかない、とも言える。しかし、少しジュネに似た「異教徒」は、世界に数々いるにちがいない。この本でとりあげた日本人たちも、その例だと言えないこともないが、彼らに対して不躾だろうか。

キリスト教に対しては、多神教の信者も、あるいはイスラム教徒も、仏教徒も「異教徒」である。そしてキリスト教徒さえも、他の宗教の信者にとっては異教徒であり、誰でもが異教徒でありうる。この無節操で、途方もないまでに変形された「異教徒」の「異教主義」が、ジュネのパガニスムだった。この異教徒とは、異教の神を信じる、いやむしろ何も信じない無神論者なのか。「無神論者という言葉はまだキリスト教徒の道徳に近すぎる」。神をもたない、信じないという悪徳、そういう悪徳をたたえる異教徒の美徳、「どんなものにも同じようにまた自己自身にも同じように」。奇妙なほどの無私と公平性、「うやうやしさ」、これはまったく新しい一つの信仰のようでもある。しかしむしろ単に「信」と呼ぶことにしたい。

信仰の問題にかぎらず、遠く離れた他者とは、必然的に異教徒でもある。明らかに他の神を信じているようだが、他の神なのだから、その信仰がどんなものかもわからない。

「エグゾティスム」とは、しばしば他者の世界にいだく憧憬や幻想、野放図に歪曲された表象のことでもあろう。それはしばしば西洋の国民の風潮であり、彼らは、とりわけ植民地に対してそのようなエグゾティスムを作り上げ、それを通じて自らが支配する人々に接触し、実はむしろ接触を避けてきたのだ。エグゾティスムは支配を強化する幻想ともなり、支配関係を隠蔽する政治的な機能さえもつことになってきたので、これを批判し、これに抵抗する立場もまた徐々に強化され、顕著になってきた。

しかしエグゾティスムとともにある欲望や夢想を、自己から離れ、自己を超えていく冒険として、むしろ肯定的にとらえること、それはヴィクトル・セガレン（一八七八—一九一九）のエキゾティスム論が主張した見方でもあった。セガレンは前世紀のはじめに中国にわたり、医師として滞在しながら、考古学的調査にもたずさわり、多くの独創的な著作を書いていたが、死後に半世紀もたってから評価されるようになった。セガレンは前の世代のエグゾティスムを批判しながら、このような再定義を試みていた。「〔エグゾティスムとは……〕人が自分のうちに抱きしめることになる自分自身の外部を完璧に理解することではなく、永久に理解不可能なものがあるということを鋭く直接に知覚することなのである」[2]。

セガレンもまた少しジュネのように、「陶酔感」について語っている。「自分自身の客体を把握する際に感じる陶酔感、主体が自分自身を主体とは違うものと認め、〈多様なるもの〉を感じる際に感じる陶酔感」。ジュネもまさに、「自分自身にも同じように、うやうやしく接近し……」とパガニスムについて書いている。そのずっと前にセガレンは、「さまざまな風習や人種、民族や他者を同化できると自惚れ

（1）ジャン・ジュネ『恋する虜』海老坂武・鵜飼哲訳、人文書院、一九九四年、五六頁。
（2）ヴィクトル・セガレン『〈エグゾティスムに関する試論／羈旅』木下誠訳、現代企画室、一九九五年、一三八頁。

ぬようにしよう。逆に同化することは絶対に不可能だということを楽しもう」と書いていた。セガレンのエグゾティスム論は、宗教の違いをはるかに超えて文明や習俗の次元に〈他者論〉を拡張している。[3]
しかし、そのモチーフも、その屈折ぶりも、ジュネの〈異教論〉と確かに重なるところがあった。

つまりジュネが語る「異教徒」とは、キリスト教世界に生きて、キリスト教は何かを知らないわけではないが、（知っているからこそ）異教徒となり、キリスト教世界の外部の異教性にも、そして自己の異教性にも、奇妙な陶酔を覚えている。外部の異教徒ではなく、このような内部の異教徒たちの、様々な宗教を横断する出会いを想像してみよう。絶対に同化しないものたちの奇妙な共同体、そこで共振する非同化的傾向の〈陶酔〉のようなもの。

マルグリット・デュラスは、フランス領インドシナで幼少の時をすごしてからフランスの大学に入った。やがてドイツ占領時のレジスタンスから、一九六八年の反乱にいたる濃厚な政治的体験をもちながらも、表象的次元の政治とは別の次元で、むしろ小説によって、ある時期からは映画によって、狂気すれすれの愛をえぐり出すような追究を続けた。私にとっては、ヴァージニア・ウルフやクラリッセ・リスペクトルとともに忘れがたい例外的な女性作家である。そしてデュラスの表現にも、やはりパガニスムの濃厚な痕跡が見える。もちろんそのことは彼女のアジアにおける植民地体験とも関係がある。しかし、そのパガニスムは、歴史的な知とは異なる次元で生きられ、じかに感覚を引き裂いた葛藤の痕跡だったのだ。

それぞれが遠いものをすぐ間近に引き寄せ、近いものを遠ざけ、近いものを遠くに、さらに近くに、遠いものを近くに、さらに遠くに移動させる。それぞれが距離の屈折、遠くと近くが混合する眩暈を機敏に受けとめ、またそれらを操作する思考を発見することになる。ニーチェは「距離のパトス」について書いたことがある（以上のことは特にパートIにかかわる）。

パガニスム、そしてパガニスムとしてのエグゾティスムは、決して自己に他者を、他者に自己を同化するのではなく、むしろ同時に自己を外化することでもあるので、ナショナリズムにも、ナショナリズムよりは非政治的なパトリオティスムにも親和することがありえない。自己を異教者として感じながら、むしろその異教を中心化し、そこに他者を吸収しようとするかのような自己中心主義の変形版は次々登場する。そこにもどのような屈折（曲率）や幻想や自己欺瞞があらわれるか。そのことを注視せざるをえない。日本思想あるいは「日本イデオロギー」（戸坂潤を参照）は、少なからず植民地的状況を生きてきた知性たちが抵抗と独立を模索する傾向を、むしろ幻想的な起源や〈アイデンティティ〉に吸収しようとしてきた。そのため強固な「パガニスム」の立場を形成することには、いつも失敗してきたように思われる。西田幾多郎の〈悲願〉からはじめて、そのことをふりかえり、昨今の感染症の脅威に対する〈政治〉さえも、私は共通の文脈で考察することになった（II）。

IIIには、ジル・ドゥルーズを読み改めながら書いた文章をおさめた。ドゥルーズに関しては、彼がフェリックス・ガタリとともに頻繁に用いた〈脱領土化〉déterritorilaisation の概念こそが、私にとって〈パガニスム〉と深く結びつく。領土性は、国家、大地、自然、有機性、境界、形態と不可分である。〈脱領土化〉は、それに対立する様々な概念に連鎖することになる。強度、力、流れ、リゾーム、プラトー、平滑空間、分子状、分裂症……。フランス語の世界には、アルトー、ジュネ、デュラスのように、

（3）私は『他者論序説』（書肆山田、二〇〇〇年）という本で、セガレンに触発され、〈エグゾティスム〉について書いたことがある。

〈領土性〉を脱し、拒む、非哲学者の哲学が次々生まれてきた。もちろんプルーストを忘れることはできないし、ドイツ語世界のヘルダーリン、ムージル、カフカ、パウル・ツェラン、カネッティたちも忘れることはできない（それにアメリカのメルヴィル、フォークナーを加えると非哲学的哲学の巨大なカオスが浮かび上がる）。私にとってドゥルーズは、彼らの近傍にあって、まさに哲学の中心に非哲学を導入し、非哲学の中に哲学を浸透させたことにおいて、かなり目覚ましい哲学者だったのだ。おそらくそういう哲学の例は数々あって、私が知らないだけだ。しかし観点を変えれば、やはりごくわずか、数人しかいないという思いもある。そもそも哲学は、あらゆる宗教に対して異質な思考でありながら、どこまでも差異（とその果てしない反復）について考える作業である。それに比べると、ひたすら自己について、アイデンティティについて思考するような哲学とは、もう一つの奇妙な異教である。どうやらそれに心酔する人々も少なくない。

他には、これらの問題をアレンジする形で書いた四つの「横断的」エッセーを配置し（Ⅳ）、最後にはダンス、美術、映画、演劇にかかわって、特別な形で触発されてきた創造例についての文章をならべた（Ⅴ）。そのなかには、幸運な親交をじかに結んできた人たちの例も含まれている。

もう五十年間くらい続けている私の探求は、境界、外部、混成、非知、身体、権力、反歴史、イメージ、ヘテロトピア、非有機性のようなテーマをめぐり、めぐってきた。私は〈哲学〉をしてきたのだろうか。たしかに、いつもある種の哲学を必要としてきた。自分自身が概念を形成し、組み立てること自体にそれほどこだわったことはない。むしろもろもろの事象や表現から、あるカオスとして、ときにはカタストロフィーとして、感覚におしよせてきた何かを、理解し批評し変形し、ある結晶体のようなものを言葉でつくりあげようとした。結晶体といっても、宝石のように立派なものではない。塩や雪のように簡素な言葉の結晶でもいい。それをプリズムのようにして世界をみつめようとしてきた。

哲学思想には、さまざまな傾向があって、それぞれが重厚な学的体系をうちたててきたことは無視できない。しかしその体系的理性の強いる訓練や規則は、私にはかなりうとましいもので、その門のなかに入ろうとはしなかった。哲学の異教徒であろうとしてきたが、それでも哲学に魅かれ、哲学を必要としてきたのは、そもそも哲学そのものが、宗教的知に対して、いつも緊張をはらみ、信仰さえも対象にして哲学することによって批判的知を形成する〈異教〉であったからだ。

しかし哲学の思考はおおむね知的、理性的、論理的であり、この世界を形成する感情や身体の生に対して、諸力の混沌に対して、しばしば鈍感でよく対応しえない。この世界の不条理や非合理に対しては、しばしば無知でさえある。実は学問一般がそのような性格をもっているともいえる。私にとっては、哲学においてスピノザ、ニーチェ、ドゥルーズは、その点でまったく例外的と思えた。ほかにも数々いるにちがいないが、それほどあまねく、いろんな哲学に触れてきたわけではないから、彼らだけがとりわけ偉大だと言いたいのではない。彼らのような思考がじつはいたるところにあるが、哲学の領土にはめったにないと感じるだけだ。それに、この三人を読むことで、他の哲学の読み方もかなり変わり、意外な発見をしたことも多い。

そして、言わば思考の〈受難〉を体験し、苦痛や病、監禁や剥奪や弾圧を体験しながら、それにもかかわらず（それゆえに）、異様に明晰にその体験を解析し、それを通じて見えてきた世界の構造を書きしるした何人かの表現者たちは、しばしば哲学の外の異端の哲学者だったのだ。あえて、それを反哲学の哲学と呼びたい。

ジュネは、犯罪者、同性愛者の側から、この世界の善と悪、そして力の構造を透視するようにして小説や戯曲を書いた。そのジュネを異端とするどころか、むしろ聖化するかのような本を書いた怪物的哲学者サルトルは、この哲学的怪物を「聖ジュネ」と呼んだけれど、決してその作品をもう一つの哲学として読んだわけではない。身をもって弁証法を生きたはずのジュネの特異な弁証法は、哲学の弁証法にしたたかに収拾された。サルトルの敏感な包容力には敬服するが、それはまだ哲学のパフォーマンスであり、元泥棒作家の特別な〈明視〉は、それとはまったく違う次元にあった。

もはや哲学ではなく、そういう反哲学的〈明視〉にいたるのは、しばしば例外的な境遇、不幸、受難を〈体験〉した表現者たちである。しかし比較的、健康にも平穏にもめぐまれた凡庸な才能たちも、彼らの表現によって震撼させられ、気づかされることがあるのだ。誰もそのような〈体験〉を好んで、わざわざ選んで体験するわけではない。けれども、そういう体験は誰にでもふりかかって来うるものである。あえてキリストのことを言えば、キリストは選ばれた人であったらしいが、それでも〈並みの人間〉であったことに意味があった。誰もと同じ身体と精神をもち、怨み辛みも言い、十字架の上で死なされることによってキリストとなっただけだ。スピノザは、哲学のキリストと呼ばれたことがあるが、私にとって哲学のキリストはむしろアルトーであり、ジュネであり、いたるところにある異教的明視のことである。

少しパセティックに、大げさなことを書いている。小津安二郎や小島信夫が、（異様なほど）徹底してこだわった凡庸なもの、凡庸のパガニスム、凡庸に対する彼らの明視についても書く機会があった。この集成にそんな文章をおさめられたのは僥倖だったが、必要なことでもあった。

Ⅰ　パガニスムの軌跡

パガニスムと「判決」

二〇一〇年、ジャン・ジュネの生誕百年に現れた刊行物の中でも、ひときわ衝撃だったのは、ジュネ自身が残していた未知の作品『判決』である。

ガリマール社から出版されたその本は、四二頁の小冊だが、二五cm×三二・五cmの大判（葡萄版といわれるもの）で、最初のテクスト「判決」の多くの頁は、主要なテクストを、それより小さい文字の断片が取り巻く形になっており、右頁には手書き原稿の写真が掲載されている。「判決」は十一頁の草稿からなり、そのうち九頁は細密な文字による手書き、最後の二頁は修正の入ったタイプ原稿である。ジュネはテクストの一部を赤字で、他は黒字で印刷するように指定している。これに続くもうひとつのテクスト「私はいた、そしていなかった」は、まったく通常の組み方で、やはり修正の入った冒頭のタイプ原稿の写真だけが付されている。

この謎めいた風変わりな本を開くときは、ジュネを愛読するものにとって眩暈するような瞬間だった。おのおのの頁が異なる形式で印刷されていて、一見したところ、その文は詩にも小説にもエッセーにも分類できない。異様に濃密な言葉で書かれた断片が並んでいて、複雑な組み方のせいもあり、その方向がすぐには読みとれないのだ。

冒頭の小さな断片に囲まれたテクストは、『恋する虜』で読んだことのあるものだ。ジュネが日本への旅を語った部分で、そこに目立った異同はないようだ。しかしそれを取り巻く言葉は未知のもので、あの日本への旅とは何の関係もない。いくつかの地名が出現し、数々の出来事に、それらの断片はふれている。オリンポス、ヴェトナム、シカゴ、トラファルガー広場、ベドウィン、イスラエル、ローマ、テーベ。世界史、神話、そしてそこに現代の戦争、闘争の記憶がもつれ合う。

ジュネは最後の大作『恋する虜』を「複雑で入念な形式」で刊行することを考えていた。「中央には一つのテクストがあり、それはそれで続いていくが、余白には別のテクストがいくつもあって、中央のテクストを中断し、延長し、豊かにしていく」(「サーダッフーラ・ワンヌースとの対話」[1])と、彼はその構成を説明していた。それはコーランの注釈書『タフシール・アル・ジャラライン』に似たものだったという。日本への旅をめぐる文章がその冒頭に来るはずだった。その部分を含むこの未刊の原稿は、『恋する虜』の試作であり、原型であり、序曲であったかもしれない。しかし結果として『恋する虜』とは異なり、まったく自立して、ジュネの書いた数々のエッセーや、散文詩ともいえるいくつかの濃密なテクストのなかでも、きわだった密度と、屈折と、拡がりと、奥行きをもつ作品が、死後二四年余りを経て、ようやく私たちの前に姿を現わした。

『判決』というタイトルは出版社のほうでつけたものであるらしい。裁判官が書いて言いわたす「判決」以外にも、ひそかに犯罪者みずからの書く「判決」がある。明晰な犯罪者なら、誰よりも自分の犯した罪についてよく知っているはずだからである。また彼は監禁状態で、司法官や弁護士以上に判決について周到に考え、考えあぐねてきたかもしれないのだ。非行少年から泥棒となり、何度となく判決を言いわたされ執行されてきた人物は、犯罪者を裁く法廷のからくりに、力と言語の体制に、そして判決の意味と文体に、裁判という演劇に、まったく醒めた視線をむけることになる。そもそもジュネの書いた演劇は、徹頭徹尾、権力を分析し、骨抜きにする演劇であり、権力の演劇を透視する演劇である。こうして透視されるのは権力の深い闇であるが、透視されてしまえば、それは格別深いものでもなくなるのだ。

あの『恋する虜』は、ジュネの死後一月あまりたって刊行された。まるで最後はこの本を書くためにだけ、ジュネは生き延びたようだった。完成した『恋する虜』は、ジュネの言う「複雑で入念な形式」を採用していない。しかしさまざまな時間、歴史、記憶の層が、断続的にねじれを持って配列されている。かたや『判決』のテクストは、断片を配置しながら、たえずその構成を変え、連続不連続の関係を変更していく。『判決』では、目に見える連続不連続がテクストとその間隙の意味を可視的にし、たえず意味を吸収しながらまた新たに紡ぎだす。

それはとほうもない〈詩〉であり、その主題は、法、法廷、判決、拷問、異教であり、権力と暴力であり、人種差別、戦争であり、およそ詩的なものではない。しかし主題は詩によって変形され、引き裂かれる。もちろん詩的言語のほうも引き裂かれ変形される。主題と詩はたがいにたがいを解体しあう。そこに現れるのは、もうひとつの分厚い闇である。「できることなら、死者たちの住む太古の夜にたどりつかなくてはならない」。ジャコメッティについて語りながら、そうジュネは書いたことがある。

(1)「伝説と鏡の彼方に」——ジャン・ジュネとの対話、サーダッフーラ・ワンヌース／鵜飼哲訳、『ユリイカ』一九九二年六月号、一一九―一二〇頁。

＊

「異教徒」を意味するフランス語 païen に出会ったのは、ランボーの『地獄の季節』をはじめて辞書と首っ引きで読んだときのことだ。「異教徒の血がめぐってくる」。異教徒とは、もちろん非キリスト教徒のことであり、ランボー自身のことである。おれは獣だ、おれは黒人だ、ゴール人だと書きながら、それでも神の救済を求めて揺れる。「まだ子供の頃、いつもおれは流刑地に送られる非情な囚人を讃えたものだ」。まるでランボーのなかには、やがてこの世界にやってくるジュネの分身がひそんでいたようだ。「おお、竜骨よ砕けよ！　おお、われは海に行かん！」という「酔いどれ船」の一節を思い出したジュネは、ランボーはこの詩で自分の運命をすっかり予知していた、と語ったことがある。(2) 砂漠地帯の遠国を彷徨し、足に腫瘍ができてフランスにもどり、その足を切断されて死ぬという詩人の運命のことだ。ジュネはまったく独自に「運命愛」の思想を培っていたにちがいない。

異教徒 païen は、paganisme（パガニスム）という単語に連鎖し、それは異教、異教的態度、異教的文明などを意味する。異教徒は必ずしも別の神を信じるわけではなく、単に無神論者であるかもしれない。ジュネは、若くしてすでに決定的に、西洋の信仰、規範、道徳、価値、制度、国家と対立している。すでに妥協の余地のない〈異教徒〉であった。多神教的な古代ギリシアに特別な関心をもち、若い日にシリアに滞在したときからはアラブ世界に強く惹かれていた。しかし晩年にパレスチナの抵抗運動を支持し、これに同伴することになったときも、ジュネはイスラム教徒になったわけではないから、やはりそこでも異教徒として存在した。「聖ジュネ」とさえ呼ばれたジュネは、あらゆる宗教に対して異教者として対するが、そのたびにほんの少しだけ異教を信じるようにふるまった。

フレデリック・ブラン（Frédéric Blanc）、これが精細な伝記的調査を重ねた結果判明したジュネの父親の名前である。生まれたばかりのジュネを育てることができず、公的制度に委ねることにした母親カミーユ・ガブリエル・ジュネが役所の調査に答えたときの記録が残っていた。フレデリック・ブランはそのとき四十二歳で、フランスのブルターニュ地方で生まれたということしかわかっていない。[3]

白を意味するブランという名を聞けば愕然とする。ジャコメッティについての忘れがたいエッセーで、「私が言いたかったのは、白が頁に真珠の光沢の価値を――あるいは炎の価値を与えるということである。描線は、意味的な価値を得るためではなく、一切の意味を白に与えるという、ただそれだけのために用いられる。そこに描線があるのは、もっぱら白に形と硬さを与えるためだ。よく見るがいい。優雅なのは描線ではなく、そのなかに含まれた白い空間である。みちたりているのは描線ではなく白なのである」[4]とジュネは、まるで「白」に憑かれるようにして書いていた。そのことを私は思い出さずにはいられないのだ。すべてを吸収し、吐き出し、生み出す無であり充実である恐ろしい白、優雅な白。私にとってジュネは何よりもこの白とともにある存在である。その白はときどき信じられないほど優しいナイーヴな相貌をあらわす。

（2）ジュネ『公然たる敵』月曜社、アルベール・ディシィ編、鵜飼哲・梅木達郎・根岸徹朗・峯村傑訳、三三九―三四〇頁を参照。
（3）cf. Albert Dichy et Pascal Fouché, *Jean Genet, matricule 192.102, Chronique des années 1910- 1944*, Gallimard, p.26.
（4）ジュネ『アルベルト・ジャコメッティのアトリエ』鵜飼哲編訳、現代企画室、四〇頁。

そしてまた、アメリカでブラック・パンサーの運動に同伴した時代には、白い人々（西洋）を敵に回すようにして、黒い人々を熱愛したジュネのことも思い浮かべるのだ。母親のカミーユ以上に完璧に姿を消して何の痕跡も残さなかったブランという名の父親について、うがった紋切り型の想像をすることは控えよう。それにしても、この白、空白、そしてジュネの美学にも倫理にも深く浸透した「白」、そして父の名との連鎖は、ジュネを読むものにとってもオブセッションになりかねない。だからこそ、これ以上の解釈は抑制しよう。

白に敵対する白、白と和解する白、事物を空白に突き落とす白、異教にほかならない白、異教の間の白、白と白の間に対立をもたらす白、みずからの空白から逃れていく白、白い闇……白は果てしなく変装し、変奏される。

「異教（パガニスム）という言葉はあらゆる社会に対して突きつけられた挑戦状のような響きがする」[5]（『恋する虜』）。「挑戦」するためには、異教の人は別の神を信仰するか、またはあらゆる信仰を否定する無神論者でなければならないだろう。しかし「無神論者という言葉はまだキリスト教徒の道徳に近すぎる。キリスト教徒の、ただし、神聖な王の荊冠だけに化したひとりのキリストの道徳だ」。

実は、ジュネという異教徒は、ときに無神論者のように、ときに市民の道徳を知らない野蛮なよそ者のように、そしてときにはただ美的な趣味によってミサに通い、やがてパレスチナで出会った感動的な母子の対には、十字架の下で死んだキリストを抱きかかえるマリアの偶像（ピエタ）を重ねるという、途轍もない想像力の持ち主なのだ。変幻自在の度し難い異教徒であったといえる。もちろんご都合主義のカメレオンのような存在であったわけがない。この異教徒のまたの名は「恋する虜」である。しかしその「恋」によっても、決して恋人の信仰や教義をともにしたわけではない。

この「恋」はまったく身体的で官能的なものだが、抵抗し闘争する人々の思想を避けて、あとの半分だけを恋したわけでもない。ジュネの同伴は、根本的であり、実存的でさえあったが、いつでも異教徒的であった。抵抗し闘争する人々の信仰や教義といっしょに浸透し定着してくる規律や権威や形式には、いつもきわめて辛辣に対した。

確かに無神論者という言葉も、まだキリスト教の道徳に近すぎる。キリスト教だけでなく、あらゆる宗教が、政治が、そして革命さえもが「道徳」をよびよせる。もちろんジュネさえも、決して道徳の「彼岸」にいたわけではない。


裁判官でも検察官でもない被告が、「判決を書く」とはいったいどういうことだろうか。道徳の「彼岸」にいる人に、判決を書けるはずがない。それとも道徳の彼岸にいる人だけが判決を書いたりするのだろうか。司法官とは、あらかじめ道徳の彼岸にあるかのようにして、ただ法に忠実に判決を言いわたすのではないか。しかし最後に「判決」を言いわたすのはジュネ自身であり、しかもその「判決」は、このテクストのように異様な形をとるしかなかった。そういえば『神の裁きと訣別するため』は、アルトー自身がこの世界にむけて書いた最後の判決文ではなかったか。

ジュネは徹底したニーチェ主義者であり、いかなる意味でも宗教的な思考をする人ではない。それで

（5） ジュネ『恋する虜』鵜飼哲、海老坂武訳、人文書院、五六頁。

もキリスト教のシンボルやイコンには繰り返しもどっていった。やがてそれ以上にオリンポスやベドウィンの異教（イスラム）の神に接近し、日本に旅したときはまずスチュワーデスの「さよなら」という言葉の響きに、異教のしるしを聞いた。それが呪文のように働いて、ジュネの心身に滲みこんでいたユダヤ－キリスト教という「化けの皮」を剥ぎ取り、真綿のように無垢な皮膚をむき出しにしたと書いている。長い間ジュネは、異端児、反逆者であっても、ユダヤ－キリスト教のモラルからはいっこうに解き放たれてはいなかった。これほどしたたかに、異端や反逆さえも推進力に変えるように吸収してきたモラルがあっただろうか。だからこそたえずこれに反逆する必要があった。

そしてジュネを断罪し更正させようとした権力は、すでにメトレー少年院の時代から、キリスト教会といつでも一体で、神、父性、正義、法、権力、国家は、二十世紀のフランスでも、まだ深く浸透しあい合体していた。

「異教という言葉は異教徒を、世紀の底深く、《太古の闇》と異名のつけられている時代に沈ませる。神がまだ存在していなかった闇の時代だ。一種の陶酔と寛容によって異教徒は、どんなものにも他と同じように、自己自身に対するように、うやうやしく接近し、品位を落とすことがない[6]」。異教徒（ラテン語 paganus）は、キリスト教の伝わらない未開の地方（pagus）の人々を意味した。しかしジュネの言う「異教徒」は単に無明の人ではない。それは自己に対しても他に対しても「うやうやしく」接し、そこに陶酔も寛容もともなうというのだから、無知、無明であるどころか、きわめて繊細な態度を意味する。他者に対しても自己に対しても「異教徒」であること、それがパガニスムというものである。

ジュネは、かなり例外的な、凄まじい傍観者だった。少年院でも監獄でも強靭な観察者であり、他者の行為と美を見つめ謳いあげる詩人だった。そこでもすでに「恋する虜」として異教徒のように存在した。これはまったく厳密に貫かれた態度だといえる。小説に書きこまれた悪の讃歌、孤独な美学、反逆、欲望……、それらはまだ「主題」にすぎず、ジュネはそれらの主題の外側に立ち、他者も自己も「うやうやしく」異教徒として見つめる。あれほどジュネが「裏切り」にこだわったのは、そのためだ。結局サルトルやデリダの記念碑的なジュネ論は、あくまでも西洋の中の反逆児、異端者を相手にしていたのではないか。確かにジュネはさらに遠くに行く必要があった。ブラック・パンサー、日本、パレスチナ……。異教徒の倫理を完成するためには遠い旅をする必要があった。決して超越ではなく、内在を完成するための旅である。「さよなら」というまったく無意味な一語が、決定的な呪文になるまでに。

＊

『判決』は厳密に、「私はいた、そしていなかった」というもう一つテクストへと褶曲していく。「もし永遠の昔から有罪で、あの発音され、またはぶつぶつ言われ、そして書かれる判決と私とが永遠にぐるならば？」この「私」は、永遠の昔から存在し、有罪者であり、判決を書き続けてきた。裁判官の言いわたす判決よりもはるか前から、「私」は書き続けてきた。ジュネは決して前世や輪廻について語っているのではない。この「私」は永遠の昔から存在し、一対の男女を選び、彼らを通じて肉体として生誕し、やがて永遠の昔からの「私」という存在は消滅することになる。なんと、この大それた異教徒に

（6）同

して思いついたほとんど宗教的、運命論的な見解に見えるが、生誕とは、神とともにあった永遠の時間から追放され、むしろみずからこの永遠を捨て去って有限の生をえることであり、生誕とともに神の手から逃れることなのだ。

ジュネの特異な時間論を思い出さなくてはならない。「私にとってひとつだけ聖なることがある。どうしても『聖なる』という言葉を使いたいのだが、聖なるものとは時間なのである。空間はどうでもいい。〔……〕一つの空間は小さくなったり大きくなったりする。それはさして重要ではない。まったく無名の一人の人も同じ時間をもっている。少し長かったり短かったりすることもあるが、それは大したことではない。しかしこの時間そのものは聖なるものだ。私はそれに触れてはならない。他人はそれに触れ、私を消したり、殺したりすることもできるが、私はそれに触れてはならないのだ(7)」。

こんなふうに「異教徒」は「聖なる」時間について語ったのだ。空間について恐ろしく明敏に思考する人物は、時間という不分明にして知覚不可能な次元に思考をしのばせていった。そこでジュネは、過去から未来へと直進する計測可能な時間のはるか彼方にいってしまう。行動からも実現からも脱落した次元で、この時間は逆流し、渦をまき、ときに滞留する。ジュネは逆流する時間について、次のように書いた。

「時間。時間について何も確かなことはわからない。けれど、ひとつの出来事を前にして、あるいは何でもいい、何かを前にして、ずっしり重たい瞼を閉じるなら、私にとって出来事はもはや、現在の瞬間から未来へと移りゆき、過ぎ去ってしまうものではない。反対に、出来事を導く瞬間が生じたとき、たちまちその出来事は終わりに達し、全速力で始まりにむけて逆流し、みずからの上に、その終わりをめりこませるのだ。お望みなら、一八三〇年に最初にアルジェを砲撃したフランス人は、一八〇〇年頃にアルジェに砲撃されていたのだ。出来事というものはこんなふうに自生的に発生し、同時に同じ動きによってたちまち消滅するので、その終わりは逆進し、発生したときのざわめきより少し前に出来事を連れもどす[8]」。

出来事は、発生する前にすでに起きている。発生したと見えるときには、すでに終わってしまっている。こういう考えは、まさに私は生まれる前からすでに存在し、この地上に生まれ生きたことによって、やっと終末を迎える、という考えとほとんど同体であり、同根なのだ。いかにもこれは父も母も知らずに生まれた人の論理であるかもしれない。まるで自分から望んで、見知らぬ男女を選び、みずからこの世界への扉を開けることによって生まれてきた、というように。「私の傷は私より前に存在した。私はそれを受肉するために生まれた」。戦争で半身不随となった作家ジョー・ブスケが書き記した言葉である。これは信仰と一体の確信なのか。それとも出来事は、偶然として、あるいは必然として生じ、ある日、終わり、人は単にその出来事から学んだり、長く記憶に刻んだり、すぐ忘れてしまったりするという違いがあるだけなのか。どうやら無神論者であり、あるいはギリシア人のように多くの神々と戯れる人であったらしいジュネは、度しがたいほど強固な時間の形而上学を、そして「非時間」の観念を育んでいたのだ。確かにひとつの出来事には始まりと終わりがある。しかし始まりも終わりも、微細に見つめるなら、その瞬間よりはるか前に始まっており、はるか前に始まることによって、終わりと認められる前にはすでに終わっているかもしれず、そのあいだに、なんども終わっては始まっていたかもしれな

（7）『公然たる敵』三四〇―三四一頁。
（8）「ロジェ・ブランへの手紙」in Genet, Les Oeuvres Completes, tome 4, p.229.

い。逆流する時間とは、ジュネにとって確かに単なる逆説ではなかった。

生まれてくるという被造物の運命を否定するとは、もちろん「神の裁き」から自己を解放しようとする作為である。それは神の超越性から離脱し、自己を唯一者として立てることのように見える。しかし生まれてくるとは、それ以前の「永遠の昔」にそうであったのと同じ唯一者でありつつ、唯一者として死に始めることでもある。ニーチェ、マルクスが現れたあとに、ジュネはなおも倒錯的な神学的議論をたったひとりで続けていたようだ。現代世界が、まだ神学的な体制を強固に保持しているとすれば、確かにこの異教的倒錯は必要な神学批判だった。

『判決』の冒頭で、日本への旅を語るテクストを取り巻いている断片は、そういう視座で神々の闘争について語り、アメリカにおける白人と黒人の闘争をそれに重ねている。小柄な日本人のスチュワーデスとたくましいドイツの搭乗員は、収容所のユダヤ人とナチの親衛隊のイメージに重なる。そこで「さよなら」は、変身の合図であり、死の告知である。その告知を、現代における神々の果てしない闘争が取り巻いている。


トラファルガー広場、ヴェトナム反戦、中世の行列、ヒッピー、裏切り者、チェ・ゲヴァラの思い出、びしょぬれのオフェリア……。政治的な衝突はジュネにとって演劇であり演劇的混沌である。ただ演劇にすぎないというのではない。アンチゴーネ、オイディプス、ハムレットは、ただ演劇の原型ではなく、原型の演劇でもあった。だからこそ演劇は繰り返され、繰り返し現実の闘争や葛藤の場面にもどってくる。誰も演じているわけではなく、演劇だと気づかれもしないところに、演劇が忍び込んできて、みずからを再演する。アルジェリア、ヴェトナム、人種差別のアメリカ、フランスの六八年五月、そしてパレスチナへと線を引き、運動の方針ともイデオロギーとも無縁の次元でそれらを結びつけ、世界地図を描き改めることができたのは、監獄での愛を綿々と書き綴ることのできた元泥棒でなければならなかった。

*

そして「すべては闇を背景にして生起するだろう」。判決をめぐる奇妙な対決が始まる。判決を書くのは実は犯罪者であり、裁判官はそれを盗んで口にするだけだ。ラテン語の引用で甲冑のように身を固めたならまだしも信用できただろうか。法廷で言いわたされる判決とは、じつは非現実的で、あいまいで、不可解な法の文章の剽窃にすぎなかった。

アルベール・ディシィとパスカル・フーシェによる新たな伝記的調査には、ジュネに向けられた数々の判決文が資料として収められている。以下は一九三九年ジュネに対して下された判決文内容の試訳である。[9]

セーヌ県軽罪裁判所、第三法廷、一九三九年一〇月一八日

（9） Albert Dichy et Pascal Fouché, op.cit., p.391.

検事正あて
以下の被告に対して

現行犯。拘留者：ジュネ　ジャン、二八歳、日雇い労働者、自白によればパリ（六区）、一九一〇年一二月一九日生まれ、父の名前不明、母カミーユ・ガブリエル＝ジュネ、独身、住所不定。一九三〇年トゥールにて徴兵され除隊。

拘留状日付　一九三九年一〇月一七日。

窃盗－再犯

本法廷は、裁判長より被告人に、少なくとも三日間、弁護のため公判を遅延させる権利をもつことを告げたことに鑑み、また被告人が法に従って考慮した後、ただちに公判に入ることを承諾したことに鑑みて公判を開始した。予審および審理の結果、一九三九年一〇月一六日パリで、ジュネは不法に、シャツ一着と絹布をあわせて詐取したが、これは商店「ルーブル」所有者にとり合計一五〇フランの損害にあたる。すなわち刑法三七九条および四〇一条に規定された処罰さるべき軽罪である。一九三八年一〇月二五日ブレスト軽罪裁判所での対審判決により、ジュネは窃盗により二ヶ月の懲役に処せられている。これは法の定める期間に上訴されず、本件の犯行[10]よりも以前のことで、すでに確定している。かくして被告は刑法五八条に定める再犯に該当し、上述の四〇一条および五八条が適用される。裁判長がこれを読み上げ、よって確認された。〔……〕。ただし刑法四六三条が情状酌量による減刑を認めていることを考慮した。

よってジュネを二ヶ月の禁錮に処す。さらに本判決のため国庫が先払いした訴訟費用六〇サンティームおよび郵便費五フランの支払いを命じる。本費用の弁済のため正当と認められる場合、最小限の身柄拘束期間を定める。

法律の用語にも文体にも通じないものが仮に試みる訳であるが、まずこの判決文に、ジュネ自身の言葉（判決）との間の眩暈するような落差を痛感する。

まったく異様な文体で書かれているのは、法律だけではなく、それを解釈し、犯罪を犯罪として構成する訴状や、判決の文章でもあるかもしれない。そして犯罪者が、ジュネ自身が書く別の「判決」があるだろう。ラテン語の引用によってかろうじて重みをもってきた判決は、やがて別の入り組んだ修辞を必要とするだろう。言葉の戦争というものが確かにあって、その残酷な効果ははかりしれない。それは言葉にすぎないといっても、判決の言葉は、確かに体刑や拷問にとってかわり、それらに劣らず、あるいはそれ以上に残酷な効果を行使してきたのだ。

ジュネの「異教性」とは、確かに言葉にかかわるものでもある。異教者は、母語を用いながら、明らかに母語の外に立っている。監獄では、たえず新しい俗語が生み出される。監獄で書いた小説で、そのような新奇な俗語を救い上げることに、どれほど彼は乏しいインクと紙を費やしたことか。ジュネと仲間たちを裁く判決のフランス語は、まったくみじめなほど機能的で空虚であり、ただ空虚であることに

（10）原文は「犯行」perpétration ではなく「永続」perpétuation としているが誤りだろう。

よって重たい。しかしもともとフランス語とは、ひとつの言語とは、単語のおびただしい「乱交」であり、「裏切り」(trahison)と「伝統」(tradition)が、同じ語から派生するというようなケースは、この言語にとって例外ではなく、まったく本質的なのだ。

『判決』は「奇妙な詩と化し、詩の素材となりモチーフとなり、いつのまにか詩が判決にとってかわる。「判決」という詩、その詩のうねりに誘われて、法の言語は倒錯し、脱臼してしまう。法は言語でしかないが、法を分節するのは言語でない力であり、力関係である。そしてこの言語そのものが力を行使する。法の言語は詩の言語などものともせずに、限定し拘束し、締めつけ、詩的な時空を追い詰めてしまう。ところが大げさな修辞に酔うようにして正義を謳いあげるとき、法はただ拙劣な詩と無節操に戯れているだけだ。詩と法との熾烈な戦いを、もちろん法律家たちも詩人たちも、自分にはかかわりのないことと思っている。法そのものに対するこの異様な「判決」とは、権力の演劇性にすっかり目覚めてしまった泥棒詩人の究極の演劇であり、詩であった。

*

およそ〈意味〉というものが、いかに発生し成立するのか。このことに関する素晴らしい説明を私は、別の本の中に見つけた。「意味作用とは、それによって、二つの異質なもの、二つの時代を隔てたものがわたしの内で今や同じ言語を話すようになった、きりのないあの待ちどおしさに(そしてそのなかにはめ込まれるように)続くあの短い一瞬、あの落雷の瞬時性でしかなかったこと、そんなことがありえたのだろうか[11]」。「判決」の意味も、そもそも裁判官と被告の出会いも、そのようなものではないか。そんなことを、ふと考えた。

判決を言いわたす裁判官の手が、ジュネの頭の中で、賭博者のさいころを振る手にオーバーラップする。賭博者のおおげさな身ぶりは、もちろん獲得され、あるいは失われる掛け金の大きさに応えるものだろう。しかし賭博の関数とは、その大きな結果をもたらすのが、ただ、さいころの一振りという、おそろしく無意味で、ささいな行為であるということだ。判決言いわたしの儀式と身ぶりは、モロッコの広場でおこなわれるちっぽけな賭博の真剣さに比べられる。被告は、その賭博のような儀式からは締め出され、壁の穴を通じて教会のミサに立ち会った中世の癩病者のように、まるで部外者のように判決に立ち会うが、しかし判決は被告の協力、署名なしには完結しない。司法官と被告が〈ぐる〉になって演じる判決という儀式は、同時に賭博であり演劇であり、同時にシナリオであり演技である。

しかし「私はいた、そして私はいなかった」ということになれば、もう賭けることさえできないのではないか。

第一のテクストの末尾に明確に予告されているとはいえ、「私はいた、そして私はいなかった」というテクストがそれに続いていることもまた、私たちを眩暈させ、闇に突き落とす。その「判決」とは、

(11) ジャン・ルイ・シェフエール『エル・グレコのまどろみ』与謝野文子訳、現代思潮新社、一五五頁。

「私はいた、そして私はいなかった」と書くような人物に対する判決なのだ。しかもこの被告は、みずから判決を「来る日も来る日も」書き続けたというではないか。

主たる文とともに、小さな文字で印刷した断片が並行的に進むという形式で書かれた、ジュネのもうひとつのテクスト「小さな真四角に引き裂かれ便器に投げこまれた一幅のレンブラントから残ったもの」で、ジュネはひとつの「啓示」について書いた。ある客車で向かいに乗り合わせた、何の特徴も魅力もなく、むしろ醜悪な男が、自分と等価であり、結局どんな人間も他の人間と同類であり、「どんな人も、他のあらゆる人々である」という啓示である。それはむしろ取り返しのつかない絶望的発見であり、「吐気をもよおすような」啓示にちがいないのだが、（ジュネによれば）それこそレンブラントが発見したことでもあった。「無限の、地獄のような透明」にレンブラントはたどりついた。人生の苦難や悲哀をくぐりぬけて、レンブラントは「モデルを脱人格化し、事物から同定可能なあらゆる特徴を取り除いたときから、人にも物にも、最大の重み、最大の実在性を与えることになった[12]」。

「私はいた、そして私はいなかった」というジュネの思考が、あの絶望的な「等価性」の発見と、そして「逆流する」時間の発見と、無関係であるはずがない。

賭博の特性とは、勝つことと負けることの絶対的な等価性である。さいころの目は絶対に無意味なのだ。それなら大金を失い破滅する私は、さいころが振られる前に破産しており、生まれる前から破滅していたのではないか。大金も、さいころもなかったものであったのではないか。

「私はいた、そして私はいなかった」という一文は、肯定であり、否定であるのではない。また肯定否定を通じて、より高い次元での解決（弁証法）をめざすわけでもない。たえず肯定を否定し、否定を肯定するこの思想は、あの奇妙な等価性の思考と関係がある。おそらくこの思考にとっては、肯定にせよ否定にせよ、粗雑すぎるのだ。

等価性とは、決して事物や人間を〈無差異〉とみなすことではない。知覚、思考、言語の肌理はけっして十分に繊細ではなく、私たちは大まかで粗笨な差異をとらえて、それを固定してしまう。その差異のむこうには、はてしない差異の世界がひろがっているのだ。

そのように調整され制限された差異の帯域が私たちの生と感覚を、思考と意味を蔽っているとしても、そこから後戻りできないほどに離脱してしまう機会が訪れることがありうる。

じつは等価性の発見とは、決して絶対的な無差異に醒めることではない。むしろ絶対的な差異の発見なのだ。

死後の魂の存在とは信仰に属することだとしても、一度かぎり存在した魂が死後にはもう変化しないとすれば、この魂はあたかも永遠の実在のように「死者たちの住む太古の夜」に属する。まだ生まれていない魂もまた、ただ一つのものだとすれば、生まれることによって変化するのではなく、あたかも生まれる前から、死者たちの魂と同様に実在する（かのようだ）。厳密にいえば、ジュネにとってそのただひとつのもの、つまり「私以前の同一性」とは、魂でさえない。それはただ唯一の同一性なのだ。

こんなふうに絶対的差異に目覚めてしまった「同一性」にとって時間とは何だろうか。始まりも終わりもない時間は、進行することをやめて逆流する時間というかたちをとることもありうるのではないか。

（12）ジュネ『アルベルト・ジャコメッティのアトリエ』鵜飼哲編訳、現代企画室、xix頁。

ジュネの論理によりそうようにして、私はまったく非論理的なことを述べている。しかし逆流する時間、等価性、「私はいた、そして私はいなかった」という肯定と否定の同一性について、ただ詩人のように語るしかなかったジュネの思考は、まったく一貫していた。

もしかしたら、こういう思考は、仏教や禅宗のなかで練磨されてきたものと共通点があるかもしれない。このことに関して、ジュネのそれよりもずっと洗練され鍛えられた思考が、いたるところにあったかもしれない。しかし教義としてあまりにも洗練され、まさに教義となってしまった思考に対しても、「判決」の思考は「異教的」であるしかないだろう。それが異教徒の、異教主義の思考であることは、「判決」という作品にとって、それを読む私たちにとって決定的である。

＊

パレスチナのまだ十代の闘士たちが、木蔭にプラスチックのカラフルな洗面器をおき、それで体を清め、祈りの時間に備える光景を目撃して、ジュネはガンジス河の仏教徒の沐浴に思いをはせる。「マホメット教徒の森に、数知れぬ直立の仏陀が棲んでいた」。「キリスト教の信仰が神に対する冒涜であるまさにこの地で、異教は、この名の悪徳にふさわしく孤独であり、正午にいくばくかの夜を、闇の中にいくばくかの陽光を、いくばくかの苔を、ヨルダン川から毛細管現象によってしのび寄る湿気をもたらしていた」(13)(『恋する虜』)。

同じように、パレスチナの戦いが何であるのかを要約するイコンとしてジュネが思いついたのは、夜ごと闘いに出ていく息子と、その留守をまもる母親の姿をあわせた聖母子像（ピエタ）、つまり死んだキリストを抱くマリアという「異教」のイコンであり、このマリアとキリストはたえず役割を交替し互いを見守るのだった。異教者とは、いつも裏切り者でもあり、光が闇を、闇が光を裏切るように裏切るのだ。裏切りと「愛」との本質的、本来的な一致について、ジュネは何度か語ったことがある。

自分はパガニスムを過大に評価しているかもしれない、パガニスムとアニミスムを混同しているかもしれない、とジュネはつぶやくように書いてもいる。私もまたジュネが「異教（パガニスム）という言葉」について書いたことを誇張して、くどいほど書いてきたかもしれない。結局それがどんな信仰にも教義にも異をたてることであり、しかも無神論ではなく、なおかつ信を表明しているのなら、それはまったく過剰であり、しかも欠乏し、よるべのない信のありかを示している。

盗みを犯した一人の男に判決を下す裁判官と、裁判所という場所は、〈信仰〉ではないとしても、何重にも保証され保護された〈信念〉の厚い甲冑をまとっている。犯罪者はもちろんその信念を共有すべく誘われ、強いられている。多くの犯罪者は、死刑囚でさえも、ミサを受け入れるだろう。しかしジュネという異教者のすさまじい悟性には、そういう勧誘も強制も通じなかった。勧誘し強制する言語の意味と規則のからくりさえも、彼はすっかり見通していた。

そこでこの異教者は、どこまでも言語と戯れるのだ。裁判官よりもずっとましな「判決」を彼は書いてみせるだろう。小学校以外のどこかでフランス語を学んだわけでもない。法廷では、そのうえにずいぶんバロックな怪物的なフランス語を学んでしまった。それを発音する権力者たちの口の形、義歯の配

（13）『恋する虜』一六一―一六二頁。

置まで、被告は精確に見つめていた。威厳を帯びるように意匠を凝らした言葉が、どういう質の権威と暴力に操られているか、透視していた。泥棒自身が書く判決は、ちがう文体で、もっと重々しく錯綜し、あるいはもっと軽やかに、もっと鋭利で取り返しのつかない言葉になるだろう。いやほとんど無意味な、形のない、ささいな言葉になるかもしれない。

自分の作ったか細い彫像の全貌をよく見つめようとして、少し遠ざけて見つめ、さらによく見つめようとするうちに、もっと細く小さいものを作るようになり、それを続けているうちに、ついには全作品がマッチ箱におさまるほど小さくなった。ジャコメッティが自分の彫刻について語ったことだ。

「判決」という題を与えられたこの無題のテクストは、異教のあいだで言いわたされてきた数々の「判決」にも深くかかわっている。もちろん世界の抗争を、ただ宗教対立に還元することはできない。ほんとうはもっと根深い対立があり、決してそれは表層のコミュニケーションに解消されはしない。イスラム教徒はキリスト教徒を決して許さないし、黒人は白人の暴力を決して許さないだろう。そこでジュネはただ戦いや、対立や、憎悪をあおっていると、即座に思い込む読者もあるだろう。ほんとうは「判決」を言いわたしながら、被告にさえも協働と共謀を強い、絶対性の仮面をかぶる言語と理性の体制のほうが、はるかに残虐であり強固かもしれないのだ。罵倒しあい素手で殴り合っている人間のあいだには、まだ友情も愛も可能なのだ。恐ろしいのは「判決」の体制であり、これに対抗しようとして、別の闇で、踊るように、微笑むようにして、犯罪者はもうひとつの「判決」を書かなくてはならなかった。それが入り組んだ配置で、コーランの奥深い解釈のように書かれたことにも必然性があった。

＊

ジュネが、例外的な文字組みで発表した作品としては、先に触れた「小さな真四角に引き裂かれ便器に投げこまれた一幅のレンブラントから残ったもの」がある。ページの左に一連の文章があり、その右側にはイタリック体の小さな文字で断片的なテクストが配置されている。レンブラントに触れているのは、むしろこの断片のほうなのだ。他にも「断片…」(Fragments...)とだけ題され、ジュネ自身の性愛をかなり赤裸々に、しかもきわめて屈折したかたちで語った詩的テクストがある。[14] それは「詩をめざす、ゆるやかで控えめな歩みとなるひとつのテクスト」のための草稿である、と冒頭にジュネは記していた。これには主たる文章の間に、ところどころ小さな文字のテクストが挿入され、さらに番号つきの注釈の形で断片が挿入されている。また一部には頁の左に対話的な文章が、右に細かい文字からなる断片が配置されている。

波乱万丈といえる一生を送り、何よりも監獄と性愛という〈主題〉によって直截に読者をひきつけた一人の作家が、これほどに入り組んだ形式をもつ、半ば散文詩と思えるテクストを書いていた。彼の小説、戯曲に比べて、まったくひそやかに、まるで読者を遠ざけるかのようにして書かれたものだ。それははるか遠くの〈詩〉に向かう途上の試みに過ぎないとジュネはいうが、断片の間隙は厳密に配慮され、その不連続性は、読解を妨げ、意味を錯綜させるとしても、確かに意味とは別の価値をもっている。

(14) in Genet, *Fragments…et autres textes*, Gallimard(このテクストは平井啓之訳により「同性愛についての断章」として『ユリイカ』一九九二年六月に掲載されている。)

フランス文学に通じた読者なら、この入り組んだ形式からは、当然あのマラルメを思い浮かべるだろう。完璧な書物を追求して終わりのない実験を続け、新しい美学の先導者の役割を果たしたが、実人生は語るべきエピゾードに乏しく、つましい英語教師の人生をおくった。しかし詩的言語そのものに深く迷路を穿つ彼の異様な探求の軌跡に対して、ジュネは敏感に反応した。「分析好きの光明に向かってこんなに快活に進んでいるようにみえる世界では、私たちの半透明の瞼をもはや何も保護してくれないのだから、マラルメと同じく私も、少しは闇を加えるべきだと考えているからである」[15]。ジュネがこんなふうに言及したフランスの作家、詩人は数少なく、例外的な賛辞といえる。マラルメの詩的抵抗を引き受けるようにして、ジュネはいくつかの読みがたい作品を残した。言語表現への深い懐疑と、詩的言語への濃厚な関心とが、そこには絢い合わさっている。

牢獄の中で小説を書いたとき、ジュネには、いつも紙が欠乏していた。乏しい紙を手に入れ、その上に書きつがれた草稿は、ときに没収されたこともある。ジュネの作品はそういう条件の中で書かれたという意味で、いつもつぎはぎだらけだった。「判決」にいたるまでにジュネが何度か試みた、あの非線形的な断片の構成は、そのことと無関係ではないと思う。しかしテクストの線形的な連続性を引き裂き、意味と時間を解体し再発見しなければならないところまで、彼は自分の書法と思考をつきつめていった。「判決」はそういうジュネの実験的探求の極限を画し、そこに結晶した作品なのだ。

そしてあの『恋する虜』を完成したときジュネは、もはやこのように錯綜した形式的作為を必要としなかった。いわば断片性、非線形性を自在にあやつり、時空の敷居を横断し、この世界の壁を透過し、西洋の観念と体制の外部に出て、まさに彼の〈パガニスム〉を完成したのだ。一見して意味の希薄な、ささやかな言葉で書かれているが、そこに透かし模様のように編みこまれ、あるいは象嵌された、数々の身ぶり、眼差し、反響や変調の連鎖は、西洋の歴史と、歴史の書法（エクリチュール）に対する壮大な挑戦であった。

（15）「……という奇妙な単語」、『アルベルト・ジャコメッティのアトリエ』所収、一三八頁。

この世界で非現実とは、まだ罪なのだ（マルグリット・デュラス）

「エミリー・Lの眼は何ヶ月ものあいだ開かれたままで、視線がなくなっていた。」

（デュラス『エミリー・L』）

1　先史時代のまなざし

フェリックス・ガタリが最後の書物『カオスモーズ』の扉に引用していた『北の愛人』の一節に強く注意をひかれた。私はその断片を試訳することから始めよう。訳文に異存があるわけではなく、ただ訳しながら原文の細部に出会いなおしてみたいだけだ。

空をよぎる太陽と船の走行につれて、デッキの床板に、船の側壁に、海上に、同じゆるやかさで描かれては、また描かれ砕け散るのは、影や稜線や光の跡からなる解読不能の引き裂くようなエクリチュールで、光は束の間の幾何学のもろもろの角度や三角形の中に砕けてはまた輝き、この幾何学は海面の波うつ影に揺すられるままに崩れるのだった。そのあとも新たに、やむことなく、さらに存在し続けようとして。

（Duras, *Romans, cinéma, théâtre*, Quarto, Gallimard, p.1707）

それは中国人の愛人をもったインドシナ半島の少女時代にくぎりをつけて、「子供」がフランスに出発したときの船旅の光景なのだ。「エクリチュール」という単語は日本語にはおさまりようもないが、「文字」と訳してしまうよりも、まさに刻々変化する線と光の集まりが文字のようなものを出現させているので、これを想像したい。そして確かにそれはデュラスにとっての「書くこと」(エクリチュール)と重ねられている。

それは光とその影、波や事物の襞や稜線からなる「エクリチュール」であり、また波打つ海水とともにたえず変動する幾何学的構造でもある。光のエクリチュールと波の図形とが、くんずほぐれつして、二つを区別するのは難しいと思えるが、一方には光のエクリチュール(文字、言葉)があり、他方には、水の上に現れる幾何学的構造があって、それは確かに区別されているようなのだ。おそらくこの区別には看過してはならない意味がある。

それにしてもなぜ「エクリチュール」なのか。作家自身の「書くこと」への偏執が表現されているのか。デュラスの最後の本のひとつはまさに「書くこと」(Ecrire)と題されていた。エクリチュールについてのエクリチュール、絵画についての絵画、映画についての映画は、いまでは数々知られている。「自己言及性」は、「現代」の作品が避けて通れない問題であるにちがいないが、すでに『ドン・キホーテ』のような作品さえもそういう面をもっていた。単に「自己言及」の戯れである以上に、そういう作品がなぜ必要とされるようになったか、そのことも様々に考察されてきた。しかしいまはデュラス自身の問題から遠ざからないようにしよう。

たとえばデュラスの『エミリー・L』という小説も、「書くこと」への言及を繰り返している。「わたしはあなたに話しかけた。あなたとわたしのことを書くことにしたと言った」。「わたしはいま言ったことを繰り返し、わたしたちがいっしょに経験したこと、まだ生き残って死にきれないでいる女性のことを書いてみるつもりだと言った」。「いま書いているのは、わたしたちのこともそのなかに含まれ、行きどころをなくしている別のこと、おそらくもっと広範囲なことなのよ」。「ときには、書くってことが、死ぬことと同じくらい、難しくなってくるわね」。「書くのは消すことなのよ」。「わたしは書いている時、もうあなたを愛してなんかいない」(田中倫郎訳)。

これらの「書くこと」をめぐる言葉は、波のようによせては返し、どこにも収束しないまま、どうやら死と愛という主題をかすめて揺れているが、そのような距離や振動の中で「書くこと」それ自体が新たに距離や振動を生み出している。ある中心にむかって書いているらしいのに、書くことはまた、どこまでもその中心を遠ざける運動である。そういう両義性を、最後まで生き尽したという意味で、私にとってデュラスは忘れがたい作家のひとりである。

「わたし」と「あなた」のカップルは、ホテルに逗留する別のイギリス人カップルに自分たちの分身を見出し、やがて逆に彼らのほうが二人のイギリス人の分身になってしまう。イギリス人の女はかつて詩を書いた女であり、エミリー・ディキンソンのいわば「現し身」(アバター)である。「わたし」と「あなた」は、それからはイギリス人のカップルを観察することに注意を傾け、彼らの物語、とりわけエミリーの詩作をめぐるエピソードを物語ることに熱中するのだ。もちろんその物語は、他の誰が話して聞かせるわけでもなく、「わたし」の書く物語にすぎない。かつて詩を書いたエミリーと、その詩を読んで絶望し破いてしまった夫、やがて故郷を離れて海上をさまようようになり、酒びたりになってただ緩慢な死を生きているだけの奇妙なカップルの物語である。それは終末、死、絶望に等しい愛、そして「書くこと」(詩)をめぐる物語であり、決してデュラスは物語を諦めはしないのだ。

エミリーと、「キャプテン」と呼ばれる夫の物語は、過去の時間に封印されたかのような出来事をめぐって進行するが、それは言葉のないサイレントの映像のようなものだ。そして彼らにわずかな台詞を与え、物語的脈絡を与えるのは、あくまでも「わたし」と「あなた」である。この仕掛けは少し『トラック』を思わせる。それは映画のシナリオとして書かれた作品にちがいないとしても、映画そのものはただ仮定的な次元に存在するだけで、「それは海岸にそって走る道路だったかもしれない。彼女はむき出しの広い平地を横断していたかもしれない」というように始まるデュラスとジェラール・ドパルデューの対話と、道路を走るトラックの映像によって進行するだけだ。それは映画であったかもしれない映画のプロジェクトを、ただ仮説のまま映画にした映画である。もちろんデュラスは映像を必要としたにちがいないが、映像を必要としたのは、映像以前の言葉の思考だった。そこでこの言葉の思考をそのまま映像化し、最小限必要な映像をそこに導入するということが、いちばん正確にその必要を表現するやり方になった。

印象に残っているデュラスのほとんどの小説では、常軌を逸した行動をする人物（しばしば女）がいて、彼女あるいは彼についての様々な仮説が、そのまま物語を形成する。決して人物の心理分析をしようとするわけではない。そういう行動の理由はほとんど不明のまま進行する。何が起きた（かもしれない）かを、つぶさに想像し憶測し語っていくが、それはあたかも想像でも憶測でもないかのようだ。とにかくそれは起きてしまったことであり、そうなるしかなかったかのように出来事は描かれる。

そして『エミリー・L』の最後もやはり、「書くこと」への鋭い言及で終わっている。「わたしはまたあなたに言った。書き直しをせずに書かねばならず、それはかならずしも素早く、全速力で書くことではないけれど、自分自身にしたがい、自分が今この瞬間に通り過ぎる瞬間にしたがい、書くことを外に投げ出し、それをほとんど虐待し、そう、それを虐待し、役たたずのその塊からなにひとつ、なにもとり除かずに、ほかのこともいっしょにそっくりそのままにしておき、速さも緩慢さも、なにも手加減せず、すべてを現れるがままの状態にしておかなければならないと」（私訳）。みごとな主張だと思う。しかしデュラスが、いつもそのように書いたかどうかは別のことだ。そのように書かねばならぬという決意が、確かに彼女のエクリチュールを牽引していたと思う。あるいはこの言葉は、こういう決意にいたる過程を表現しているからこそ意味があるのだ。いずれにしても、これはひとつの「書くこと」をめぐる小説の、最初にではなく最後に記された言葉なのだ。

『緑の眼』に収録されたデュラスのテクストに、「一九六八年五月、学生作家行動委員会の創設に関する政治的テクスト」と題されたものがある。

やがて「行動委員会」が結成されるその場所には、次々あてもなく、人びとが出入りした。一度きりで消えてしまうもの、続けてくるようになるもの、新聞を読んだだけで去ってしまうもの、紙切れに書いた詩を読むもの、等々。

「新しくやってきたものは、自分がどこにやってきたかわからず、これが何のための委員会かもわからないまま去っていった」。

「私たちはあまりにも万事を肯定するように躾けられているから、ひとたび解き放たれたなら、自由とは、もっぱら拒否することである」。

「この委員会は、生きがたいものだった」。

「私たちを結びつけているのは、ただ拒否だけだった」。

「私たちは、私たちの拒否が、包装され、ひもをかけられ、レッテルをはられるのを拒否した。」「ものごとを理論的に分割すること、明晰に思考することという毒を拒絶しよう、と私たちの奇妙な委員会は言った」。

「個人的な意見や情報は拒絶された。おまえはこれこれを所有している、おまえは誰それである、という類のことだ」。

「従うべき指令も、模範も、活動家もいなかった。拒絶すること、さもなければ毒をのまされるだけだ」。

「委員会は夢のようにはかなく、夢のように重々しく、激しく、しかも夢のように、毎日続いた。ひとは対象のない愛を夢見ることができる。私たちを結びつけているのは、ただ偶然だった」。

「喜劇的な狂人の集まり！」

「非現実とは、この世界ではまだ罪なのだ。もう一世紀待たなければならない」。

「私たちは、未来にとっての先史時代なのだ」。

当時の「委員会」は、この文書を「個人的で、文学的で、悪意のこもった、不誠実な」ものと断定して受け入れなかった、と注釈に記されている。

確かにここには拒否、喜劇的な理念、対象のない夢しかなかった。これを「先史時代」と呼ぶ書き手の、時間のセンスに注意を引かれる。この委員会は何ひとつ、まともなエクリチュールを実現しなかった。その実体のない過程についてのエクリチュールが残されただけだった。しかしこれをロマンティシズムともユートピア主義とも呼んではならないだろう。

「先史時代」と、ある場所に流れた時間を名づけることは、すでに、ある固有の時間の知覚とともにある。あの「委員会」にやってきた人物たちは、はるか彼方の時代を見とおす千里眼のようなものをもっていたわけではなかった。ただ時代の切迫した要求や強制から脱落していただけだ。しかし脱落してしまうのは、別の何かを希望し欲望し、何かを拒否していたからだ。そういう求心的遠心的動きの重なりから、「先史時代」というような時間の相が見えてきた。だからといって、いつか何かを決定的に実現する未来が前提されていたわけでもない。決定的な何かは、すでにその拒否のなかに、拒否を通じて含まれていた。

おそらくデュラスのあらゆる表現の根底に、この「拒否」と無関係ではないある時間の相が、時間の知覚が存在している。「現在と過去の共謀は、まったくひどい商業映画になってしまうので回避すること」（『デュラス、映画を語る』）と言う彼女は、映画を作ったとき、その「共謀」をどうやって拒否しただろうか。そもそもこの「共謀」は何を意味しているのだろうか。

もちろん多くの劇映画では（そしてドキュメンタリーでさえも）、過去の因果系列の延長線上に現在があり、その現在は移動しながら、いつもその系列のなかに矛盾なくはめ込まれていかなければならない。そのようにして映画の時間はいつでも現在であり、例外的に過去の時間を挿入するにはフラッシュ・バックとして例外性を明示しなければならない。フラッシュ・バックは、まさに現在と過去の共謀にほかならなかった。デュラスの言葉を端的に受け取り、現在と過去の共謀を拒否しようとするなら、現在と過去という秩序の外に出ることが必要になる。まさに時間の蝶番をはずさなければならない。そのように異様な時間に直面するしかないし、それはデュラスだけの問題ではなく、文学ではプルーストからボルヘスまで、映画では『去年マリエンバードで』から『インディア・ソング』まで、蝶番の外れた時間は、実は隠れた中心の問いとして表現を導いてきたのだ。

しかし芸術の時間論というような大きな課題にいま論をひろげるわけにはいかないので、やはりデュラスによりそって、彼女が時間論を展開したのではなく、どういう時間の構造を生きたかということを考えたい。

いつも決定的なことは過去にすでに起きている。そこで繰り返しその出来事にもどっていく。出来事は反復するようにしてその後も繰り返し起きる。決定的な出来事において、はたして何が起きたのか、なぜそのようなことが起きたのか、それを解明しようとして、おのずから出来事を反復するが、決してそれを解明することができず、何が起きたのか不明であり、出来事がはたして起きたかどうかもわからない。わからないままに出来事は反復されていくので、出来事はこれから起きるかのようである。これから起きる未来の出来事のようである。しかしこの未来はすでに起きたその出来事に属するのだから、あたかも過去のようである……そういうふうに倒錯した時間のかたちが浮かんでくるのだ。

私はときどき時間と出来事についてふれたジャン・ジュネの言葉を思い出す。「私にとって出来事はもはや、現在の瞬間から未来へと移りゆき、過ぎ去ってしまうものではない。反対に、出来事を導く瞬間が生じたとき、たちまちその出来事は終わりに達し、全速力で始まりにむけて逆流し、みずからの上に、その終わりをめりこませるのだ」(「ロジェ・ブランへの手紙」)。もちろんジュネとデュラスの時間の見方は同じではない。同じではないが、やはり現在と過去の「共謀」を斥け、それぞれに反復し、逆流し、切断し、複合する時間を発見しているのだ。

『インディア・ソング』には、かろうじてアンヌ゠マリー・ストレッテルという女性とそれを取り巻く男たちの物語という枠組みがあるだけで、すべての要素が不定の時間の中で浮遊している。そして

「現在と過去の共謀」は、声とイメージの共謀でもあるので、そこにも切断がおきている。多くの映画では、かくかくしかじかのことが起きたと語るナレーションにせよ、台詞にせよ、同時に与えられる映像とともに、ある一様な時間秩序（過去と現在）を形成するのである。

この映画の多くの部分が「聾で盲目」であるとデュラスは語っている。音声はすべて画面の外から聞こえ、見えている人物は一度も語ることがない。とにかく第一に引き裂かれた「共謀」とは、声と言葉と映像の共謀であり、視覚と聴覚の共謀なのだ。デュラスは、『インディア・ソング』のサウンド・トラックをそのまま使用して、『ヴェネツィア時代の彼女の名前』というもうひとつの映画を作った。つまりすでに〈音声の映画〉がひとつの自立的な存在を得ていたということでもある。そして〈映像の映画〉のほうはサイレント映画ではなく、まさに「聾」の映画だったのだ。

語っている人間が見えている。あるいは見えている人間が語っている。多くの映画ではこのときすでに音声（言語）と映像との「共謀」が起き、音声も映像も物語の進行のなかに、いっしょに埋没し溶解してしまう。映画の観客にとって、音声の映画も、映像の映画も存在しないかのようなのだ。そうでなければ劇映画の順調な進行が阻害されることになる。

そしてこのことと無関係ではありえないが、作家にとって、テクストを映像化するということは、いつも〈エクリチュールは映像ではない〉という根源的問題に直面することでもある。ただ言葉とともにあって、決して映像として出現することのないイメージの次元にむかって、もともと作家は書いている。それでもデュラスは映画の映像を、あるいは映画の光と音を必要とした。イメージの次元から決して出ないで、そこに映画の光と音を迎え入れようとするなら、まず映画を成立させる音声と映像の結合を解体して受け入れるしかない。これはあくまで作家のエクリチュールの次元を保持するための、頑な純粋主義に見えるかもしれない。しかしエクリチュールの次元から出て光と音と出会う、ということをデュラスは確かに必要とした。この出会いが確かに映画として出現したのだ。そして画面外の自立した音声と、音声から分離した純粋な映像は、ただ純粋であり、自立しているのではなく、音声と映像の有機的な結合から離脱し、この結合を導く物語や意味から脱落することによって、音と光の別の知覚を誘発し、別の結合や出会いをうながすことになる。

書かれた言葉〈エクリチュール〉はすぐ近くにあり親密でありながら、最も遠くにある言葉である。そういう言葉はたとえ母語に属そうとも、すでに母語から脱落し、遠ざかり、いわば限界に位置する。もはやどんな言葉でも表現しえない事態に出会うことと、どんな言葉にも属さないエクリチュールを発見することは、決して別のことではない。そしてどんな映像によっても表現しえないイメージに出会うことと、どんな媒体にも属さない別の媒体を発見することという問題が同じところに発生しているのだ。

植民地で育ち、学校で植民者の言葉を教える母親のもとで育った。その言葉の外にある大地と民衆にとりまかれていたので、おのずから言葉を〈外部の言葉〉として受け取る知覚が身についた。〈外部の言葉〉は必然的に〈言葉の外部〉と接している。外部のイメージはほとんど暴力のように押し寄せてくるので、それから身を守るにも言葉が必要である。そういう場所に身をおいて書くようになった作家にとっては、外部世界の混沌は、見つめれば見つめるほど空白の白い空間に変わる。

デュラスの登場人物は、ある「暴力的階級」に属しているとジル・ドゥルーズは書いた（『シネマ２＊時間イメージ』）。といっても彼らはどんな暴力をふるうこともなく、むしろ世界の暴力から隔離されたような「階級」なのだ。それがブルジョアの娘であれ、大使夫人であれ、病者、狂人であれ、彼らは権力の暴力から脱落した境界に位置して、世界の白い混沌を見つめている。それを見つめる、視線を欠いたまなざしとそのような知覚の前に現れた世界の光と音、そしてそれとくんずほぐれつしながら決して溶け合ってしまうことのない言葉の次元（エクリチュール）のせいで、私たちはずっとデュラスのまなざしからのがれられない。

2　一九六八年のデュラス

一九六八年頃のマルグリット・デュラスの創作の複雑な、力強い展開には圧倒される。戦時のレジスタンスの活動、ナチの協力者との接触、強制収容所からもどってきた夫、共産党との訣別……。これらの体験に根差すにちがいないデュラスの濃厚な政治的歴史的意識は、その後も長く引き延ばされて、一九六八年パリの出来事に注いでいっただろう。戯曲『イエス、たぶん』、『シャガ語』（いずれも一九六八年）は、明白な、しかしかなり風変わりな〈アンガージュマン〉の作品といえる。しかしそれは同時に、他の作品にも転移していく名づけがたい実験や断絶を含んでいて、政治との関係そのものも、さらに根本的な問いの対象になっていったように思える。

『太平洋の防波堤』（一九五〇年）に描かれた、フランス領インドシナでの植民地の生活と家族の記憶は、一九五四年の小説『木立の中の日々』にも延長され、後者は戯曲として書き直されて、一九六五年、母親と息子の悲喜劇の形に結晶した。つまり、あの新たな〈政治的な時代〉の直前でも、デュラスは、赤裸々な自伝的、家族的モチーフを手放していなかったようなのだ。酔った母親のとめどないせりふは、その後のデュラスの人物たちの、しばしば極端な寡黙さとは対照的だ。家族のモチーフは、デュラス文学の「愛」の追究と、おそらく切り離せない。

そして現実に起きた殺人事件に想をえて、最初は戯曲に、次にはそれを小説に、そして再度それを戯曲化した『イギリスの愛人』(Le théâtre de L'Amante anglaise、邦訳題『ヴィオルヌの犯罪』、一九六八年初演)では、「狂気」という問題の独自な追求が執拗に展開されていた。

さらに一九六九年の『破壊しに、と彼女は言う』は、破壊的な愛の試みを、極度に断片化、抽象化した会話によって構成している。これは『ロル・V・シュタインの歓喜』から、『死の病い』まで続く、何度も繰り返された破局的な愛(「恋人たちの共同体」)[1]の実験であり、登場人物はいつも定義しがたい「狂気」の影につきまとわれている。

この短い試論では、一九六八年前後という、デュラス自身が政治的な意識を先鋭に表現した時期に、おそらくそれと切り離せない形で、驚くべき濃密さを保ちつつ、いくつかのモチーフ(そしてジャンル)の間を揺れながら創作を続けていった過程を思い出し、そのなかの印象深い特徴や、モチーフの間の脈絡をたどってみたいと思う。[2]

戯曲版の『イギリスの愛人』から印象的なフレーズを拾ってみよう。「二つのことがあります。ひとつは、私は彼女を殺すのを夢に見たということ(que j'ai rêvé que je la tuais)。二つ目は、私が彼女を殺したとき、私は夢を見ていたわけではなかった、ということです(que lorsque je l'ai tuée je ne rêvais pas)[3]」。デュラスは、実際に起きた事件(一九四九年)の経緯を翻案し、妻によって夫が殺された事件の被害者を、夫の従妹に変えている(ちなみに最初に同じ事件を扱った戯曲『セーヌ・エ・オワーズの陸橋』では、夫婦が二人して、この従妹を殺したことになっている)。実際の事件は、妻が、暴君であった夫に耐えきれずに殺し、死体を解体して陸橋から列車に棄てたという、一見動機は凡庸な殺人であったかのようだが、デュラスは被害者を変更して、どうやら事件の謎を深めるかのような実験をしている。

「セメントのベンチがあって足元にはイギリス・ミント amante anglaise が生えていました。私の好きな植物でした。食べられる植物で、羊がいる島に生えています。このベンチに座ると、自分がすごく賢くなったみたいでした。じっと静かにしているせいで賢い考えがわいてきました」[4]。(i) amante anglaise とは、la menthe anglaise の誤りで、被告の女性は「イギリス・ミント」と言おうとしたが、「ミント」が「愛人」にすり替わっている。この単純な誤りに、深い意味があるはずもないが、デュラスはこれをタイトルにまでしている。そのわずかな語の転移に、あたかも何か狂気の兆候が含まれているかのように。夢にすぎなかった行為が、いつのまにか現実になっているという転移とも、それが重なるかのように。

「そのときあなたは庭で自分を誰だと思っていましたか」。その答え、「私が死んだ後に生き残っている女」(Celle qui reste après ma mort)[5]。これももう一つの〈転移〉(精神分析を想定するには及ばない)であって、殺人を犯す前の「私」は生きており、同時に死んでいた。

「庭では、頭の上に鉛の蓋でも載せているようでした。私の抱いた観念は、この蓋を通り抜けていっ

(1) モーリス・ブランショ『明かしえぬ共同体』(西谷修訳、ちくま学芸文庫)に現れた表現である。
(2) デュラスと一九六八年とのかかわりについての日本語文献として、村石麻子「マルグリット・デュラスの六八年五月革命——『イエス、たぶん』、『アバン・サバナ・ダヴィッド』を中心に」、慶應義塾大学フランス文学研究室紀要、vol. 20, 2015, p.17-31があり参照した。
(3) Marguerite Duras, *Œuvres complètes*, Tome II, Bibliothèque de la Pléiade, Gallimard, p.1067.
(4) *Ibid.*, p.1071.
(5) *Ibid.*

たに違いありません。私の気持ちが……〔尋問者：鎮まるように?〕」「そう、でもそんな観念はめったに生じませんでした。たいてい観念はうごめいているだけでした。あんまり苦しくて死にたくなりました」「ときどき何日か、それらの観念が外に飛び出しました。ええ、それがどこに行くわけでもないって、わかっていました。でもそれが外に出て行くとき、私はほんとうに……、ものすごく幸福で、それを信じて狂いそうになりました。そんな観念が、火がついたように爆発するのが聞こえるように思ったんです」「そんな観念とは、幸福、冬の植物、ある種の植物、ある種のもの……について」「食べ物、政治、水、水について、冷たい湖、湖の底、湖の底の湖、飲み込み、捕まえ、閉じ込める水について、こんなもの、水、たくさんのもの、休みなく手もなく這いまわる獣たちについて、行ったり来たりするものについて……[6]」。

こんなふうに詩的混沌でもあれば、無意味でもあるものの果てしないひしめきが、そこに出現している（ひしめき、増殖、分割）。デュラスの書く言葉自体が、どうやら、実際の証言や自白の言葉から遠い次元に飛び出してしまった。

デュラスは理由不明の殺人を犯した女クレール・ランヌにこう語らせている「私は自分のもつ知性に十分ふさわしいほど知的でなくて（Je n'étais pas assez intelligente pour l'intelligence que j'avais）、私の持っていたこの知性を言い表すことができなかったようです。たとえば〔夫の〕ピエール・ランヌのほうは、自分の持っている知性の割には知的すぎるのです（il est trop intelligent pour l'intelligence qu'il a）[7]」。それは「知性」に関する奇妙に逆説的な言及である。自分の知性に比べて、より少ない、あるいはより多い知性が、自分のなかにあるというわけである。たとえば意識の知性と無意識の知性、あるいは精神の知性と肉体の知性というふうに、いくつもの知性があると考えるべきなのか。クレール・ランヌは、そのような分析的な答を与えはしない。私は知っており、知っていない。ひとつの人格の中に、様々な知性があるということを、ただ明白な事実として言表しているだけだ。

（戯曲において）殺されたのは、家に住み込んで家事をしていた夫の従妹にあたる女性だった。なぜ殺したのかという質問に、クレールは答えないし、答えられない。正しい質問がされていないから、答えられない、と言うだけだ。人はいろんな質問をするが、それらの質問はばらばらである（クレールが解体して棄てたばらばらの死体のように）。「もし正しい質問ならば、そんなあらゆる質問も、他の質問も含んでいるだろう」(8)。

尋問者：そしてもし認識不可能な理由が、知られざる理由があるとすれば？
クレール：誰が知らないというんです。
尋問者：誰も。あなたも。私も。
クレール：その知られざる理由はどこにあるんです。
尋問者：あなたの中に。
クレール：どういうわけで、私の中ですか。彼女の中、家の中、包丁の中でもいいじゃない。そう、死の中でもいい。いくら探しても見つからなくて、それは狂気だということになる。わかっています。しょうがない(9)。

（6）*Ibid.*, p.1075.
（7）*Ibid.*, p.1076.
（8）*Ibid.*, p.1077.

これは不条理劇風のナンセンスな会話とは、少し違い、そして大いに違うものではないだろうか。ひとつの「犯罪」を擁護することでも弁護することでもなく、解釈することでもなく、ただ理解することがデュラスの試みであったに違いない。不条理の霧を貫いて「真実」に達しようとしたということだろうか。しかし、とにかくそれが理解しえないものであることを、理解しなければならなかった。解釈不可能なものに出会い、それを見究めることしかできなかった。

一つも演劇的アクションがなく、ただ問答と回想から、それも不可能な回想だけからなるこの戯曲において、しだいに形を表すのは、一つの思考であり、また異様に〈明白な〉思考不可能性にすぎないようである。尋問者の問いは、問いへの問いを触発するだけで、ますます真実から迂回していく。ほんとうは答えを見つける前に、問いを見つけなければならないのだ。問う知性と、答える知性があり、どこまでも過剰な知性と、欠損した知性とが共存する。「私」のなかには少なくとも二つの知性があって、二つが一致することはない。

ある医者の愛人であった女が、その医者の妻を殺したという別の事件の審理を傍聴したデュラスは、犯人に語らせようとしない裁判の体制を、そして犯人に言わせたいことしか言わせまいとする〈正義〉を、強く批判している。「闇の《真実》を認めなければならないと私は思う。シュワジーの犯人たちは殺さなければならないと思う（彼らは殺したのだから）。しかし彼らが出てきた闇を理解することは、決定的に放棄されてしまう。その闇を、光の方から認識することはできないからだ」[10]。ヴィオルヌの犯罪をめぐって、最初に戯曲を書き、次に構成を変えて小説を書き、さらに戯曲化するというデュラスの追求は徹底していた。そこから形をとってきた闇の真実、闇の思考は、デュラスの創作のすべてに浸透していったにちがいない。もちろん、そのような真実と思考は、もともとデュラス文学のモチーフにとって核になっていたもので、何度も試され、究められる必要があった。

一九六八年の戯曲『イエス、たぶん』（*Yes, peut-être*）の登場人物は女性二人に、男性一人である。男の服はぼろぼろで、上着には「名誉」、尻には「祖国」、そして「神」という単語、星条旗の星などが、いたるところに記されている。三人はそれぞれ、ガイガーカウンターのような器具をもっている。

「おお、ララ」、「おお、ララ、イエス」、「何、それ」、「軍人よ」、「おお、ララ、なんてありさま」、「彼は戦争をしてきたの」、という二人の女性のやりとりからはじまる。二人の女性は、「無垢で、横柄で、優しく陽気、とげとげしいところはなく、機知もなく、知性もなく、愚かさもなく、身元もわからず、記憶もない[11]」と冒頭のト書きで記されている。男優は、ときどき軍歌を歌ったりするだけで、せりふを言うことがない。

（おそらくヴェトナムでの）戦争を風刺する断片的な語句の、しばしばナンセンスなやりとりだけが続く。イエスは、英語の肯定のイエスで、他には nothing、God など、挿入される英語はわずかだが、しばしば主語が省略され、変形されたフランス語は未知の言語に迷い込んでいく。「わからないけど、私たちは問う」、「わからない、でも説明してください」。デュラスの「問う」立場と、不可知のものに向かう視線はここでも一貫している。

（9） *Ibid.*, p.1079.
（10） *Ibid.*, Tome III, p.954.
（11） *Ibid.*, Tome II, p.895-896.

「私たちにはもう何もわからない、そのことはわかっている」。「ほんとう、そのことならわかっている」。「話しているときには、注意しなくては、たぶん？」。「いいえ」。「言葉はいつも言葉」。「どの言葉？」。「前に話していた言葉」。「言葉を放っておくことはできない」。「聞いて。誰かが言葉を言う。何か言うとき、あなたはあなたの見ていることを言う。戦争、戦争、戦争……」。「何も見えない[12]」。

最後には「恐怖」、「拒絶する」、という言葉が反復される。『イエス、たぶん』は、もちろん戦争を批判する作品にちがいないし、そのようなメッセージとして読みうるが、同時に、あらゆるメッセージを拒否するかのような実験的テクストでもある。デュラスは、批評家への返答として書いた文章で次のように書いている。「もろもろの現実にかたちを与えてきた戦争、所有、〝自我〟、〝他者〟といった概念は、根本的に糾弾される」、「機械的に話され、文脈から脱落し、これらの概念は風刺され、パロディー化され、滑稽なものになる」、「戯曲全体に新しい秩序への言及があり、それがかたちになろうとしている。失効した観念を理解することはやめたという確信から、それは生まれる」、「いま、即座に、さしせまった緊急な仕方で、諸概念の理解を停止しなければならない、そういう概念によって支配的な秩序は、戦争を現実の状態として強制してきた。いますぐ、別の言語を話そうとしなければならない。ある批評家たちが言ったように、どもりながらであっても[13]」。

『イエス、たぶん』は、もうひとつの戯曲『シャガ語』（*Le Shaga*）と同じ時期に書かれ、同時に上演された（六八年一月）。女優のひとり（あいかわらず名前がなくBとだけ指定される）は、ほとんどの場合、「別の言語」つまり意味不明な「シャガ語」を喋る。デュラスはインド＝ミラネシア語群の辞書を参照して、この架空の言語を作り上げたと言われる。先の奇妙な反戦的戯曲は、この純粋な言語実験の戯曲とあわせて書かれ上演されたのである。フランス語とシャガ語のナンセンスなやりとりはコミックであるが、はるかにコミックを逸脱する実験である。そしてヴィオルヌの殺人における「闇の《真実》」と隣り合ってもいる。話し手がどもるのではなく、言語そのものをどもらせる錯乱的実験であり、ルイス・キャロル風のナンセンスとも、イオネスコ風の不条理劇とも、異なる方向で書かれている。決して無意味やアイロニーの方向にむかっているのではなく、あくまでも言語を通じて、言語のあいだに、ある〈外部〉を発見しようとしている。ある〈見えないもの〉を眼差している。

「言葉は政治的行為である」(La parole est un acte politique) と書きながら、言葉と政治の結託を拒絶するようにして、その結託の外に、別の言葉と別の政治を見出さなければならなかった。デュラスにとっての一九六八年は、そのような言葉の試練と実験とともにあるしかなかった。それが、実に多様な位相をもつ豊饒な創作をうながすことになった。

『緑の眼』に収録されたデュラスのテクスト「一九六八年五月、学生作家行動委員会の創設に関する政治的テクスト」については、すでに触れた。

「新しくやってきたものは、自分がどこにやってきたかわからず、これが何のための委員会かもわからないまま去っていった」。「この委員会は、生きがたいものだった」。「私たちを結びつけているのは、ただ拒否だけだった」。「ものごとを理論的に分割すること、明晰に思考することという毒を拒絶しよう、と私たちの奇妙な委員会は言った」。「非現実とは、この世界ではまだ罪なのだ。もう一世紀待たなけれ

(12) *Ibid.*, p.916.
(13) Jean Vallier, *C'était Marguerite Duras*, Tome II, 1946-1996, Fayard, p.537 に引用されている。

ばならない」。「私たちは、未来にとっての先史時代なのだ」[14]。所有も、模範も、指令もない委員会にとっては、「非現実」が中心のスローガンなのだ。

それは確かに「私たち」の革命であったが、デュラスひとりの奇妙な、革命を拒否する革命でもあった。そのような政治と言語の激しい緊張関係とアポリアをくぐりぬけたデュラスは『破壊しに、と彼女は言う』（一九六九年）と『ユダヤ人の家』と訳された *Abahn Sabana David*（一九七〇年）を書くことになる。二つの小説は、ますます簡潔な会話と、改行の多い、比較的短い、形容詞も副詞もきりつめた文章で書かれて、ある巨大な沈黙のうえに刻みつけるかのように言葉は書かれている。『ユダヤ人の家』のほうは、明白にユダヤ人迫害の歴史と、一九六八年プラハへのソヴィエトの侵攻という政治的背景をもっている。『破壊しに……』のほうは、むしろ複数の男女の愛の〈物語〉ではあっても、その「破壊」は確かに六八年の「破壊」と密接に関連している。そもそもデュラスが生きた戦争とレジスタンスの時代が、濃密な愛の葛藤とともにあったことを思いだすなら、政治と愛の葛藤的関係に根差していたデュラスのモチーフが、ここにもはっきりみてとれる。しかも一九六八年頃の創作を通じて、そのモチーフをめぐる表現が新しい段階に入ったことを私たちは想像させられるのだ。

『破壊しに、と彼女は言う』の、題名と等しい文は、次のように唐突に現れるだけである。

彼女はふりむく。視線がもとにもどる。ゆっくりと。
――破壊する（Détruire）、と彼女は言う。
彼は彼女に微笑む[15]。

「破壊する」という不定法は、文脈から浮いて漂う。この作品の文体を、プレイアッド版全集の編者は、「碑文のようなスタイル」（style lapidare）と呼んでいる。物語や人物とともに、文を破壊しなければならない。しかし、この〈小説〉のなかでは、何もあからさまに破壊されたわけではない。破壊されたものは、とりあえず〈文〉であり、〈言葉〉であり、「破壊する」という不定詞のまわりで、言葉も、意味も、文脈も漂流し始める。言語との異様な緊張関係そのものが、この時代のデュラスの作品のモチーフであったにちがいない。

「私は根底的に、有機的に共産主義者であり続けています」« Je reste communiste profondément et organiquement »[16]。フランス共産党から除名された時期（一九五〇年）に、デュラスはそう書いている。その発想の中には、確かにそのように表現された根底的、有機的な〈政治〉が存在し続けたにちがいない。「共産主義」が出現してからは、世界のどこでも、政治と文学（芸術）との関係が新たに問われるようになった。文学は飢えた子供たちを前にして無力ではないか？　むしろ政治の方からやってきたその問いは今でも解消していないし、解消することもありえないが、デュラスのような作家の歩んだ足跡を通じて、この問いは新たな次元に移されたということができよう。おそらく文学だけがなしうることがあり、文学の方からも政治に対して問うべきことがあった。ついには、文学とも政治とも名づけられない、ある生死の場をまなざすことだけが要求されていた。

（14）*Op.cit.*, Tome III, p.682-689.
（15）*Ibid.*, *Oeuvres* II, p.1106.
（16）Jean Vallier, op.cit., p.103 に引用された書簡より引用。

ドゥルーズとガタリが『カフカ』で論じたような「マイナー文学」にとって、そもそも文学と政治の明白な分割はありえない。作家が政治について語る前に、その文学の動機の次元に政治はおしよせてくる。女性という「マイノリティ」にも、そのような政治は浸透してくる。もちろん「マジョリティ」の名においてしか語らない女たちもいる。そして「飢えた子」という「表象」によって、叫びや吐息や夢の場所を蔽ってしまうような圧力も、たえず再生される。時代によってはかなり活動家でもあったデュラスは、政治と文学を分割して文学を支配下に置こうとする活動家の思考に関しては厳しい批判を書いている。「活動家の言葉は一つの方向しかもたない。活動家は、なにはさておいても喋る人間だ。大学教師と同じだ。〔……〕彼らは人々と出来事のあいだに介入する。彼らは文化、政治的出来事を簒奪し、すっかり消化された状態で生徒に、人々に与える。生徒はどうするだろう。人々はどうするだろう。手を開いて、消化された食べ物を嘔吐し、立ち去るだけだ[17]」。

一九六八年前後に、実に複雑な創作の展開を通じて、まったく独自の屈曲した道をたどり、デュラスは「闇の《真実》」を、新しい表現に結晶させることができた。その《真実》は、政治的な意味をもちうるが、政治を根底から問うものでもある。それはデュラスの全作品に潜在する問いにちがいないが、とりわけ一九六八年前後のこれらの驚くべき展開は、注意深い読解を求めていると思う。

『ヒロシマ・モナムール』の付記のタイトルであった奇妙な言葉"Les évidences nocturnes"(「夜の明白性」)を、私は思いだす。闇に包まれた明白性、闇の《真実》は、眼差しを跳ね返す。デュラスの錯乱した主人公たちには、しばしば眼差しがない。その眼差しのない瞳に映ったものを、それでも見ることができるかどうか、そう問いながら書き続ける作家がいた。

デュラス自身が『破壊しに、と彼女は言う』について語った、ほとんど野蛮な言葉を、次に訳出しておく。「すべての学部、すべての大学、すべての学校を閉めてしまうことに、私は根本的に賛成です。すべてをやり直すことに。これは『破壊しに、と彼女は言う』の、私の本の根本的精神で、ゼロからの出発なのです。歴史を、フランスの歴史を、世界の歴史を忘れてしまうことに、まったく賛成です。生きられてきたことの記憶がもはや存在しない、つまりあらゆる前線で、あらゆる点で、許しがたいことが存在しなくなる。すべてを壊すこと。そう、『破壊しに』のなかで、私は人間の変化を、要するに、内的水準における革命的段階を位置付けようとしています。この内的な一歩を踏み出さなければ、人間が自分の孤独において変化しなければ、何も可能ではなく、あらゆる革命はごまかしにすぎないと思う。根本的にそう思っています[18]」。この激しい言葉に対して返ってくる数々の否定的反応は容易に想像されるが、デュラスのあらゆる作品は、この言葉が指示する究極のモチーフなしには考えられない。

(17) Op. cit., Tome II, p.1264-1265.
(18) *Ibid.*, p.1166. Jean-Claude Bergeret による『破壊しに、と彼女は言う』に関するドキュメンタリー映画（一九六九年）におけるデュラスの発言から。

ディオニュソスのエコロジー

アルフォンソ・リンギスの本にはすみずみまで〈情動〉の、そして〈蕩尽〉の思考が展開されている。彼は、今日まれにみるディオニュソス的哲学者にちがいないが、彼のディオニュソス主義は、めくるめくような〈エコロジー〉を提出してもいて驚かされる。それはただ人間の安全を維持しようとする環境保護的な発想によるエコロジーではない。むしろ現今の人間、社会、歴史の観念が前提にしている価値や領域の限界そのものを問い、その外に離脱しようとするエコロジーなのだ。

はじめの「世界のへそ」というテクストは、「広大な大平洋にぽつりと置かれた小石」のようなイースター島について、この島にある巨大な石像（モアイ像）について、その像の「風の力をとり入れる頑強で広く開いた鼻孔」について語っている。それは「鳥人」の島であり、夢占いで選ばれた「鳥人」たちは、激しい海流を泳いで別の島にわたり、最初に産み落とされる鳥の卵をみつけたものが王になる。新しい鳥人の王は、巨大なモアイ像に囲まれ、噴火口のなかで一年間「完全な隠遁生活」をおくる。「島々ではアジサシが押し合い圧し合いしながら卵をかえし、断崖の上では島民たちが我を忘れて乱宴乱舞の祭式を執り行った」。そういう島に、残忍な略奪者や植民者が訪れ、やがて観光客たちまでがやってくる。彼自身もその観光客のひとりにすぎないリンギスは、巨像の鼻孔に吹き込む風の響きから、数少ない資料から、ひとつの〈情動〉の世界を再現しつつ、やがて独自の〈情動〉の哲学を開始している。

「情動は、力でもある。主要な色彩は、命あるものの内で強くうねりをなす豊富なエネルギーから生じる。ニーチェにとって情動とは、生物体が生み出しながらも、生物体が環境に適応しようとする働きからはみ出してしまう過剰なエネルギーである」（『汝の敵を愛せ』中村裕子訳、洛北出版、三一頁、以下も同書の頁を記す）。知性は、世界をまず線によって把握するだろうが、情動はそこに色彩を見る、あるいは情動そのものが世界を色づける。情動は本質的に過剰であり、みずからを〈蕩尽〉するものである。リンギスは臆することなく、彼の思考をニーチェとバタイユの系譜になげこんでいる。

そして情動論は身体論に連結される。「身体は形や輪郭を持つことによって、他の身体を排除する空間のなかにとどめおかれる。身体の色彩は不透明な広がりで、その背後には生の諸過程が隠されている。身体の表現する感情を通して、その感情の力の場に私たちの目を引きつけることによって、身体は充足した閉鎖状態から抜け出し、目に見えるものとなるのだ」（三三頁）。身体は皮膚の内部に閉じられていて見えないものである。身体は情動を外に表現するが、同時に情動は身体そのものを開くのである。身体があり、感情があることを誰ひとり否定できないとしても、身体は感情とともに、閉じられては開かれるものである。身体について考えようと、感情について語ろうと、それらを何か、自明の実体であるかのようにとりあつかうなら、驚きも発見もありえない。「感情」を、「情動」といいかえるとき、私たちは触発し触発される身体に生起するあらゆる出来事に目を向けることになる。身体のあいだで作用し反作用するあらゆる力の質と度合、さまざまなドラマに気づき、新たな姿勢をせまられる。身体も情動も固定した実体ではありえないから、実に多様な身体論や情動論が成立しうる。それらに結論などあるはずがなく、はてしなく追求されるしかない。

リンギスのディオニュソス的な情動論にとって、身体は決して孤立した静態を生きているのではなく、たえず他者の身体に作用し作用され、戦いや不安や策略のあいだにある。「生物体の上機嫌、愉快、欲望、怨恨、悲嘆、無感動、絶望が人目を引いたり、通りがかりのひとの注目を集めたりする。これらは、他者の知覚の領域や実際的な関心のなかへと侵入していく。私たちの情動は他者に新たな方向づけをし、他者の思考の脈絡を乱し、他者の計画の青写真に浸透し、他者と争い、他者を不安と自己不信で苦しめる。ひととひととの間にある力とは、ただ単に物質としての身体が他の身体を動かすために使う物理的な力ではない。それは逸らせ、迂回させ、策略で動かし、命じる力である。私たちがほしいままに享受する快感や、堪えしのぶ苦痛のすべてが、他者に力を振るうのだ」（三四頁）。こういう身体と力のせめぎあいは、場合によっては人を不安神経症にしてしまうものでもあろう。けれどもリンギスにとって、このせめぎあいからこそ生きる喜びはやってくるのだ。

「世界のへそ」と呼ばれるイースター島の、巨像、海、波、風、火山の風景を前にしてリンギスは、まさに島という身体が大自然のなかのさまざまな作用のあいだにあること、島の〈歴史〉がその身体を貫通してきた情動のたえまないヴァリエーションとともにあったことを考えるのだ。ひとたびこのような情動の地図を提出したあとで、リンギスのエセーはさらに旅を続ける。

『汝の敵を愛せ』のディオニュソス的エコロジーは本質的にカタストロフィック（破局的）であって、あくまで破局を歓待する。そもそも宇宙は大爆発から誕生したわけだし、それは生きており、したがって星々さえもいつか死滅するのではないか。そこまで時空のスケールを拡大しないとしても、私たちの生命の循環の中に欠かせないものとして含まれている体内の無数のバクテリアに目をむけるだけでもいい。生は孤立した個体ではなく、無数の生の〈共生〉のなかにあり、無機物と有機物のはてしない連鎖のなかにある。個体がひとつひとつ唯一の個性をもつことを決して否定しないとしても、リンギスは、ひとつの身体をひとつの主体に結びつけ、統合された同一性を原理とする発想に対しては、あくまで破壊的に思考する。

ディオニュソス的エコロジーにとって、自然のあらゆる戯れは、合目的である以上に、贈与であり祝福であり余剰である。生態系は、ある観点からはどこまでも精密な合目的オートポイエーシスとして理解されうるが、リンギスにとって、大自然はほとんど目的を越えてたえず乱舞している。「ほとんどの動き――物体が落ちる、転がる、移動する、とどまる、他の物体と衝突する、他の物体を動かす――は、目的を持っているわけではない。サンゴ礁でたわむれる八腕類の身体の動き、悠々と流れるアマゾン川をひらひら泳ぐグッピーたちの身体の動き、ニューギニアの蔓植物のあいだでアクロバットを演じてみせるバタンインコの身体の動き、南極大陸から北極地方まで地球のあらゆる緯度をスクロールしてゆくキョクアジサシの身体の動き、人間の身体の動き、これら身体の動きが目的論的であることはどれほどまれであることか！（…）ほとんどの動きは、スタート地点からすでに構想されている外部の指示対象によって意味づけられているのでもない。テーマも、クライマックスも、大団円もなく、動きは中途から延びている。動きとは、持続なのだ」（五二―五三頁）。

この思考にとって、身体はさまざまな「動き」の帯域であり、「動き」はアイデンティティも、目的も、計算もよせつけない。「動き」は、反復、戯れ、過剰であり、いつも途上に、中間にある。

リンギスの思考は、労働する人間とエロティックな人間をいつも対決させたバタイユのそれにとても近いが、バタイユほど緊張型の、ひきつった侵犯の表情をみせない。むしろありふれた生命と身体のひろがりを微細に見つめ、想像力をひろげ、人間と社会の秩序や拘束がそこにいかに浸透しているかをみつめ、人間と自然の境界域のデータを読み込み、境界域の状態と活動をさまざまな角度からみつめることが、このディオニュソス的エコロジーの一貫した試みなのだ。

たとえば、ドゥルーズ&ガタリの『千のプラトー』が指摘した「顔貌性」の問題に、リンギスはもう一度せまっている。ただ頭部の表面なのではなく、口、目、鼻という器官のあつまりでもなく、顔のもつあらゆる記号性はおそるべきものである。しかめつら、ひそめた眉、こわばった表情は、社会的なものの指標を構成している。顔は多くのことを意味すると同時に隠すのである。そのようにして権力の体系に密着し、命令し、命令を分節する。責任をもち、アイデンティティをもち、質問し、応答する人間をつくる。「市民は、体内で脈動する流れや滝や逆流を感じながら、互いの身体にもたれかかったり、互いの身体を絡み合わせたり、互いの身体の臭いをかいだりすることはない。市民は、自分達の頭部に広がった顔という、何も書かれていない壁を相手にする」(七九頁)。

顔の恐るべき効果は、それがまず「何も書かれていないスクリーン」であることからくる。このスクリーンに刻まれる記号が、命令として機能し、その顔の持ち主とそれに対面するものの主体性や同一性を方向づける。そして「顔は身体の全体に拡大する」(八二頁)。顔に支配された身体は、他の身体との接触を避け、話される言葉に一致する情報や意味以外のノイズを排除する。

この社会に顔むけできないものとは、リンギスにとって身体なのである。「しかしまた、身体の深みが顔を侵食し、顔を曖昧さや熱意で曇らせることもある。唇や頬の思わせぶりな線が揺らぎ、定式化されていた一連の表情を失う。唇や頬は、日光の愛撫に揺らめき、昆虫やかさかさと音をたてる木々の振動とともに震える。滑らかな曲線を描き、信号を刻みこむために空白となっていた頬のなかに、むき出しの敏感な肉欲が浮かび上がる。衣服という堅い外皮の背後から、体内のあらゆる動物が、顔というただひとつの露出面へ向かって移住し、外部の動物とつながる」(八三頁)。リンギスはただ顔の権力を批判するのにとどまらず、顔がいかに身体でもあって、身体の深みからやってくる生命を外部に開くものでもあるかを、いたるところに見ようとする。

リンギスは現象学者としての経歴をもつが、彼の思索は、現象学よりもはるかに振幅が大きい。そして現象の何を肯定し否定するかに関しても、彼の立場は大胆に表明されていて、決して中立的でない。にもかかわらず彼に現象学的なところがあるとすれば、それは顔、身体、情動をめぐる現象にむけられた例外的に微細な識別力のせいだろう。

「思考の本質には、どこか破局的なところがあるのではないだろうか。思考は過剰な強迫によって駆り立てられて、それ自体が知覚を超えた過剰となる。思考するとは、視覚の力を超えるもの、見るに耐えないもの、思考のさまざまな可能性を越えるものを探すことである」（二一四頁）などと書いたリンギスにとって、破局を考え、破局とともに考えることが、一貫した主題であり、立場である。しかし破局は破壊や終末である以上に、目覚めであり、忘却であり、脱出、移動であり、偶然なのである。眠りから覚め、新たに光を浴び、昨日のことを忘れ、意味もなく胎児のように体を動かしはじめること、すでにそのこと自体に何か破局的なものはあって、過去は保存されると同時に、中断され、破壊されている。

中断なく連続しているもの、同一であり安定しているものは、むしろ陰鬱なのである。どんなにささいな笑いでも、それは口を爆発させて無意味な異音を発し、連続や安定をたちきり、ひとつの破局であり祝祭である。まじめな責任ある行為が、ほんの少し軌道を外れるとき、人は笑う。すべてが必然的であり、ただ予定通りに進行しているときには笑えない。バタイユもまたエロティシズムと笑いについて執拗に書いたが、それはかなりひきつった笑いで、それを読んだものは決して笑えなかった。リンギスの本は、たしかにバタイユ的な記述にみちている。「目の前で誰かが突然裸になると、毎日の仕事の時間に小さな亀裂が入る。しかし、私たちの社会やほとんどの社会において人間の裸を覆っているタブーという名の厚い鎧は、裸になることが仕事や理性の世界に対して、機能的な市民という健全なアイデンティティに対して、破局的な影響を持つと感じられてきたこと、そして実際に破局的な影響があったことを証言している」(二一〇頁)。しかしすぐ後でリンギスは、バタイユが決してしなかった描写をくりひろげる。「背骨を優しく撫でられたときのようにぞくぞくと興奮しながら、私たちの骨はゴムのようになり、腹をひとつの腺に、劇場や熱狂で激しく鼓動する心臓に変える。唇は理路整然とした言葉を形づくるのをやめ、バブバブ言ったり、くすくす笑ったり、ぽかんと開いた湿った穴へと変わる。足先は空中でターンしてその姿勢を保つ力を失い、まるで舌のように肌に沿って、割れ目のなかへと探りを入れる」(二三四頁)。

このような引用を読まされたら、この本のディオニュソス的エコロジーとはずいぶんマッチョで、荒々しい破局的な事態を、破局ではなく歓びとしてむかえられるだけ十分に生命力の強い人だけにむけられた思想と感じる読者もあるだろう。ニーチェであれ、バタイユであれ、あるいはドゥルーズであれ、同じ反応を喚起することがある。しかし「危険な情動」という原題をもつこの本の思考は、正しいもの、真なるものを担って他者を支配し、管理し、責任を負う人びとの「強さ」には、少しも共感していない。動物には情動しかない。人間はその情動を飼いならし、情動以外のものを構築してきた。リンギスはその人間の強さよりも、動物の強さと弱さに味方する。それは異様な思想であるが、私たちはそれを必要としている。

ある批評家の死（ベルナール・ラマルシュ＝ヴァデル）

不思議なことに、もはや芸術のどの領域にも、〈批評家〉と呼びうるような存在は、いなくなったのではないか。ビエンナーレにとっては、決して本題ではないかもしれない問いを、あえてもちだすことになる。

それほど喪失感や悲壮感をこめて、こう書き始めているわけではない。かつて批評家と呼ばれ、様々に毀誉褒貶を浴び、ときには「所詮評論家であって、アーチストではない」と貶められた、その種の文筆家たちは、確かに作品を読解し、それを理解し享受するためのコンテクストと環境を、自分なりの文体とともに作り出そうとし、ある程度までそのことを達成しえていた。批評家は、作品を解読しながら、批評という言葉の領域そのものを生み出さなければならなかったし、批評的言語で解き明かされることによって、作品は孤独な生成の場から対話の場に浮かびでて、他者の視線にさらされるばかりか、複数の声に出会い、その声に侵入されたのである。この批評家たちは、しばしば詩人であり、また作家でもあった。批評の言語は、様々な質の言語の間にあり、それらと浸透しあいながら、なおも異質であり、その異質性にはある必然があった。遅かれ早かれ批評という、異質な言語の場へと召喚されなければ、作品は歴史のなかに参入しえない。確かに、〈歴史化する〉という過程自体に幾多の功罪が含まれるにしても、表現行為とは、いやおうなく歴史に反応し、歴史に巻き込まれ、みずから歴史を形成するような行為でもあるにちがいないのだ。

しかし批評家がいなくなっても、決して批評がなくなるわけではない。美術館の学芸員、美術ジャーナリスト、そして学術的な研究者たちが、かつての批評家の批評よりも以上に精密で該博な、そして機動的な批評を続けている例だって、世界のいたるところにある。実は批評家の消滅とは、むしろ好ましい事態であったとさえいえる。批評家の個性と権威は、かつて必要なものであったと同時に、うとましいものでもあったからである。批評家は、芸術的創造の機微に触れ、それを擁護し注視するようにしながら、なんらかの批評的主体性を形成し、作品を対話の場におき、アーチストとともに集団的複数的な交通の場を作り出す。こうして創作とは別の次元に、ある持続的な対話と交通の場が、そしてしばしばある種の〈政治〉さえもが、形成されることになった。

批評というジャンルそのものが決して消滅したわけではないし、芸術をめぐる読解、対話、流通、そして〈政治〉の必要さえも、決して影をひそめてしまったわけではない。おそらく作品の傾向がまったく多様化し、そのうえたちまち作り手自身によって表明され読解されるようになり、批評家というような存在を熟成させるほどの間合いや余白が失われてしまった。このことは当然ながら、批評家という存在に関してだけでなく、今日アーチストと呼びうるほどの存在ははたしているのか、という問いにさえつながる。批評家も芸術家も、もはや消滅した、などと大言壮語して挑発することが目的ではない。その種の挑発ならば、すでに何度も繰り返しおこなわれている。

デュシャンの便器（『泉』）が出現し、イヴ・クラインの「非物質的作品」が金塊と交換され、やがて様々なパフォーマンスとそのアイディア（概念）そのものが作品（表現）とみなされ、あるいは単なるコミュニケーション行為そのものが、作品でなければ、少なくとも価値とみなされるようになった世界では、批評と作品そのものの分割も、もはや見えがたくなっている。現代美術のある方向と領域において、作品は、ほぼ物質性も形態も失い、ただひとつの経験、行為、思考といった過程にすぎないものになってきた。それを読解し、批評し、対話の場におき、なおかつ商業的な流通の場に導く行為も、そのように形も実体もない体験と根本的に異なる行為ではありえない。

〈批評家がいない〉ということは、批評を必要とするような濃度・強度そして時間性を持つ作品と、そのような濃度・強度そして時間性を迎えるような思考と交通の場が成立しないということである。おそらく芸術の場は決定的に変質した。

ところで、これはあくまで〈批評〉にかかわってきた一個人の印象にすぎず、決して芸術の世界全般について確証しうる事実ではない。〈批評家〉について考察しながら、私はどうやらある種のメチエ（手仕事）としての批評を思い浮かべていたようだ。そのようなメチエは、当然ながら創作の側においても、計り知れない手仕事の時間の深みが存在することを前提とする。じつは批評にも創作にも手仕事レベルの見えがたい熟成が要求され、必然的に両者の出会いもまた、ある時間と時間差を経過することになっていたのだ。

繰り返すが、〈批評家〉がいなくなったように思えるこの世界を、私は嘆いているのではない。何か消滅したものがあれば、その死滅の過程をよく見つめ、なぜそれが消滅したのか、かわりに出現したものは何か、とくと観察し考えたいだけである。

消滅したものとは、むしろメチエ（手仕事）なのかもしれない。たえまない手仕事を通じて知覚と身体に経験を織りこんでいき、そこに織り込まれたものを意識と思考に照らし合わせていく過程には、いつも意識と経験の間の時間差において自己生成される過剰な何かがある。その自己生成に、意識はわずかにしか介入できない。そのような仕事の過程は、作り手自身の〈批評〉を要求し、ときに〈批評家〉を必要としたのである。あるいは〈批評〉における〈スタイル〉さえも要求したのである。

私自身は、美術批評にそれほど深入りしたことはないが、絵画、デッサン、版画、彫刻、写真あるいはインスタレーションなどに分類される作品に出会い、その出会いのなかで揺れ動く自己の知覚と思考をまさぐるようにして文章を書く機会が、ときおり訪れた。ジュネ、アルトー、ベケット、クローデル、フーコー、ドゥルーズたちが美術について書いた文章に、強い触発を受けたことも大きい。しかし美学、美術、美術史について体系的に学んだことなどなく、むしろある種の文学的作品を読み解くことに時間をかけてきた。それも文学史や文学理論をしっかり教わってからではない。文学研究の仕方など、ほとんど〈世界〉を研究する方法に劣らないいくらい多様でありうる。美術の研究法についてもおそらく同じことがいえるだろう。それでもまだ、どの領域でも、体系性や基礎的知識にもとづいて研究することに固執し、これを実践しようとするうるわしい立場もある。おそらく死にいたるまで私に問いを投げかけ、語りかけを続けるような、いくつかの作家と作品とむきあい、そこに読みとった私自身の問いでもあるような問いを、文学以外の表現に関してもやはり問いかけること、そのこと以外に私にとって批評の基礎などありえない。それ以外のことには、まったく徒手空拳でのぞむしかない。

それにつけても、たとえばアントナン・アルトーの書き残した膨大な言葉を、「作品」と呼ぶことは、いまだ、そしてますます躊躇される。彼の残したどの文章も、「作品」として完結した印象を与えることがない。「作品」という決定的に安定した実体をもつものとして受けとることができない。それはほとんど容器におさまらない溶岩のようなものである。あるいは可聴域にはない叫びや振動のようなものである。思考と知覚のある破局的体験を精密に記す言葉そのものが、その体験そのものによって引き裂かれている。作品が、それ自身によって引き裂かれる。言葉は言葉自体によって、思考は思考自体によって破壊され損傷をこうむる。それでも、ただ思考の残骸のようなものが羅列されているのではなく、精錬され鍛錬されたむき出しの素材の配置が、奇妙に美しい印象を与えることもある。精神病院で書き続けた膨大なノートの中にさえも、アルトーの手仕事の成果は感じられる。しかもそのノートには、もう一つの言語（あるいは異語）のように数々のデッサンが描かれていた。私は、そこにさえも、ある〈メチエ〉を感じているのである。

もはや美にも、形式にも、心理にも、物語にも、歴史にも敵対するしかなかったアルトーの奇妙な仕事と探求は、ただ行為、実践、変形、過程、体験とでもいうしかないものだからこそ、「作品」と呼びえない。たとえ彼がタイトルをつけ、あるまとまりをもつ書物をいくつか残したとしても、それらはただ死によって中断される切れ目のない試みの全過程の一部であるしかなかった。この過程は精神病院で書き続けた四〇〇冊のノートに収斂する。それは〈行為〉の連続であるが、決して美術でいうパフォーマンスのようなものではない。その意味が決定しえないとしても、しばしば一つの意匠（概念）に対応するしかないパフォーマンスやインスタレーションは、なんとやせほそったものに見えることか。

しかし私は決して、現代美術の〈いかがわしさ〉を前にして、アルトーを聖化しようとしているのではない。その自己破壊的な、過剰な生成の過程はまったく〈現代的〉であり、少なからず現代の芸術に衝撃を与え、現代の思考、身体に何が起きているかを露呈させた。自己破壊、無形式、諸力の混沌、むき出しの物質、身体の表出、過剰さ、無境界、分裂等々。それでもまだ私は、アルトーのなかに、セザンヌにも、ピカソにもあったような〈メチエ〉を見ていたし、いまでもそのことに異様な美さえも感じることができる。私はまったく反動的だろうか。

そもそもアルトーの試みは、ことごとく失敗に終わったのである。作品を作ることに関しても、失敗の連続であったといってもいい。はじめて雑誌に詩を投稿し、その詩を「失敗」とみなされたことを糾弾し、この失敗そのものを自分の表現の核心としてそのまま受け入れさせることに、アルトーは「成功」したが、そのときからアルトーの「成功」とは、まったく逆説的なものであり続けた。そのことはまさにアルトーの〈現代性〉のしるしとなったが、この現代性は、奇妙に裏返った構造をその核心に刻印している。

アルトーは、芸術の古典的規範を弾劾し、シュールレアリスムの政治主義に抵抗し、西欧の思想と宗教を批判し、精神病院の体制を糾弾し、心身と生命に浸透する権力と戦い続けた。そういうアルトーの強迫的な闘争の姿勢は、もはや〈現代的〉なものとは言われないだろう。現代美術における批判や闘争は、はるかにシニカルである。あるいは明白にナンセンスをめざす。あるいはナイーヴに共同主義的であり対話的であり、ときには臨床的でもある。

もちろんあらゆる技法と美学を通り抜けた現代にあって、なおメチエの芸術に活路を見出そうとするアーチストが存在する。確かにウォーホルやボイスでさえも、アートの問題と重心を、まったく変質させながらも、なおしたたかなメチエをもつ画家であった。

アルトーの「失敗」は、シュールレアリスム、キュビスム、バウハウス等々の「成功」を超えて、なお〈現代的〉である。それなら、ウォーホルそしてボイス、あるいは川俣正、李禹煥にいたる「成功」は、アルトーの「失敗」を超えて現代的なのだろうか。私は、奇妙な、おそらく間違った問題を、〈現代性〉に関してたてているのだろう。私は混乱しているだろうか（いまあえて私は無造作に〈現代〉といい

〈現代性〉といっているが、それはある切迫した同時代の感覚を意味しているにすぎない。歴史に照らして〈現代〉を特化するとすれば、それには、もう少し慎重な歴史論や時間論が必要になり、もはや無造作に〈現代〉について語ることはできない。現代とは、虚妄の時間である。しかし現代性とは、この虚妄と戯れることでもある)。

＊

自殺したその批評家は、「フランスには大変すぐれた、尊重すべき美術批評の伝統があって、私はそれを捨てるには忍びない」と、荘重な声で私につぶやいたことがある。彼ベルナール・ラマルシュ＝ヴァデルは、パリで出会ったその頃小説を書き始めており、まもなくガリマール社から出版する予定で、その草稿を私に読ませてくれた。四〇歳をすぎたところで、小説家としては遅いデビューだったが、すでに美術批評家としてはヨーゼフ・ボイスを最初にフランスに本格的に紹介する論を書き、アルマン、クロソウスキー、ジャコメッティばかりか、ミケランジェロについてまで著作を発表する一方、いくつかの画期的な展覧会の企画者、また美術雑誌『アーチスト』の主宰者でもあった。ある時期からは写真にも情熱を傾け、多くのめざましい批評を書くと同時に、旺盛なコレクターにもなっていた。

彼のエセーにも、小説にも、繰り返し自殺の願望とその場面が精細に描かれている。そして二〇〇〇年四月に、ついに自殺は敢行されてしまった。友人というほどの間柄ではなかったが、彼の未刊の原稿を読み、何度か強い印象の残る会話をする機会に恵まれた。出会いの機会を作ってくれたのは、ラマルシュ＝ヴァデル自身が実に周到な批評的エセーを捧げている写真家、田原桂一だった。

二〇〇九年夏ちょうどパリに居合わせた折に、この批評家の足跡を振り返る展覧会が、パリ市美術館で開かれていた。「批評家のまなざしにおいて――ベルナール・ラマルシュ＝ヴァデルとアーチストたち」と題されていた。およそフランス人らしい明快で軽やかな語り口ではなく、むしろ荘重な物腰で、粘り強く喋る人物だった。なぜか自分の精神的祖国を、フランスではなくドイツ、そして次には日本と決めていた。いつもグレーのスーツを身に着け、率直で慇懃でありながら、奇妙にダークな印象があった。彼も私も、アルトー論に精魂を込めた時期があったので、話すことは山ほどあった。彼の田原桂一論は、よく考えぬかれた精巧なエッセーで、写真の分析が同時に批評家自身の思想的体質を稠密になぞっているにちがいないという点で、驚嘆すべきものだった。しかし、この〈批評家〉のまなざしと思考が、かなり異なるタイプの作家と作品のあいだをどうくぐりぬけてきたのか、彼の言う「尊重すべき美術批評の伝統」を彼自身がどう生き延びてきたのか、そのとき漠と浮かび上がってきた問いについて、十分時間をかけて話しこむ機会はもてなかった。

読まされた小説の原稿もまた、間違いなく強烈な、少しスラブ的雰囲気のもので、たちまち私は好感をもち、それからもずっと気にかかっていたが、その後に刊行されたいくつかの、屈折した文体で書かれた小説を読了するまでにはいたらなかった。そして最初の出会いから約八年ほどすぎて訃報に接した。

「描かれるコーパスと絵画的実践に対する関係を非主体化すること、表象を通じて、表象の場にいすわる倒錯的幻想を反転させること、絵画をそのエコノミーの現実的な場所の外に連れ出そうとする感情的、宣言的な外部性の復活に対して、たえまなく、ますます批判的であること。分析的抽象の内包した方向とはまさにそのようなものであった」。これは一九七七年に「シュポール－シュルファス」の試みを継承した抽象絵画の系譜について、ラマルシュ＝ヴァデルが書いた文章のほぼ精髄にあたる部分である。修業時代にロラン・バルトの指導を受けたこともあるこの批評家は、誰に命じられなくても、ある課題をになっていた。つまり「記号の問題」を隠蔽しようとし、その「還元不可能な厚みという前提」を抹消しようとする体制に抵抗する、という課題をみずからに課していたのだ。それはまた芸術において、あらかじめ何らかの意図や企画に従属するような美学を拒否するというアナーキズムとともにあったが、絵画上の技法としてのそのアナーキズムは、図形や色彩の細やかな配置を通じて、注意深く〈表面の物質性〉にむけて視線を導くような〈アナーキズム〉でなければならない。抽象絵画以降になお抽象を究めようとしたマルタン・バレ（一九二四〜一九九三）のようなアーチストのあり方が、彼の批評にとっては範例となっていた。バレの一見穏やかな抑制された画面の構成に、むしろ不穏な挑発を彼を見出していたのだ。

そういうラマルシュ＝ヴァデルの繊細すぎるほどのアナーキーな記号学的美学は、ヨーゼフ・ボイスのように、しばしば明白すぎるほどの社会的概念に照らして創造を試みた人物に対しては、どのような批評をむけただろうか。「ボイスは、何よりもまず、人格というものを構成する素材とともに仕事をする。その素材とは思考であり、またそれが形成される持続における思考の様々な状態に結びつく感情である」。ここでじつに厳密な言い方がされていることに注意しなければならないが、ボイスは、ほとんど人間そのものを、なまの素材として再発見するような芸術的実践をした、と批評家はいいたいようにも思える。「ボイスの天才とは、彼の思考の主題と発展、そしてこの思考の状態を形象化する素材あるいは装置の間に彼が設ける有機的な関係に関して、彼の直観が例外的な性質を持つということである。それゆえわかってきたことは、ひとつの深く象徴的な作品が問題であって、思考と心的行為がその基盤になっていることである」。

ボイスにおいて、〈概念〉はそのままストレートに作品に置き換えられてしまうような一義的性質のものではありえない。少なくともその作品を解読するためには、「パノラマ的ヴィジョン」が必要となる、とわれらの批評家は注意をうながしているが、それ以上に重要なことがある。「その作品が配置し、それを横断していくもろもろの分離の、差異の数え切れない総和を目撃することは、またもや驚きである。そのことが彼の作品に比類のない幅と多様性を保証しているのである。ボイスの使う用語の意味はまったく多義的で、つねに動いていくが、そのように意味をめぐるたえまない問いかけそのものが、ボイスの作品の本体そのものをなしている」とラマルシュ＝ヴァデルは書いている。

リチャード・セラについては「あなたの作品の構築にとって方法的手段は、不均衡ということです」と、作家とのインタビューで、ほとんどぶっきらぼうに彼は断言している。

現代美術の実に様々な傾向を批評しながら、彼が紡ぎ続け、反復し続け、執拗に戦おうとした何かが、これらの断片的な作家紹介（そして批評）からも浮かび上がってくる。私にとっては、まだ未知の部分が多いが、ここに浮かび上がってくるひとつの美学的戦略は、明らかに、ある死の哲学に裏打ちされている。そのことをまったく端的に表現しているのは、彼の写真論なのである。

おおむねモード写真の領域に分類されながらも、ある過剰さ、異様さの感じをもつ、かなり挑発的なヌードのイメージによって知られるヘルムート・ニュートンについて、ラマルシュ＝ヴァデルは、ここでもやはり彼自身の脳髄のうちにあった問題を照らしだすようにして書いている。

ニュートンのヌード写真は、決してヌードの紋切り型を避けるのではなく、むしろそのむこうに通り抜けてしまうようにして、その紋切り型が死滅する点にいたる。ある奇妙なポーズ、硬直、緊張のうちに、身体とエロティシズムの効果が、自壊してしまうかのようである。「身体の完全な、または部分的な裸形は、それを覆うものと同時に、それが暴くものを明らかにし、それを隠すものと同時に、それが暴かれる場を描いている。厳密に言うならば、この身体は、その装いの例外性を描き、それが出現する場所の特異性を描きながら、まさに写真がそのような身体を登録し、配置し、展開し、あるいは矯正するコンテクストの現実を叙述している」。したがってそこには裸体のイメージがありながら、何かしら裸体の不在そのものがイメージとなり、むしろ裸体の実在を否定するようなコンテクストのイメージが与えられている。「私は親しみのうちに納得するのであるが、このような写真家は、写真という媒体が発明されたときから、不在と死のすぐ近くで働いてきた創造者なのである」。ニュートンの写真において、「死が生を侵食し、生が死を侵食している」という印象は、ここではニュートンの写真の特徴であることを超えて、写真そのものの根本的本質として定義されている。

自死する前には深刻な抑鬱状態に陥って入院していたラマルシュ＝ヴァデルは、〈タナトファジー〉と彼みずからが記しているように、〈死をむさぼる〉ごとき心的状態にますます沈潜していたようである。この世界で集団自殺はすでに何度となく起きており、今も起き続けている。同時代のフランスは、まだナチと協力した時代の体質を根深く保存している。その体質はそのまま現在の資本、市場、メディアの支配に流れ込んでいて、「彼らは歴史についても、われわれの身体についても欺いている」。われわれは、もう存在しないのも同然だ……。

ベルナール（とファーストネームで呼ぼう）は、彼の第二の精神的祖国である日本について、自死した川端康成、三島由紀夫について言及しながら、日本人の「ベネディクト会的パラノイア」について語っている。しかし必ずしも、いわゆる日本的自死の美学について興味をよせているわけではない。「実に奇想天外な姿勢の中に、意外な時間と状況の中に、自己をたえまなく投影することによって、エゴを無限に拡張しようとする叙情的意思」を、彼は讃えるという。そのような時間と状況は、「労働、時間、現実的持続におけるベネディクト会的信仰によって統御されている」というのである。限りなく多様でありながら、日本人は、しかも統一を失うことがない。そのように、限りなく自己抑圧的でありながら、その抑圧をほとんど精緻な芸術にまでできたえあげていくというベネディクト会的狂気……。

ベルナールは、かなり突飛なエキゾティズムを日本人に投影していると思えないこともない。おそらく彼の生と精神と身体をくまなく包囲するヨーロッパに対する過剰な、しかし演技とはいえない激しい嫌悪と批判のまさに反対物を日本に発見して、彼なりに〈日本人〉であることをめざしたのである。それが日本人にとっては、どんなに奇妙な日本に見えるとしても、彼の問いの立て方に、〈日本人になること〉に、ある真摯な動機のあったことを私は認めたい。

そして、もはやそういう激しい批判的精神とは無縁の遠くに私たちは生きているとしても、日本的パラノイアに深い共感をよせ、喪失と抑鬱の底で生きのび、ある日、命を絶った彼が、現代美術のもっとも真摯な〈批評家〉のひとりであったことを忘れることはできない。彼のまなざしに映った〈現代美術〉とは、まったく反現代的であり、反現代的であることによって現代的であったこと、そういう根本的な逆説と両義性は、彼のような批評家によって生きられたあとで、今に至るまで、まだ私たちの問題であり続けている。

＊

ベルナール・ラマルシュ＝ヴァデル（Bernard Lamarche-Vadel, 1949-2000）の残した作品は、近づきがたい迷宮、洞窟、絶壁、死体安置室に似ている。

『すべては壊れる』（鈴木創士訳、現代思潮新社）は彼の長編小説三部作の第二の作品である。「ザメンホフ」というドイツ語の響きがする地名、その界隈のおびただしい動物の死体、爪や足や肉や臓物や羽、とりわけ「私」の愛する犬たちが、五〇匹も太陽に曝されて死んでいる。

長編第一作のタイトルは『獣医』で、ここでも動物と死が顕著な主題で、まだ古典的な文体で書かれているとはいえ、一貫してシニカル、荘重なスタイルで、獣医の家族や協会を描いていた。マニアックな雰囲気とユーモアが、ちりばめてあった。私はその頃愛読していたポーランドの作家、ゴンブロヴィッチのいくつかの小説の辛辣な感触を思い出していた。まだ刊行される前にその原稿を手渡されて読むことになったのは、パリに滞在していたとき写真家、田原桂一の家で、作家自身に出会ったからだ。ゴンブロヴィッチへの言及に、彼は慇懃に微笑んだが、もちろん彼の小説は似て非なるもので、私は、そんな比較ではなく、もっとストレートな感想を言えなかったことを後悔した。その小説の慎重で、奇矯な展開と、モチーフの必然性にうたれていたのだから、まずそれを言うべきだった。

美術批評家であった彼が、旺盛に小説を書き、発表するようになるのは四〇歳をすぎてのことで、しかも彼は小説によって着々と、厳格に、死に向かって歩んで行った。小説の文体はますます濃密になり、粘着質になり、通常のフランス語の冗長性も、叙述の形式や遠近法も拒否するようになる。三部作を締めくくる『彼の生、彼の著作』（Sa vie, son œuvre）は、医者であり、様々な機会に書いた追悼文を集めた著作によって世に知られるようになった人物の〈物語〉で、話者が次々交替し、ときに戯曲形式の対話がはさまれるというふうに、かなり凝った構成で書かれている。主人公マルバックは、どうやら作家の分身であるらしいが、すでに死んでいる。一七世紀の神学者・説教家ボシュエは「雄弁の傑作」といわれる『棺前説教集』を残したが、『彼の生、彼の著作』でも『すべては壊れる』でも、このボシュエは、ラマルシュ＝ヴァデルの文学の、遠い祖先として選ばれている。しかし、この二〇世紀の作家の〈古典主義〉は異様であり、奇妙なフェイクである。

ラマルシュ＝ヴァデルは、二〇〇〇年五月二日、銃によって自死した。晩年は深刻な鬱病を病んでいたということだが、死は小説に繰り返し描かれ、説明され、根拠付けられ、綿密に設計され、着実に準備され、心底から願望されたものに見える。その死の理由について、彼以上に克明に語ることはできないが、しかし彼は決して理由を明らかにしていたわけではない。明らかなのは、彼が死を願い、死を思考し、確かに実践したということだけなのだ。それにしても死のモチーフとして考えられることが、いくつかあり、それは小説のなかに入念に描きこまれている。

彼はとりわけ動物を、犬を愛した。世界では〈動物になること〉を主題とした数々の小説が知られているけれど、確かに彼の小説の中で、動物への愛は、人間への愛をはるかに超えている。彼はボシュエ以外にもフランスの作家を、とりわけ古典主義時代の作家への偏愛を表明しているが、にもかかわらずフランスを憎み、フランス語に対する大いなる嫌悪を示した。フランス語は、外交の言語として使われたほど社交的で、交渉、取引、方便の言語である。ドイツ語のほうがはるかに硬質で、質朴で、非妥協的であるというわけで、『彼の生、彼の著作』はまずフランス語で出版されるが、ドイツ語に訳されて、このドイツ語版からもう一度フランス語に訳しもどされた新版の刊行を希望する、という〈自己言及〉を序文のなかに含んでいる。そして冒頭には、すでに書き手の娘がドイツ語訳のために書いた別の序文が配置されている。それによるフランス語新版は、すみずみまでドイツ語に浸透され、その痕跡で武装しているはずなのだ。書き手であり主人公である医師は、本業をやめて、（ボシュエのように）追悼文を書くことを仕事にしているが、本文の中ではすでに彼も死者として回想されるのである。

彼のフランスへの憎しみは、フランス語だけでなく、とりわけナチズムの協力者であったフランスにむけられ、強制収容所の恐怖にむけられていた。『すべては壊れる』の累々と重なる動物の死体の場面を、あの恐怖と重ねずに読むことは難しい。「対独協力」は、彼にとってフランスの過去でも記憶でもなく、歴史的例外でもなく、フランスの骨髄にまで滲みた宿痾であり、したがって現在の生々しい現実でもあった。その意味でも、フランス語はドイツ語に浸食されてきたのだ。

ラマルシュ＝ヴァデルの作品は、そういう記憶や嫌悪や恐怖によって引き裂かれたかのようなフランス語で書かれている。しかし、もちろんただ壊れているのではない。コミュニカティヴなフランス語を周到に退け、骨抜きにし、その外部（外国語）に侵蝕させるようにして、繊細に調律しなおしている。それを十分味読するには、もちろん相応の根気がいる。彼の小説を日本語に翻訳することも、当然、並外れて困難な冒険となる。

私は、彼が日本に発見していた「ベネディクト会的狂気」を思い浮かべる。「エゴを無限に拡張しようとする叙情的意志」、精緻な芸術にまできたえられた「自己抑圧」……。私の立場はむしろ逆転して、彼がフランスを嫌悪したように日本を嫌悪し、彼が日本を愛したように、フランスを愛することもできる。倒錯者のエティカのようなもの、そしてパガニスム（異教主義）、という言葉を思い浮かべる。

『すべては壊れる』は、フランスの致命的な不正について語っている。「この小説で私が語る必要があったのは、ほかでもなく今日のフランスの生活である。その細部にわたる展望であり、われわれはその中を、凶暴に、あらゆる種類の横領によって憔悴し幻覚にとらわれて徘徊しているのだ。われわれはみんなこの横領のカモなのだ」。ラマルシュ＝ヴァデルが小説によって企んだのは、孤独な全面戦争であったようだが、彼はその終末まで設計し、その終末に促がされて、奇妙な戦いを続けた。そういう奇妙な戦争の持続として、彼の小説は書かれたようなのだ。

自分の小説が、ドイツ語の次には、日本語に訳されることを願って、翻訳権についても他国とは別枠で契約しようとしていた。ようやくそれが実現することになった。私は彼の穏やかな、皮肉の混じったような優しい微笑、慇懃でゆるやかな、やや貴族的な物腰を思い出す。彼の作品の毒、危険、残酷、死、絶望が、ただ生に対する否定であったとは思わない。むしろそれは、生に向けられる、たえまない、隠微で執拗な攻撃に抗する例外的に強烈な、鋭敏な反撃なのではなかったか。あの激しい怒り、憎しみ、拒否は、何にむけられていたか考えながら、これからも彼の〈遺書〉を読み続けるだろう。

凡庸の哲学、肉体の思想

1

小島信夫は、初期の「アメリカン・スクール」、「吃音学院」の印象が奇妙に強く、むき出しになり空気に曝された神経が、じかに言葉を発している感じは、日本文学の中にあって、かなり例外的なものとして記憶している。しかし小島は、決してずっとそのような作家であり続けたわけではない。

〈物語〉の問題を考え始め、考えあぐねながら、「物語の死線」というエセーを書いたとき、『菅野満子の手紙』を読み、それが私にとって重要な手がかりになったことがある。「忘れているのではありませんか。小島さんは小説も、作家も、物を書いていたという意味で、ここに出てくる広い意味の作家も、日本のも、外国のも、それから書いている私も、いつのまにかみんなが合唱をはじめた、といった意味のことをいっていました。あれは、忘れてもらっては困るし、そんなはずもありません。だって、小島さんは、もっぱら合唱スタイルなのですから」というような文が、この作品には現れる。「合唱」という言葉が、強い印象を刻んだ。「物語の死線」などというタイトルをつけた私は、確かに文学からも、あるいは他の様々な領野でも、あるいは歴史観のようなレベルでも、物語が失われることについて考えていたが、たとえばラテンアメリカの小説は、二〇世紀欧米の文学の変容を敏感に受けとりながらも、決して物語を死なせる方向に動いていたわけではなかった。むしろ物語的なものに、新たな生気を吹き込んでいた。私自身のささやかな文学的遍歴の中で、物語の解体、喪失という問題は切実に感じられていたが、ほんとうに問うべきことは、何か別のところにあるとも予感していた。

そこで〈物語〉とは一体何か、どんな定義がありうるか、そんなことから考えようとしたが、私の問いの方向に合致する文献に出会えないまま、「物語は終わった」、「物語は終わらなければならない」、いや「物語とは何か、物語の何が終わり、何が終わらないのか」、いやむしろ「物語を再び、新たに、なんどでも発見すべきではないか」と考えは揺れていった。やがて私のその問いは「歴史とは何か」という方向に分岐して行った。もちろん〈歴史〉とは〈物語〉でもあるのだから、私は同じ問いを持続していたといえないこともない。

いま小島の『私の作家遍歴』三巻を通読してみて、これらの揺れ動いた私の問いの多くが、すでに問われ、またたくさんの答えもそこに含まれていることに気づく。いや、むしろ明らかな解答のようなものはひとつもなく、問いに対してさらに問いが投げられ、問いが形を変えるのをたどっていくうち、答えがないということが、著者にとっても、読者にとっても、ほとんど確信に変わるのだ。

第一冊『黄金の女達』の約半分ほどは、ラフカディオ・ハーンの足跡をたどることに費やされているが、小島はやがて脱線に脱線を繰り返し、ハーンはほぼ姿を消してしまう。はじめそれは、ハーンという存在の時代背景を展望するための迂回であり、私の解説すべき第二冊『最後の講義』は、ロシアの作家ゴンチャロフの『日本渡航記』をつぶさに読み解くことから始めている。この作家は、まだハーンが生まれて間もない時期に、ロシアから派遣された船に乗って日本人と会見した体験を記録していた。しかしやがて小島の関心はゴンチャロフの同時代人トルストイに向かい、あとはとりわけトルストイの小説の読解に、この本の大半が費やされることになる。ハーンの『講義録』には、わずかながらトルストイやドストエフスキーを高く評価した部分がある。小島がハーンからトルストイに迂回していったきっかけはそれだけのことにすぎない。むしろハーンより前に日本を訪れ日本について書いたゴンチャロフを通じて、ロシア文学の特徴と言うか、ロシア的魂の琴線というか、そんなものを読み解きながら、ハーンをはるかに通り越して、文学論であり、歴史論であり、人生論であるような、滔々と続く思索を小島は披瀝するのである。

いま仮に文学論、歴史論、人生論と記してみたが、小島の書き方はかなり異様である。それは彼の「小説」に比べれば、いくぶん作家論的であり批評的であるが、彼の小説の語りとほとんど同じ次元にあり、およそ理論的であったり解釈であったりすることを拒否している。「どの作品もそれについて論じるということはあまりいいことではない。論じて分ったつもりになることはよいことではない。論じて分るのではなく、その作品とともに夢を見たり、もう一つの別の作品を書くということが望ましいように思える」(『奴隷の寓話』潮出版社版、三〇七頁)。実際、そんなふうな姿勢を小島は貫いているのだ。したがって本から本へと「遍歴」しながら、とりとめもなく脱線していくことは、いわば「手法」になっていて、もはや脱線とさえいえない。「脱線」とは高速で軌道を走る乗り物のイメージだが、小島の筆はむしろ緩慢に佇み(急いではならないと繰り返し自分に言い聞かせつつ)、しばしば後退しては前進し、蛇行しては未知の領域に進み、やがてドン・キホーテ、ナポレオン、ドストエフスキー、ゴーゴリ、スタンダールにまで話が及んで、ハーンの歴史的背景といったモチーフからははるかに遠ざかり、第三冊『奴隷の寓話』はいうならば「超小説論」といった趣を呈して終わるが、そもそも終わったという印象がない。約千六百頁にわたる遍歴は、確かに何のため、と把握しうるような足跡をすっかりかき消すようにして終わっている。

2

それにしてもここからは、とりわけ第二冊『最後の講義』で印象に刻まれたことを語ることにしよう。「ありきたり」というテーマがまず目に飛び込んできた。これは確かに『作家遍歴』全体を貫くテーマである。この本の書き方は「異様」である、と記したばかりだけれど、その「異様」は「ありきたり」への深いこだわりと通底している。ロシアの船に乗り込んできた日本人たちのもってきた文書には、「ありきたり」のことしか書いていない、とゴンチャロフは書いている。それからも「ありきたり」のことが続く。その船で秘書官をしているゴンチャロフは、「ありきたりを見つける名人だったのだ」。そもそも「凡庸」と「非凡」を区別する指標はどこからくるのか。「凡人」と「偉人」を区別するものは何か。ひとつひとつの行為、表現、身ぶりを、歴史を構成する無限数の要素の中においてみるなら、偉大な業績も、多数の凡庸な行為や出来事の間にあり、そこで結晶し、出現するものにすぎない。これは一部の文学者たちがやってみせたように、いわゆる英雄や偉人を、単なる破廉恥で凡庸な俗物として非神秘化してしまうことでは必ずしもない。

小島信夫に固有の〈凡庸の哲学〉というものが確かにあった。たとえば若いトルストイは手紙の中で、雄大な山の風景に感動するように、現実の戦闘の場面に感動したことを記している。「望遠鏡をかけると、トルコの軍隊を、それと弁別することができました。人間がたがいに殺しあっているのを眺めることは、じっさい、奇怪至極な快楽です。が、それにもかかわらず、私は朝夕自分の乗り物の上に座って、幾時間となく眺めるのでした」。これに対する小島の評言は次のようなものだ。「その楽しみはこんなふうに、微細に、具体的に自然に語られる。自ら自然さにあきれるかのように。そしてそれはまた、変な言い方かもしれないが、とても平凡なことに思えないだろうか」。そして「その平凡さが、〔……〕次第に厚みを増して行く」。それが小説家トルストイの圧倒的な力になるというわけだ。

トルストイはもちろん戦争の残虐さを糾弾したりはしないのである。二〇世紀の世界大戦以前の、たとえばナポレオンの時代の戦争が何であったか、という問題もここにはある。やがてそのナポレオンの「愛の手紙」についてまで、小島信夫は書くことになる（『奴隷の寓話』）。戦争、自然、愛の次元をつらぬくひとつの「凡庸な平面」というものがある。それはまだ英雄たちの存在しえた世紀のことでもあったが、とにかくトルストイは、英雄の行為や意識やイメージのむこうに見えるつつましいものやあいまいなものに目覚めていく。そんな変化が「厚みを増して行く」ことなのだ。「そして私たちはひとりで生きているわけではないから、小島であったり、鳶であったりする。そういう窓からのぞけばである。そしてその窓からのぞかないわけにはいかないのは、私たちには良心とか、心とかいうものが存在しているからである。これはくりかえすが、その意味で、まことに平凡なる窓でもあるのだ。そして、いったんこの平凡なる心理を感じたり考えたりしているのだ、とつよく自覚したとき、この平凡さの中で、大きな筋道からのがれ得ないくせに、もがき変化し、あわただしく駆けまわる人間が、多様であればあるほど、けっきょくこの平凡さからのがれ得ないということであるがために、かえって生気を得てくるのである」。一見平易に見えるが、究極的に難しいことに、小島は触れている。ただ触れているだけで、垂直的に、論理的に問いが掘り起こされるわけではない。むしろ時間をかけて、繰り返し同じ問いに戻ってくる。難しいことはずっと難しいままである。

これが批評や哲学の文章なら、この思いをもう少し論理的に定式化することを求めたくなる。良心とか心とは何か、そんなに自明なものか、と聞いてみたくなるし「平凡さから逃れ得ない」というとき、平凡であるとかないとか、という価値判断を超えて、絶対的な平凡さがあるかのように断言する小島は何を言おうとしているのか。「平凡さから逃れ得ない」ことによって「生気」を帯びるというが、人間はまさにそのことによって「生気」を失うこともあり、その繰り返しの果てに死に至る。こんなふうに「平凡」について語る文章は穴だらけのようだが、やはり異様に響きもする。要するに、平凡なこと(行為、人間、人生等々)の間に非凡なこと(行為、人間、人生等々)があるという意識や、思い込みや、価値判断や、幻想は、徹底的に粉砕されている。「粉砕」などという言葉がおよそ似合わない小島でも、このことだけはかなりラジカルに主張している。非凡に見えることも、ただ「平凡さから逃れ得ない」ことと、それ自体から現れてくるというのだ。

「良心」や「心」という「窓」からのぞくから、どこまでも凡庸でしかない世界が差別化され、非凡に見えるものが出現する。ラフカディオ・ハーンが熱烈なスペンサー主義者であり進化論者であったことを受けて、小島はところどころ進化論的自然主義の視線で世界を見ている。進化の中で、平凡でない例外とは「突然変異」であろう。しかし生物にとって自然にとって、突然変異とは、まったくありふれたものである。こういう面にだけ着目して、この本を読むなら、小島の考え方の根底には、ほとんど人為や作為をきらうアジア的な自然主義が流れているように見える。小島にとって、トルストイの文学は決して自然主義に還元できるものではなかった。しかし確かにトルストイの作品に表れる「自然」の表出のようなものに小島はずっとこだわりつづけ、それをときには「平凡」と呼び、別のときには「肉体」と名づけたりするのだ。

とにかくラフカディオ・ハーンがきっかけになったとしても、そして出来事や作品のありふれた細部にこだわりつつ果てしなく漂流していくように見えても、小島はじつに大きな問いに直面していた。おそらくアジア的な自然主義でも、ヨーロッパのヒューマニズムでもないところにずっと問いの焦点があったので、ロシア文学における「平凡」の厚みにこだわり続けたのだ。

3

〈平凡の哲学〉につながる、もう一つの哲学とは〈肉体の哲学〉である。音楽（クロイツェル・ソナタ）を聞いて、「肉体の中に獣が暴れだした」。そういう肉体的反応にまた別の肉体が反応し、さらに連鎖反応がおき、嫉妬に狂った夫が妻を殺してしまう。殺されようとしている女の様子も、また「肉体的反応」として描かれる。肉体的に反応すること自体は誰もがする凡庸なことでも、そこからまた特別な事件が、凡庸でない出来事として起きる。「肉体に関心があるのは、彼にかぎったことではなく、人間すべてそうなのだということである。そして彼が肉体に集中したということは、すべての人の場合と変わらないところのいたって平凡な現象でもあるということである」（『最後の講義』三五六頁）。「彼らの肉体か精神か、どちらが犬であるか分らない。ほんとうは肉体が精神のあとをおとなしくしたがって犬のごとくついて行くべきであるのに、事実はその逆である」（同、四一六頁）。

「もちろん〔トルストイは〕肉体と精神とのどちらが犬であるという問題へのこだわりのことを、そのこだわりにふさわしい書き方で書いたのであった。ふさわしいとはどういうことかというと、肉体を通して書いたということだ。こんなに生命に溢れ、こんなに美しく残酷で苦しみの元である肉体というものを見つめずに、発見せずにいられようか。〔……〕だって、肉体こそが重大であるからだ。生命の器ではないか。その肉体が黄色く萎えるのだ。失われるのだ。犬であるうちはいい。犬でさえなくなるのではないか。こんな恐ろしいことがあるか。こんなに肉体にこだわることは、これは許しがたいことではないか」（同、四一九頁）。

こういう指摘は微妙で、しかも十分に説明されていない。まさにこれ以上説明しがたいこととして指摘してあるのだ。

ドストエフスキーの主人公ラスコーリニコフという青年は、初めからどんな反応をするかわかるし、彼の考え方や態度は変化するとは思えないように書いてある。ところが小島によれば、「トルストイの人物は、たとえば、アンナもカレーニンもヴロンスキーも、それから、この場面にはいないオブロンスキーも〔……〕みんな変化するばかりでなく、その一つ一つの場面では、実はあとで変るのだ、ということを思わせないでいて変るものだから読者はだまされたと思うのである」（同、二九三頁）。なぜそう感じるかの答えは、「その場面の言動が自然であるため」、人物たちにほれ込んで、「全身の力をかたむけているから」と書いている。

これはドストエフスキーの小説を導くものが人物の存在である以上に「観念の実験」のようなものであり、トルストイの方がはるかに人物の肉体的存在への共感に導かれているから、というふうに説明できるのだろう。端的にいえば、ドストエフスキーがどこまでも（過剰なほどに）説明や推論に導かれる文体を徹底したとすれば、トルストイはあくまでも肉体的存在を、まさに存在させようとして書いた、というようなことかもしれない。しかし私には確信などない。迂回に迂回を重ねて何年もこの二人をはじめとする作家たちに付き合った小島の眼力に、さしあたってはついていくほかない。小島は二人の作家を対比することで、どういう問題をたてていたのか、ということをよく考えてみるほかない。

チェコからの亡命作家であったミラン・クンデラが、ポリフォニーの作家といわれたドストエフスキーには、観念的なモノローグの激突しか認めず、むしろトルストイの小説のほうに、はるかにポリフォニー的な複数の視点と声を読み取って、後者を高く評価していたことが、私には強く印象に残っている。

小島信夫のこだわりも、むしろトルストイのほうにあり、ドストエフスキーに関しては、世界に知られる大作よりも、とりわけ初期の『貧しき人々』を選んで、小島がその登場人物ジェーヴシキンに成りすまして語る場面さえある。書物の主人公が、書物の外に出て、書き手と対話する。あるいは書き手が、書物の中に入り込み、主人公と対話し始める。あるいはその両方が同時進行し、たがいに交錯する。これは『ドン・キホーテ』のように、すでにそのような〈逸脱〉をしたたかに実験した書物をめぐって、小島がそれを追体験するようにして試みることだが（『奴隷の寓話』）、とにかくドストエフスキーの形而上学に小島はあまり関心がなかった。ゴンチャロフ、トルストイ、ゴーゴリ、ドストエフスキーの登場人物たちの「平凡」と「肉体」の厚みに入っていき、そのような厚みを自分の書物の中に実現することが、小島の企みとなり、それは確かに実現された。

そしてこれらすべては、〈語るということ〉によって実現されたのである。この長大な批評的文章は、まったく意識的に、批評的な論じ方を拒否し、ただ他者の書物に読みとったこと、そこから浮かび上がる感想や連想を、のべつまくなしに語り続ける。小島に特有の「平凡」と「肉体」の思想が、そんな作法と、そんな語り口を要求する。いやこの「思想」は、この語りとまったく等価なもので、その外側にも内側にもない。なにひとつ特別なことも重大なこともないとしたら、その語りに重心や中心もあるはずがない。わけへだてせずに、ただ語り続けることだけが、この思想にふさわしい。そして「肉体」の思想は、意識や精神の高い集中度など散逸させてしまう。何かを語りうるのは、確かに意識であり精神であるとしても、そのような意識や精神を導く「肉体」が背後にあって、たえず意識や精神に錯誤を生じさせるからだ。

『奴隷の神話』は、フィクションがまたフィクションを生み出し、フィクションの書き手も、そのフィクションに巻き込まれて、またフィクションとなるといった果てしない入れ子状の語りを増殖し続ける。「もともと私どもが知っている人間というものが、人がいいつたえてきたり、物の本に書いてきたからこそいるのではないか。いいつたえと書かれたものが、その人間なのではないのですか」。どんな人物であれ、その人物について書く小説家であれ、「いいつたえと書かれたものが、その人間なのではないのですか」。この論理によって、書物の内側の人物も、外側の作家その他の人物も、全員が同じ平面で出会い、「合唱する」ことになる。

つまり〈物語〉は消滅するどころか、そこで堂々と自己主張しているように見える。しかし厳密にいうなら、小島は決して「物語られた物語」を褒め称えているのではない。語られたものについて語りながら、むしろ語る行為をそこに発見し続けるのだ。そのためには語り続けなければならず、語りを凍結してはならなかった。語られたものについて語り続けることで、語られてしまった物語がまた新たに語り続ける。「凡庸」の哲学、「肉体」の哲学は、これほど徹底した「物語」の哲学（そして実践）とともにあった。

トルストイが情熱的に読まれた時代が遠のいてから、この時代にまたトルストイを読み始めることには確かに意味があった。トルストイを古いと感じる感性は、たぶん新しい時代の新しい問題を切実に感じたのだ。しかしトルストイの中には、驚くほど、まだ読まれていないたくさんの鉱脈があった。いやそれは地下に隠れた鉱脈などではなく、まったく白日にさらされ、トルストイ自身の書くことをうながしていたものだった。あれほどもてはやされたのに、偉大な作家とみなされたのに、決して読まれていない何かがあり、非凡とみなされたためにかえって読まれない要素があった。時間をめぐるこういう錯誤は、決してなくならない。人間の〈歴史的〉時間は、こういう錯誤とともにあるしかないからだ。そういう時間のからくりに、物語の能力も、物語の行為もまきこまれている。

物語られたものの印象に怠惰によりかかりながら、やがて人類は、物語に飽き飽きしながら、それでも物語を求め続ける。ところが物語のほんとうの活力は、物語る行為そのものにしかない。その活力を、ひたすら物語られたものに寄りかかることで枯渇させてきたのだ。しかしこのからくりそのものが、時間のからくりのように、幻想的なもので、この幻想から容易に人間は逃れられない。小島信夫の奇妙な、恐ろしく無為に見える「遍歴」は、このからくりに対する実に執念深い、覚めた戦いだった。

未来派から『弥勒』へ（稲垣足穂）

1

もう長いこと、足穂の本を開いたことがない。この二〇年くらい、翻訳し、読解してきた三人の例外的な作家をのぞけば、私の関心をしめ続けてきた作家は、アンドレイ・ベールィ、ゴンブロヴィッチ、クライスト、ローベルト・ムージル、カフカ、クラリス・リスペクトール、フェルナンド・ペソア、ハーマン・メルヴィル、ヘンリー・ジェイムズ、アイザック・B・シンガーなどで、なかなか日本語の作家にもどってくることができなかった。それでも読み続けてきたのは、中島敦、古井由吉くらいである。評論や思想の領域では、またちがった対し方をしているけれど、こと創作に関しては日本語の書き手とはずいぶんご無沙汰している感じなのだ。

ここにあげたような作家たちに比べて、私は日本語の作家を「つまらない」と感じているだろうか。そういう比較をすることはできない。そもそもここにあげた作家たちの多くは、明白に分裂的な緊張症タイプであり、遠い国の、異国語の作家であり、私は親近感をもつことなどできない。彼らの表現と私自身の意識の間の、目のくらむようなへだたりが、彼らを読むときの条件になっている。どうやらそのへだたりが、読む欲望をかきたてている。これは一種のエキゾティズムといえる。私は彼らの作品にあらわれる異様な軋み、緩急、鋭角的な切り子面、そして観念の実験を、かなり楽しんできた。日本語の作家にそのようなものを求めても、めったに出会うことはできない。日本の作家には別のものを読めばいいのだが、私のオブセッションは強くて、中島敦はカフカの隣に、古井由吉はムージルの横におかれてしまう。私の文学的亡命状態はまだ終わらない。しかし日本語からは、亡命することができない。

そこで足穂であるが、私の簡略な読書地図の中に、彼の占める場所は、あるようで、ない。しかし、ないようで、あるのだ。初期に書かれた、しばしば星を主人公にするお伽話風のしゃれた幻想譚には、わりと退屈してしまう。けれど『一千一秒物語』も、『ヰタ・マキニカリス』も、突然、注意をひきつける奇妙な頁を含んでいる。たとえば『一千一秒物語』の「イカロス」である。それは「クリート島西岸」での出来事で、新聞の雑報によると、あるモーターボートが沖を走っている間に一羽の白鴎に変身してしまった。また同じ場所で、奇妙な鴎の群れが見られた。「それらの鳥共はいったん降りると恰も蝙蝠のように、再び飛立つのが困難なように見受けられたが、その一羽を捉えた時、鳥の胴は、そこいらの少年の手に成った模型飛行機を思わせた。というのは、その紡錘形の両側には、八ツ目うなぎのそれに似た、小窓がならんでいたからだ。そして内部にはいかなる機関室も客席もなく、空ッポだった」。

鳥にして飛行機、有機物と無機物、自然と人工のこのキメイラが、こんどは書き手の身辺に出現する。それは奇妙な模型飛行機である。「模型飛行機とは云うものの、これは初期のツエッペリン、即ち葉巻形の気嚢だ。ところで、これに取付けられている舵機といえば、それ自ら浮揚面と受取れるほど大型で、バタバタ動いている。つまり軽気球とオニソプターの混血児である。ゆっくりしているようで、見定める隙も与えずに消えて行く。そして私が先刻からの思索を取戻したとたん、再び意地悪く頭上すれすれに近づいてきて、耳ざわりな羽搏きを聞かせるのだった。四辺には夜の脚が迫りつつあった。そして私は再三度払いそくねた末に、やっと成功した。ひらひらとゆらいだ奴がそのまま桟橋のはしっこへ墜ちたのである。見たところ、当体は、なにか水っぽい、例えば牡蠣の折り詰である」。

この飛行する生きたオブジェは、しびれえいや電気鰻のように電気を放ち、「折り詰」の内部は海藻のようで「磯臭く」、しかもその奥には、「二十日鼠の頭」のようなものが見える。

相当な飛行機マニアであった足穂の幻想が、このような奇妙な飛行生物を生み出したにちがいないが、もちろんこれは言葉の生み出したオブジェにすぎない。これは描写ではなく、物語でもなく、描写がそのまま物語であり、描写の対象も、物語の対象も、ただ言葉によって生み出されるばかりである。したがってこれは幻想譚でさえもないのだ。

この飛行生物は、「自身の手で飛行機を作り上げる」のであって、学名は「イカルス・クイッソス」といわれる。神話のイカロスの羽は、父ダイダロスによって蝋で接着され、太陽に接近しすぎて溶けてしまうが、足穂の言葉が編みあげたこの飛行生物は、気球、飛行機、折り詰、牡蠣、海草、二十日鼠などを混成した言葉のキメイラである。「耽美主義」、「ダンディ」を標榜する足穂は、しかしこの奇想天外な飛行生物を、「牡蠣の折り詰」などと呼んで、何か日本的にせつない、ペラペラしたものにまで変容させてしまう。まさにそういうところに、この作家の真骨頂があるのかもしれない。

隠喩、暗喩、深さ、内面、形而上学、観念、思想のようなものを、足穂の文学はよせつけない。むしろ、そのようなものを拒否して、どこまでも水平に滑っていく言葉が、彼の特性である。そんなに何もなかったなら、いったい何があるのか。ただ顔のない笑いのようなものがあるだけか。

隠喩（メタファー）ではなく、換喩（メトニミー）によって書かれる詩、とローマン・ヤコブソンは、マヤコフスキーよりも、フレブニコフをとりあげて、二〇世紀の新しい詩を定義したことがあった。詩学の問題を考えこんでいた時期に、とても印象に残ったことのひとつである。隠喩は、歴史に、内面に、あるいは象徴にむけて、言葉の奥行きを広げていく。それは文学の言語の作用としては、まったく本質的なもので、それぞれの社会は、隠喩的テクストの蓄積によって、分厚いジャングルのような意味や記憶や想像の重層を内包することになる。あるいは歴史的な社会そのものが、そのような隠喩の重層の中にあり、その結果として出現するといってもいい。しかし、みずから未来派と宣言した足穂は、あたかも歴史も記憶もないようなテクストばかりを書こうとした。

「マッチ、タバコ、発条、インキ壺、歯車、映画のフィルム、ビール壜、鉄砲の玉、懐中時計、総てこうしたものは、それを只じっと眺めているだけでも変な気がして、一種の夢と哲学が感じられる」。「昼よりは夜の方がよく、芝居よりキネマの方がより新興芸術的で、述懐よりは対話、短刀よりはピストル、鴉片（あへん）よりもコカイン、汽車よりも電車、勿論馬車よりも自動車、競馬よりもモーターサイクルの競争、ペンよりも鉛筆、コーヒーよりもココア、シガーよりもシガレットの方がいい」（「わたしの耽美主義」）。これはただ作家自身の趣味のリストにとどまらず、ただ水平に滑っていくことで、果てしない意味の表面を広げていく足穂のエクリチュールの、メトニミックな運動そのものを指示するような「宣言」になっているのだ。足穂はそれを「耽美」と呼ぶが、何かに耽るよりも、隣接しうる最小限の脈絡の上をすばやく移動することのほうが、彼にとってははるかに「美しい」ことなのだ。

「WC」で、足穂は、このような水平的に隣接するもののリストを編み上げる異様な才能を、十全に披瀝している。「あの青畳じきの片すみに香料の小壺がおいてあり、落下したものが米ぬかの円錐面をころがり落ちて、忽ち黄な粉団子に変えられてしまう御座敷付きのもの、ぬかの小山の代わりに香ばしい針葉樹の枝が差し入れてある山寺のもの、シャーッと出た水がまだ洗いきらぬクリームを瀬戸物の下方にくっつけた列車内のもの、〔…〕」。

糞尿の集積も、隠喩ではなく換喩によって書かれることによって、奇妙な意味のうねりに変容する。足穂がシュールレアリスムよりも、ダダイスムよりも、未来派に執着した理由は、彼自身にとって、まったくはっきりしていた。シュールレアリスムは、政治的革命と、精神分析と、ヘーゲル的弁証法に連帯して、あまりにも荘重な、隠喩的意味に充満する運動であったし、ダダイスムには、未来主義と多くの主題を共有しながらも、かなりマッチョで暴力的な、とりわけ彼の「耽美主義」と相容れない垂直的な面があった。鉱物、機械、飛行機、映画、そして美少年を愛する足穂は、まったく野放図に見えても、するどく限定された美学を追及したのである。「私がここに追求したい未来派の功績とは、――真昼の競馬場の芝生にキラキラと渦巻いていた現代的衣服の線状とひだのアラベスク……シャンパングラスやジプシイダンスや哄笑が邪悪な無数の破片となって旋転しているモンマルトルの酒場……或る夜の電気の光が織出していた婦人用小間物店内の象形文字……物を考えぬ公衆が不動のものとして見過しているそんな形象と光のたわむれに向かって、敢えてレントゲンのような、また分光器のような、鋭敏な知覚を集中し、そこに、現実を超えた、別個なる新世界を招来しようとしていたこと、そのような可能性を指示してくれたことの上にあります」(「宝石を見つめる女」)。

荒々しい行動や、情熱的な顔よりも、ささいなしぐさや衣装の細かい線やひだに注意をむける足穂は、天体にも、新しい非ユークリッド幾何学にも関心をむけるが、概して壮大なロマンには背をむけている。戦場の映像や、飛行機事故について語るときでさえ、彼の描写は嘘のように軽やかで、意味のない細部やしぐさをめぐり、恐れも、苦しみも匂わせずに展開するのだ。激しく衝突する原色よりも、淡色の微細な戯れを愛する足穂は、ほとんど和風の、青菫派的未来主義者である。

(事物にも、人間にも、形、実体、本質などがあるのではなくて、無数の振動する細部、身ぶり、ひだがあるだけである。このような見方を徹底して私に教えてくれたのはジャン・ジュネの文章である。ジュネのそのような美学は、どんな政治学にも似ていない、内在性の政治学でもあった。）

2

「愚にもつかぬ絵、扉の上に刻まれた装飾、芝居の書割、縁日に掲げられる垂幕、俗っぽい彩色挿絵、……」そういうものを愛するという、あのランボーがいた。それでもランボーは、『地獄の季節』で、西欧の歴史、キリスト教、近代のもたらしたあらゆるものとの対決を試みるけれど、歴史にも、ヒューマニズムにも、政治にも冷淡である足穂は、まったく意識的、自覚的なマイナー文学の書き手であったのだろうか。

しかしマイナー文学にも、いくつかの意味がある。端的にそれは、少数（少数派、少数民族）によって読まれ、少数に属するものとして作家が書く文学である。また小さいもの、目立たない事象、知覚しがたい何かについて書く文学である。さらにそれは、思考、言語、観念、感情、感覚を、既定のコードや形態から離脱させて、ある未知の振動、生成、非平衡状態に導くのでなければならない。たとえば、プラハにおけるユダヤ人で、「断食芸人」や、鼠の声で鳴く歌手や、虫に変身した男について書き、いつまでも、何ごとも起こらない「城」の話を書きながら、未知の文学空間を出現させたカフカは、このような条件をすべてみたすだろう。

ただし、ささいなものを、みずからもささいな存在として書くという行為から、もはやささいでない、何か驚くべきもの、定義しがたい、異様なものが出現しないとすれば、わざわざマイナー文学として、ひとりの作家の作品を読み続けることなどできないだろう。いずれにしても、私には「宇宙的郷愁」のような言葉が、足穂の文学をよく形容しうるかどうかわからない。

「あれはたしかにカリガリ博士のフィルムが製作された頃、この映画を紹介した外国雑誌の一隅によんだのが最初でしたが、その記事によると、夢遊病者セザレが活動する不可思議に入り組んだ結晶形のような世界は、ランゲ教授の美学と共に、パル博士という理論物理学者の説くところに暗示を受けたもので、したがっていびつな平行六面体や三稜形やジグザグや円弧から構成された町を「パルシティ」と名づける」（『似而非物語』）。足穂は、自分自身では、映画そのものよりも映画の機械に熱狂したといっているが、それにしても足穂の表現と、映画との関係はユニークである。映画という機械の芸術は、あくまで深さを否定し、メトニミックな修辞で表面を滑り続ける足穂のエクリチュールと、おそらく切り離せない。

『カリガリ博士』の物語は、最後に精神病院で拘束されるフランシスという青年の妄想という形をとっている。その妄想の場面が、「すべていびつな平行六面体や三稜形やジグザグや円弧から」構成されている。サイレント映画の初期に製作された作品で、カメラワークは皆無に等しい。粗末な芝居の書割のような背景は、たしかに、斜めに歪んだ図形の組み合わせであり、キルヒナーの表現主義的都市や、キュビズムのイメージを連想させる。場面の転換は、いつも虹彩絞りで、ゆっくりアイリスが開閉するたびに、あの歪んだ図形を背景に人物があらわれる。

カリガリに操られる夢遊病者チェザーレ（足穂はセザレと記している）は、昼間は箱の中で眠っているが、夜はカリガリにあやつられて動き回り、連続殺人を犯す。彼が夜の街を徘徊している間は、彼に似せた人形が箱の中にかわりに入って、アリバイの役をする。映画史上の画期的な作品であり、さまざまな分析の対象となってきたこの作品は、とりわけ、あの奇妙な「書割」によって足穂の興味をかきたてた。まるで物語も、人物も、あの虹彩の中に出現する歪んだ空間のほうに吸引され、あの斜線や曲線の錯綜をひきたてるためにだけあるかのように。もちろん、そういう見方があっていいのだし、私は足穂のこの一節を読んで『カリガリ博士』を見直し、とりわけ背景の図形に注意を向けたのである。

とにかく足穂は、映画を見るとき物語を追うことに熱中していたとは思えない。映画機械から放射する光の描く運動と図形そのものに、彼の関心はむかっていたし、風景や人物、自分自身さえも、そのような光の運動、図形として見るような視線とともにある。「とたん、二人の身辺にある総ての物象が消え失せてしまった、どうやら高い建物の屋上らしく思われていたのであるが、露台同士が縁取っている下方の明るい街も、あの灯入り模型都市のような遠景も、共々にシネマの溶暗のように薄らいで、入れ代って夜露に充ちた桔梗色の空間が拡がっていた」。「彼はその時分ガスの光で育ったような一人の少女に片恋をしていた〔…〕」。「吾人の観たる夜の都会は透明にして、只それは、エーテルが立体的存在の虚空に投影せる七色のファンタジーのみ〔…〕」(「弥勒」)。

しかし「弥勒」には、明らかな変化があらわれる。窶(やつ)し、消尽、疲労、自嘲、デカダンス……、適切な言葉がみつからない。極貧の日常が描かれる。描かれるだけではなく、極貧から生まれる思考、感覚、観念が言葉を分泌する。あたかも空間だけを存在させて時間を排するかのような未来派的作品世界に、時間があらわれ、過去が介入する。そしてとりわけ「自己」という主題があらわれる。デカダンであれ、露悪的であれ、求道者的であれ、「自己」をみつめようとする倫理的な文学こそ、未来派タルホがまったくよせつけなかったものだったのに。未来派タルホの光、鉱物、機械の言葉は、明らかに変質しているが、それでも足穂は、未来派であることをやめてしまったわけではない。ただ未来派的エクリチュールは、新たな磁場に導かれている。

「路地うらのロビンソン・クルーソーの工夫だと人は云うであろうか？　そう、無人島住いだと云えぬこともない。例えば煙草を喫おうとしてマッチ函が空っぽであることに気付く。表へ出て探しているとやっと一本が、どこかの勝手口に落ちていた。それは湿っている。しかし彼の部屋には昼間も電気が来ている筈だから、その電球で数分温めてから軸木を擦ればよいわけであった。シャボンは洗濯用の一片か、粉のひと握りかを、誰かに申し出て貰うか、あるいは黙って失敬してくれれば間にあうし、羽織がないことには、タオルを肩先にひっかけてぶらりと表へ出たという格好を装えばよいのである」。このような軽みを含む記述は、貧乏をあくまで存在を軽くする過程としてとらえ、言葉そのものを「軸木」や「粉」や「タオル」のように乏しいものにしていく過程となる。

貧乏は、そのような言葉とともに、自己を脱していく過程となっている。そして貧乏の記述は、やがて物狂おしい、奇怪な次元に入っていく。「彼の肌は鳥肌になり、着衣の絣は、あるじが絶えず細かく顫えているために、縞模様の一つ一つが渦を描いている。しかし、ぞくぞくと寒さが迫ってくれば手足を屈めて力みさえすれば、突き退けられた。足元を包み、ついでに頭にも何かをひっ被るなら、目覚めがちだとは云え眠れないことはない。但し横向きに寝ると、外気に接触する面が多くなるから、どうしても仰向けになる必要がある。けれども寒さは蝦のように屈むことをも彼に強いる」。

極貧の中をあえぐ身体を記述する言葉は、かすかに舞踏しているかのようである。この「脱自」の実験としての貧困の物語は、ショーペンハウエルを通過しながら、聖性の次元に入り、「磔刑になった者」と主人公を同類とみなし、最後にはまさに二〇世紀にもどってきた「弥勒」に同一化するのである。最後の夢とは「真暗闇の中に揺らいでいる蓮葉の上に、それでも辛うじて落ちないで坐っている、裸体に古カーテンを巻き付けた自分であった」。

足穂の引くショーペンハウエルは、自殺を批判している。「自殺者は意欲を断ちかねて現象のみを殺すもの」だからである。貧困は、「自殺」を否定し、「生存意志」からも離脱する奇妙な実験として、とりわけ言葉の実験として生きられ、空白の自己を実現するような主体化の試みとして生きられる。それはあくまで非主体を実現しようとする主体化であり、作家足穂は書き続けながら、作品のなかにひとつの非主体的主体を実現することにむけて、周到に集中している。

彼はそこで、ひとつの言葉の次元を決して手放すことがない。異様な速度、奇妙な人称、意味を脱するベクトルがそこにあらわれる。聖書が引用され、仏教、ニヒリズムの哲学が引用されるが、足穂の到達点は必ずしもそれらによって決定されはしない。この非主体にむかう主体化は、哲学や信仰を参照しながらも、あくまで隠喩を排し、意味の余剰を除く書き言葉そのものとして実践される。言葉は、白紙の描くかすかな襞のようなものに近づいていく。未来派も、映画も、飛行機も、耽美主義も、そして貧困の体験も、このように徹底した言葉の実践へと収束している。

自己をめぐる実践と言葉をめぐる実践を、これほど透明な次元にまで凝集させていった作家は、日本文学において、おそらく稀有である。

安息日には

労働しない。機械にふれない。お金を手にもたない。車にのらない。電話をしないし、受けることもない。料理もしない。ユダヤ教の安息日は徹底している。アメリカの知人が、あるとき発心して厳格にユダヤ教の戒律にしたがいだしたので、とても印象に残っている。その日はお金に触れられないというので立て替えたこともある。

それは日々の雑事を離れて、ひたすら神を想うときでもあるのだろう。もとは主人も奴隷も家畜も、ともに休息することを求める慈悲のしるしでもあったようだ。それはほとんど文明を拒絶することで、この拒絶は厳格で妥協がない。休日もコンピュータから離れられない自分に、こういう安息日を課してみようかと思うことがある。毎日ほぼ切れ目なく、同じ密度の時間をすごしていることへの疑いが浮かぶ。たしかに緊張と弛緩の間で、ただ放心し、回想し、眺めているようなこともある。やがて、はたと気づいて、また均一な時間の流れにもどっていく。

「もう今年も半分すぎちゃったね」、「早いもんだね」と誰かに相槌をうつときは、そんなふうに「いつのまにか」間断なく流れる時間をとめられない不覚を、おたがいに確かめあっているようなものだ。そのことを口惜しく思うことがある。時間がほしいのでも、足りないのでもなく、ただ時間を別様にすごしたい。時間と別の関係を結びたい。時間をせきとめたいわけでも、逆にさかのぼりたいわけでもない。時間が流れるといっても、それが目の前を川のように流れていくわけではない。「もうこんな時間」と気づくときには、そういう時間の数値と、自分の心身がすごした時間との間に断層ができている。そういう時間のからくりから離脱するには、「安息日」が必要なのかもしれない。

今年（二〇〇九年）一月にアメリカの画家アンドリュー・ワイエスが亡くなった。野原にすわった女性の後姿を描いた絵（「クリスティーナの世界」）が知られているが、まったく古典的な具象画と見えて、ことさら興味を引かれたことがなかった。アメリカ絵画なら、むしろポロックやデクーニングのような破壊的な抽象に、ずっと私の関心はむかってきた。あるとき知人に、ワイエス画集の中の不思議な一点を見せられたことがある。寂しい丘の斜面に初老の男がひとり横たわっている。穏やかな笑みを浮かべているようだが、静かな死に顔のようにも見える。上半身から腰にかけて白い雪か砂のようなものに薄く覆われている。腿から下の素足と上腕がのぞいているのが妙に生々しい。生でも死でもない何かが描かれている、という感じである。何もない丘の背景とその上に広がる細い空、男の体を覆う白い堆積、能面のように静かな表情は、どこでもないところを浮遊する人の印象を与えた。そこには見るものを戸惑わせる奇妙さがあると同時に、優しく視線を吸いこむ感触もある。うかつなことに、こういう絵を描くひとだとは気づいていなかった。

東京で見逃していたワイエスの展覧会を、この春福島県の美術館でじっくり見ることができた。あの「クリスティーナの世界」そのものはなかったが、クリスティーナが小さいときから足に障害があり、家の内外をほとんど這うようにして生きていたことも知った。ワイエスは彼女とその弟アルヴァロの家を毎年訪れて、彼らをモデルに約三〇年間にわたって描き続けた。クリスティーナ・オルソンは、おおむね家事を自分でこなし、野菜をとりに外に出るときは野原をゆっくりと這いながら移動した。ワイエスの名高い絵は、そういうアメリカ、メイン州の荒涼とした丘の家に一生住み続けた姉弟とともにあり、そこに流れた時間にまったく密着していたのである。

ワイエスは、自分の生まれたペンシルヴェニア、フィラデルフィア郊外と、メイン州のオルソン家の周囲の人物と風景だけを主題として描き続けた。姉弟があいついで亡くなったあとに、彼は住む人のいなくなった家の中を描く。「アルヴァロとクリスティーナ」と題して、ぼろぼろのドア、道具類、かつては収穫されたブルーベリーがうず高く盛ってあった桶、クリスティーナのエプロンなどを描いている。クリスティーナのいた居間のドアは永遠に閉じられた。時間が止まってしまった印象がある。しかし画家は、すでに姉弟とともにあったとき、まったく法外な時間を生きていたのである。当時のアメリカの地方で、あるいは世界のいたるところで、質素で単純に、まったくゆったり自然とともに流れる時間を送った人々は無数にいたにちがいない。ワイエスは、そういう時間の底に、もうひとつの時間を発見した。あるいは絵画を通じて別の時間を創造した。

そこにはとてつもなく長い「安息日」の印象がある。道具、家、部屋、そして少しずつ老いていく人物の時間は、石が風化していく地質学的時間に溶けこんでいる。世界が創造され、まだ人間が存在しなかったときの光景を、もちろん人間は見ることなどできない。けれどもワイエスが描き出そうとしたのは、そういう光景と時間であったかのようだ。人物も静物も、そんな光と時間に透過されて小刻みに震えている。時間がとまったのではなく、人間の時間が消滅している。

ワイエスの絵がもたらすその安息日の印象は、一宗教の慣習をはるかに超えて、時間の幻想や欺瞞から私たちを解き放つ。

Ⅱ　歴史と日本の曲率

西田幾多郎の「悲願」

いま私にとって、西田幾多郎を読み、また彼について書くことの意味は何だろうか。

私にとって、ではなく、現代にとって、世界にとって、あるいはもう少し特定的に現代日本の思想にとって、と問うことも可能だろうし、それこそが求められていることかもしれない。しかしいまはあえてこの場の〈心境〉から始めるしかない。西田の文章を読んでいるときの、奇妙な居心地の悪さがあって、それが何かはっきりさせることは、多少とも哲学的な問題につながる、と思うのだ。居心地が悪くとも、しんぼうして読んでみようとするのは、それが近代日本に存在しえた、ひとつの貫徹された哲学の試みであり、それに対して共感や違和感があるとすれば、何ゆえの共感であるのか、違和感であるのか、確かめておくことが、これまでの自分と哲学のかかわりを検証することにつながると思うからだ。

それ以前には哲学と名づけられる学や知が存在しなかった場所で、いったいどのようにひとつの哲学が生まれたのか。西田はひとつの哲学をつくり出すために、いくつかの思想の伝統の間にたち、折衷し、統合しようとした。彼は宗教についてさえも、ユダヤ教、キリスト教から、大乗仏教、浄土真宗、禅宗にいたるまで真剣な思索の対象とし、それらのひとつに帰依するのではなくて、それらの間で考えたのである。統合すべきものの間には、はてしない距離があったが、とにかく彼はそれらを統合するようにして思索した。異質な思想を統合することが、まさに彼の哲学の動機でもあった。たしかに彼は、いくつかの思想の間を、ただ折衷したのではなく、統合することに、すさまじいほどの苦闘をしたにちがいない。統合のために西田が採用したのは、弁証法的な思考であり、その弁証法は、ヘーゲル的弁証法を、「仏仏にあらず故に仏である」というような仏教的思考と連結し、さらに深化しようとするものだった。

　しかしほんとうにその試みは、折衷ではなく統合でありえたのか。仮にそれが統合であったとして、統合とは、哲学思想において、いったい好ましい試みだろうか。

　もう少しつまびらかに見るなら、西田哲学はただ統合的に思索しようとしたのではなく、統合すべき対象に強い批判をむけ、あくまでも批判的に思索しながら、「絶対矛盾的自己同一」にいたるのだ。彼は、西欧の哲学を参照し検討しながら、ヘーゲルの弁証法さえも、「対象論理的立場を脱していない」と批判する。西欧の哲学は、自己さえも自己の「対象」として考える。もちろん存在も、対象的存在として思考されるしかない。主体と客体、個物と一般、主語と述語についての思索を西欧哲学から学びながら、西田は最終的にはそのような分割を乗り越える独自の「弁証法」を展開することになる。あたかも西欧哲学は、否定の思想をおしすすめるためのバネとしてだけ読まれたかのようである。

　もちろん、この批判と否定は、単に西欧のイデオロギーに「頽廃」を読みとって、日本文化の優秀性を標榜するような性急なプロパガンダと混同されるべきではない。この批判は、西田と同時代の西欧においても顕著になっていった傾向で、西欧的な主体、理性、技術、表象に対する西欧の自己批判と、ある共通点をもっている。「場所」、「自覚」、「非合理性」、「歴史」をめぐる西田の思索は、西欧を批判した西欧自身の思索と対比させながら、ある世界性のなかで読むことができる。また私たちは、西田の援用した日本的な思索の伝統から、ある世界性にてらして、その新しい用法を発見することもできるかもしれない。

　それなら、それを読むときの私の居心地の悪さとはいったい何なのだろうか。

西田幾多郎は、ある深さの感覚をめぐって思索し、思索を鍛えていった人である。自己と知性よりも、意志、直観、自覚は深く、「場所」はさらにそれより深く、「歴史」はさらに深い。有より無が深く、合理性よりも非合理性は深い。この深さの意識が徹底され、底の底に達するとき、禅の思想にしたがって「平常底」というような表層的概念が採用されるが、それはあくまでも深さの思想の帰結としてなのだ。そして西田にとって、最終的に深さをきわめる思想は、結局哲学ではなく、宗教でなければならなかった。

近代性に対する彼の徹底的な批判は、現実の人間、社会、歴史から新しい兆候を読みとり、新たな近代性を構築することではなく、過去の宗教から先鋭な弁証法的知をとりだし、そこから哲学の限界を照らし出すような試みにつながっていった。西田のこのような移動と飛躍は凡庸なものではなく、あくまでも切実で強靭であり、ドラマチックでさえもある。私の居心地の悪さも、この過程そのものに関連しているが、それは結局西田ひとりに対する居心地悪さではない。この国に哲学だけでなく西欧の様々な学、技術、制度が輸入され、日本の社会と日本語がいちじるしく変質していったとき、自己について、理性について、社会について、どのような思索が構築され、それがこの社会の変質や新しい形成にどのようにかかわりえたのか、どのような主体の構築にかかわったのか。日本に移入された哲学とはなんだったのか。それは確かに哲学だったのか。それとも、異質な社会と歴史に挿入された「哲学」は、もう哲学ではなく、異質な混成的思想でしかなかったのか。それでもやはりそれは哲学であったとすれば、それはどのような哲学的主体を構成し、どんな社会的、歴史的構築にかかわったのか。それとも社会的、歴史的な構築の場とはほとんど無縁だったのか。たとえ無縁であったとしても、「御進講」をするほどの代表的知識人であった西田の思想は、支配的な政治機構の全く外にあったわけではなかった。

「経験するというのは事実其儘に知るの意である」という『善の研究』冒頭の、あの力強い一文は、西田の全思索を要約している、といってよい。「経験」に対する、「事実」に対するまったく肯定的な表明であるが、この表明自体がどこまでも深められなければならなかった。この文は実に独断的な肯定でありながら、しかも強度の否定を含んでいる。哲学は、何が真理であるかについて、はてしなく懐疑と思弁を重ねてきた。もし「事実其儘に知る」だけで十分だとすれば、哲学的な懐疑も思弁もいらないことになる。『善の研究』で西田は、のっけから哲学に否定を投げているのだ。ただし、「哲学が伝来の仮定を脱し、新たに確固たる基礎を求むる時には、いつでもかかる直接の知識に還ってくる」（岩波文庫版、六二頁）という西田にとって、哲学は、直接の知識と経験をとりもどすための思索でもある。「ベーコンが経験を以て凡ての知識の本としたのも、デカートが「余は考う故に余在り」の命題を本として、これと同じく明瞭なるものを真理としたのもこれに由るのである」。

しかし、西田にとって経験論の経験も、デカルトのコギトも、決して「直接経験の事実」そのものではない。経験論は、経験によって意識外の事実を直覚しうるという独断からなり、コギトは、明瞭な思惟によって物の本体を知りうるという独断をもたらした。たとえばカント哲学は、このような独断を決定的に批判することになるが、西田は、そのカントの批判をさらに批判するのだ。カントのいう先験的な時間・空間の形式は、物自体から分離された純粋な形式であって、あまりにも形式的である。「カントは知識成立の条件としての先験的形式を明（あきらか）にした。しかし形式なき内容は盲目的であるが、内容なき形式も空虚である。カントは形式と直覚的内容との結合において客観的知識を見た。多くの問題を惹起したのではあるが、とにかく彼は外に物自体というものを考えた」（『西田幾多郎哲学論集』Ⅲ、岩波文庫、三〇八頁）。意識と物のあいだ、形相と質料のあいだ、内と外とのあいだの「矛盾的自己同一」を一貫して追究する西田哲学にとって、カントは経験論と観念論の「独断」を批判して、主客の構成を精確に問うたという点で、無視できない成果をもたらしたが、それ以上のものではありえない。カント哲学はあくまでも〈止揚〉されなければならない。

それならヘーゲルはどうか。『善の研究』の文体は、まだそれほど弁証法的ではなく、否定、矛盾という言葉にも、また後に西田的弁証法の中核をなす「無」の概念にも、それほど強い意味が注入されてはいない。あたかもすべては、「主客合一、知意融合」として、本質的に同一であり、統一されているかのようである。その後『善の研究』の思考は、いくえもの否定的媒介を通過しなければならない。論文「場所」には、多くの否定が、ヘーゲルを通じて導入されている。「意識一般の超越性は形式も質料もこれに於てある場所の超越性である、一般的なるものが一般的なるものの底に、内在的なるものが内在的なるものの底に、場所が場所の底に超越することである、意識が意識自身の底に没入することである、無の無であり、否定の否定である」（同、I、一〇五頁）。

「自覚」とは、あるいは「場所」とは、もともと形式と質料、主体と客体の分割の根底にあるものにむけて、これらを否定し、のりこえる概念であり、しかもこれは単なる概念（一般性）ではない。「矛盾を意識する立場において一般概念なるものを破って外に出るというのは、対象化せられた一般概念的なるものを意味するのである。此の如きは既に限定せられたもの、特殊なるものにすぎない、知るという意味をもたない」（同、八一頁）。

こうして一般性は、場所にむけて無にむけて、止揚される。赤が色である、というとき、ふつう一般性とみなされる「色」という述語は、ここで無として、場所（赤は色という場所においてある）として、新たな定義を与えられる。「一般なるものが特殊なるものを有つのではない、特殊なるものが一般的なるものの結果というのでもない、（中略）特殊なるものは一般なるものの部分であり、かつその影像である。しかし一般なるものは特殊なるものに対して、何ら有の意義を有するのではない、全然無である」（同、八七頁）。赤が色においてあることが、様相が本体においてあることなら、本体なき様相（「純性質的なもの」）がここには成立する。このように「場所」の論理は、一般性という抽象性を斥け、無といわれ、述語面といわれるような、主体でも客体でもない非実体的位相を出現させる。このような論理を構築するために、ヘーゲル弁証法は大変有効であったが、それさえもやはり否定的にのりこえられなくてはならなかった。

「私はヘーゲルの弁証法的論理というものも彼自身の考えた如く論理的に成立するのでなく、かえって論理的過程を私の考える如き無の自覚的過程と考えることによって成立するのであると思う」（『続思索と体験』、岩波文庫、九一頁）。「ヘーゲルの弁証法的論理の内面的必然はノエマ的限定に求むべきではなくしてノエシス的限定に求むべきである。然るにヘーゲルはこれを逆にして理性の背後に事実を考える代わりに事実の背後に理性を考えたと思う。そこに彼の弁証法の主観性があったといい得る、具体的なる事実を理解するに当って彼の弁証法は単なる図式に堕したといいい得る」（同）。西田のヘーゲル批判はこのように、他の哲学者に対するよりも手厳しいくらいなのだ。「ヘーゲルの理性は、個人的意志的自己に対立したものである。それだけ主観的である。真に我々の意志的自己の自覚の立場において把握せられた実在の原理ではない。それは我々の知的自覚的自己の原理と考え得るでもあろう。しかし我々の真の実践的自己、歴史的行為的自己の自覚の原理ではない。ヘーゲルの実在界は、そこから我々の自己の生まれる世界ではない」（『論集』Ⅲ、二九〇頁）。「ヘーゲルの論理は弁証法といえども、なおアリストテレス的主語的たるを免れない。客観的精神の論理であって、歴史的実践の世界の、歴史的形成力の論理ではない」(同、二九一頁)。要するにヘーゲル弁証法は、あまりにも主観的かつ客観的だ、と西田はいうのだ。そこにはまだ、あまりにも主語的な、つまり主語となった対象をめぐる対象論理(ノエマ)的な思考が働いているのだ。歴史を「行為」として、しかも「無の自覚的過程」としてとらえる西田の歴史哲学は、ここでほとんどヘーゲルの歴史哲学と全面対決するのだ。

西田の西欧哲学批判は、ほとんどの場合、観念論であれ、経験論であれ、唯物論であれ、それぞれの哲学が執拗に「対象論理」を保存していることにむけられた。ハイデガーの存在論が、一貫して「存在」を「存在者」として対象化する思考への批判であったことを想起せずにはいられない。西田のハイデガーへの言及は少ないが、西田はハイデガーに先行して「存在論的」な思索を鮮明に表現していたということができる。西欧の外の思想家であったからこそ、西欧批判でもあった「存在論的」な思索を、「対象論理」の徹底的な批判を、独自の形で実践することができた。そして彼はただ批判と否定を深めていっただけでなく、もちろん肯定の根拠をもっていた。ベルクソンが、「創造的進化」とよび、「エラン・ヴィタル」と呼んだような、すべての行為と意志の根源にある「統一」を確信しながら思索を続けた。それをしかも「無」とよんで、彼はその「統一」を宗教的な絶対的一者のなかに吸収する。

ここで私の居心地悪さはきわまり、窒息しそうになっている。西田をいま読むとき、私たちが哲学を読みながら模索してきたことの多くを、そのなかに再発見することができる。多くの場合、私たちは哲学のなかに哲学批判を読んできた。哲学はつねに批判をよびよせ、その批判は単に真理をめぐる論争ではなく、しばしば先鋭な生の自覚の表明でもあった。哲学を批判する哲学というかたちで、明らかに哲学以上の問いが問われ、しばしば新たな個人のありかた、主体性、社会的生が名指されることになった。

ひとつのなかに、多を発見し、他を発見することが、新しい思考の中心のモティーフとなった。形式をとりかこむ無形のもの、限界への接近、逸脱、横断としてあらわれる振動、運動、生態が、哲学を批判する哲学の主題となった。

西田は、自覚、場所について語り、歴史と時間について語りながら、西欧的な主体と客体の分割を超出していく。低次元で分離しているものも、高次元では統一されている。最も高次元には神という統一があり、それは無である。こうして「東洋文化の根底には、形なきものの形を見、声なきものの声を聞くといったようなものが潜んでいるのではなかろうか」(同、I、三六頁)という思いを、西田哲学は無限に拡張したのだ。

新しい哲学は、他の哲学を批判したとき、かつてその哲学が、コギトや、アプリオリな形式として新たに差異化したものに、別の差異(経験、力、運動、等々)をつきつけたのだ。しばしば新しい差異には、新しい人間(たとえば超人)のイメージが対応した。ヘーゲルの弁証法には、新しいタイプの統治者、市民が対応した。西田幾多郎は、すべての根底にある一者(純粋経験、直観、自覚、場所)を追求し、しかもその果てにある絶対者を自己否定として考えた。否定は、「対象論理的」な分割を一貫して斥けた。否定するものは、みずからも否定するのであり、どこにも実体として定着されない。そのような否定的な一者が、あらゆる分裂を統一する。このような思考を「神秘的」と思うのは、「対象論理的思惟」にそまった頭脳のしわざにすぎない、と西田はいうのだ。

西田のこういう思考は、いったいどんな新しい差異を構築したのだろうか。純粋経験、直観、自覚、場所のような「一者」は、もちろん新しい差異を注入する新しい概念として読むことができないわけではない。彼の「一者」は、しばしば「形式」と「質料」を分割しない芸術的な過程(意志)を参照しつつ語られた。しかし読み進むにつれて、次々「対象論理」的な分割を吸収し統合する「一者」は、無表情な、あるいは無差別な白と感じられてくる。この白は強い否定的な修辞の反復によって、かろうじてはりつめているのだ。

しかし、私たちはむしろ哲学を批判する哲学に、決して統合しえない亀裂や差異の発見を読み、そこに新しい振動や物質や主体を読もうとしてきたのではないか。

こういう西田の、無である一者の哲学にとって、「他者」はどのように思考されただろうか。「私と汝」は、読み方によっては、西田の哲学全体の読み筋を変更させるかもしれないような「他者論」を含んでいて、素通りできない。「私と汝とは絶対に他なるものである。私と汝とを包摂する何らの一般者もない。しかし私は汝を認めることによって私であり、汝は私を認めることによって汝である、私の底に汝があり、汝の底に私がある、私は私の底を通じて汝へ、汝は汝の底を通じて私へ結合するのである、絶対に他なるが故に内的に結合するのである」(同、三〇八頁)。「私が汝の情緒に移入することによって、私が汝を知るのではなく、私という人格が汝という人格に直に応答することによって私が汝を知るのである。故に私は汝と同感することによって汝を知るよりも、むしろ汝と相争うことによって一層よく汝を知るということができる」(同、三一九頁)。「我々の記憶と考えられるものにおいても、各瞬間の意識と意識とが話し合うという如き意味がなければならぬ」(同、三二六頁)。西田は、こうして私と他者との「応答」、「争い」を、「記憶」にまで貫通させ、その果てに「歴史」を考える。歴史は、客観的事実の連鎖や、その解釈より、はるか以上のものである。

西田は、ヘーゲルの絶対精神に似た、一者の自己展開として歴史をとらえているのではない。「斯く我々が我々の底に絶対の他と考えるものが汝であるとするならば、我々を対象的に限定するというべきものは、一般的自己という如きものでもなければ自然という如きものでもない、それは歴史という如きものでなければならない」。こうして歴史とは「歴史的汝」であり、いわば絶対的に他なるものの歴史である。他者への責任と原罪が、歴史の中心をなす。ここでは「仏教」よりも、キリスト教のアガペーについて語る西田は、場所の哲学をこのような他者性と世界史とに開きつつ思考している。

「場所的論理と宗教的世界観」では、「真に絶対的なる神は一面に悪魔的でなければならぬ」（Ⅲ、三三四頁）と、絶対的自己否定としての神を定義するところまでたどりついた西田は、「西洋文化の根底には悲願というものがなかった」（『論集』Ⅲ、三七七頁）と、鈴木大拙を参照しながら書くのだ。敗戦を見ることなく逝った西田の「悲願」とは、その自己否定のさらなる否定を指示していたのか。

西田はあまりにも力強く超脱しすぎてしまったのではないか。超脱する前に、実に注意深い他者論を、歴史の思考として開こうとした西田の試みの方に、私はひかれるのだ。

歴史の暗部とロマネスク

1

昨年一二月、満八二歳を間近にして病に倒れ逝去されたフランス文学者渡邊一民氏の最後の仕事となったのは福永武彦論であった。この本(『福永武彦とその時代』みすず書房、二〇一四年)におさめられた遺稿の大部分が清書されており、ほぼ完成されていたものと考えられる。しかし、そのあとに、たとえば別の章や、エピローグ的な終章が付け加えられる予定であったかどうかは不明である。もしこれが福永武彦の文学を総体として論じる試みであったなら、『死の島』を頂点とする後期の長編小説に触れずに終わることはできなかったと思われる。目次案を記したいくつかのメモのなかには、まさに『死の島』についての一章も含まれていたのだ。

しかし、おそらく渡邊氏(以下敬称を略します)の主なもくろみは、冒頭に記されているとおり、戦後の少年時代、正確には一九四七年夏に読んだ同時代の作品の鮮烈な印象から始めて、戦後日本の小説が戦前戦中の桎梏をふりきりながら胎動し、けんめいに小説の現代を切り開こうとした、その試みの渦中にあった作家として福永武彦を再読することであった。福永武彦以外の作家についてそれほど多くの言及があるわけではないが、しかしこのようなモチーフに照らして遺稿を読むならば、『福永武彦とその時代』という題名が選ばれたことは適切と思う。そもそもこの題名は二〇一四年一月の『出版ニュース』で、「数年前から取り組んでいる『福永武彦とその時代』、今年中には完成させる予定でおります」と著者自身によって予告されていた。

一九四七年夏、一五歳の渡邉一民に忘れがたい印象を刻んだのは、中村真一郎の「妖婆」、野間宏の「華やかな色どり」、福永武彦の「塔」だった。三人の作家はすでに戦前にフランス文学を学び研鑽をつみ、戦後の時空に新たな日本語の小説の産声をあげたという点で共通している。それら三つの作品には「わたし自身の身近な現実が、まったく新しい、あえていえば、それまで西洋の現代小説の翻訳で知った独自の視点にたってさまざまなかたちで描きだされていた」のであり、それはまさに少年にとって暗い時代の重圧から解放された戦後を象徴する表現だったのだ。中村真一郎、福永武彦は、加藤周一とともに雑誌『近代文学』に合流し、『一九四六 文学的考察』を共同執筆して彼らの文学のマニフェストとした。ほかにも戦前から続けていた定型詩の実験（「マチネ・ポエティック」）を続行し、戦前からプロレタリア文学をめぐる重苦しい葛藤を経験してきた上の世代からは、「西洋かぶれ」、「軽井沢コムミュニスト」などと揶揄されるのだ。

実はそれは明治から少しずつ形を変えつつ、西洋を範として近代化に努めながら、個人主義や民主主義、国家主義や社会主義が渦巻くあいだで、つねに近代であり前近代であり、戦時には西洋近代の「頽廃」を批判し「超克」しようとするイデオロギーさえも形成しながら、すでに不可逆的な近代的資本制を（植民地体制、軍国主義とともに）作りあげていたキマイラのような国という問題であり、おそらくこの事情は今にいたるまで決して解消していない。

渡邉は、戦後日本の文学界に颯爽とあらわれた福永、中村、加藤たちの、西洋に軸足をおく普遍主義的マニフェストに感銘を受けたが、もちろん「わたし自身の身近な現実」がそれを通じて映し出されることに感動したのだ。確かにその時期の若い作家たちの意欲的実験は、ひとりの文学少年の想像にも、感覚にも、知性にも、官能にさえも切実に訴えかけるようなものだった。

つねにフランス文学研究を基軸としながらも実に多岐にわたった渡邉の批評的歴史的探求は、このように十代に出会った戦後文学の新しい声に、いつも密着していたにちがいない。やがて「近代日本精神史」として、フランスと出会った日本人の足跡を描く書物（『フランスの誘惑』一九九五年）を著したことは、この福永武彦論の前ぶれになっていた。この最後の本に渡邉が注入しようとしたのは、〈戦後〉に発する彼の生涯のモチーフであった。

福永の初期の長編『風土』、『草の葉』から『告別』にいたる本格的な小説の試みについて、渡邉はていねいにあらすじを追いながら、あたかも作品を模写し再現するような読解作業を行なっている。また第三章「小説の冒険」では、サイエンスフィクションを書き、シュールレアリスム風の幻想的作品まで試みた福永の実験的創作について、やはり作品の展開をつぶさに紹介しながら読み解いている。渡邉の批評的読解は、決して福永という作者の無意識を背後から解剖したり、あるいは作者の意図から遠ざかって別の文脈のなかに作品を〈脱構築〉するような方向には行かなかった。むしろ作者が作品によって実現しようとした意図を、時代の状況に照らしながら着実に読みとるというオーソドックスな批評を一貫して実践している。そこから浮かび上がってくる福永文学の特性は、もちろん渡邉が数々の批評的著作で鍛錬してきた思考によって精緻に照らし出されている。

福永は、早くから日本文学の私小説的伝統を批判して、横光利一や堀辰雄たちが苦闘しながら追求してきた本格的フィクションを書こうとしていた。それは確かに西洋文学が一九世紀から二〇世紀にかけて果敢に展開してきた試みを模範にするもので、すでに『風土』ではいわゆる「意識の流れ」の手法をとりいれ、登場人物のそれぞれの意識を並列的に展開するという対位法的な構成を試みている。福永はやがてフォークナーの手法に影響され、ますます人物の意識に密着しながら、その意識の時空を断片的に配置するようにして、物語の連続性を寸断し、このような書き方を『死の島』にいたるまで洗練していった。「なぜならば彼は、一つの初めと一つの終りとを持った人生の連続体としての小説を構想したのではなく、多くのばらばらの断片の一つ一つの中に現実があり、それらの断片が重なり合って組み立てられたものが、別個の、架空の、綜合的な現実世界を表現する筈だと考えたからだ」（『死の島』上、新潮文庫、三四五頁）というような多視点の対位法的小説論を、福永は『死の島』でも主人公の思索の中に挿入することになるのだ。

そして『告別』（一九六二年）にいたるまでの作品に渡邉が読みとっているのは、まさに「風土」というタイトルに示された〈思想的風土〉の問題でもあり、それは芸術・思想を介して西洋に接し、あるいは実際にフランスやドイツの生活を体験し、西洋の女性との恋愛に悩み、さまざまな形で、西洋対日本あるいはアジアという構図の中で引き裂かれた精神の葛藤なのだ。

この葛藤は、日本の中でもある程度、ある形で、近代化を進めてきた個人たちの、自由や愛をめぐる葛藤に重なっていた。福永武彦の小説には、初めからジッドの『狭き門』の悲劇的愛が影を落とし、おそらくそれ以上に、福永の資質的次元で、愛は不可能であり、悲劇的でありながら、どこまでも追求され追及されなければならなかった。そして愛は決して単に一個人の感情、欲望の次元にあるのではなく、個人か家族か、西洋か日本か、生か死かのような選択と重なって錯綜した次元をなしていた。

もうひとつ福永文学の大きな特性とは、絵画や音楽への深い関心を小説の主題に繰り込み、また方法の次元にも深くとりこんだという点である。『風土』では登場人物二人が異なる時期に奏でるベートーヴェンの『月光』が重要なモチーフになっている一方、主人公の画家がゴーギャンの絵を目の当たりにする場面も作品の核になっていた。『告別』の主人公は音楽批評家でもある大学教師であり、ドイツ滞在中にマーラーの『大地の歌』を聴き、またみずから作曲もした人物なのだ。『告別』は二三枚の「パネル」から構成されている、と渡邉は述べている。「そのパネルのならべ方は、物語の時間、空間の順序にしたがうことなく、作者の隠された意図にのみしたがっている。この小説を読解しようとする読者は、みずからの想像力にしたがって、そのパネルをたがいにならべかえ、そうやってまず自分の作品理解の筋道を立てていかなければならない。しかもひとつのパネルがある日の出来事、あるいはひとつのエピソードを示すとはかぎらない。おなじ日の出来事やエピソードをあらわすべつのパネルが、まったく離れたところにおかれていることもしばしばあるのだ」(『福永武彦とその時代』、二一〇—二一一頁)。

やがて福永は『死の島』で、シベリウスの音楽を重要なモチーフにしながら、断片を反復的に配置するその方法を、まさに小説の手法としてもとりいれた。すでに意識的に実験を重ねてきた断片的、非連続的展開に「有機的統一」を与える音楽を、言語空間において実現しようとしたのだ。そしてこのような〈音楽〉は、福永のどのような実験的作品でも根底で響いていたにちがいない。『告別』という題は、マーラー『大地の歌』最終楽章のそれでもあった。渡邉は書いている。「この複雑な小説手法をこころみた実験小説のめざすところは、まさに小説を音楽と合体せしめることによって、たんなる小説の文だけでは実現できないものまで浮かび上がらせることだったにちがいない」。そして「ここにはっきりと、一九五〇年代の日本の古い家族社会における西洋派知識人の生の問題がしっかりと描かれているといわなければならない」と結んでいる。『告別』には、福永と親しかったドイツ文学者の原田義人がモデルとして存在し、この小説は彼を追悼する鎮魂歌として書かれたということである。

渡邉一民が、おそらくみずからの最期を予感しながら執筆を続けたこの福永論も、戦後の少年の日から彼の魂を震撼させた文学者たちの、それぞれの苦闘に対する鎮魂の歌であった。戦前から最も先進的な西洋の表現に接しながら、戦時の出口のない青春時代をすごし、しかも生涯、病に悩み、死と対面しながら、彼自身にとっての真の芸術的小説を長く模索し続け、ついには原爆の記憶とさえも対面しようとした福永という作家とその世代の声は、渡邉の魂の深奥に及び、その結果渡邉は、たえず〈戦後〉の意味を問いながら、〈戦後〉という問いを手放すことなく思考し続けることになった。そしてこの問いは、いつも小説的なもの（ロマネスク）と一体だったからこそ、最後の着地点として選びとられたのは、福永とその時代における小説の創造という主題であった。

2

　以下に私はこの書物から少々迂回し、決して網羅的にではないが、渡邉一民の壮大な思想的批評的探求のあとを振り返ってみたい。それによってこの最後の書物が書かれた意味を、渡邉の探求が描いた全円のなかに位置づけることができるとよい。

　最初の本格的著作というべき『ドレーフュス事件』（一九七二年）は堂々たる大作だが、それはいくつかの点でまったくユニークな問題提起を含んだ複雑な書物であった。それは作家論ではなく、一九世紀末のフランスの世論を揺るがした事件と、それをめぐる論争に焦点をあてる研究であった。しかし決して型どおりの歴史書ではなく、あるいは文学から離れた政治学的考察に的を絞ったものでもなかった。

　プルーストの『失われた時を求めて』のかなりのページが、ドレーフュス事件をめぐる社交界の議論や確執に対する精細な観察にあてられていた。その『失われた時を求めて』に到達する以前のプルーストの習作的作品『ジャン・サントゥイユ』にもドレーフュス事件は登場し、しかももっと生々しく描かれている。「ここでは現実は意識によって濾過されることもなく、すべて生々しく息づいているのにほかならぬ」。そのように切迫感をもって描かれたドレーフュス事件は、『失われた時を求めて』では、かなり異なる遠近法のなかに埋め込まれることになる。実はこの事件をめぐる「内面の葛藤」こそ、プルースト文学の本質をかたちづくるものではなかったか、と「大胆な仮説」を述べて、渡邉はプロローグを結んでいる。こうして渡邉は作家たちの意識や無意識の深みにまで及んだ歴史的事件の波紋を見つめようとしたのだ。

『ドレーフュス事件』の本論は、ゾラの弾劾文書（「私は弾劾する」）をめぐる反響から初めて、事件をめぐる文書や論争をきめ細かく読解し、ドレーフュス支持派と反ドレーフュス派の対立のみならず、それぞれの派閥が、社会主義やナショナリズムをめぐって分裂し、錯綜した政治地図を作っていく過程を精細に浮かび上がらせている。そのあいだにひとりの「知識人」の言動がとりわけ異彩を放って、渡邉の論の焦点になっていくのだ。それは若いドレーフュス主義者シャルル・ペギーで、彼は単に一国の政争にとどまらない根本的な次元（「人類の問題」とペギーは記している）にドレーフュスをめぐる抗争を拡大して思考し、運動したのだ。やがてペギーは、ドレーフュス派の政治家たちが、事件を政争の取引に利用したことに激しく反発するようになった。まさに政治（ポリティック）が、ドレーフュスを擁護してきた思想（ドレーフュス主義）に真っ向から対立していると主張し、ペギーは孤立を深めていくのだ。「共和主義のミスティック」とその思想を名づけたペギーは、やがてジャンヌ・ダルクについて書き、あるいは実証的歴史学を批判する『クリオ』のような異様な作品を書いて、二〇世紀にあってまったく例外的な神秘主義（ミスティック）を展開することになる。
渡邉の『ドレーフュス事件』はフランスの政治史を扱いながら、左翼、右翼、社会主義、国家主義といった枠組みでは決してとらえられないミクロな次元での抗争を描き出して、すでに図式的な政治の観念を脱構築し、またペギーのような例外的知識人のなかに抗争の隠れた焦点を見出すことによって、周知の公式に還元しがたい政治的思考の形を見出している。渡邉は、大文字の政治や主義には決して還元されないミクロな政治を構成する論争や対話の渦を精密に描き出して、歴史と政治の暗部を照らしだす独自の方法をうちたてていたのだ。

このような展開の中で渡邉は「知識人」という言葉に、ある微妙なニュアンスを与え始めた。それは一定の階級の代表ではなく、「階級による規定性を克服しうる『自由な精神』」としての知識人であり、「おのれの規定性について盲目でない知識人」である、と控えめに定義されている。つまりそれはペギーのように、いわゆる「政治的なもの」と対立してしまう知識人のことでもあるが、もちろん政治と本質的な、〈自由な〉関係をもとうとして、それに対立するのだ。

毛沢東主義の波が世界におしよせ、知識人批判が世界の政治的モードになった時代に、それでも「知識人」という言葉に肯定的な意味を、一途に渡邉は見出そうとしていた。渡邉にとって、知識人は特権的でなく、困難な自由にかかわり、状況の複雑さを思考して引き裂かれ、孤立し、その孤立さえも熟考するような例外的存在なのだ。そしてその後も、彼はみずからの思い描く知識人の像を、さまざまな例をとりあげて描き続けたのである。たとえば彼は『ドレーフュス事件』の序曲であるかのようにして、両大戦間にスペイン戦争を体験し、あるいは第二次大戦中にナチズムに占領された時代のフランスの知識人・作家たちについて書いている（『神話への反抗』）。とりわけブラジヤックやセリーヌのように対独協力者と見なされた作家の研究が印象的なのだ。それは彼らを擁護するためでも批判するためでもなく、ドレーフュス事件に揺れた時代の後のフランスに、反ユダヤ主義がどのように倒錯的な展開をとげ、作家たちの政治的パッションがどこに、どのような出口を見出していったかを見つめようとする稀有な観点で書かれた評論であった。

その後も『文化革命と知識人』（一九七二年）、『近代日本の知識人』（一九七六年）のように「知識人」を焦点とする書物を著し、橋本一明とともに『シモーヌ・ヴェーユ著作集』（一九六七—一九六八年）の編纂にたずさわり、岸田國士、林達夫をめぐる著作を書いていったその軌跡からは、独自の視点から「知識人」を問題にし続けた渡邉の立場がくっきり浮かび上がってくる。焦点となったのは階級にも党派にも回収されなかった例外的な知識人であり、渡邉にとって知識人とは、あくまで例外者であり、ほとんどアウトサイダーに等しい知性なのだった。

渡邉のこの思想的探求は、必然のようにして、晩年にはフランスでも日本でもなく、日本に統治された時代に日本語で書いた朝鮮人作家たちに光をあてる『「他者」としての朝鮮——文学的考察』（二〇〇三年）に行き着いた。日本統治下にあって日本語で書くことは、朝鮮の作家にとって必然的に、ある複雑性を引き受けることになったはずだ。そして戦後は、その文学の多くは朝鮮からも日本からも周縁に置かれて忘却されることになった。

渡邉はここでも例外的知識人に光をあてることを続け、西洋でも日本でもない日本統治下の暗部のような空間で、どのような表現が試みられたか注視しようとしたのである。そしてこの試みは、さらに中国との戦争に目を向ける試みに連鎖していった。『武田泰淳と竹内好——近代日本にとっての中国』（二〇一〇年）で、渡邉は自らも含め、西洋に憧れ、西洋を範として思考し創作した近代日本の多くの知識人や作家のあいだにあって、戦前から一貫して中国を見つめ続けた二人の例外的知識人の苦闘のあとを追うことによって、彼の知識人論の大きな円環をやっと描ききることができたようなのだ。

特定の作家の翻訳や研究によって、またそれから発した批評的思想的活動によって、すぐれた足跡を残した外国文学者が数々、綺羅星のように輝いていた時代があった。それは戦前から、一九七〇年代くらいまで続いたと思う。もちろん渡邉一民もまた、その間にあって、一時期には論壇の一翼をになう存在でもあった。しかしドレーフュス事件、そして人民戦線、スペイン戦争への着目の仕方も、最後期の朝鮮や中国へのまなざしも、そのなかにあってまったく独創的で、マイナーな知識人への一貫した鋭利なまなざしも彼に独特のものであった。渡邉の世代の文学者の間にあっても、こういう思想の円環を描いた人物は稀有にちがいなかった。

ミシェル・フーコー『言葉と物』の訳者であり、構造主義の紹介者でもあり、またベルナノス、クノー、サン＝テグジュペリの小説のすぐれた訳も残した。確かに渡邉の関心は多岐にわたり、見方によっては何を専門とするのかわかりにくい研究家のように映りえたが、その思想的関心が一貫していたからこそ、彼は決して一所に留まらなかった。そのような道をたどり、知識人という問題を彼独自の視点から問いながら、彼自身もその問いを生きる知識人として全うしようとした。

最後に付け加えておかねばならないのは、彼の現代小説への深い、一貫した関心である。大学を退官されてからも、ときどき歓談する機会をもったが、クロード・シモンやロブ・グリエそしてクノーなどについてよく話題にされた。いまではすでに翻訳のあるフランス現代の、それもナチズムの時代を新たな視点から描いた若い小説家たちの大作、ジョナサン・リテル『慈しみの女神』、ローラン・ビネの『HHhH』もフランスで刊行された当時にさっそく読んでおられ、長々と熱中してその内容を語られた。

小説とは何かという問いも、おそらく渡邉一民の一生の課題であり続けたのだ。小説とは、言論や論争や、あるいは思想に対して、意識的言説の外部から問いを放ち、答えを模索するような言葉であり、だからこそ、ドレーフュス事件の隠れた中心が、プルーストの小説という外部から照らし出されたということは、渡邉にとって決定的に重要だった。

そして最後の書物で、青春のときに感銘を受けた福永武彦の小説に再び向かったことも、すなわち戦争と戦後の時代を、苦闘しながらひたすら小説を探求しつつ、静かに生き抜いた福永という知識人の足跡をみなおすことでもあった。『福永武彦とその時代』の遺稿がたとえ未完であったとしても、渡邉一民の仕事が描いた大きな円環の形は、これによっていまはっきり私たちの前に像を結んでいる。その歴史の薄暗い部分とロマネスクへの一徹なこだわりの跡は、いま新たに読み返され、永く記憶にとどめられるべきだろう。

アイデンティティと身体

1

『現代日本の精神史』というシンポジウムのテーマは、かなり私を困惑させる要素を含んでいる。現代、日本、精神、精神史、歴史のような概念、フレームをどのように、何を焦点として設けるかについて、すでに議論すべきことは多い。多様化し複雑化し分散した知の状況にあって、「精神史」として統一されうる主題系を記述することなど不可能で、それぞれの論者が断片的にそれぞれの立場から、同時代の考察をもちより、アサンブラージュすることによって「精神史」の輪郭を、かろうじて浮かび上がらせることができるにすぎないだろう。

そもそも歴史の方法ばかりか、歴史という概念そのものについて問いかけが行われるようになったのは、すでに一九世紀後半のことである。たとえばそれはニーチェや、シャルル・ペギーのような思想家にさかのぼり、また日本の柳田國男や小林秀雄にも、強固な歴史あるいは歴史学への批判があった。レヴィ＝ストロースの場合のように、人類学的立場から、西欧的理性そして時間の概念と一体のものとして「歴史」の概念が問われ、批判されたことは、少なからぬ意味をもち効果をもった。かつて、コジェーヴあるいはバタイユが、ヘーゲルを参照しながら語った「歴史の終末」という観念を、今日の世界に短絡的に適用することは出来ないとしても、ある意味において、私たちは歴史以降の歴史を生き、おそらく別の歴史（的態度）を必要としている。もちろんそれがユートピアなどではなく、予知できない悪夢の連続であるとしても。

いずれにしても「歴史」の概念そのものを問題化しなければならないのが、私たちの状況であるならば、まして現代、日本、精神、精神史、というような概念について、そのような概念自体のフレームをあらかじめ共通のものとして共有することは極めて難しい。たとえば、「現代」を一定の年代によって画することが可能かどうか、年代によって現代という時間を切断することで、いったい私たちは何を切断することになるのか。ベルリンの壁の崩壊（撤去というべきか）は、二〇世紀末の世界史的時間を切断する出来事であったといえるが、そのような世界史的断絶も、必ずしも世界によって共有されているわけではなく、世界にとって無前提に意味をもったわけではない。「世界」の概念が世界によって共有されてはいないこと、それこそまさに現代史のなかにさまざまな兆候とともに浮上してきた事実ではないだろうか。

とりあえず議論の前提として一九八〇年という年代を設定して出発し、この年代以降の「精神史」というようなものが存在しうると仮定してみよう。それが真に「精神史」であるとすれば、まさにそのような精神史は、過去と密接な関係をもち、過去を何らかの形で継承し反復するものであってこそ、「精神史」と呼ぶにふさわしいものだろう。しかし、八〇年代とは、まさに過去との明白な断絶などではなく、まったくあいまいな変化の過程を通じて、過去との間の可視的な緊張を欠いたまま、過去との断絶も、過去の反復も、また過去の忘却さえも共存させるかのような「システム」を作り出した「時代」であり、「精神史」という言葉など、およそ適合しない「時代」としてすぎていったようなのだ。

人類学的な知の洗礼を、多かれ少なかれ受けてきた二〇世紀末の諸学は、ただ素朴に「日本人」という主体を前提として、固有の精神史を記述することなどもはやできない。日本列島は、起源にむけて遡及すればするほど、列島につらなる南北の島々と大陸とのおびただしい交通の場所であり、あくまでも複数の流れのなかでこの場所を把握するしかない。「起源」に向けて遡及するようにして歴史を読み解こうとしても、歴史的な作業はしばしば、複数の同定不可能な流れに遭遇し、そこでまた未知の流れに遭遇するだけである。起源の探究に向かう学は本質的な逆説とともにある。起源を求めようとするあらゆる発見は、さらに起源の彼方にある複数の起源に遭遇し、起源へとむかう運動をうながす同一性（アイデンティティ）の要求の前提をカオスにつきおとすことになる。人類学も考古学も、そのような逆説を通じて、出発点の意図から遠い地点に迂回していくことになりかねない。

自己の属する集団（民族、共同体、国民）を、有機的な統一性として構成すること、それはこのような意味で、本質的に不可能であるが、不可能であるがゆえに、たえずそれは要求され、仮構されなければならないのだ。それは仮構するしかないものであり、実証されえないものであるからこそ果てしなく「仮構」を許す。起源との一体性を「仮構」するために、起源は、何かしら有機的な概念（同一性）として仮構されなくてはならない、まさにこの過程じたいに問題がひそんでいる。

「壁の崩壊」はまさに、冷戦下の資本主義経済のある段階で旺盛に機能した日本システムを徐々に不調に追い込んでいったといえる。「壁の崩壊」によって世界は、新たな抗争と交渉と調停をたえず必要とする歴史に参入した。「壁の崩壊」は、いたるところに（メキシコに、パレスチナに）異質の新たな壁を生み出したのである。経済が政治的抗争にたえず遭遇するような事態から、分厚い国際政治の管理する壁によって守られていたときにだけ、「日本システム」はまだ有効に機能しえたのである。これは、日本システムがいわゆる「危機管理システム」の欠如とともにあることを意味するかもしれない。しかし、いうまでもなく私のテーマは「危機管理」などではない。まず危機が誰にとっての、どのような危機であるのか考えなくてはならないが、むしろ私の関心は危機といわれるものの内実を考えながら、いわゆる危機が覆っている別の危機、あるいは危機に連鎖するさまざまな危機をみつめることのほうである。そのような別の危機、破局から、別の思考の推力を抽出することである。

いたるところに、見える壁、見えない壁がある。境界、壁をめぐる様々な実践、見える実践、見えない実践がある。

2

八〇年代初頭に浮上してきた新しい思想的問題として「境界」という問題、そして当然ながらこれに付随した「越境」という問題がある。それ以前に人類学が提起してしばらく多方面で影響力をもったのは、中心(中央)と周縁(周辺)という対立概念であった。たとえば「トリックスター」、そして「道化」は、周縁に出現して中心を撹乱し、全体を活性化するような存在である。様々なマイノリティ、少数民族、地方、辺境、あるいは排除され差別された集団を、そのような周縁として肯定的にとらえることに、少なからず人類学は貢献したのである。けれども、中心と周縁を対立させる思考にとっては、境界はまるで一つの線のように、国境線のように、明確に引かれる。その境界を越えるか、超えないかが問題であった。

おそらく八〇年代に、境界という問題はあらたな様相においてあらわれたといえる。境界は一つの線ではなく、無数の線であり、仕切りであり、それらはからまりあってしばしば錯綜した分割線の束を形成している。境界は分割し、同時に連結するのである。そのような意味で、人類学的思考は、中心―周縁の対立概念を提案するとともに、同時に周縁のほうに価値をみることによって、西洋の世界史的なヘゲモニーの概念を転倒することに一役買ったとはいえ、それ以上に錯綜した、政治、経済、文化、宗教、生活習慣におよぶ細かい力関係の網の目を分析するための認識装置をあたえはしなかった。政治権力は、本質的に、い、た、る、と、こ、ろ、に様々な境界を設け、境界を操作する権力である。それはいつの時代もそうであったといえると同時に、ますます現代的な権力の特徴となってきたといえる。

なぜ「境界」が「現代日本の精神史」にかかわる問題でありうるのか。少なくとも「現代日本」は、その「精神史」は、そのような主題を定義するフレーム、つまり境界の問題を同時に提起せずには議論しえない、と考えられる。

空間的、時間的に拡大された境界概念は、たとえば東北に多くの痕跡を残す北方の大陸からのシャーマニズム的文明の流れと、南島づたいに進んだ稲作を主要な要素とする文明の流れのような要素の交点に日本を見ようとする観点とともに強化された。少なからず国家的レベルで、日本文化論のイデオローグの役割を果たした梅原猛のような哲学者さえも、たとえば稲作の伝播にかんがみて、アイヌから沖縄にいたる日本列島という場所を、アジアに開けた広がりにおいて見つめ、西欧近代の葛藤を乗り越えるような可能性として提出している。それは近現代の強大な支配システムを構成しえた西欧システムに対しては、むしろ権力を斥けるような「弱い」システムとして構想されている。しかし、それはアジアの内側から構想された一種の逆オリエンタリズムであるといえなくはない。オリエンタリズムとは、私なりに再解釈すれば、外部とのあらゆる抗争や葛藤や、内部における異質なものを注視することなく、一つの地域（とりわけオリエント）、世界、集団の統一性を構想（虚構）することである。錯綜する境界と、その横断をたえず問題とするような思考が、現代の兆候であるとしても、それはしばしば境界をマクロなレベルに固定し、その境界の統一された内部に呼応する文化論、文明論を構成するような試みになっている。

もちろん境界を解体しようとする批判的思考に対抗して、明確な境界概念を反動的に形成する試みばかりが存在してきたわけではない。日本列島を東西南北からの多様な流れの交錯において浮遊する場所として捉えるような観点もまた、確実に形成されてきた。境界はむしろいたるところにあり、それゆえに、アジアという領域を一つの境界でとりかこむことはできない。なおさら「日本」という領域も、自明のものとみなすことはできない。

たとえば、油絵という西欧の技法によって制作し続ける日本の画家、中西夏之は、長谷川等伯『等伯画説』を読みながら、八四年にこう書いている。「等伯（達）は、中国大陸から移入された宋元絵画に受動的、ひたむきなまでの受動性で受けねばならなかった。彼等はこの列島の地理を俯瞰しなかっただろうし、出来なかっただろうが、起源というもののないあやうい列島の中、ここが足を支えてくれる処と思うと揺れ、あそこが足場と思えば沈む、そういう列島の中にいるのを認識していたかもしれぬ」。浮遊する立場とはすなわち「孤独」の立場でもある。画家は、オーストラリア版の、南北が反転した世界地図の中の「列島」を見つめる。「ユーラシア大陸の極東沿岸から反りかえるように三日月形、第三の弓形の日本列島がみえる。この列島は大陸から反りかえり、離岸しようとしているように見える。〔……〕この奇妙な孤独の位置と地形は、あらゆる大陸系の起源から孤立させられ、しようとしている一隻の小船である」（『大括弧　緩やかに見つめるためにいつまでも佇む、装置』、筑摩書房）。

日本という島は、ただ閉じた島ではなく、ゆらぐ浮き島であり、あるいはみずから移動する船のような島である。そのような場に、創作の基点をおくことが、一人の画家が日本列島で油絵を描き続けるための根拠となっている。

それなら、日本語という言語的な統一体について、あるいは列島において比較的に連続的で、比較的に統一された意識とともにあり続けてきたこの地域の歴史（意識）あるいはシステムについては、どのように考えるべきだろうか。

まさに、言語をめぐる、あるいは国民、国家をフレームとするそのような統一性の意識は、ある立場からは、依然として絶対的な前提であり続けているとしても、これを徹底的に相対化する批判的意識があらわれたのも、八〇年代の日本をめぐる内外の思索の、いまでは無視しがたい成果であるといえる。「日本語」というようなものは存在したことがないといえるのは、他の言語に関しても同じことである。ひとりの人間の頭脳には、その実践にとっては、日本語という体系も、実体も存在しない。それに属すると思われている、相対的に理解可能な言語の実践（発話）のはてしない変化があるだけである。かつて今よりもはるかに多様で、不均質であったにちがいないその実践が、国民国家的な統一性の意識とともに、統一的な日本語の意識を生み出すが、その意識が生まれたときも、決してそのような統一性は実在したわけではない。日本語はまさにそのようにして「死産」された（酒井直樹）。その意味で、国民国家の意識もまた同じように「死産」されたものということができるが、この「死産」されたものは、にもかかわらず、死んだままではなく、ある力を行使し、明白な政治権力にも対応している。「正しい」あるいは「美しい日本語」のような観念は、ある力を行使し、別の力と結びついて、別の力を分節する。言語をめぐる有機的な統一性の意識は、もはや後戻りができないところまで解体（脱構築）されたといえるが、統一性の意識はたえず、感情的な用法において、あるいは規則の体系という合理的、機能的な意識において、政治的または文化的な把握において、たえず再構築される。言語の有機的な統一の意識は、国民、国家、民族、あるいは文化、文明の有機的な統一性の意識のモデルであり、あるいは補強装置であり、ときには根拠そのものである。言語学が、ナショナリズムの形成に果たしてきた役割は本質的なもので、決してささいではない。

3

八〇年代末のフランスで広く読まれた『思考の敗北』(アラン・フィンケルクロート)という本は、ドイツロマン主義時代に、ヘルダーのような人物が、「民族精神」(フォルクスガイスト)を精髄とする国家概念を提唱しながら、かたや普遍的理性に依拠し、社会契約(日々の国民投票)の概念から演繹されるフランス的な国家概念に、これを対立させたことを指摘していた。この二つの国家概念のあいだの相克の延長上に、フィンケルクロートは現代史に浮上するさまざまな葛藤を見ていたのである。国民国家、あるいは民族の概念は、しばしば宗教的な絆によって統一化され、精神化され、有機的なまとまりとして構成されている。普遍的、契約的な国家概念と、有機的、精神的な国家概念との対立はますます深まって、調停されることがない。やがてそれぞれの国家、民族の差異を受け入れようとする普遍主義的寛容をまえにして、ほしいままに自己の伝統や価値を主張する原理主義的な過剰が噴出するという事態に世界は直面する。フィンケルクロートはこのような葛藤の図式を提案しながら、あくまで普遍主義の側にたつことを主張していたのである。

民族や国民を、ある有機的な統一としてとらえる立場は、何らかの形で、身体の有機性を規範として、あたかもそれがもう一つの身体であるかのように、集団（性）を表象し、統一するのである。それはまた、自己の属する集団とその歴史を、みずからの心身において「血肉」化するような過程でもある。有機性、あるいは有機的身体のモデルはさまざまなレベルであらわれる。小林秀雄は、かつてリーフェンシュタールのベルリン・オリンピックの映像を見て感銘を受け、砲丸投げの場面についてこう書いたことがある。「しかし、考えてみると、僕らが投げるものは鉄の丸だとか槍だとかに限らない。思想でも知識でも、鉄の丸の様に投げねばならぬ。そして、それには首根っこに擦りつけて呼吸を計る必要があるだろう。単なる比喩ではない。かくかくと定義され、かくかくと概念化され、厳密に理論付けられた思想や知識は、僕らの悟性にとっては、実に便利な満足すべきものだろうが、僕らの肉体にとってはまさに鉄の丸だ。……詩人にとっては、たった一つの言葉さえ、投げねばならぬ鉄の丸であろう」（「オリムピア」）。こうして砲丸を投げる肉体が、言葉、思想の理想的モデルとなっている。やがて小林は、あの一連の古典論で「わが国語の美しい持続」と書き、この肉体という理想的モデルを、「言葉」を越えて、「国語」に注入し、「伝統的秩序」について語ることになる。

このような有機性のモデルを、ただ幻想や虚構として斥けることはできない。言語の運用は、少なからずリズムに支えられ、その意識的な思考や操作も、無意識として蓄積されたほとんど有機的な層に支えられている。しかしまさに有機的な秩序そのものに、さまざまな差異がありうる。間隙や亀裂、非連続性にみちていながら、決して中心からの、あるいは超越的な位置からの統合を許さない組織体がありうる。そもそも身体あるいは生命、あるいは脳が、そのような組織体であることは、さまざまな立場から指摘されている。

他方で身体は、しばしば言葉の、集団の、あるいは主体性の構成的なモデルとなっている。それは、身体論がますますさかんな今日の知的状況の特徴でもある。このモデル化を決してただ幻想、虚構として斥けようとは思わない。しかしそれは確かにモデル化にすぎないのであり、そのとき身体それ自体がどのようにモデル化されているのか、さらに考えてみる必要がある。

八〇年代とは、「アイデンティティ」が、身分証明、同一性などという訳語によってではなく、英語からそのまま借用されて、たえず問われる主題、問題となった時代でもある。私とは誰か、私がある集団に所属していることはどのような意味を持つかという問いは、とりわけ西欧と日本の間で引き裂かれてきた明治以降の知識人の恒常的な問いに違いなかった。しかし、この問いが「アイデンティティの問い」となると同時に、アイデンティティは存在するか、そもそもアイデンティティとは、何と何との同一性であるのかという問いも、同時に発生していた。そこにはしかも、性差という別のアイデンティティの問いが、とりわけ女性の側から、あるいはさまざまなセクシュアリティの立場からも介入するようになった。

一九九三年の『群像』の「批評季評」を執筆した際に、私が引用した同時代の文章のいくつかが、いかにアイデンティティの問題に触れていたか、回想してみよう。

「民族差別を撃つ闘いというのは、じつは民族の根拠を解体していく闘いでしょう。民族の根拠を解体していくということは、自分自身の民族の根拠も解体して行くわけですね。フェミニズムだって本当は、性差別に対する闘いの中でジェンダーの根拠を解体していく闘いをやっているわけです。ということはじつは、自分自身のジェンダーの根拠も同時に解体していくということです。……内と外との境界はアイデンティティの根拠を解体する方向にしか越えられません」（上野千鶴子「外国人問題とは何か」、『現代思想』九三年八月号）。

「基本的には僕は部分的同一化のプロセスだけでやっていこうという話ですから、しかも同一化をすぐ起こしちゃうんですけれども、そういういろいろな部分的同一化の中で自分のポジションを作っていくというか、あるいはばらしていくという、それ以外にないと思います」（田崎英明「危機に立つセクシャリティ論」『文藝』九三年秋季号）。

「たとえば、一見すると、日本の固有性あるいは大文字の〈日本〉という問題が一般的にあって、美術や建築はその特殊な例のように見えるでしょう。しかし、よくよく考えていくと、日本の固有性とか大文字の〈日本〉は、本来美学的な領域から出てきたものではないかと思うんです。すでに十八世紀後半の国学者は、狭義の美術に関心を持っていないけど、少なくとも、日本の固有性を美的なもの、あるいは真偽や善意をこえた美的感情（もののあわれ）に見出そうとしていました」（柄谷行人「芸術の理念と〈日本〉」）。

ここに引用した三つの発言は、ともにアイデンティティを「非有機化」することにおいて、アイデンティティを解体し、あるいは部分化し、自在に置き換え、あるいは虚構として斥けうるものとして考える点において共通している。おそらく、このような観点にとっては「日本の精神史」のような概念そのものが、虚構の歴史にほかならない。少なくともこの時期に、この列島の知識人は、国民や民族だけでなく、性差（ジェンダー）までも、解体しうるものととらえ、解体すべきものとして思考しようとしていた。

もちろん、そのような状況であるからこそ、またアイデンティティを再構築しようとする熱心な主張ももちろん存在したが、それは多かれ少なかれ、喪失の意識を前提とし、あるいはアイデンティティを解体しようとする立場に対抗する戦略を含んだものであった。

「ここ（隠岐島コミューン）には、じぶんたちのくに（ネーション）はじぶんたちで守る、という非常にプリミティブなかたちではあるが、ナショナリズムの芽生えがみられる。いやそのくにには、ネーションという国家・民族・国民が一元化した近代の概念よりも、もっと通時的、普遍的なパトリ（郷土）というものにちかいだろう。パトリをいま郷土と訳したが、その郷土には、土地の神、種族発祥の地（パトリア）、先祖、両親（ペアレント）、肉親、家畜、田畑、古くからの木々、風土のいっさいがふくまれている」（「隠岐島コミューン伝説」松本健一、『文藝』九三年秋季号）。

「だが明治以来の近代化にともなう喪失に、私たちが痛みを感じている間はまだいい。その痛みすら無くしてしまい、意義と目的が見失われてしまえば、その時自己と誇りの消滅は決定的になる。未だに喪失が痛み、疼いている間は、喪失は真の喪失ではない。喪失の痛みの中に、日本とその誇りは、明白に存在している。……だが喪失が完全に意識されなくなったとき、私たちはすべてを失う。そのはれやかさの中で、もはや回復できない、アイデンティティと自分の視線の喪失を体験する（『「内なる近代」の超克』福田和也）。

前の引用は、ネーションとパトリを分離し、国民国家や民族よりもはるかに「有機的な」故郷の概念にむけて、アイデンティティを再構築しようという。これは性差や民族のような根拠さえも解体するような方向とは、正反対の向きにアイデンティティを再構成することであり、別の立場からの反近代主義的なナショナリズム批判であった。最後の発言にとって、アイデンティティは、すなわち日本であって、それにはすでに実体がないことが覚めた目で指摘されているが、にもかかわらず、「喪失の痛み」において（「死産された」ものとして）、それをなおかつ再構築しようと叫ぶ。私たちの「精神史」がもし存在するとすれば、それはいまもアイデンティティをめぐる議論の、このような振幅の延長上にあるしかない。

アイデンティティという言葉は、それが単になかったり、あったり、あるいは同一性や集団性のどのようなレベルで成立するかという問題にかかわるかぎりにおいて、まだ静的な概念である。私たちはそれを「主体化のプロセス」という、もう少し動的な概念で、いいかえることができる。私たちは相対的に固定されたアイデンティティに、様々なレベルのアイデンティティを結合し、様々な主体を形成し、変容させつつ再構成する。アイデンティティを拒否し、集団の概念をあくまでも「非有機化」するときも、私たちは別の形で「主体化」をおこなっている（つまり「非有機的な主体化」もありうる）。

4

身体は、単に主体を「有機化」する際のモデルになるだけではない。私たちは「身体」として自己を感受し、身体という存在として自己をとらえるとき、身体を媒介にして様々な主体化を実現するのである。そして身体、あるいはその有機性は、必ずしも統合や統一のモデルのみを与えるわけではない。そのようなモデルはある意味で、身体の自動性や無意識性にひきずられた理解にもとづいている。

たとえば現代日本の音楽家（作曲家）が「身体の内側から認識される空間や時間は、運動と無関係に外部にある空間や時間とおなじではない」「身体の根拠を欠いた思想は無知そのものだ」、と書くとき、これは先に見たような小林秀雄における身体モデル、身体論とどこで共通し、あるいは離反しているだろうか。

最近のコンサートのために書いたテクストで、高橋悠治は、自らのバッハの演奏（『ゴールドベルグ変奏曲』）についてこう注釈している。「『音楽の父』となったバッハの父性的権威に抵抗して　音楽を　その時代のパラドックスの環境にかえしてやる　均等な音符の流れで縫い取られた和声のしっかりした足取りをゆるめて　統合と分岐とのあやういバランスの内部に息づく自由なリズムをみつけ　組み込まれた小さなフレーズのひとつひとつを　固定されない音色のあそびにひいていく　といっても　スタイルの正統性にたやすく組み込まれるような表面の装飾や即興ではなく　作曲と楽譜の一方的な支配から多層空間と多次元の時間の出会う対話の場に変えるこころみ」。西欧において調性、和声のシステムとして、記譜法とともに強固に構造化された音楽に対して、確かにこの音楽家は、アジアの身体から発する音の、浮遊するかのようなシステムをいつも擁護してきた。そこで「身体」といわれているものは、決してアイデンティティの結晶核になりうるような統合的な有機性ではない。むしろ身体とは、彼にとって「多層空間と多次元の時間の出会う対話の場」のようなものである。

　音楽家は、それをさらに次のように言い換える。「とおいかすかな響をきこうとする　あるいは逆にからだの内側に耳をそばだてる　こういったさまざまな戦術によって　響く空間の全体が姿をあらわすそれは多様な音の粒子が　おたがいのかかわりのなかであらわれては消える　とらえどころのないひろがり　実体もなく時間もない空間」。私たちは、確かに身体をモデルにして、言語の、集団の、国民の、主体の組織法、さまざまな主体化のプロセスを再考し、再発見することができる。それはいつでも思想にとって、政治にとって、芸術にとって、重要な根本の課題だといえる。しかし、身体とは決して自明の統合的な、統一された組織体ではない。身体モデルは、アイデンティティを与えることもできれば、逆に解体することもできる。身体はたえず散乱して実体を構成しない、たえまない対位法（対話）のモデルでもありうる。

　絵画や音楽によって探求された身体のありか、身体という根拠が、ただ芸術的探求に属する事柄であるとは思わない。それはまさに、わたしたちの「精神史」のもっとも敏感な動線であり、また導線の表現でもあって、それは既に「精神史」の概念にいつも同伴しうる統合性、有機性、同一性の概念を脱する力強い渦のような運動への注意をうながしている。身体の現実は、アイデンティティを拒否しているのに、いとも簡便にアイデンティティの衣を着せられてしまう。その両義性に鋭く覚めて、身体の闘いを続ける実践は、数多くはなくても、決して稀ではない。ここではいくつかの忘れがたい例をあげてみた。

国家あるいは「曲率」

1 「国土」の曲率

内田隆三にとって集大成的な書物であるにちがいない『国土論』（筑摩書房、二〇〇二年）を読むと、いたるところで「曲率」という言葉に出会う。「重要なのは、日本という国のなかでは「愚者」としてしか現象しえない人間の存在の曲率である」（『国土論』、三四頁、以下同書からの引用は数字のみ示す）。「記憶の政治的な文脈を相対化するだけでなく、その記憶を支える知覚の形態やまなざしの構造や思考の曲率を相対化することが大切ではないだろうか」（五四）、「戦争の曲率は坂口安吾にある本質的な視線を開示する」（二〇一）。そしてまさにはじめの章では「国土の曲率」が、最後の章では「堕落なき生の曲率」が問題にされている。

そもそも「国土」という語それ自体に、さまざまに曲折する意味が含まれて、その曲率を変えていく。「国土論」として内田が論じたのは、多少とも社会学的視野をフレームにして見えてきた明治以来の近現代日本史そのものにほかならないが、それは大逆事件に始まって最後には一九九七年のOL殺人事件にいたる。まったく性質の異なる二つの「事件」の間にも、著しい「曲率」がある。

そもそもなぜ「国土」を問題にしなければならなかったのか。まずは大逆事件を通じて、明治の国家権力に対する知識人の批判的まなざしをとりあげることから内田は始めている。「国家という抽象的な力の作用を、ひとりの人間がその匿名の存在を生きる水準でとらえなければならない」（三四）。確かにひとりひとりの内面にも外面にもおしよせた「国家」とナショナリズムが問題にちがいなかったが、内田はそれ以上に「不可視の国土」や「日本近代の国土」を問題にするというのである。「国土」とは端的に国（家）に属する領土のことだろう。国（家）という政治システムあるいは政治学的対象ではなく、はるかに広い意味で一国のイメージ（表象）を問題にするためにこの語は選ばれたのだろうか。やがて高度成長期の「土地神話」や諫早湾の干拓が問題になるときは、もっと端的に「国土」が問題になることもある。そのとき国土は、ときに日本列島の〈自然〉であり〈地理〉、あるいは〈風景〉のことでもある。

こうして「国土」という言葉自体に含まれる「曲率」を問うていくことも、『国土論』の課題であった。そしてその「曲率」に敏感に反応することから、本書の一連の論考も登場したのだ。その考察は、通常の社会学や歴史書にはない複雑な表情をもって独創的であり、渋とく持続されている。しかし最後まで、何か吹っ切れないあいまいな印象も残すのだ。「国土」の内容はいつのまにか変化している。国家や、ナショナリズムや、国民的な〈共同幻想〉や、戦後の市民社会、破壊される自然環境、超国家的な消費社会等々。まさにそのように推移していく分析対象の変化それ自体が、この本の主題なのでもあろう。しかし「国土」とは一体どんな対象なのかも、その「曲率」が何を意味するのかも、実はあいまいなまま解き明かされることはない、という印象が残る。

明治から戦後の時代まで、理論的考察のため参照されるのは、主に柳田國男から坂口安吾にいたる日本の知識人の表現である。しかし高度成長期からグローバルな消費社会にいたる時期の分析では、社会学者としては内田がいちはやく導入したミシェル・フーコーやジャン・ボードリヤールの概念の影が散見される。そして内田の考察は、「国土」といっても、まったく性質のちがう対象に出会っているのだ。いわば近代日本を覆っていたむき出しの国家権力と資本主義に対して、かろうじて抵抗の立場を表現しえた知識人的主体は、三島由紀夫の倒錯的な〈蹶起〉そして昭和天皇の死のあとの時代には影をひそめてしまったかのようだ。そのあとの〈事件〉とは、「酒鬼薔薇聖斗」と名乗った少年の殺人事件や、いわゆる「東電OL殺人事件」という、それ自体が加速された新しい資本主義下の都市環境によって生み出された〈病理〉であるかのような出来事である。そこに垣間見えるのは、出口のない新しいシステムの圧力が生み出す内出血のような暴力である。それは大日本帝国下の、顔の見える国家権力からくる暴力ではなく、ほとんど不可視の圧力や管理のシステムからやってくる隠微な暴力なのだ。

大逆事件への反応については、「考えてみるべきは、その人の抱いた主義や思想に接続している、そしてその人の主体性に勾配を与えている存在の構図である。国家という力が生み出し、〔佐藤〕春夫が感じ取っている断層は、この存在の文脈を走っているからである」（三三）と、まだ力強く、しかも繊細に、内田は書くことができた。

しかし一九八〇年代の新しい資本主義（バブル経済）が席巻する時代を考察した「資本の波形」という章の最後で、『国土論』は新たな次元に入った日本社会と対面している。「逸脱する人間の個性や人格にはもはや還元不可能な、言説や技術の本質的に過剰な形態がたわむれているのである」（三五一）。「肉体や記憶や現実の感覚が、共同体と主体の軸線からずり落ちて、テクノロジーと言説という二つのベクトルの中で新しく合成され、それら自身を語りはじめている。準拠すべき意識の軸線が見えない、この合成されたディスクールの密度や分布のなかに資本の領土が、その無国籍な力の帝国が広がっているといえないだろうか」（三五三）。これ以降、日本の国土に「逸脱する人間の個性や人格」は影をひそめ、「言説」と「技術」にがんじがらめに包囲され、しかも細かく分断された個人におしよせる歪みが、しばしば病理や犯罪として表現されるばかりであるかのようだ。

2　「内閉性」について

そこでも内田がかなりこだわって考察しているのは、反時代的立場を表現した何人かの文学者であり、その最後に現れるのが中上健次である。中上は死の床にある昭和天皇に対して、ある屈折した感想をもつことになった。「物語の言葉を統べてきた、そして歌というかたちで言葉を発してきた源泉としての天皇が重篤な病に陥っている」（二九二）。天皇が言葉を統べる国にあって、「闇の国」熊野を根強いモチーフにして書き続けてきた作家が、天皇の死の病を、深刻に文学の危機と受け取っている。物語と言葉を統べる存在としての天皇の死は、日本文学にとって根本的な脅威だと中上はいうのである。

中上は、雨の降る伊勢の地で体験したことのある重苦しい気分について書き記している。

激しい雨に濡れる草に思いを託しながら、中上はこんな発見をした。「草は草である。そう思い、草の本質は、物ではなく、草という名づけられた言葉ではないか、と思う。言葉がここに在る。言葉が雨という言葉を受けて濡れ、私の眼に緑のエロスとしか言いようのない暗い輝きを分泌していると見える。言葉を統治するとは「天皇」という、神人の働きであるなら、草を草と名づけるまま呼び書き記すことは、「天皇」による統括（シンタクス）、統治の下にある事でもある。では「天皇」のシンタクスを離れて、草とは何なのだろう」（二九六に引用あり、中上健次全集十四巻、六〇九頁）。

内田の読解にしたがって、中上の天皇への思いを反芻してみるなら、中上は伊勢で、「言葉が物の世界に融けあって存在する場所」に立ち会ったのである。内田の言い換えるところでは、それは「生々しい物の存在と直結し、非分離の状態にあり、物の重力をそのまま受けているような言葉の場所＝トポス」なのだが、このようなトポスは、天皇によって統括される「物語・法・制度」の空間によって領有されている。中上はそのような統括、統治に対しては、熊野にオリジンをもつものとしていつも苛立ち抵抗してきたが、いま死なんとしている天皇が、まさにそのようなトポスとして日本的「自然」を統率してきた〈言葉としての天皇〉である以上、天皇の危機は、そのような言葉の制度の根源を揺るがす出来事である。

天皇は「自然」を制度化してきた統治者だが、「言葉が物の世界に融けあって存在する」あの「非分離」の根源にじかに触れている存在でもある。つまり根源を内部化してきた外部の存在である。あるいは根源との接触を保って境界に立つ内部の存在である。中上は制度としての天皇を批判しながらも、天皇のうちに起源のトポスを見て天皇に回帰しようとする。そのような「奇妙な逆説」を中上は表現していたことになる。もはや伊勢と熊野も、対立するのではなく補完的で、「伊勢の果てに熊野があり、熊野の果てに伊勢がある」（三〇一）。

「天皇による統治の言葉から抜け出すことが可能だとしても、その試みが天皇の言葉を異貌の次元でだが模擬し、どこかでそれに似てくるのだとすれば、この恐るべき内閉性はどのように考えたらいいのだろうか」と内田はこの考察を結んでいる。中上は昭和天皇の死後四年たたないうちに病に斃れることになった。そこでこの「内閉性」という問いも封印されてしまったかのようだ。『国土論』の見方では、この「内閉性」は、やがて新しい消費社会あるいはグローバル資本主義によってさらに変形され、しかも強化されるかのようである。

天皇の歴史、戦後の（象徴）天皇制、伊勢神宮（神道）、そして神話等々を、一気にひとつの統一的な体制であるかのようにとらえた中上の発想は、それ自体まったく幻想的、神話的、そして文学的な（言葉の）レベルに凝縮したものである。戦後の日本でもまだ天皇に象徴されている権力のかたちに抵抗することを、何かしら彼の文学の強いモチーフにしてきた中上は、天皇の統べる根源的なものを、言葉さえも統べる権能として再発見し、まったく両義的な反応を示した。おそらく中上の文学が、そのように神話的な動機をかかえていた分だけ、天皇の死との彼の対面も、真摯に〈神話的に〉実践された。

ここにきて「国土」とは、伊勢も熊野も包括する〈自然〉であると同時に、その〈自然〉と〈言葉〉との深い歴史的紐帯のようなものであり、〈言葉〉としての「国土」でもあり、その統一、統治、制度化には天皇制が（内田はむしろそれを天皇の「存在」と言い換えているが）深くかかわっている。明治の天皇制（大逆事件）、そして三島由紀夫にとっての天皇を論じたあとで、内田は、さらに根源的な問題として中上の天皇論をとりあげた。天皇の統べる自然と言葉としての「国土」という問題は、実は『国土論』の隠れた焦点であったかもしれない。しかしそれは、情報と金融によって牽引されるグローバルな資本主義の「冷たい不確実のたわむれ」（三五二）や「無国籍な力の帝国」（三五三）に巻き込まれ、やがて見えがたいものになっていく。天皇の「国土」は、その後は、諫早湾の干拓による自然破壊に対する抵抗運動のなかで、もはや力なくもちだされるだけである。新しい資本主義の「帝国」下で、それでも天皇の「国土」という観念と制度が、どのように作動し続けているかということに『国土論』は触れていない。大規模な「干拓」は自然を破壊するだけでなく、言葉そして記号にも及ぶ、と書いてあるだけだ。「記号の干拓」が進行すると著者はいうのだ。「消費社会では物は記号の土の底深くに沈み、分解し、摸像と化している」。「記号による国土の干拓は首都の内部ですでに一種の完成の域に到達している」

（四四一）。

それにしても『国土論』の思考を下支えするかのような文学の言葉は、戦後の坂口安吾、三島由紀夫、そして中上健次で尽きてしまったかのように見える。

大逆事件に始まり、戦後（原爆）、そして三島と天皇、昭和天皇の死、そして諫早湾埋め立て、神戸の少年による殺傷事件、東電ＯＬの事件まで、批判や抵抗、暴力や欲望がどういう社会システムのなかにあったかをていねいに考察しながら、もはや社会学的研究の次元を超えて、内田は、あるメタフィジックな次元につねにこだわっているようだ。そこには、事象そのものが解釈から逃れて空虚のなかに退いていく〈浮動点〉のようなもののまわりを実直に旋回していく思考がある。しかしここから得られるのは理論的眺望であるよりも、それぞれの時代の社会的軋轢や葛藤の意識を、それに近くで寄り添うようにして稠密に記述することで得られる映像のようなものだった。

「国土」を支持する思想的主体も、それに抵抗する文学者的主体も含めて、やがてあらゆる主体が、資本によって統御されるシステムに呑み込まれる。そういうプロセスについてはシステム論的に語るしかなくなった。いまも作動し続けている象徴天皇制とグローバル資本主義という二重のシステムにおいて二つは背反しあうように見えるが、むしろ補完的に作動することもありうる。そういうシステムの中での殺人事件について、内田は「やるせない生の形式」（五二〇）と記している。明治の大逆事件に関しては「恣意性にさらされて生き死にしている存在の地層」と彼は書いた。こうして「やるせない」のは同じでも、「恣意性」の性格はすっかり変わったのだ。

昭和天皇の死、バブル経済の崩壊を節目にして『国土論』は、日本の国土にも、社会にもある深い変質が訪れたことを、さまざまに言葉を変えて指摘している。そのあとも世界経済は、繰り返し暴落や恐慌を迎え、先進国では低成長が構造的なものとして定着したかに見えた。しかし資本制の勢力も危機も、反復されながら、やはり未知の性質を帯びて膨張している。内田の本は、二〇世紀の日本を考察の対象としていたが、フランス現代思想の消費社会論や言説・権力をめぐる分析を取り入れながら社会システムを論じることによって、同時に普遍的な問いをたてることになっている。もはや抵抗も〈蹶起〉も、あるいは堕落も逸脱もない世界は、いわば「他者を奪われた」状態であり、あからさまな「疎外」よりも無残である。内田は、ボードリヤールを参照しながらそのような「他者」の剥奪、あるいは喪失（それは「零の修辞学」などとも呼ばれている）によって、新しいタイプの犯罪が発生し、ある種の「カタストロフィ」状態が恒常的に生み出されていると指摘する。といっても、新しい「カタストロフィ」は、「カタストロフィの不在」とも言い換えられるような逸脱であり、きわめて流動的で、境界のない世界の現象なのだ。

3　ポストモダンという奇妙な言葉

このような「変化」、「変質」については、すでに数多くの識者によって、さまざまな分析、概念、キーワードが与えられてきた。そしてそれはある程度まで広く流通して、二〇世紀にしばしば顕在していた荒々しいエネルギッシュな「他者」のイメージを、すでに希薄にしている。内田が『国土論』で問うたことは、もちろん日本を越えて普遍的な問題を含んでいるにちがいないが、しかし天皇の〈国土〉をめぐる歴史を問題にしているかぎりでは、ほとんど日本国内での推移にだけ眼を向けている。

その「変化」、「変質」は、ある時期から、高度資本主義、消費社会、情報社会、ポストモダン、グローバル化などと呼ばれて、時代の自己意識としても定着してきたかもしれない。たとえばフーコーが詳細な分析とともに提案した「規律社会」の概念は、現代思想の成果にちがいないが、むしろそれは西洋近代のモデルであり、二〇世紀の重工業資本主義においては、まだ継続されていたと考えられる。現在も世界は「規律社会」を廃棄してしまったわけではない。しかし消費・情報・グローバル化を特徴とする新しい資本主義は、刻々、個人の内面にまで精密におよぶ管理システムをつくりあげている。ジル・ドゥルーズは端的にこれを「規律社会」と区別して「管理社会」と呼んだことがある（『記号と事件』宮林寛訳、河出書房新社、三五六頁）。

この「変化」、「変質」は、いまもまだ考察すべき課題で、ただ世紀的な単位で、粗略なキーワードで定義しうるようなものではありえない。すでに様々な定義が現れ、知られているが、実は何がどう変化しているかについての認識は、刺激的な標語が与えられれば与えられるほど、変化する現実から脱落していく可能性がある。それによって表象された歴史が歴史を裏切り、そういう表象を受け入れた私たちもまた歴史から裏切られるようなことも起きる。しかじかの事象はもう終わった、という意識が流通する一方で、まさにその終末の意識が、終わったことのさらなる反復をひきおこすかもしれない。ここでも意識の「曲率」が、様々な表象とその効果を新たに生み出している。

フーコーは、「規律社会」や「生権力」の出現をほぼ一八世紀に位置づけていたが、彼はそのような社会や権力の〈終わり〉をはっきり定義して、それ以後の現代の体制について語ったことはなかった。「ポストモダン」というような用語にも警戒的だったのは、彼にとって「近代」は実に長く続く複雑な時代で、まだ十分に認識されていないものだったからだ。啓蒙的な理性の崩壊とか、あるいは近代的な価値観を支える「大きな物語」の解体といった、一部ではスローガンのように流布したアイディアについても、フーコーはまるで門外漢であるかのように対応した。そもそも「近代性」が何を意味しているかわからないし、自分の問題は「理性」ではなく、さまざまな領域に確立されてきた「合理性」の形態であって、それらは様々に変容しているが、決して消滅したりしてはいないと言ったのである（一九八三年のインタビュー「構造主義とポスト構造主義」、『フーコー思考集成9』筑摩書房）。

そしてややこしいことには、「ポスト何々主義」といった、ジャーナリズム的次元では広く通用した言葉には、むしろ慎重に距離をとった思想家たちも、たとえばドゥルーズ＝ガタリなら「分裂分析」、「ミクロポリティック」、「リゾーム」のような概念によって、フーコーならばとりわけ『言葉と物』の、「人間」という概念の出現とその行く末について指摘した名高いページで、ある決定的な変化や出現について語ったのである。それは決して黙示録的終末論でも予言的マニフェストでもなかったが、彼ら自身の意図からずれるようにして、そういう指摘は、ある「曲率」をもち、何かセンセーショナルな出現や終焉の表象を勢いづけることにもなった。

「時代」意識をめぐるフーコーの慎重さと両義性は、たとえば次のように表現された。「まさに《啓蒙とは何か》というカントの問い以来、哲学的思考の大きな役割のひとつは、次のように規定されるものではないでしょうか。哲学の課題とは、現在とは何か、《現在の私たち》とは何かを言うことである、というふうに。ただし私たちが生きているこの瞬間は、暗闇の底にあって最も深刻な破滅のときであるとか、あるいは夜が明けて太陽が勝ち誇るときであるなどと断定するような、やや悲壮で芝居がかった安直な表現をすることを私たちは自分自身に許してはならないのです。そうではなく現在はどんな時代とも似たようなものです、あるいはむしろ現在は、ほかの時代と決してまったく同じではないのです」(Foucault, *Dits et écrits*, IV, Gallimard, 1994, p.448)。

そして現在における変化は確実に起きているにちがいないが、変化を的確にとらえることはやさしくない。知覚され意識された変化は、すでに変化する現実自体から隔たりをもち屈折している。そして現実とは、少なからず私たちの意識や知覚（そして欲望）によっても構成されている。ただしそこにもまた屈折（曲率）があり、現実は決して意識にしたがって構成されるのではない。「見えざる手」と言われてきた経済的要因、システムについて言えることは、政治についてまであてはまる。意識的選択の表現であり、意識の領域であるはずの政治が、実はしばしば無意識の情動や欲望によって左右されている。この世界で、計算され、調査され、管理され、〈合理的に〉作動している部分は、技術革新によっても圧倒的に拡大しているはずなのに、逆に予測することも信じることも操作することもできない部分が、まるでそれに比例するかのように圧倒的に膨張しているのだ。

二〇〇二年に刊行された『国土論』が後半で与えている二〇世紀末の日本社会の〈表象〉は、同時代の変化の象徴的な〈事例〉とともに与えられている。「都市の流動性」や「消費社会」といった言葉が確かに分析の中心になっている。何をどう改めるべきなのか、といった批判や処方箋を出すことは抑制して、社会（学）的システムの考察に著者は徹している。本の冒頭の大逆事件についての考察では、そのような社会システムの考察はなかった。その時代には、客体として考察しうるような一様なシステムがなかったということだろうか。社会学的分析は、現代のシステムにむかうときのほうがはるかに本領を発揮できるということだろうか。記号や情報やイメージの過剰が、心と身体に、あるいは人間と世界の関係にどういう効果を及ぼすか、ということが分析の中心になる。最後まで「曲率」という言葉を手放すことなく、消費社会の都市生活の「やるせなさ」をＯＬ殺人事件に読み込んで、『国土論』は終わる。読むものにも、「やるせなさ」の印象が残る。『国土論』は日本の国土にしみわたった「やるせなさ」を分析しながら、それを追体験するように、それに身をよせるようにして書かれている。「曲率」は、「やるせなさ」でもある。消費社会の恒常的で強迫的な勢力も、それに掻き立てられる欲望から脱落すること自体も、この社会の曲率をなしており、その曲率は死の欲動と共振することがありうる。確かに「曲率」が問題であり、これを問題にすべきだった。しかし『国土論』は「曲率」それ自体を解明するところまで進まない。この社会のシステムの淀みや屈折としての「曲率」に、いわば理論的読解によって同伴しようとしたが、「曲率」自体に光は差し込まれない、という印象が残るのだ。

4　普遍と特殊

じつは「曲率」は、「国土」を特殊的に考察することと、「国土」の外で国家と社会について普遍的に考えることの間にもある。大逆事件から、三島の〈蹶起〉、そして天皇のXデーに対する中上健次の動揺にいたるまで、『国土論』はおおむね日本社会を特異なケースとして、とりわけ天皇制とのかかわりに重心をおきながら考察を進めてきた。ほんとうの中心の課題は、市民社会でも、消費社会でもなく、それをすっぽり包んできたかもしれない「天皇」であったかのように。日本の社会と「国土」を問題にするとき、その内部に住む日本人として考察するときには、決して、単に普遍的に考察することはできないということを、それは意味するのだろうか。消費社会であり、情報社会であり、グローバルな市場に組み込まれた現代日本の「国土」を、ある空虚として、内閉的なシステムとして内田は捉えている。そのような日本の虚無を、遮二無二に充実させようとした幻想的試みとして、三島の〈蹶起〉を、そして中上健次の天皇論を引き合いに出したが、確かにこの選択にはあるバイアスがかかっていた。あたかも国家を憂え、国土を憂えるかのような文学的態度を内田は選んだようなのだ。

たとえばかつて天皇制とナショナリズムとは何かを考え続け、『共同幻想論』の考察を試みた吉本隆明のようなケースを私は思い出す。あの翼賛体制下では、西洋近現代の文学の影響を受けていたはずの日本の文学者たちが、無残なほどに政治的批判意識を欠いて、戦争と皇国を鼓舞する作品を書くことができた。そのことをただ糾弾するのではなく、社会的歴史的な構造のなかで解明しようとして、吉本はしだいに思想の射程を広げていくことになった。知識人も民衆も詩人も、共通に憑依するような集団的心的構造は「共同幻想」と呼ばれ、その祖形は日本の民俗譚（『遠野物語』）や神話（『古事記』）に求められた。吉本の標的は、大日本帝国の支配を可能にした無意識のメカニズムであり、それを政治体制としてではなく、「幻想」の心的システムとしてみようとしたのは彼の独創だった。こうして吉本は、日本的な特異な権力システムと見えたものを、王政やファシズムや立憲君主制の一ケースとしてではなく、むしろ人類学や精神分析が対象としたような原型的システムとして〈普遍化〉していたのである。

早くから、マルクスのなかに自然哲学と歴史哲学の交点としてとらえられた世界像を見るような原理的思考をしていた吉本は、ある種の普遍主義的な姿勢をもっていた。転向の問題を考えながら、福音書（マタイ伝）を独自に読み込むような発想もできた。しかし彼が直面した問題は、やはり日本と日本語のなかにあり、彼はこの日本における思想の「曲率」にずっと対面しながら考え続けるしかなかった（吉本はただし「曲率」ではなく「逆立」や「倒立」のような語を頻繁に用いた。とりわけ個人的意識と共同幻想とのあいだに「逆立」が起きるというように）。吉本は、ただ外向的で普遍主義的にふるまう外来思想の「密輸業者」にはいつも手厳しかったが、国内の知的習俗のなかにまったく内閉したままの思考にも距離を保った。そういう葛藤的立場に立つしかないのは、日本の歴史的地理的条件からして必然的だった。私たちは、その点で吉本隆明のような知性の生きた葛藤や、そこでかろうじて見出された均衡から、いまも少なからず学ぶことがある。

こういう問題が、たとえばフランスの、あるいはアメリカの著者に関して、突きつけられることがあるだろうか。当然ながら、それぞれの地理と歴史と言語に固有の視点や問題やスタイルが、どんな思想にも内在するにちがいない。しかし欧米の知識人は、すでに共有され前提されているかのような普遍的次元に立って考え書き始めることができる。実はフランスの一哲学者も、フランス語の哲学の伝統や教育だけでなく、フランスの「国土」、そしてヨーロッパの大地という歴史的地理的条件のなかで思索するのだから、まったく特殊的に思索するにちがいないが、この特殊性は、同時にほとんど普遍性でもあることが、無意識に前提とされている。普遍性の意識それ自体は、歴史的に、歴史的な力関係のなかで形成されたものである。ヨーロッパの普遍性もまた歴史的であり、そして歴史そのものに普遍性などあるわけがなく、ただ〈普遍性〉を制作する過程の歴史があり、また〈普遍性〉が崩落していく歴史もそこに内在している。そのことに批判的であるほどの知識人ならば、彼は自分の地域の、あらかじめ普遍性を前提とすることができない特殊な葛藤的状況に注意をむけずにはいられないだろう。こんなことを考えるとき、私の脳裏にはかつて竹内好が、とりわけ中国を意識しながら書いたことが響いている。

ヨーロッパがヨーロッパであるために、かれは東洋へ侵入しなければならなかった。それはヨーロッパの自己解放に伴う必然の運命であった。異質なものにぶつかることで逆に自己が確められた。ヨーロッパの東洋へのあこがれは古くからあったが（むしろヨーロッパそのものが本来的に一種の混淆である）、侵入という形の運動は近代以後である。〔…〕

このヨーロッパの自己実現の運動のなかから、十九世紀の後半になって、質的な変化がおこった。恐らくそれは東洋の抵抗と関係があるかもしれない。なぜなら、ヨーロッパの東洋への侵入がほぼ完成したときにそれはおこったから。ヨーロッパを自己拡張に向わせた内部矛盾そのものが意識されるようになった。〔…〕

ヨーロッパがどう受け取ったにせよ、東洋における抵抗は持続していた。抵抗を通じて、東洋は自己を近代化した。抵抗の歴史は近代化の歴史であり、抵抗をへない近代化の道はなかった。ヨーロッパは、東洋の抵抗を通じて、東洋を世界史に包括する過程において、自己の勝利を認めた。それは文化、あるいは民族、あるいは生産力の優位と観念された。東洋はおなじ過程において、自己の敗北を認めた。敗北は抵抗の結果である。抵抗によらない敗北はない。したがって、抵抗の持続は敗北感の持続である。

（竹内好「中国の近代と日本の近代」、『日本とアジア』）

この文の中の「ヨーロッパ」を「普遍性」に、「アジア」を「特殊性」に入れ替え、次には二つを反転させ、「ヨーロッパ」を「特殊性」として、「アジア」を「普遍性」として、読み返してみることができる。

5　改めて問う

『国土論』を読解しながら、なぜ私はこんなところに問いを広げ、あるいは迂回させてしまったのだろう。ここまで書いてきて、改めてこの本の「あとがき」を読むと、この本の前半の主題は、「天皇」

という「制度」ではなく、「存在としての天皇」であり、「この国土に象徴的な重心と深い曲率を与えていた」という天皇についての考察であった、と内田はまとめている。そして後半の主題はこの「国土」を侵食した「資本主義」と、これと一体の「テクノロジー」であったという。戦後の「国土」は侵食され解体されながらも、「象徴」となった天皇によってある均衡を保ってきたが、その危うい均衡さえも、やがて資本の力に圧倒される。内田の社会史は、前半では特殊的な主題を扱い、後半では普遍的な主題を扱っているかに見える。近代にあって精神的な領土を構築し、再構築（再領土化）してきたイデオロギーや宗教は、世界のいたるところで、越境する資本の力によって解体されてきた。やがて解体の果てで、逆にすさまじい原理主義的な反動が生まれるという世界的現象の一歩手前で、『国土論』の歴史は終わっている。

結局この本は、戦後も〈天皇〉に統括されてきた精神的〈国土〉が、高度なグローバル資本主義のテクノロジーによって、また記号、情報、消費によって、ぼろぼろに劣化するまでの日本社会史を書いたものということになるのだろうか。同じ世代の学究によって繊細な文章で書き込まれたこの社会史の試みと歴史への洞察に、私は感銘も共感も覚えたのだが、同時になんとも言えないマレーズ（malaise、フランス語で気づまり、違和感、不安、危機感等々を意味する）が残るのだ。そこで長々と書評とも感想ともつかない考察を続けてきた。私のマレーズを大まかに整理すれば次のようになる。

はたして「国土」という言葉に問題が集約されるのかどうか。「国家」でもなく「自然」でもなく「国土」という言葉を用いることで、いくつかの問題の次元が複合し癒着したまま解明されず、むしろ曖昧さを強めることになっているのではないか。

「天皇」について（もちろん特殊性をふまえて）普遍的に考察すべきところを、特殊的に語っているのではないか。日本の資本主義の展開について（もちろん普遍性をふまえて）特殊的に考察すべきところを、（あるシステムとして）普遍的に語って終わっているのではないか。つまり特殊的なものを特殊的に、普遍的なものを普遍的に語ることで、記述も分析も、まったく静的になっているのではないか。

戦前、戦後を通じて、天皇と国家に包摂されてきたかのように記述される社会史にも、あるいは世紀末に展開する高度資本主義システムの展開にも、それぞれ外部性や逃走線のようなものがあったのではないか。それぞれの現象のうちに、内部性の線分もあれば、外部性の線分も含まれていて、現象はしばしば両価的ではないのか。社会学というフレームが要請するところかもしれないが、結局、内田は天皇の包括性も、二〇世紀末の高度資本主義も、あるシステムとしてみる見方を捨てようとしないので、「やるせない形式」やシニカルな欲望が分析の焦点になった。三島や中上の立場さえも、そういうシステム的観点から理解されることによって、ある種のシニシズムとして浮上することになっていないか。

もちろん『国土論』に対する、こういった問いはまったく的外れで、それはもはや内田の問いではなく、私自身の問いでしかない、ということでもかまわない。そして私が『国土論』に対してむけている問いは、『国土論』を超えて、現代日本に対する様々な考察が共通に孕んでいる問題点にもむかうのだ。内田の大著はこれに気づかせてくれたのだ。

6　国家論の転換

そこでもう一度問う。ほんとうの問題は〈国土〉ではなく、〈国家〉だったのではないか。しかし〈国家論〉ではなく〈国土論〉でなければならなかったことには、いくつか理由があったはずだ。もちろん社会学者としては、政治学的に国家を考察するのではなく、社会的次元における国家を考える必要があったかもしれない。そして〈国家〉を問うなら、政治制度としての国家という問題を避けて通ることはできないとしても、国家は確かに政治制度以上のものである。ここでは、ごく手短に、その「以上」が何かと問うてみよう。

たとえば、『政治の起源』（会田弘継訳、講談社）の中でフランシス・フクヤマは、政治の三つの基本要件として、国家、法、そして民主主義的な説明責任（accoutability）をあげている。歴史上最も早く「国家」を成立させたのは古代中国であったとすれば、古代インドには強固なカースト制度と宗教的権威が合体して「法」の支配がうちたてられた。フクヤマの図式では、古代の中国には国家があっても、法はよく機能せず、インドには法の支配はあっても、整備された官僚制をともなう国家のようなものはなかった。「民主主義的な説明責任」となると、それはむしろ近世ヨーロッパで、国王と議会、国王と市民と封建領主の抗争を通じて発達してきたもので、むしろヨーロッパでは「国家」の成立がアジアに比べて遅かったことが、逆に政治的自由を促進することになった。「その遅れこそが西欧人がのちに享受することになる政治的自由の源となったのである」（『政治の起源』下、一〇七頁）とフクヤマは書いている。

ところで現代アメリカの政治の「劣化」にどう対処するかという目標を強く意識して、こういう図式を考えているフクヤマにとって、「国家」はもちろん必要不可欠であり、テロや内戦に揺れている中東やアフリカ諸国の問題とは、国家が脆弱であり、徴税のシステムすら確立していないことである、とことあるごとに強調している。

こういう思考にとっては、とにかく国家という「制度」が問題であって、もちろんこの制度は、「法」の支配と、民主主義的説明責任なしでは、〈よい政治〉を構成することができない。そしてヨーロッパで形成されてきたその〈よい政治〉のモデルが、とりわけ膨張し加速する現代の資本主義によって脅かされ、「劣化」しようとしている。この状況とこの図式は、とりわけフクヤマの独創というわけではなく、いま政治を再考しようとすれば誰も免れることのできないものと思える。

もはや国家とはなんら神秘化すべき対象ではなく、あくまで制度、力関係のシステムとして、その合理性や非合理性を精密に検討し、批判し、修正すべき点を提案すべきであってそれ以上でも以下でもない。もちろん、こういう観点で徹底した議論や研究や提案が行われるべきだし、実際に、ある程度は行われている。

しかし国家の問題は、一方ではそのような制度論的枠組みから外れる次元をもち、制度に対してある〈曲率〉を孕んでいる。たとえ制度であるに過ぎないといっても、それは精神的制度という側面をもっている。たとえばそれは「想像の共同体」（ベネディクト・アンダーソン）と言われたようなものである。「絶対精神」（ヘーゲル）として定義された国家とは、その極限のケースといえる。ある時期には現代アメリカのデモクラシーを、ヘーゲル的な歴史哲学の完成であるかのように肯定して見せ、「悪しきヘーゲル主義者」として批判されたこともあるフクヤマは、『政治の起源』では、むしろ国家を単に制度またはは権力システムとして見ることにおいて徹底している。ただし彼の歴史観は、イギリスからアメリカへと発展してきた三要素（国家、法、民主主義）の均衡を得た結合を、たとえ「劣化」してはいても、どうやら最良のモデルとして、まだ前提している。少なくとも『政治の起源』では、国家とは、あくまで政治がよく機能するための一要素にすぎないというところまで、すっかり還元されている。私にはそのことが印象的だった。

ところが私たちの周囲では、いまだ国家とは、単なる政治制度以上のもの、何かしら精神的統一性のようなもので、歴史的時間の結晶であり、通常の文化以上の文化であるということが、あたかも暗黙の了解であるかのようにして、国家＝精神＝歴史＝文化という〈等号〉が、ほとんど批判的思考を通過しないまま流通しているのだ。それは〈国家〉とさえ呼ばれない。ジャーナリズムのコードに照らしても、「国家」という語の響きは少々重たすぎ権威的すぎるからだ。しかしこの等号（そして統合作用）は決して失われていない。この等号は、それを〈等しい〉と考えなさい、という出所不明な至上命令のようなもので、ただ思考停止をせまっているかのようだ。

7　二つの理論的提案

〈国家〉に対する思考として、私にとってこれまでかなり決定的な示唆と思えた例を二つだけふりかえってみよう。二つの例のなかに、すでにいくつか多元的に分岐する問いが含まれているので、問いは錯綜することになる。

ひとつはすでに触れた吉本隆明の『共同幻想論』である。吉本のモチーフは、はっきり表明されていた。国家をいわゆる支配階級の「暴力装置」とみなすようなマルクス＝レーニン主義的観点では、戦前に国民を戦争にむけて鼓舞したような国家の精神的作用を解くことができない……。吉本は、精神としての国家を、つまり国家＝精神の〈等号〉をまず認め、その等号の意味を考えようとしたのである。精神としての国家は、まさに「共同幻想」と言い換えられた。吉本が分析の支えにしたのは、主に『遠野物語』（柳田國男）に採集された民話であり、『古事記』の神話であった。それはまず小規模な共同体の中で共有される様々な憑依や幻覚の体験であり、そのような心的体験は、単に個人の精神的病理ではなく、集団的に伝播し継承されて共同の幻想となり、共同性の表象そのものとして個人を支配するようになる。それは単に〈異常〉ではなく、治癒し慰撫する作用さえもって定着し、恒常的な心理構造にまでなっている。こうして「共同幻想」はすでに国家という幻想の胚珠であり、人はこの幻想なしには、そしてついには国家という幻想なしには生きられないかのようである。

さらに『古事記』の神話を取り上げながら吉本が考えたのは、古代の日本に天皇制として定着する以前の宗教的儀礼と王権の形式であり、それは実証的な有史の次元から少し飛躍して、国家の発生的な形態を思考しようとする試みだった。人類学や精神分析を手がかりにして、権力の黎明の形態に想像をはせる思考は、むしろ哲学的な詩人のものだった（もちろんこれは批判ではない。哲学的、詩的に語るしかない本質的問題があるにちがいないからだ）。『共同幻想論』はあたかも画期的な国家論のように受け取られたが、現実の政治的制度としての国家と幻想との関係をまったく考察していないという点では、国家論の体をなしていなかった。しかし国家に対する思考の転換を促すという意味では、画期的な発想を示していたのだ。

天皇制国家の本体が幻想であるとしても、とにかく幻想としてよく機能しえたことを示したという点で、『共同幻想論』は、少しも国家＝精神（＝幻想）という等号の〈批判〉などではなかった。しかし少なくともその等号の内容が何であるかを考えようとして、新しい批判的観点を提出していた。精神分析や人類学に照らすことによって、国家がよく解明されるかどうか確かではないとしても、少なくとも国家とは、精神分析したり、人類学的に思考したりすることが可能な対象である。国家を階級的な暴力装置であるとする観点に、こうして新たな観点が加えられたことの意味は小さくなかった。

決して吉本ひとりがそのような観点を提出しえたわけではなく、また国家論としては簡潔な素描に終わっているにすぎないとしても、確かに観点の移動がおこり、国家論は多元化されたのである。しかし晩年の吉本の関心は、別のところに、むしろ新しい資本主義のもたらす幻想や知覚の包摂的な作用のほうに移っていった（『ハイ・イメージ論』）。それなら国家の批判的考察は、あれからどう展開したのか。国家論もまた、グローバルな資本の強力な作用に浸透されて、「劣化」したのだろうか。もはや神話的な超越性など解消してしまったかのように見える現在もまだ、国家はいくらか精神であり神話であるとして、どのような精神、神話であり、どのような共同体、共同性たりうるのか。

もうひとつ私にとって忘れがたい提案はドゥルーズとガタリの『千のプラトー』に現れた「国家装置」（appareil d'Etat）の概念である。そこでもまた、マルクス主義（史的唯物論）の進化論的な国家の見方を批判することが大きなモチーフになっていた。批判されたのは、生産力の増大、そしてストックの発生が、やがてストックを所有する支配階級を生み、国家を成立させるという見方のことである。ドゥルーズ＝ガタリは、これに対してむしろニーチェの発想を真剣に評価した。「彼らは、運命のように、原因も根拠も考慮も口実もなしに到来する。彼らは、稲妻のすばやさをもってそこに存在する。あまりにも恐ろしく、あまりにも唐突、あまりにも説得的、あまりにも異様なので、憎悪の対象とさえならないほどである」（ニーチェ『道徳の系譜』木場深定訳、岩波文庫、一〇一頁）。国家装置は、そのように到来する「捕獲」capture の装置であり、単に暴力装置ではない、というのだ。その暴力ははるかに不可視であり、しかも神出鬼没である、ということだ。

彼ら（国家の人）は「生きた主権的機構」、「うまれつきの組織者」であると言われている。ニーチェは国家の出現をそのように定義した。それは『アンチ・オイディプス』では「野蛮な専制君主機械」と呼ばれたものでもあり、ここではまだ国家の出現は、アフリカ的な大地の機械よりも新しく、資本制よりは古い一定の歴史的段階に対応している。しかし『千のプラトー』では、「原因も根拠も考慮も口実もなしに到来する」国家は、時空を越えて、いたるところにいつでも出現しうるものと考えられている。もし出現しないとすれば、その出現を阻み、抑制するようなメカニズムが作動しているからにちがいない。ドゥルーズ＝ガタリも、やはり神話学や人類学の文献を援用した。とりわけ重要だったのは、人類学者のピエール・クラストルが、南アメリカの先住民の共同体を調査しながら書いた『国家に抗する社会』の発想である。まだ「国家」を知らないように見える〈未開〉の小規模な共同体は、弱小な生産力しかもたないために国家をもたないわけではない。クラストルは、そこに国家の成立を阻む組織を作動させている「社会」を見ていたのである。そして国家をもつ社会のなかにもそのような〈国家に抗する社会〉は、いたるところに存在し作動しうる。たとえば戦士の集団は、たとえ国家に従属する軍隊であっても、原理的に国家に抗する線分や運動を内包してきた。ドゥルーズ＝ガタリは、そのような線分や運動からなる組織を「戦争機械」と名づけたのである。

『共同幻想論』の国家批判が、共同体をすきまなく包摂するかのような原型的な「幻想」を考察して、あくまで静的であったとすれば、「国家装置」の概念は、この「装置」に抗する動きとともにあって、葛藤や抗争を根本的条件として動的である。国家は精神的なものであれ、あるいは単に即物的な力の組織・体制であれ、人間を捕獲する超越的「装置」であるが、それなら、これにあらがう「機械」もやはり神出鬼没に出現し、対抗的に、あるいは補完的に機能し、国家に対抗する〈外部〉（性）を保持しうるということである。問題は、このような静的考察と動的考察のどちらが真実かということではなく、国家論は少なくとも、これだけの振幅や射程をもちうるし、もたなければならないということである。

国家は、単なる権力ではなく、ある超越性をもっている。古代中国の国家が、そのように超越的で例外的な体制になるには、整備された官僚制と、家産的、世襲的な利益誘導を排除する「科挙」のように平等な競争システムが決定的だった。しかしいっぽう国家が超越的であるには、（神に等しい）宗教的な司祭として精神的な権力をもち、共同幻想を包摂するということが要件となる。要するに国家は宗教でもあった。ニーチェはもちろん、神なき世界にあって最後の遺物としての国家という宗教も、ナショナリズムという最後の偶像も批判し笑い飛ばしたのである。しかしそのニーチェも、神話的精神的国家、あるいは理性的国家（ヘーゲル）さえ辛辣に批判したにしても、ディオニュソス的ツァラトゥストラ的な生の賛歌としての共同体のイメージまで斥けたはずはない。

幻想としての国家が批判されても、文化、精神としての国家という問題は消滅するわけではない。しかし、いまもあいかわらず宗教的幻想的作用によって社会も共同体も包摂しようとする国家を斥けようとするなら、もはや〈国家〉ではなく、あくまで〈政治〉というべきで、こんどは国家という中心や重心の外にある〈政治〉を、〈公共性〉を、〈共同的な精神〉を問題にする、とはっきり転換を方向づけ明示する必要がある。

8　アレントのほうへ

ハンナ・アレントにとって「公共性」とは、権力の集中を注意深く避け、政治的なものをたえず活性状態におくことによって成立するものだった。政治的なものと社会的なものは、彼女にとってほとんど対立概念であった。社会は私的個人の欲望がぶつかり、それが調整される場所でもあるが、政治とは、単に調整の機能ではなく、私欲や私的空間が衝突する場所でもない。政治とはそれ以上のものであるが、

「以上」とは精神でも超越でもない。むしろ政治とはたえまない活動（action）であり、活動とはつねに多元的な意見を戦わせて、一元化するかわりに多元性を保持することである。そこに「共同幻想」のようなものが浸透しうる余地はあるはずがなかった。アレントにとって、ただ生きのびることだけに終始するような社会も、国家という幻想に包摂された社会も、ただ私的な空間を調停する機能に過ぎない社会も、すでに政治の消滅した〈社会〉にほかならなかったからである。もちろん必要最小限の幸福と生命を保証する権力としての国家を否定したりはしなかった。彼女の公共性の思想は決してアナーキズムではない。しかし公共性＝政治は、必然的に国家に対抗する活動であり、国家のせまる幻想や暴力を斥けることが本質的課題になるはずだった。

それなら、この国における〈公共性＝政治〉と国家との関係に介入する「曲率」を再検討することは、まだ何度でも繰り返し試みるべき課題であり続ける。三島由紀夫の〈蹶起〉は、二・二六のパロディーを身をもって演じたかのようだった。そして二・二六を含む明治維新からの、様々な抵抗や蜂起の動きは、制度化し神話化していく国家に収拾されようとする〈公共性＝政治〉を奪還しようとする試みを含んでいた。それを天皇の親政にむけて幻想的に純化して収束させようとした二・二六の〈蹶起〉があった。これに少なからず関与した北一輝は、やはり公共性＝政治を奪還することを目指しながら、天皇と国民の連帯をむしろドライに革命の手段と考えていたふしがある。天皇制に導かれる有機的な国家を、北は必要とみなした。公共性の本体は、いわばわきに置かれたのである。そして大杉栄のアナーキズムのように、ただただ公共性の政治のみを目標とするようにして、帝国の権力からも国家の神話からも遠くに、〈公共性＝政治〉の空間の可能性を見ていた例もある。しかし、どの場合も公共性は、いますぐ実現されるべき状態として、さまざまな次元や場所で、それ自体が目標として試みられるのではなく、まったく観念的に生きられるにとどまった。しばしば処刑や殉死のような制裁に終わった彼らの〈異議申し立て〉は、長く記憶され再検討されるべきだ。しかしそのような〈異議〉も、〈公共性＝政治〉を感性的、日常的な次元に基礎付けることには失敗してきた。国家の「曲率」がほんとうに問題にされなければならないのは、このことに関してではなかろうか。

そしてもちろんグローバルな資本主義の猛烈な包摂の力は、国家の政治・制度さえも、まだ機能している〈精神〉も〈神話〉も、ぼろぼろに侵蝕していく。資本は、たえず国境を越えて増殖し、有利な場所へと避難し拡散し、危機や不況や不平等や失業や汚染や精神的空洞さえも拡散していくのだ。そこで精神や神話もたえず修復され復活して精神的空洞をみたし、場合によってはいっそう強化されることになる。それが自殺的な「戦争機械」と合体することもありうる。資本による包摂と、精神的国家による包摂が二重に機能し分節されることになる。国家、法、民主主義からなるといわれる〈政治〉を外部から侵蝕し劣化状態に導く最大の脅威は、現代の資本制であるにちがいない。それなら私たちの〈政治〉は、〈資本制〉という外部に包囲され、象徴天皇制という未だ濃厚に宗教的祭祀的な性格をもつ〈内在化した超越性〉という、もうひとつの外部に包囲されている。そして未だ死刑を廃止することができず、凶悪犯を人権の彼方に〈例外〉として閉め出す法的体制がこの国では継続されている。象徴天皇という、固有名をもたない例外的な存在（聖なる人）の対極には、死刑囚というもうひとつの例外者たちがシンメトリックに Homo sacer として存在する（例外性は超越性である）。そのように資本と国家という外部に二重に包摂された私たちにとっても、政治の著しい「劣化」が感じられているとすれば、その意味はフクヤマが問題にする政治の「劣化」とは、かなり異なっている。『国土論』で内田隆三が記した「恐るべき内閉性」という言葉が、いままた耳に響くのである。

ペストとコロナのあいだ

1　戴冠せるウィルス

アントナン・アルトーの演劇論の核となる文章を集めた『演劇とその分身』（一九三八年刊行）は、「演劇とペスト」というテクストから始まっている。ペストがもたらしてきた破壊的な混乱状態を、彼は演劇に重ねて考察したのだ。ペストの災厄を想像しながら演劇に何ができるかを考え直そうとし、ペストに似た演劇を構想するかのような彼の発想は、いかにも突飛に思える。しかしアルトーは挑発をこめながら、そこで真剣な問題提起をしていた。そもそも演劇も、しばしば何か忌まわしい害悪を社会にもたらすものとみなされて、ペストのように嫌悪されてきた歴史がある。アルトーはアウグスティヌスの『神の国』を引用している。ペストの勢いを鎮静しようとして上演される演劇（見世物）が「魂を腐らせる」のはペストにも劣らない、とアウグスティヌスは書いている。「悪霊どもの企みは肉体における感染がおさまろうとしていたことを見越して、肉体ではなく風俗を攻撃するが故にはるかにずっと危険な災いを、このときとばかりに招き入れる機会を嬉々としてとらえるからである」[1]。アルトーはアウグスティヌスのペスト＝演劇論の主旨をむしろ転倒している。「重要なのは、ペストと同じように、舞台の

（1）　アントナン・アルトー『演劇とその分身』（鈴木創士訳、河出文庫）のなかに引用されている。

戯れがひとつの錯乱であり、それが伝染性のものであると認めることである」と書き、ここから彼独自の演劇論・身体論・文明論を展開していくのだ。しかし、さしあたって私のこの文章の主題はそれではない（関係があるのは、この頃、劇場もライブハウスも感染症を広げるとして閉鎖されてしまったことくらいである）。

もうひとつ思い浮かぶのは、アルトーの書いた小説『ヘリオガバルスあるいは戴冠せるアナーキスト』というタイトルである。「戴冠せるアナーキスト」（anarchiste courroné）とは、シリアからやってきてローマ皇帝になり、ローマを混沌状態に陥れた少年、冠（コロナ）をかむったアナーキストのことである。奇妙な感染症のようにローマを混乱させたそのアナーキーも、やはり魂を蝕む演劇に似ている。アルトーは彼の構想した演劇の一つの実例として、この小説を書いた。そこで私は冠をかむったウィルスのことを連想するわけだが、アルトーの「アナーキー」も、これから書くことと直接の関係はない。

2 「退屈な」感染症

この数ヵ月、ウィルス（感染）に関する情報を、主にネット、新聞、テレビを通じて途切れることなく浴びてきた。ニュース、統計データ、特に急増する死者の数、逼迫した医療現場、明白な経済危機、そして政治の対応、様々な解説、論評、オピニオン、ワイドショーの談義、ＳＮＳ……。しかし大量の情報の多くは、当然ながら、恐ろしいほど同じニュースと意見の反復であった。私は、それをくぐりぬけて何か自分の〈意見〉のようなものを形成しようとしていたかもしれない。この現象が何を意味しているか、この〈事件〉は（それが〈事件〉であるとして）、それぞれの個人に、この社会に、この世界に何をもたらし、もたらそうとしているのか。感染症の危機は、価値観を大きく変えさせ、世界を新しい連帯や再構築にむかわせるのか。それとも世界を引き裂き、もっと自閉的に、差別的に、むきだしの自己防衛の争いにむかわせるのか。いくつかの論調が見えてきたが、すべては漠然としていて、そんな問いさえも、はっきり問われたわけでも答えられたわけでもない。仮説的な問いが、仮説的な答えといっしょに浮上してきたが、それらの言葉はまさに浮足立って、遠心機にかきまわされたように表面へ、表層へと集まってくる。しかしこちらにそれを批判するにたるほどの深い知恵があるわけではない。むしろ何も知恵などないことを痛感するだけだ。しかしこのこと（一個人の無知、無能）も、いま扱うべき主題ではない。

そんななかに、フランス現代の作家ミシェル・ウェルベックが、ラジオ放送局に寄せて書いた短いエッセーを見つけた。この人の小説にみなぎるシニシズムは好きになれない。しかし少なくとも、そのシニシズムは決して彼の思想や感性だけに属するものではなく、この時代の根深い傾向に呼応していると感じる。私たちの〈時代〉にとって、そのシニシズムは〈本質的〉と言えなくもない。『服従』はイスラム化した近未来のフランスを仮想的に、巧みに描いていて、読後はどんよりした出口のない気分に突き落とされた。そのウェルベックが、新型ウィルスについて書いている。「何か目覚ましいことを言おうとしても簡単ではない。なぜなら、この伝染病は不安に陥れると同時に退屈させるからだ。凡庸なウィルス、あまりぱっとしない様子で、正体不明な風邪のウィルスに似て漠然とした性格をもち、致命的な毒性をもちながら、性行為で伝染するわけでもない。要するに特性のないウィルス。この伝染病は、毎日世界中で何千人もの死者を出しているが、それでも事件ではないという奇妙な印象を与えている(2)」。

「不安に陥れると同時に退屈させる」（angoissante et ennuyeuse）と、作家はこの感染症について書いている。「凡庸な」、「特性のないウィルス」。いかにもこの作家らしいと言おう。逼迫した医療現場の嵐のような状況を、病床も、埋葬する場所さえも足りない悲惨な現場を想像するなら、当然こんな感想はもてないだろう。ウェルベックもそれを知らないわけではなかろう。終末的ビジョンを根底のモチーフとし、自由や平等の理想から遠ざかっていく傾向をむしろこの世界の避けられない必然とみなす陰鬱な作家は、百年来の疫病も、未曾有の経済危機も、「退屈させる」と形容している。

一体なにが「退屈」なのか。感染者の多くは無症状ですむが、知らずしてこのウィルスの「運び屋」になる。たとえ無症状でも隔離されなければならない。感染を避けるための外出禁止（または自粛）が始まれば、そこには当然「退屈な」時間が流れる。感染の不安とともに蔓延するのは、おびただしい「退屈な」時間である。一体何が「退屈させる」のか、なぜ「退屈」なのか。簡略な文章のなかで、ウェルベックは説明せずにすましている。新型ウィルスの犠牲になるのは主に高齢者であることも、悲劇的な印象を弱めている。感染した死者をみとることも葬儀をすることもままならない家族にとって、死が実感できないことも手伝っているかもしれない。そのため「事件ではない」という印象さえ与える。

ウェルベックに応えて、私はコロナ・ウィルスの社会心理学的分析のようなことに手をつけようとしているのだろうか。しかしそれは私のめざす方向ではない。コロナ・ウィルスがどこまで流行しようと、たとえ自分が感染しようと、やはり「退屈なウィルス」と彼は言うかもしれない。この「退屈」は、何か哲学的な、存在論的なものだとは言うまい。

「これ以降は、もはや絶対に何も同じではない」というタイプの言説を自分は信じない、と作家は書いている。むしろ何も変わらず、少し悪化するだけだと。もちろん、不安であり退屈なのはウィルスではなく、この世界そのものにちがいないのだ。いや、この世界自体が不安であり退屈であるはずはなく、人間がこの世界に不安を感じながら退屈しているということにすぎないのだ。不安と退屈はもちろん対である。

ある種の極端な状況では、たとえば周囲の環境から対象を隔離して試験管の中に入れたような状況では、その対象について知覚されなかったことが、知覚されるようになる。今まであまりなかったタイプの感染症がきっかけとなり、そのような試験管的情況をこの世界につくり出した。環境から隔離された状況は、もちろん退屈でありうる。何か起きるかもしれないし、何も起きないかもしれない。死ぬかもしれないが、たいていは無事に済む。「これ以降はもはや何も同じではない」。コロナと関係なく、新しい生き方、技術、思考、作品、ビジネスが生まれる可能性はつねにある。そして戦争や、ファシズムや、大災害のあとでは、「もう何も同じではない」。現に戦争のあとの日本は変わった。しかしじつは何も変わらなかった。あいかわらず民主主義は付け焼刃で、順応主義も、画一主義も直らない。あの大震災で日本人は変わったか。あれほどの被害をこうむりながら、原発さえもやめられずに続けている。まだ汚染水のタンクが、毒キノコのように増え続けて地表を蔽っている。しかしここではこのことが主題ではない。

3　ペストのさ中の倫理

やっとカミュの『ペスト』を読むことになった。カミュの中では、読もうとしないできた作品だ。ペ

(2) フランスの国営放送局 France Inter に寄せられたテクスト《Coronavirus : pour Michel Houellebecq, le monde d'après «sera le même, en un peu pire»》(コロナ・ウィルス：ミシェル・ウェルベックにとって、後の世界は「少し悪化するが同じままだろう」)、Franceinter : Culture というサイトで閲覧することができる。私訳による。

ストの不条理、実存主義的なペスト、そんなドラマをわざわざ読みたくはない、と思い込んでいた。じつは力強い繊細な小説で、展開にもすきがない。カミュのしたたかさは、ペストの「退屈さ」について書いているところを見ても伝わってくるのだ。

疫病の猛威がピークを通り越した時期に、恐怖にも絶望にも慣れてしまったかのような「わが市民」の心境について彼は書いている。「例えば人を力づけるなんらかのヒーローとか、めざましいなんらかの行動とか、古い記述に見られるそれにも似た真に観物（みもの）たりうるような何ものもここに述べないことが、どんなに遺憾なことであるかは、筆者も十分承知している。これはつまり、天災ほど観物たりうるところの少ないものはなく、そしてそれが長く続くということからして、大きな災禍は単調なものだからである。みずからペストの日々を生きた人々の思い出のなかでは、そのすさまじい日々は、炎々と燃え盛る残忍な猛火のようなものとしてではなく、むしろその通り過ぎる道のすべてのものを踏みつぶしていく、はてしない足踏みのようなものとして描かれるのである」(3)。しかも隔離された市民は、徐々に、記憶も、想像も、感情も摩滅させていった。ペストの中で生きる人々も、ペストについて記そうとする人も、「第二段階」では、ある奇妙な「退屈さ」に襲われるのだ。「誰も彼も、みんな謙遜になっていた。いま初めて、引き離されている人々も、いなくなった相手のことを語ったり、万人向きの用語を用いたり、自分たちの別離を病疫の統計と同じ角度において検討したりすることを、嫌がらなくなった。それまでは、自分たちの苦痛を集団的な不幸からがむしゃらに引き離していたのに、今ではその混交を許容していた。記憶もなく、希望もなく、彼らはただ現在のなかに腰をすえていた」(4)。町全体が「待合室」のような空間と化している。現在しかなく、未来のない場所で、市民は恋愛や友情の能力さえも奪われている。

ここには当然ながら作者の独断や仮説が介入しているが、「もちろん、こういうことはどれも絶対的なものではない」とカミュ自身が書いている（そのように語り手の医師リウーに語らせている）。アルトーにとってのペスト、そしてペストと演劇の災厄について語るアウグスティヌスとは、なんとちがっていることか。デフォーの『ペスト』には、多くの悲痛な場面と、ときに喜劇的な場面が描かれていたのに比べて、カミュは確かに現代的な疫病について、その奇妙な「退屈さ」について書こうとしたのだ。

デフォーの描いた一七世紀ロンドンのペストの物語では、患者の発生した家は家人とともに封鎖され、全員が次々罹患し、あちこちの家のなかからたえず悲鳴が聞こえている。絶望し狂った男が、裸同然で道をさまよい踊り歌いはじめ、その家族が男を追いかける。墓に埋葬する余裕がなくなり、数々の死体が大きな穴にいっしょに投げ込まれるようになる。ある呑気な笛吹きが道で居眠りをしていて、死体といっしょに荷車にのせられる。それでも眠りこけたままで、累々重なる死体にまぎれて、ついに穴に放り込まれる寸前にやっと目を覚ました、云々。

カミュの『ペスト』で、強く印象に残る人物像は、語り手でもあって、終始冷静にペストにたちむかう医者のリウーと、ペスト流行中に彼と知りあって協力するようになる正体不明の漂泊者タルーにちがいない。しかしもうひとり、アンチ・ヒーローとも言うべきコタールという奇妙な男が印象的なのだ。彼は町にペストが流行する直前に首つり自殺をこころみて失敗し、警察の取り調べを受けた。自殺する前にドアに「お入りなさい、首をつりました」などとチョークで書きおいて、半ば狂言自殺のようだっ

（3）アルベール・カミュ『ペスト』宮崎嶺雄訳、新潮文庫、二六五頁。
（4）同、二六八―二六九頁。

たが、それを見て部屋に踏み込んだ隣人に助けられ、とにかく生きのびたのである。やがて、ペストが猛威を振るって毎日おびただしい死者が埋葬されているなかで、「絶望にかられた人」であったはずのコタールは、奇妙なことにだんだん快活になり、人付き合いもよくなっていくのだ。コタールは金利生活者であり、酒の代理販売に携わってもいる。封鎖された町で、密輸でもうけているから、機嫌がいいのはそのせいかもしれないが、とにかく死の恐怖に凍りついた町で、ペストが流行っている間じゅう彼は人付き合いもよく上機嫌になり、ペストの前には憂鬱で孤独だった男が一変してしまった。「私にはここの居心地がずっとよくなったんです、ペストと一緒に暮らすようになってから」などと、コタールはあからさまに口にするようになるのだ。ペストに襲われた市民は、みんな同じ運命を共有せざるをえなくなった。コタールは孤独という病から、ペストによって癒されてしまったというわけなのだ。ところが、必然的に、と言おうか、ペストが終息しかけて、もうすぐ町の封鎖が解かれるという状況になるとコタールの表情は暗くなる。町が解放されたとき、ついにコタールは狂ってしまい、部屋から外に発砲をはじめ、踏み込んだ警官隊につかまってしまうことになる。確かにコタールの反応は不条理であり、ペストの〈不条理〉に輪をかけて不条理であり、ペストのもたらす災厄、おびただしい死、狂気、そして伝染、隔離、都市封鎖はもちろん不条理である。

漂泊者タルーという人物の〈造形〉も目覚ましい。ペスト感染が始まる数週間前に彼はオランにやってきて、ペストが席巻し始めても町から出ようとはせずに、「保健部隊」を率いて患者の救済に携わる。職業が何なのか、何のためにオランにやってきたかわからないが、生活には困っていなくて、スペインの舞踊家や楽師のところに出入りしている。彼は手記を書き続けていて、「こんなにも醜い町」にやってきたことについての「奇体な満足感」をまず書き記している。語り手リウーは、この手記を引用しながら、ペストに襲われたアルジェリアの町の物語を続けるのだ。

リウーとの友情をしだいに深めながら、タルーがついに〈身の上話〉をする場面を反芻してみよう。ペストに出会う前から、すでに彼は、誰もと同じように、(心の)ペストに苛まれてきた。タルーの父親は検事だった。息子は一〇代のある日、裁判を傍聴させられ、被告に死刑を求刑する父親の論告に立ち会った。「眩しい光に晒された梟のように」おびえる哀れな男の首を、父親は要求していた。タルーにとっては世界の色を一変させる出来事だった。一八のときタルーは家を出た。決して「殺害者の側」には立つまいと心に誓った。死刑宣告という基礎の上に成り立っているこの世界に抗う運動に参加するようになった。

死刑の可否に関する議論も、タルーがどんな政治または革命を志したかの説明も、ここには書かれない。とにかく忌まわしい虐殺をおこなう権力、政治家、裁判官、検事たち、彼らはすでにペスト患者であり、平和や治安の名において、それを支持するものたちもペストに侵されている。「われわれはみんなペストの中にいるのだ」、「この地上には天災と犠牲者というものがあるということ、そうして、できうるかぎり天災に与することを拒否しなければならぬということだ[5]」。タルーの反死刑論、反権力論は、はじめは正体不明の漂泊者、遊び人、そして皮肉な変人にみえたのとは対照的に直裁で、〈殺す者たち〉の側につかないという意見だけがまったく明瞭に表現される。人間の不幸は「明瞭な言葉」を話さないことからくるのであって、自分は「明瞭に話し、明瞭に行動する」ことに決めたのだと。

こうしてペストに襲われた町の怜悧な観察者であり同伴者となっているタルーは、きわめて倫理的な

(5) 同、三七五および三七七頁。

人間でもある。少なからずカミュの分身であり、自画像であるといってもいいだろう。デフォーの『ペスト』に比べれば、カミュは、ペストにいかに対すべきかと倫理的に問い、同時に「心の中のペスト」と闘うことさえ問題にしている。デフォーのペストにそのような問いはない。終始、死者の統計を記録し、隔離がいかに行われたか、市民がいかに監禁をともなう封鎖に抵抗し、監視人と戦い、しばしば暴力沙汰になったか、数々の事例を物語っている。あるいはロンドンを逃れても地方への移動を阻まれて様々な計略を練る人々、ロンドンに勇敢に残ってペスト対策を続け、パンの値上がりにまで注意深く対応する役人や政治家たち、けっこうたくましく生きのびる貧民たち、増殖する迷信やデマに対する情報管理、等々。デフォーの語り手は、半ばは統治者の視線で、ペストのもたらした恐慌、混乱を観察し、調査し、また数々の悲劇や悪事や善行をつぶさに物語っているが、そこに個人の内面まで深く穿つような倫理的（実存的）考察はない。しかし疫病に襲われた都市全体の動向を、個々の市民の行動や反応の細部に至るまで調べて注意深く眺望しようとしているのは、すでに〈生政治学的〉視線を予感させる。

4　何が変化しているのか

しかし問題はかつてのペストではなく、この時代のペスト（コロナ）なのだ。

いまではペストは抗生剤の投与によって制圧することができるようになった。いやそれ以前にも、ペストには決定的な治療がなくても、おそらく生政治学的な対策が普及して、爆発的な流行が抑えられるようになった。カミュの描いたペスト禍のアルジェリアの町では、血清が用いられ、リンパ腺腫の除去が試みられていたが、それほど有効ではなかった。カミュの『ペスト』では、患者を受け入れる部屋には「床を掘り下げてクレシール酸液の池が作られ、その中央にレンガ積みの小さな島ができていた。患者はその島に運ばれ、手早く脱衣させられて、衣服は池の中に落ちる。身体を洗い清め、よく乾かし、病院用のざらざらした寝巻に着かえさせられて、患者はリウーの手に渡され、次いで別の病院の一つに運ばれるのである」(6)。

伝染性が強く、致死的であり、有効な治療法がない点では、あの時代のペストとコロナは似ている。しかし新型ウィルスによって死にいたるのは主に高齢者であり、感染者の多くは発症しないが、それでも伝染させうる点はちがっている。いやそれ以上に、ペストが現れた世界と、コロナが現れた世界では、社会も、医療も、生活形態も、人間も変化している。当然感染症のもたらす効果も同じではありえない。しかしほんとうは何が変わっているのか。

いまさしあたって私の問いは、この感染症の災禍が与える影響が、何か新しく特別な性質をもっているかどうか、ということである。それはこのウィルスの特性(毒性、伝染性、突然変異可能性、治療薬)ともちろん関係があるが、私たちの世界、そのなかの生、生命、身体、個人の条件が変化しているなら、この感染症の効果もそれに対応して規定されるものであるにちがいない。端的に言ってみるなら、このウィルスが何か特別なものであるとすれば、私たちの生が、(すでに)何か特別なものになっているからではないか、ということである。ウィルスはその変化をあぶり出しているのだ。しかしそれは、いますぐはっきり知覚され、理解されるようなものではない。しばしばコロナによって、世界はどう変わるか、と問われて、〈識者〉たちは問い自体をよく検討することもなく、素早くそれに答えようとする。しか

(6) 同、一二九頁。

しコロナ以前に（すでに）世界はどのようなものになっていたのか、そこから考え始める必要があるのではないか。

こうも考えられる。根本的、本質的には何も変化してはいない（「根本」とは、「本質」とは何かと問えば、なおやっかいになる）。かつてペストがやってきたように、新たなウィルスがやってきた。カミュの、デフォーの『ペスト』でも、人間は同じように怖れ、悲しみ、不安を抱き、自暴自棄になり、退屈している。医学も治療も、感染対策も、ペストが席巻した時代とまったく異なるレベルに達しているにしても、根本は変わらない。私たちは、楽天的にも悲観的にもなれない。この災厄はいつか終わり、次の災厄がやって来るまで忘れられ、同じことが繰り返される可能性がある。未来のことは計り知れない。私たちは現在起きていることもよくわからず、過去のことはいくら歴史を調べても、歴史によってわずかに知りうるだけだ。未来をよく知るには、あまりに私たちは無防備だ。しかしテレビでもネットでも〈識者〉たちは、あいかわらず預言者のように語る。言葉のビジネス、希望のビジネス、不安のビジネス。

いや、こうも考えられる。私たちは確かに変化してきた。前の世紀から今世紀にかけての文明の変化は、まさに加速度的、指数関数的であり、成長が進むと同時に大規模な破壊が進んでいる。〈進化〉したこの社会の脆弱さが、一気に浮き彫りになっている。いま新型ウィルスは、それを意識させる触媒になり、機会になっただけだ。つつましく、賢く、注意深く連帯しようとする人びとがいると同時に、ますます攻撃し防衛し、利権や財産を守ろうとするエゴイズムや排外主義もむきだしになる。今の世界の趨勢は、少なくとも急激な変貌をとげたこの数世紀以上にわたって、人類の様々な知恵、理性、欲望、夢想、無意識が折り重なって生み出した地球規模の活動の成果だ。それにしても一直線、一極に集中する力の傾向には、つねにそれを抑制し、反省し、変更する多様な力も作用してきたのではないか。

私たちがこの世界の力関係と加速度に、どうしようもなく巻き込まれて、しかし自発的にも形成した〈生のシステム〉のようなものがある。デフォーのペストの世界にあったと感じられる生のシステム、カミュのペストを通じてかいま見える（不条理な）生のシステム、そしてコロナによって、様々に屈折した認知を通じて現れる別の生のシステム。脆弱であり、無防備であり、しかし管理され、介入され、かなり画一化され、整形され、確かに生かされ、操作されてきた私たちの生……そして世界一の長寿国に私たちは生きている。これさえも、ある「生政治」の一大成果だ。

5　生政治学の再検討

しかし「生政治」、「生政治学」という言葉は、少々濫用されている。最初にフーコーが言い出した「生政治」の文脈から、遠く広い範囲にそれが逸脱してしまったのは、いくつかの問いにその問いが連鎖していったからである。そのための一つのきっかけを作ったアガンベンは、「生政治」がその裏面として生み出す「例外状態」のほうに光をあてて、フーコーの提案を少し別方向に迂回させることになった。『監獄の誕生』を書いたときフーコーは、一七世紀ごろから工場、学校、軍隊へと組織網を広げていったある権力の体制、装置を問題にしていた。それは社会全体に及んでいく規律、調教のシステムであり、自由、民主主義、資本制を確立していく近代は、そのように緻密な権力システムの普及と同時進行したのである。この見方によれば、近代は自由の時代であると同時に、たちまち自由を執拗に統制する新たなシステムを生み出した時代でもある。

やがてフーコーの思索は、その延長上に構成された近代の社会を「統治」する様々な装置あるいはテクノロジーのほうにむけられた。もちろんそれは政治学的探求でもあったが、ヨーロッパの政治学の根本的原理はむしろ法的なものであり、政治的権力は、法的主体を対象とするものであった。フーコーの提案の根本的動機は、そのように法的理性と一体であった政治の外部に、むしろ権力の作用を見てとることであった。生政治‐生権力は、そのようなパースペクティヴで探求されていったフーコーの統治‐権力論のなかに組み込まれていたので、生政治学それ自体は、それほど広く精細に展開されることがなかった。生きさせる政治、国民‐住民‐市民の生命を精密に配慮し調整しようとするような権力は、かつて無条件に臣下を殺す（死なせる）権利をもっていた権力とはまったく異なる「生きさせる」権力として、一八世紀中葉のヨーロッパに形成された。しかしこの「生きさせる」権力は、単に福祉でも、ヒューマニズムでもなく、生存権を主張するものでもない。むしろそれはかつての「死なせる」権力以上に「死の中へ廃棄する」（jeter dans la mort）という恐るべき裏面をもっている、とフーコーは述べたのである。

つまり生政治は、未曾有の大虐殺をひきおこす政治でもありうる。もし「生きさせる」ことが「優生学的」な知と結びつくならば、社会の「優生学的再編成」は、人種差別や強制収容に結びつき、「死の中へ廃棄する」政治を形成しうる。フーコーは、生政治について述べたあとで、すぐナチズムについて言及している。しかし生政治とナチズムとの結びつきについて、それほど穿った考察を記してはいない。それを恐るべき「例外状態」として問題化したのは、むしろアガンベンのほうで、しかもそれを古代ローマにまで遡って考察しながら、むしろ法と、その例外とのあいまいな、あやうい、しかし必然的な関係として展開したのは、アガンベン独自の発想だった。彼が「生政治」を、むしろ法的空間のなかに引き戻そうとしている点は、あくまで法（権利）的思考の外部に、権力の問題を移動させようとしたフーコーのもくろみとはすれちがっていた。アガンベンは、フーコーに触発されながら、まったく別の問いを提起したとも言える。

ちなみにフーコーは、『臨床医学の誕生』では一八世紀の解剖学者ビシャを参照しながら、死の新しい概念について考察したことがある。「ビシャは死の概念を相対化し、それが分割不能の、決定的な、回復不可能な事件のようにみえていた絶対的な地位から、これを失墜させた。彼は死を気化させ、細かな死、部分的な死、進行的な死、死のそのもののかなたでやっと集結するようなゆっくりした死、などという形で死を生の中に配分したのである」[7]。もちろんこのような「死の概念」には、ある「生の概念」が対応するだろう。死の構造に対して「生は生ける対立であるがゆえに生命なのである」。このような「死」の概念は、ほぼ生政治学が出現する時代の医学の発明でもあり、おそらく生政治学は生、生体、死に対する新たな視線とともにあったにちがいない。そのような死の思考と、生権力の結びつきを、より広大な哲学的視野で再考するような探求に、フーコーは着手するまでにはいたらなかった。しかし、そういう問いは、初期に「狂気」、「医学」の言説について考察し、また『言葉と物』において（経済学、言語学とともに）生物学における生命の認識の変容について研究したときにも、彼の思考の根本的動機であったかもしれないのだ。

いま生政治（学）あるいは生権力のほうに迂回したのは、それが私たちの生きる〈生のシステム〉に少なからず関係すると思うからだ。こんどは私が、フーコーの提案を我田引水することになる。フーコーが生政治学について書いたのは『性の歴史』として構想された一連の研究の第一巻『知への意志』[8]

（7）フーコー『臨床医学の誕生』みすず書房、一九九頁。

のなかで、それは権力がいかに「性」という領域を形成し、再編成してきたかについて考える作業の一環だった。マクロな単位でとらえられた「権力」は、「性」を抑圧し検閲してきたかもしれないが、ミクロな権力は、細かい力関係と知の網目を通じて、むしろ性的活動を構成し、鼓舞するようにして、それを監視し、調整することを続けてきた。いまではすでに広く定着してきた〈ミクロ権力論〉の発想が、そこに提案されていた。しかしフーコーは、生政治についてそれ以上のことを詳らかに展開してはいない。それは（ほぼ近代における）統治のテクノロジーを焦点として継続された権力論の中の一つの焦点であり争点にすぎず、もちろんフーコーは新たな〈生の哲学〉や、生のシステムや生のイメージについて語ったりはしていない。「自己への配慮」は、自己の生への配慮でもあり、自己と生（生命）との関係をいかに構築するかという問いでもありうるはずだが、最晩年の書物『自己への配慮』は、そのような方向をただ暗示するかのような考察に留まったのだ。

ときにフーコーは、あらゆる権力から離脱した地平で自由な自己形成をもくろむこと、というように究極の課題を表明したこともある。そういう深い動機に彼の探求が支えられていたことは忘れがたいが、学究としては、むしろストイックに、問いを厳密に定義して、調査と分析と推論を厳密に進めようとした。しかし『知への意志』を書いた頃から、彼のこの厳密性と、中心の動機とは、どこか乖離しはじめたような印象がある。晩年の講義では、ときおり彼は自分の探求の方向自体を疑うような言葉を漏らしている。しかしとにかく彼の「生政治学」の提案から、私は〈生のシステム〉というような発想を受けとった。

生存権、生命の尊さ、それさえも永遠のものではなく、ひとつのドグマであり、生をとりまく状況、条件によって、様々な生のドグマが作られ、造り直される。そのようなドグマが、変化する〈生のシステム〉に対応して生み出される。大規模の深刻な影響を与える感染症も、生のドグマを変容させうる。あるいは生のシステムが変容しているなら、似たような感染症でも、別のシステムのなかでは、まったく別のタイプの影響を与えるだろう。そして確かにこのシステムは、生きさせ、そして死なせるシステム（生政治）と合体している。

一六六五年にロンドンを襲ったペストの記録という形をとったデフォーの小説は、各地区の一週間ごとの死亡数、他の病死者とペスト死者の数、産褥死や死産の数などの統計をかかげ、「ロンドン市長ならびに市参事会の布告の細目」も引用している。「検察員は教区内のいかなる家庭に病気が生じ、いかなる者が病気にかかり、しかしてその病気がどんなものであるかを、察知しえられる限り、つねに調査確認することを区長に宣誓しなければならない[9]」。「今や「死」が、いわばすべての人間の頭上を駆けめぐっているというより、むしろ各人の家や部屋を一つ一つ覗き込み、各人の顔を穴のあくほど凝視するようになっていたといってよかった[10]」。「すべての人間」の生死に対して、そのため各人の生死に対して、

（8）ミシェル・フーコー『性の歴史Ⅰ　知への意志』渡辺守章訳、新潮社、特に第五章「死に対する権利と生に対する権力」を参照。
（9）ダニエル・デフォー『ペスト』平井正穂訳、中公文庫、七七頁。
（10）同、六九頁。

行政の視線はむけられている。行政の、生かそうという努力は、一つの人口全体と各人に対して向けられている。この視線は、すでに生政治学的な成分を含んでいるように思える。ペストに対して、まだ有効な治療法はなくても、死者数の変化から伝染の動向を把握し、病勢の衰えを読み取ることにも努めている。そして感染者の出た家は、生きた家族といっしょに閉鎖されて、死の運命に委ねられる。デフォーはこの強制措置の妥当性や有効性についても疑いながら考察している。

アガンベンは、新型コロナ・ウィルスがイタリアで拡がり始めた当時の論評では、まだその脅威を「インフルエンザなみ」と認識して、緊急政令による例外的措置の過剰なこと、その「不均衡」を批判している。いまではテロのような例外事態ではなく、感染症こそが、「例外化措置をあらゆる限界を超えて拡大する理想的口実を提供できる」というわけである。[11] セキュリティの名において政府によって課される自由の制限は、「セキュリティへの欲望を駆りたてておいて、その欲望を満たすべくいまや介入をおこなう」。その後の感染の規模からすれば、例外的措置による政治的強制と、例外的感染症の脅威に対抗する政策とのあいだの「均衡」が、どうしても検討されなければならない。しかし感染が急増していった三月一一日になっても、アガンベンは「自由の制限よりも悲しいのは、この措置によって人間関係の零落が生み出されることである」と、さらに例外的措置への批判を強め、感染の拡大によって、統治者たちは国民を完全に統制しようという願望をついに実現しつつある、という批判に徹している。国家的（あるいは行政的）統制による外出制限に関して、欧米では日本よりもはるかに一貫した根強い批判も抵抗もあった。だからこそ外出制限は法的強制をともない、「自粛」のようなあいまいな措置は（例外があるかもしれないが）とられなかった。「自粛」という「日本モデル」は、これこそ極めて例外的であり、例外であること自体を隠蔽し、むしろ誇ったりもする奇妙な例外措置だったのだ。仮に、それが

「成功」であるならば、私たちはいったい何に成功しているのか、よく考えてみる必要があろう。

ジャン゠リュック・ナンシーは、すぐにアガンベンを批判して書いている。「標的を間違えてはならない。問われているのは、明らかに文明の全体なのだ。存在しているのは、生物、情報、文化の面でのウィルス性の例外化のようなものであり、これが私たちを巻き込んでパンデミック化しているのである。政府はこの例外化の哀れな執行者にすぎない」[12]。短い文章のなかの簡潔な指摘にすぎないのだが、もちろんナンシーは、感染症の脅威に立ち向かうには、この例外措置は仕方がない、などと言いたいのではない。むしろ、あらゆる面で危険な「例外化」が進行しているのであって、地球レベルのパンデミックは、地球レベルの例外事態として、すでに進行しているのだから、（哲学者としては）むしろそのほうを注視するべきだ、と言いたいようなのだ。ナンシーの言おうとする、普遍的な「ウィルス性の例外状態」とは何か。問いは一気に拡大して、眩暈させるだけだ。アガンベンの忠告には、あまり耳を傾けないほうがいい……自分が心臓移植をしたときもアガンベンはやめるように忠告してくれたが、移植手術のおかげで自分は生きのびた、と軽口まじりにナンシーは結んでいる。

欧米において、自由と私権の制限に対する根強い抗議は確かにあったが、それは緊急措置をやめさせるまでにはいたらなかった（ただし合衆国で見られたような、経済活動を再開させよ、という要求デモや、ブラジル政府の放任政策は、むしろ「自由な」経済活動を優先しているだけだ）。

欧米の批判的メディアの記事を読んでいると、こんどの流行をもたらした〈元凶〉として、まず地球

（11） ジョルジョ・アガンベン「エピデミックの発明」高桑和巳訳、『現代思想』二〇二〇年五月号「緊急特集・感染／パンデミック」一〇頁。
（12） ジャン゠リュック・ナンシー「ウィルス性の例外化」伊藤潤一郎訳、『現代思想』同号、一一頁。

レベルでの環境、生態系の破壊について目を向けるものが多い。自然破壊は、野生動物と人間の住み分けを破壊し、感染の機会を増殖させている。地球規模の頻繁な交通と接触は、もちろんウィルスのグローバル化をひきおこす。そして環境汚染によって、すでに人類の健康が蝕まれており、特に肺機能が低下していることがウィルスに対しても脆弱にしている。基礎疾患をかかえる脆弱な高齢者たちが増えている、等々。コロナに関する論評の多くが、「温暖化」に対抗するエコロジー運動の方向と連結されている。ウィルス以外の、無数のウィルス。情報のウィルス、言語のウィルス、資本のウィルス、国家のウィルス、権力のウィルス。そして自粛というウィルス。様々な例外状態。新たな生のシステムは、そのような例外状態と、そのように生を侵食し決定する諸要素、諸装置とともにあり、それらを組み込み、それらに組み込まれている。それはまた次々更新される生政治とともにあるにちがいない。

もちろん生政治の内容は、生命と健康を細かく配慮し管理し保障する事業（衛生、厚生）を実践することでもあり、フーコーもただそれを悪しき〈権力〉とみなしたわけではない。フーコーが指摘したのは、生命に狙いを定める権力は、君主の統治とも、国民主権の統治ともちがう方式で実践されながら、とりわけ生命、生活の細部に及ぶミクロな権力として、権力機構の全体を変質させる、という点であった。生政治それ自体は、ただ良いものでも、ただ悪いものでもないが、生命を管理することは、当然、死を管理することにもつながり、生きさせることは、死なせるという危険を表裏一体のようにともなうのである。

7　新たなシステム

そしてインターネット、感染管理のコントロール、様々な管理ビジネスの顧客、受益者であり、管理対象である国民。新たな生のシステムは、このような恒常的管理システムとともにある。「新た」といっても、それは前の世紀の後半以降に急速に整備された情報・金融資本主義、軍事システム、医療、健康産業、等々に深く関連している。そのなかで守られ、攻撃され、管理され、画一化され、剪定、整形されてきた実に脆弱な生と身体、その表象、そのシステムがある。生も身体も、実はそのようなものではないかもしれず、そのようなものではなかった。生が操作される。どうにでも加工され、変容されうる。死がなくなる。最強の健康。そしてますます無防備の、むき出しの生。

アルトーは生の「観念」についてこんなことを書いていた。一九三〇年代のことだ。「未だかつて、生それ自体が消え去ろうとしているときほど、文明と文化が話題になったことはなかった」。「何ひとつ生に味方することがない時代にあっては、生についての私たちのあらゆる観念を再考しなければならない」[13]。生の観念、生のドグマ、生の価値、生の意味、生の知覚、生の定義……、そしてこれらに死の観念、死のドグマ、死の定義が対応する。「生のシステム」とそれを言い換えてみよう。アルトーはそのシステムの本質的な変容を、独自の観点から直観していた。この変容は、ある「生政治」と関係していたにちがいないが、「生政治」そのものが、医学や生物学、新たな科学技術、そして統治や資本制、そして差別的支配の変質と連動していた。もちろん生は、いつでも危険にさらされてきた。世界大戦や強

(13) アルトー前掲書、七頁、一〇頁。

制収容所は、「生を遺棄する政治」のいきついた現実にちがいなかったが、生の価値があれほどないがしろにされた時代から、まだ一世紀さえすぎていない。

しかしアルトーが演劇と生を再考しながら言及したのは、まずペストであり、戦争でも収容所でもなかった。ペストはすでに過去のものになりつつあって、彼の問題は感染症でもなかった。問題はむしろ、生体を侵し、変質させ、衰えさせ、混乱させ、死なせる、見えない脅威であった。細菌の脅威よりも、さらに深く広汎な脅威が生をとりまいていた。アルトーの発想は、「神とは黴菌である」というところまで達した（『神の裁きと訣別するため』）。

一九三〇年代のヨーロッパで「生それ自体が消え去ろうとしている」と彼は書いた。大戦争による大量死という不条理はあっても、生政治的環境のもたらす衛生、厚生は、感染症の脅威を斥け、生命と健康を守る方向に世界を進ませた。前世紀後半に、まだ一部に〈例外〉はあっても（例外を生むのが生政治だ）、人類は、多くの病を克服し、健康維持のためのあらゆる手段、装置にとりまかれ、格段に長寿になり、まさに「生きさせられる」ようになった。衛生と健康の促進が、そのための製品や技術が、様々なケアー、カウンセリング、保険が、一大産業となり、一種の宗教にまで膨らんできたことは、いまさら指摘するまでもない。もちろん宗教の大義は、いつも永遠の生を約束することだった。

この〈生のシステム〉のなかで、私たちは生まれ、生かされ、育ち、教育され、生きて、病み、衰えて、死ぬ。システムそれ自体は、良いものでも悪いものでもない。良い面も悪い面もあり、それを良いと感じ、悪いと感じる生があるだけである。そしてこのシステムの無数の複雑な要素が連鎖しながら、じつはどこにどんな効果や作用を生み出しているのか、よくわかっていない。このシステムの外に出て、「自然の生」にもどろうとしても、私たちはこのシステムのなかに生み出され、生かされてきた。確かにこのシステムは、生きさせ、死なせる権力のシステムであり、それと一体になっている。いずれにしても、私たちは自然に生まれて、自然に死ぬわけではない。この権力は、生を標準化し、統計化し、画一化し、合理化し、経済化する。配慮、ケア、管理、監視は一体である。過剰な投薬、リハビリ、検査さえも、そのなかに組み込まれている。また医療、製薬、ケアは、巨大なビジネスのなかに組み込まれている。もちろん私たちの生はこのシステムに抵抗することも批判することもできるし、しばしばそうするように迫られる。そして生命が死を恐れ、死に抵抗し、生きのびようとすることは本能であるとしても、いつの時代も、どんな場所でも、生が同じように尊重され、あるいはないがしろにされてきたわけではない。ある世界では、生よりも、名誉のほうが重んじられた。そして人間の生よりも、国家のほうが重んじられてきた。一九二一〜一九二五年の日本人の平均寿命は、男四二歳、女四三歳にすぎなかった。当然この時代の生死観は（そして生のシステムは）現在のものとかなり違っていただろう。端的にいえば、いまよりも死ははるかに切迫し、生ははるかに脆弱なものと感じられていたにちがいない。脆弱であるがゆえに、強烈に生きられたかもしれない。いや四〇年だろうと八〇年だろうと、人はだらだらと「退屈して」生きるかもしれない。すでに西洋の影響を受けて、日本にも近代的な生政治が行われつつあった（それ以前の数世紀にもかなり精密な統治や規律の体制がしかれていたのだから、そこにも生政治はあったにちがいない）。

厚生（労働）省は、まさに生政治の機関であり、中枢的組織である。健康、衛生、医療を統括し、維持し、〈生きさせる〉ためのあらゆる配慮が主要な課題であるに違いない。そしてその配慮も、ある時代の優生学的思想と結びついたり、あるいはもっとあからさまにビジネスとしての製薬や医療の利権と癒着したりするときには、「死へと遺棄する」権力と化す可能性があったし、いまでもある。私たちは、生きさせる権力が、逆に作用して、国民の生よりも、国家と資本を守ろうとするかのような事態を、実地に見せつけられている。生きさせる権力が、いとも簡単に死なせる権力に変身する可能性もいっしょに。

生政治に携わる行政は誕生、出生率、寿命、公衆衛生を管理し、やがて医療、介護、製薬、病院など多岐にわたる部門の統制、調整、評価などに拡大されていくだろう。必然的にそこには様々なビジネスとの関係も、利権も生じることになる。感染症の大規模な流行が起きたときには、〈隔離〉や〈封鎖〉という行政的措置がともない、輪をかけて複雑なファクターが加わることになる。生政治は、多分に統計的な知とともにある。感染者、死者、隔離すべき人数を把握して、「生きさせる」ための資源を最大限投入することをともなう。それを正確に実践しようとしない〈行政〉は、そもそも生政治のレベルにさえ達していないのだ。私たちの厚生（労働）省は、そのレベルに達していただろうか。実は生政治を掌握しているはずの政治家や官僚が、明晰で真摯なメッセージを発する場面はほとんど見られなかった。決して彼らを批判するはずのない疫学の専門家たちだけを表にたてるばかりで、現実に政策を決定している者たちは、その内実についてほとんど沈黙を保っていた。

8　生政治のレベルにさえ達していない

コロナ・ウィルスの〈検査〉をめぐる一種の〈デマゴギー〉には呆れさせられた。新型ウィルスについては、まだ確たる治療法がないのなら、病原菌さえ特定されていなかったペストの時代のように〈隔離〉しか、真に有効な対策はない。厳密で効率的な〈隔離〉をおこなうには、検査を広げるしかない。

検査をどのような規模で実行するかについては、当然諸説があっただろう。しかしそれに関する議論自体が、公にされることは稀だった。むしろこの検査を不必要とする発言が伝染して、ほとんどデマゴギーの様相を呈していた。行政サイドの官僚と専門家たちは、おそらく検査を統制する特権（利権）を手放したくないことが行動原則になっていて、検査技術や設備を広く開放しようとはしない。医療行政としては、感染しても軽症ですむ多くの〈患者〉の対策に資源を投じたくない。検査の精度はそれほど正確ではない……検査を希望する人々がおしかけると感染者が増えて医療が崩壊する……検査を多くした国々で流行がおさえられたわけではない、云々。一部の専門家、官僚の見えすいた自己防衛的意図が引き金となり、あとは裏付けのないデマゴギーが増殖し、ＰＣＲ検査は、世論を二分するかのような政治的争点となってしまった。異様な事態だ。検査は、診断のためにも統計のためにも、生政治の中に厳密に組み込まれるべき要素にちがいない。これでは生政治のレベルにさえも達していない、と言わねばならないが、もちろん生政治は、錯誤や倒錯なしに実践されるものではない。生政治は、医療にも、製薬にも、情報処理、検査技術にもかかわりつつ、精密にであれ、拙劣にであれ、生命を管理し、操作し、そのような権力を掌握し機動させることによって、逆に患者を排除し、私たちを死なせることもできるのだ。いかに失敗した生政治であろうと、透明さを欠く粗雑な統計とともに機能不全に陥ろうと、それでも生政治は危険な裏面をもち、生死に対するそのような特権を手放すことはない。検査の問題が〈政治化〉したのは、まったく必然だったのだ。

生のシステムは、深く政治のなかに組み込まれている。もちろんそれは、単に政治家や官僚や専門家集団の悪意や利権だけによって決定されるものではない。権力は、それ以上に執拗に、精妙に、長い時間をかけて、ミクロな社会的権力として形成されてきたものだ。私たちの政権が、そのような生権力、生政治を運用するにたる度量を持つかどうか別として、この政権にしても、もっと根深い、おそらく世界的、歴史的に形成されてきた権力の網の目に組み込まれている。この組織網こそ、怖ろしい脅威であり敵であるにちがいない。逆に、だからこそ、その網目の中に現われる生政治を注視し、監視することが、政治の大きな課題となる。生政治の必要と危険を注視し、そこに組み込まれた生のシステムの外に出る姿勢、思考、あるいは生き方をつくりあげなければならない。この生のシステムは、どうにも変えられないかもしれない。しかしそれは動き続けているのだから、私たちも動くことができる。未来のことはわからないから、もがき続け、模索を続けるだけだ。過去はあまりにも膨大で、しかも忘れられ、失われてしまうので、わからないことが多すぎる。しかしそれが現在も未来も規定している。現在とは距離がとれず、見るものも見られるものも動いているので、とても全貌がわからない。したがって未来を決定する要素も、あまりにも膨大で把握しがたいので、もちろん私たちは絶望することも、まだ希望をもつこともできる。

9　権力の夢、究極の権力

「緊急事態」となってからの、とりわけ外出に関する「自粛」の成功は、「日本モデル」として政権が自画自賛してきたところである（数ヵ月後にこの評価はどうなっているることか）。このことの奇妙さについても、様々なことが言われてきたが、最後に再考してみよう。

感染の広がりを受けて「改正」された「特別措置法」第四十五条には、「特定都道府県知事は、〔……〕知事が定める期間及び区域において、生活の維持に必要な場合を除きみだりに当該者の居宅又はこれに相当する場所から外出しないことその他の新型インフルエンザ等の感染の防止に必要な協力を要請することができる」と記されている。あくまで「協力を要請する」のであって、罰則をともなう法的強制ではない。政府(そして地方自治体)は、強制したいところだが、法的に強制したくはない。私権に配慮するからだ、と説明しているが、もちろん強制するならば、それに対する損害補償等の責任を引き受けなければならないからでもある。しかしほんとうは全面的に強制し統制したいという「夢」も捨てられない。

政権与党は、憲法改正案の中に「緊急事態条項」を盛り込もうとしている。それによれば、緊急事態において内閣は「法律と同一の効力を有する政令を制定」できるようになる。もちろん「戒厳令」のようなものを発令し、一極支配の独裁体制をしき、その〈総統〉を演じたいとは、戦後民主主義を受けいれられないで帝国に回帰したがっているらしい政治家の夢である。改正された「特別措置法」に規定された緊急事態宣言によって「外出自粛」が要求され、いわば戒厳令の予行演習がおこなわれた。自粛では不十分で法的強制が必要になるような緊急事態を想定するならば、憲法に緊急事態条項を付け加えることがぜひとも必要だという理屈も公言された。戒厳令、古色蒼然たる夢、帝国の夢だ。しかしこのタイプの権力は、現代に適合しえないものだ。欧米諸国では法的強制ができているじゃないか? それは夢の憲法ではなく、現行の法律なのだ。総理の思い描く「緊急事態条項」と同じものではない。

いまのところこの国で感染症の影響は、欧米諸国やブラジルほどの規模にいたらずにすんでいるが、「緊急事態」には、どれほどのきめ細かい迅速な対策(医療体制の強化、感染防止と経済援助)が必要か、誰もが思い知らされたはずで、帝政復古の夢を見ている余地などありえない。ところが「強制」ではなく、世界でも稀有な「自粛」に成功した日本(モデル)は、まさに「自粛」によって権力の夢を実現しているのだ。法的強制も、警察力も、拘束や処罰もないままに、外出のみならず、あらゆる行動や情報を、そして政権への抗議や批判さえも、完全に「自粛」する国民こそ、現代（そして未来）の権力にとって究極の夢にちがいなく、もちろん私たちはそんな夢の実現を警戒しなければならない。

　それにしても権力は夢などではなく、実践される力である。「緊急事態条項」に関しても、現政権は何かひどく勘違いしており、時代錯誤的である。ほんとうは強制したいところだが、「自粛」ですんでしまった。まさに緊急事態条項などなくてすむことが証明されたのではないか。むしろ私たちにとっては、「自粛」という、厳密に法的ではない要求の無法性（あるいは例外性）が、いとも簡単に、かなり完璧に実現されてしまうことのほうが気がかりなのだ。これは単に古来の保守的で、従順な日本的特性の遺物にすぎないのか。それとも、むしろ未来の権力のかたちを、早々と実現し、あるいは予行演習しているものか、二つのことは矛盾するわけではない。じつは憲法に新しい条項など設けなくても、この国民は「自粛」という特別な美徳をもっていて、つまり帝国的支配などいらぬ世話なのだ。自粛の帝国？

　もちろんインターネットと位置情報サービスを駆使する感染情報は効果的にちがいなく、この点でも、「技術立国」であるはずのこの国がかなり遅れて、新しい管理社会の形成に関してさえも遅れをとっていることがよく分かった。まるで「自粛」管理社会の日本モデルだけで十分しのげるかのように。情報社会は、情報による個人の恒常的管理を、必然的にもたらす。ネットに接続するだけで、たちまち私の情報は記録され、蓄積されうる。接続することは、この管理システムに接続することである。そして私たちの生のシステムもこの管理システムのなかに組み込まれている。管理は避けられないが、しかし管理を監視し、一定の力による独占的支配や操作を抑制することはできる。このことは、生政治の危険を監視する必要とともに、新しい政治の不可欠な課題となっている。生のシステムも、管理のシステムも、国家と政治の枠を超えて、この社会にすみずみまで自発的に浸透する性質をもっている。だからこそ、政治のほうがこれに対抗するシステムを強化しなければならない。この課題に失敗すれば、新たな独裁や、新たな生命の危機を避けることができない。

この国の政治は、生政治の一定のレベルにさえも届いていない。この国の管理システムは、それほどスマートに現代化されていない。しかしそれゆえに生政治の危険にも、管理社会の脅威にも、なおさら無防備にさらされる恐れがある。私たちはこの感染症の現象を通じて、むき出しになる「生政治」の危険にも、そして「自粛」という管理にも、情報管理の脅威にも、まざまざと立ち会っている。地球レベルの共生、地球破壊への抵抗、そもそも私たちの生き方、欲望を見直すこと、どれも切迫した課題だ。しかし私たちは、そのためにも、ますます政治（生政治、自粛の政治）に衝突するようになっている。「自粛」の政治は、むしろ焦点、争点、論点……を政治から遠ざけ、非政治化することになっている。この政治は、あいかわらず「死へと遺棄するもの」（カミュの言う〈殺す者たち〉）の側にあって、〈生きるものたち〉の側にはないのだ。

Ⅲ　ドゥルーズのラプソディ

映画のとてつもない時間——ドゥルーズを翻訳すること

『シネマ2＊時間イメージ』は、共訳者たちの原稿に手を入れる作業を数年前にほぼおえていたのですが、『アンチ・オイディプス』を新訳して文庫化することになり、『時間イメージ』訳の最後の仕上げと同時に『アンチ・オイディプス』を訳していく、という僕にとってまったく想像を絶する事態になってしまいました。『アンチ・オイディプス』の訳は何よりもまず、僕自身にとって、始めに出会ってから約三〇年を経て、この本からなお新しい問題を受け取ることができるかどうか試す機会になったわけです。できれば新しい訳によって、今の若い人たちに、自分たち自身のための書物として受け取ってもらえるような、そういう近さを生み出すことができないか、と思いました。僕自身にとっては、八〇年以降のドゥルーズの展開を読んできた過程から、もう一度『アンチ・オイディプス』を読みこむと、かなり別の相貌が見えてくるのではないか、という予感があったのですが、それは当たったと思っています。

たとえば、ドゥルーズの映画論には、聴覚と視覚をいかに結合するかという問題を、いわば〈知覚の政治学〉として展開していくという大きなテーマがありますが、『アンチ・オイディプス』でも、それぞれの歴史的機械において、記号と知覚がどのように編成されるかという、きわめて映画的な問題が提出されていたのです。文字のない社会には、決してただ音声の言語だけがあったわけではない。一方には音声にしたがわない図像があって、たとえば図像は、様々な象徴として身体に刻まれる。文字をもたない社会でも、高度な装飾文化が発達しうる。そこで図像と音声を結合する様々な方式が存在して、知覚や表現の様々な「機械」を形成するわけです。それに、この本の中心のテーマである「機械」という概念は、それ以降、「情報」という要素が大きく介入してきた現代世界においても古びていないのではないか、ということも確かめながら読みました。「機械」とは、決してエネルギー的な概念に終始するのではなく、分子的といわれる不可視の流動システムとともにあるものだからです。そして何よりもまず、その後の欲望的生産の展開を新たに読み込むという課題が確かにあって、いまではその発想をそのまま使えないとしても、やはり根本的な問題提起がされていたということも確かめつつ訳しました。新しいテクノロジーを開発するようなことも、宗教的原理主義にすがることも、あいかわらず欲望的生産の表現といえるからです。『アンチ・オイディプス』は、その欲望的生産の多様性そして、とりわけ横断性を理論化しようとした数少ない試みであったと思います。この訳の仕事は、ほとんどジュイッサンス（享楽）であったとあえていいます。異なる分野を、次々無遠慮に横断し、異質な要素の合成体として結晶する概念と思考の享楽……。

もちろん『時間イメージ』の各章の訳自体もそうでしたが、二つの本が互いに反響し乱反射するように感じられることが、しばしばありました。『時間イメージ』は、当初読んだときから、他の本以上に混沌として見えて、「結晶イメージ」という言葉のせいもあって、何か巨大なカットグラスのように無数の切り子面（ファセット）として、個々の映画のイメージがあり、それへの読解があり、また同じくらい多くの問題が、たがいに乱反射しているというイメージがありました。この印象は訳の作業を終えたあとも変わっていません。

僕自身は、特にアルトーが大きなきっかけになった〈身体〉という問題を、〈生命〉という角度から、もう一度考え直す必要がないかということを近年は考えてきましたが、その重要項目として、だんだん〈知覚の生〉という問題に関心がむかっています。いまあえて要約するなら、僕にとって『アンチ・オイディプス』は、身体から生にわたる問題を考えるうえで、『時間イメージ』は、知覚の生という問題を考えるうえで、ほかにない手がかりをあたえてくれる本です。

ドゥルーズを哲学の門外漢という人は少ないとしても、明らかに彼は「門外漢」という哲学的問題を、哲学の内部から、そして外部から執拗に問いながら思考し続けたと思います。彼はベルクソン、スピノザ、ニーチェに関して、そしてヒューム、カントに関しても、相当に堅固な専門的研究を残しているわけですが、たとえば「ニーチェの専門家」というような言葉を聞いたら、誰よりもニーチェ当人にとって、それは噴飯ものであったでしょう。哲学の体系、価値、厳密性、重さといったこと自体を根本的に疑い、およそ理性と知識のあり方、そしてスタイル、文体、リズムそのものを根底から問題にし続けたニーチェを前にして、それでもまだ専門性といったことを問題にしたい教師、学生はいたるところに存在するわけです。誰もがニーチェほどの怪物になれるわけではない……。しかし、いったいこれは単に思想的力量の問題なのでしょうか。

キェルケゴール、ニーチェ、あるいはシェストフだったでしょうか、そういう思想家を、ドゥルーズはあえて「私的思想家」penseur privé とよんだことがあります。とても印象に残っている言葉です。その反対は、当然「公的思想家」ということになるわけで、国家、社会を代表し、あるいは学界や論壇や文壇を代表するようにして、そのために思考する人々であって、彼らに比べると「私的思想家」はまさに「門外漢」のように思考します。公的な抽象的な次元についてではなく、まったく秘密の、言いがたい次元について思考します。自分の生における喜び、悲しみにじかに根ざす体質的モチーフから思考します。当然、その思想は、公的思想とは別の音調、リズムをもって、別の問いを提出することになります。Privé、プライベートという言葉は、もちろん「私小説」のように私的であることを意味するわけではない。実に誤解を招きやすい言葉でもあるので、ドゥルーズもさりげなく言ってすまして、むしろマイナー、マイノリティの思想、芸術というような問いをめぐって、もっと本格的な思考を展開していますが、「私的思想家」ということの意味は決して小さくありません。

私的とは、もちろん非社会的、非政治的であることを意味するわけではない。公的な次元とは、しばしば社会や歴史の一定の表象を意味し、ある種の権力やコミュニケーションの体系と一体になって存在しています。ハンナ・アレントは、このような「公的次元」の批判として、「公共性」をとらえなおすことを一貫して主張し続けたわけですから、この一貫した追求を僕は大いに評価しますが、「私的思想」という、誤解を招きやすい言葉は、誤解を招きやすいゆえに重要な意味をもっています。これはドゥルーズが講演やメディアへの出演を極力拒んだこととも関係があります。こういうことがまったくわかりにくい時代に入ってしまいました。公的な場所ですぐに説得性をもつこと、数と領土を獲得することの意義を誰も疑わず、公的な次元がまったく明白なものになって、私的なものがこれに対抗することがない。私的なものの濃度や強度、そして特異性が、まったく想像しにくいものになっています。ドゥルーズのこういう面をまったく読もうとせず、『アンチ・オイディプス』の「機械」に関するページの印象だけから、この哲学は、主体性、個人、私という実感をまったくないがしろにするものだ、などと批判することを、その後使命にするかのようになった批評家たちがいるわけですが、こういう偽の対立概念に終始した結果、まったく批評は機能不全におちいってしまいました。

思想は私的なものでなければならないというような、〈私的〉という言葉の意味がますますわかりにくいものになっています。私的な次元とは、身体、感情、情動、記憶の濃度、ねじれの中にあります。実はそれが、共同的なもの、公共的なもののベースとなる分子的次元を形成しています。精神病院で長大なノートを書いたアルトー、『アポカリプス』を書いたD・H・ロレンス、『地獄の季節』のランボーなどは、まさに私的思想家として、全く独自なスタイルで、実は広大にして深遠な歴史的問題を思索しています。所詮それは文学であって哲学ではない、という人もいるかもしれませんが、ドゥルーズがあれほど引用、言及をおしまなかった文学者たちは、しばしば哲学者たち以上に私的思想家であると思います。

それでも哲学は、彼の住み慣れた家のようなものだったのでしょう。彼はガタリにうながされた哲学外への旅、そしてとりわけ映画への旅のあとで、もう一度哲学に戻ったように見えます。そもそも、哲学の中に発見されたあらゆる外部の兆候を、執拗に読み込むようにして『差異と反復』という書物にいたったドゥルーズは、いくつかの壮大な思考の旅のあとで、あらゆる外部の流れを思考に刻んだあとで、それらすべてを哲学に再注入するようにして『襞』を書き、『哲学とは何か』を書いています。決して哲学という内部に帰還したというようなものではない。哲学という彼の家はすきまだらけで、内外に風が吹き荒れています。

『アンチ・オイディプス』は偉大な門外漢の書といえます。全くユニークな門外漢であったガタリの功績は大きい。ガタリへの不評は、日本でも流通しています。医者の資格はなく、まったく無手勝流の精神分析を展開しながら、精神科の医療を改革する活動をみちびき、つまりあくまで門外漢として、分子的革命をとなえ、あらゆるところに政治的介入をしていったガタリの、いかがわしい門外漢ぶりは、十分疑われ、嫌われ、非難されてもきています。もちろんただ門外漢であればいいわけではない。ドゥルーズとガタリのアジャンスマン、アレンジメントという言葉は、実に大きい意味を持っています。ドゥルーズは、他にもコネクション（連結）という言葉を使います。

たとえばロレンスは『アポカリプス』の中で、『ヨハネの黙示録』がキリスト教に、おそるべきルサンチマンにもとづく権力意識を植え付けたことを批判しています。ドゥルーズはこれを読解し、ロレンスのニーチェ主義を讃えていますが、結局問題なのは、『黙示録』が、旧約聖書や他の異教的要素の中にもあったあらゆる「連結」を排除して、まったく一義的な教義を打ち立ててしまったことである、と結論しています。これはベンヤミンによるアレゴリーの評価、シンボルの冷遇とは反対になるのですが、異教的世界の修辞はしばしば「象徴」からなり、「象徴」とは様々な意味と次元を連結するものである。馬、ドラゴン、女性、双生児といった象徴はそのような「連結」にみちているのに、『黙示録』はそのような連結を断ち、あらゆるイメージを道徳的なアレゴリー（寓意）にしてしまった。このようにしてまさに「連結」が排除されたことが問題である、というのがドゥルーズのこのロレンス論の結論なのです。

たとえばスフィンクスがオイディプスにかけた謎々は、「朝には四本足で、昼には二本足で、夕方には三本足の生き物は何か？」というものです。赤ん坊のときは四つんばいで歩いて、やがて二本の足で立ち、老いると杖をついて三本足になる。「それは人間です」というのが正解だとすればこれは一つの意味に収束するアレゴリーにすぎない。それよりも、朝には四本足のあらゆる獣であり、昼には人間、あるいは類人猿みたい、夕方にはめったにいるとも思われない不思議な三本足の生物に変身し、様々な生態と運動のあいだを往復する不可思議な生命を考えた方がいい、とドゥルーズはロレンスに共感しながら述べています。もっともらしい正解よりも、ほとんど混乱、混沌にみちた思考の過程のほうに着目する。ドゥルーズの「差異の哲学」とは、実にこういう〈野蛮〉ともいえる異様な思考の積み重ねであり、およそスマートな正解をひねり出す知性に属するものではありません。そしてガタリがまさに例外的にすぐれた「連結」の人であったことが、ドゥルーズにとっては特に重要なことだった。ガタリの思想の方が明快に見えますが、そのガタリに、決して明快でない連結の才能を見ていたのが、ドゥルーズだったわけです。

首をかしげながらも、まだ何か先端的なきらびやかな知のようなものをもとめて、ドゥルーズ／ガタリを読む若い人たちがいることは、ありがたいかぎりですが、この野蛮さから、つまり連結の力から何か教わらないとしたら、あまり意味あることとも思えません。ポストモダンなどというレッテルでしばしば一まとめにされてきましたが、他にあまり例のない思想であって、それは何かの流派に分類されるようなものではありえません。

ドゥルーズの講義そして書物の進展を思い起こすと、いくつか大きな転換があります。『差異と反復』に至る道は、いくつかのテーマの深化、強化、多様化であって、わりと連続しているといえるけれど、『意味の論理学』がまず大きな切断をもたらします。この本の中心のテーマが「出来事」だけでなく「亀裂」であることは、それと無関係ではない。これは論理学批判の論理学の試みであると同時に、マルコム・ラウリー、フィッツジェラルドを引用した章が示すようにアルコール中毒の哲学でもある。ある危機的な状況（カタストロフ）を通過した身体の哲学でもある。そしてその直後にガタリの介入による大きな飛躍があり、約一〇年続くわけですが、『シネマ』もまた大きな転換といえるのではないか。

映画についての講義を始めたとき、ドゥルーズはかなりてこずっている感じがあって、しばらくして一度終えた第一巻の内容をそっくり反芻し、やりなおすような形で、進んでいました。文学、絵画、演劇については、かなり本格的なテクストを書いてきています。『アンチ・オイディプス』、『千のプラトー』には、ときどき印象的な映画の引用が見えます。しかし、『シネマ』では、もはや映画を思索の材料にするというのではなく、まったく映画の宇宙そのものに入ってしまったわけです。哲学というブイがもうないのです。それまでは、彼がいかに哲学の外部者たろうとして哲学したとしても、哲学的中心は強固に作用し、漂流する思考のブイになっていたという感じがするのです。反対にこれは映画という海に身投げするようにして考えながら、そこで徐々に哲学を思い出すような試みであったように思うのです。こういっても誇張しているとは思いません。もちろん、結果としてドゥルーズは、フランスの豊かな映画批評の成果をふまえながら、みごとに一つの映画哲学を達成したといえるけれど、この過程にもまた、かなり野蛮な要素や、私的思想の要素が充満しています。『シネマ』には、教科書的に要約できる部分もあるけれど、何度読んでもすっきりしない不連続や亀裂や渦のようなものがあります。

確かに第一巻では、彼自身表明している通り、ベルクソンとパースを引用しながら、「分類」の作業をしています。分類項目の間に、徐々に分類の規則性や対称性を乱すような項目が加わってきます。分類とは、分類の対象を、その差異を、ある種の規則性と同一性に従って配列することでしょう。「分類項目は多ければ多いほどいい」などというようになるドゥルーズは、先のアレゴリーの話ではありませんが、分類項目に次々異物を連結していくように思えます。たとえば「欲動イメージ」image-pulsionの項などは、決して分類表のなかにすっきりおさまるものではありません。

しかしとにかく分類を行っているのは『運動イメージ』の方であって、『時間イメージ』では、分類というよりも、むしろ変奏（ヴァリアシオン）を行っているという感じがします。運動の秩序にしたがっていた視覚―聴覚が自立して、純粋な視覚－聴覚といえるような知覚の状況が映画の中に出現する。と同時に、夢、回想（フラッシュバック）が、映画の中で識別不可能になり、たとえば過去であり現在であるというようなイメージが映画の中に出現する。『去年マリエンバードで』のような例外的な映画が、むしろ「結晶イメージ」を実現する典型的作品としてとりあげられる。オーソン・ウェルズのパン・フォーカスさえも、空間の描写ではなく、時間を導入するイメージとして説明する。想像のイメージ、あるいは鏡のイメージと、「現実」のイメージとのあいだが識別不可能になる。

そういうイメージをドゥルーズは、「結晶イメージ」とよぶわけですが、これは「運動イメージ」のあらゆる面に潜在していた「時間イメージ」の構成要素を、まさに「結晶」させるところに登場します。そして「結晶イメージ」は、また非有機的イメージでもある。時間イメージ、結晶イメージ、非有機的イメージは、それぞれ運動イメージに対して、同じ実体（スピノザ主義？）を様々に変奏する。『時間イメージ』のこれ以降の展開は、もう分類ではなく、分類表を提出するものでもなく、むしろ時間＝結晶イメージの果てしないヴァリエーションを提出しています。ヴァリエーションはおそらく無限ですが、本にはなんとか仮の結論があっただけです。

映画と時間をこういうふうに結びつけることで、この本は時間論として映画論として、かなり複雑な次元に踏み込んでいきます。ドゥルーズ独自の不連続な連続の論理が、説話、身体、脳、民衆、政治の次元のあいだを横断していきます。こういう自在さは、まだ分類の作業にこだわっている『運動イメージ』には見えなかったものですが、『運動イメージ』が書かれなければ、決して達成されなかったものでもあります。

「偽なるものの力能」の章は、ベルクソンではなくニーチェへの、同時にオーソン・ウェルズへのオマージュになっています。ドゥルーズ哲学の源泉がベルクソンでありニーチェであることを思えばちっとも不思議ではないのですが、その文脈はいささか飛躍して見えます。導入部のところにあっさり説明してあるのですが、結晶イメージのあとに、こんどは、これに対応する結晶的説話、結晶的描写を考えてみよう、という展開になっています。これはニーチェ的映画論であると同時に、その半面は結晶イメージに対応する映画の説話論、言語行為論でもある。

しかしこれも、あくまで時間―結晶イメージのヴァリエーションであり、それがこんどは身体のイメージ、脳のイメージ、民衆のイメージというふうに、さらには視覚と聴覚の間隙のイメージにと変奏されていきます。また説話の考察といっても、決してドゥルーズは構造分析のようなことにむかうわけではなく、説話は言語行為としての民衆という問題にむかいます。民衆の言語行為とは、決して民族の同一性を確かめるような物語ではない。むしろ自己を脱して他者になっていくような言語の行為である。そしてこのようなイメージの変質、変奏、編成の問題は、資本主義的権力と政治における変化を検出し、あるいは反映し、あるいはそれに抵抗するものとしてとらえられる。

こんな映画論のコンセプトやキーワードだけをすくいとって応用することは、それも一つの読み方ではあるとはいえ、この本の異様な展開の奇妙さから受けとることに比べると、はるかに貧しい読み方になってしまいます。

『時間イメージ』の要（かなめ）の部分に引用されているジャン・ルイ・シュフェールの映画論は、これもまた映画を哲学する試みで、ドゥルーズに先行して、とりわけ映画のもたらした時間性について、とても鋭敏に語っています。生きた運動と知覚から切断された不可視の時間という物質が、映画として出現する、というようなことを言っていたと思います。可視的なもの一般、あるいは視覚的芸術さえも、とにかく世界に相似した像、世界を再現する像と考えてはならない。可視性は思考の行為であり、思考が生産するものである。「時間」は、このような思考の行為に属する。そういう徹底した考えを、彼はまさに映画にむかいながら確かめている。

シュフェールはときにブランショのように、あるいはプルーストのように映画について書くことのできるまれな人、と僕は感じています。ドゥルーズより前に彼が映画について書いたものが既にあって実に一貫していますが、ドゥルーズの『時間イメージ』のあとでは、シュフェールの著作にその反映も見られるように思います。ただドゥルーズよりもっと徹底して、映画は運動など問題にしたことはない、あくまで知覚と身体を現実から隔離することによって、潜在的時間をとりだしてきたということをシュフェールは主張しています。この問題提起はきわめて犀利、鋭角的で、ひたすら繊細な次元にむかいます。したがって彼の書く本もコンパクトなものばかりで、何度も読まねば理解できず、何度も読むべきものですが、ドゥルーズのような大きい世界論には拡がっていきません。しかし僕自身はとても共感を覚える人です。

映画はいったいわれわれの世界の公理系でありうるのか、この問いは、公理系は、資本主義以前の帝政や封建制を支配していた諸コード（身分秩序や領土性）にとって代わるものであると『アンチ・オイディプス』が述べていることをふまえたものでしょうか。映画が、他の芸術をすべて動員する「総合芸術」であると言うような見方は、明らかにドゥルーズのものではないでしょう。バディウは、その上「映画自体は何ものでもない」と彼らしい不在の論理をこれに接続しているとすれば、これもドゥルーズの映画論とあまり交わるところがないと思います。

ただし資本主義が強固な公理系をもつならば、資本主義の映画もまた公理系をになうことがありうるし、ハリウッドはまさにそのような装置であり続けているといえるのでしょう。もちろん映像の公理系は、テレビとともに、いまでは細分化されて世界に溢れ出たデジタル画像とともに、公理系を次々拡張し強化しています。

資本主義は、次々知識や技術を革新する目覚しい才能を必要とするが、と同時に、自分を賢いと思い込む無数の馬鹿者を生み出し、馬鹿者を必要とするという『アンチ・オイディプス』の一節を、こんど新訳をしながら、はじめてのように大笑いして読みました。たとえ馬鹿者であることは誰にも避けられないとしても、この世界が必要とする馬鹿者にはなりたくないものです。「純粋記憶」（ベルクソン）があるように、「純粋馬鹿」というものになれたらと思います。

公理系は確かに映画の中にも浸透していて、それは明らかに映画以上のものでしょう。ナチの映画が運動イメージの完成態であったとすれば、それはすぐれて先端的な公理系の表現でもあったのでしょうが、公理系は映画をはるかに上回るものでもあります。時間イメージの映画作家たちとは、オーソン・ウェルズをのぞいて、おおむねヨーロッパの作家主義的な芸術家、そして「第三世界」の作家ばかりなので、『時間イメージ』は、ほとんどドゥルーズ・ガタリのカフカ論（『マイナー文学のために』）のように、〈マイナー映画〉のために書かれた本といえなくはない。映画における恐るべき公理系の作用にあくまで抵抗する映画論でもある、といえるのではないでしょうか。

映像と身体を両方扱う学科が僕のつとめる大学にできたこととも関係するのですが、映像における身体、身体にとっての映像という問題は、ドゥルーズの『シネマ』では第二巻の一部を占めているだけのように見えても、僕には大きな問題と思えます。ベンヤミンの『複製技術時代の芸術』も、映画が身体そして知覚にもたらす効果を早くも問うているわけです。身体は運動するものとして、すでに身体の輪郭を超えているわけですが、諸知覚の延長として、様々な遠隔装置によって、まったく奇怪な次元にまで拡張されているわけです。ドゥルーズはこのような知覚の対象を非有機的イメージと呼び、時間イメージと呼んでいるわけです。

いずれにしても映像技術とともに、身体はほとんど奇怪なスケールにまで圧延され、変形されている。それはまた別のタイプの生産や創造の可能性でもあるけれども、知覚、身体、生が、無意識、不可視の次元で大きく変化し、作用を受け、操作される可能性でもあります。脳とは決して身体の否定ではなく、身体をますます有機性から引き離して拡張するものです。身体から脳へ、というような問題の転換があるのではなく、身体と脳の新たな結合や拡張の様式があり、脳の変化が新たな身体をもたらすことがあり、その逆もまたある、と考えます。

ベンヤミンの映像論でさえも、メディアの社会学のような方向でだけ読むと、まったく面白さを失うことになります。ベンヤミンのテクストは、いつでもある潜在性の次元をもって、早くもあの時代のテクネーがどのような思考であるのかに触れている。その一方で彼のテクストが、「神的暴力」のように現代を超越する次元に触れていることは、大きな魅力と思います。

映画の早い段階で、カール・ドライヤーのような人は、映画がもたらす異次元の世界でこそ、〈奇跡〉を起こし、信仰を強化することができると考えていた。映画はつまり神を見せることができるわけです。彼の映画は、どんな絵画にも現われたことのない現世のジャンヌ・ダルクを映像にします。異様なクローズアップの顔は受難の肉の襞そのものを見せていて生々しく、二〇世紀の教会勢力にとってさえ支持しがたい強烈なものであった。ドライヤーの信仰とは、ほとんど身体への信仰であって、それが彼の映画によって具体化されたわけです。電気と光の芸術である映画の中に、驚くほど原始的な何かが出現すること、これを僕は映画の大きな魅力と思ってきました。

原始大地機械は、資本主義機械の中にもひそんでいて、資本主義機械がそれを抽出するように働くことがあるのでしょう。アルトーが「残酷」といったことは、単に六〇年代の前衛に属する意匠ではなく、まさにそういう問題提起だったにちがいありません。

現在という時間のインフレ、水ぶくれ現象はすさまじいと思います。たとえば最近の数十年で生み出された映像、そしてあらゆる表現、情報の量は、それ以前の人類の創造がいかに膨大であるにしても、ほんのわずかしか残っていないわけですから、その間にはものすごい不均衡、非対称があるわけです。こういうインフレ傾向のなかで、相対的に、「現在」の作品はどんどん質が下がっていっても不思議ではない。けれども一方には、過去の創造の分厚い堆積とともに考えるという可能性も、ますますあるわけです。過去の作品をとにかく見せ続け、見続けるということの必要がますます高まっていると思います。

現在という時間とともに動いている表現に、ほとんど新しいものはありません。パリでこの頃見られる映画の中でよいものは、こういう時間の欺瞞を超えていると感じられるもので、それはしばしば欧米の外の、メキシコ、ブラジル、あるいはアフリカの映画であったりします。

最近ガルシア＝マルケスの『コレラの時代の愛』の日本語訳をとても楽しんで読みましたが、そこで流れる時間はまったく不思議なものです。この長い小説の長大な時間は回顧的なものでなく、実に長い時間をかけて完成される愛の物語であって、作家たちも異様に長寿になっていく現代においてこそ現われた文学だと思います。延々と平坦に大河のように終わりなく流れる時間がそこにはあって、多くの古典的物語のように頂点にのぼりつめたあとに下降がくるわけではない。夫婦が気球に乗って、ラテン・アメリカのあらゆる情景を絵巻物のように見ていく描写がありますが、はてしない映画のようにすばらしいものです。決して神の視点からではなく、地表を移動しながら見つめる眼の前に、絵巻物のように風景が展開していきます。まるで爽快なトラベリングのようなものです。

僕は何がいいたいのでしょうか。相対的に、もう簡単には死ねなくなった老齢の作家たちが、まったく新しいタイプの時間を体験しつつあるが、それはもう現代的といえるような新しさではない。この時間は膨大な過去を内包して滔々と流れ続けるのに、一方では現代の泡沫が束になってますます世界を翻弄している。時間の二極分解が起きているということでしょうか。でも、そろそろ現代の空間から、時間の方に引退しようとしている人間のいうことなどは、すべて妄言に響いても仕方ないでしょう。

＊このテクストは松本潤一郎氏の質問状に答えたインタビューに手を入れたものである。

脳の芸術、脳の政治へ

1　問い方について

脳の問題を適確に問うことは、どうやらやさしいことではない。外科的に開かなくても脳内を観測し撮影することのできる技術が発達して、それぞれの部位がどんな機能に関与しているか、わかってきたことは圧倒的で、脳に関する以前の知識の量をはるかに超えているにちがいない。しかし「一千億」というような数の神経細胞が、いったい何をしているのかについて、わかっていることはまだごくわずかであるようだ。一個の脳は、宇宙のように広大である、ともいえるのだろう。しかし脳について問うことと、宇宙について問うことは、もちろん別の問題を問うことである。

一部の科学者たちは、脳を解明しながら、意識とは何かについて問い始めている。たとえば細胞よりもさらにミクロなレベルの構造体に、意識の発生源があると考えて、これに量子力学を適用しようとするペンローズのような学者がいる。一方では、脳の特定の部位において身体の状態が刻々「マッピング」されることをまず情動（エモーション）としてとらえ、その上に感情や意識として分節される作用を積み上げていこうとするダマシオのような研究者がいる。

そういう異なる立場に、すでに異なる哲学が対応するように思える。そもそも「意識とは何か」についての考えがちがっており、意識と無意識、さらに思考、感情、情動といったカテゴリーに対する「構え」もかなりちがっている。人間の脳について人間の脳が問いかけているかぎり、どうしても問い方に違いが出てくる。答えがちがうだけでなく、すでに問いと問い方が異なっている。こういう事態は、別に脳に関する認識についてだけでなく、実は、自然科学においても、人間に関する学においても、いつでも潜在しており、しばしば顕在化してくることだ。

脳の機能についてかなり複雑なことがわかってきたとしても、いまのところ、この脳が考え、生みだしてきたことの蓄積のほうがはるかに複雑で、思考についても、意識についても、ひとは膨大な認識を作り上げてきた。脳科学の成果には、すでに驚異的なことがたくさんあって、「私は考える、ゆえに私は存在する」というような見解を、あっさり粉砕してしまうユーモアやアイロニーさえも含まれている。「私」も「考える」も、無数の神経細胞、皮質、二つの半球のそれぞれの部位に拡散してしまうかのようである。こうして脳の知識は、確かに、思考、意識、感情、等々についての認識に何かを付け加えたにちがいない。けれども脳についての問いは、人類が形成してきた思考、意識、感情、等々についての認識を前提としている。脳にとって意識とは何か、と問うことができるのは、すでに私たちが、意識とは何であるか、多少とも知っているからである。

そういうふうに蓄積されてきた思考、意識、感情についての定義も、それらの区別も、決して厳密なものではありえないし、そんなに厳密でなくても、人間は生きてこられた。そして、これらについて様々な考えをもつことができ、問いをたてることができる。脳についての厳密な自然科学的認識を追求する学者たちも、意識とは何かについて、あらかじめそれほど厳密でない一般的な定義ですましているように見えることがある。そういうとき脳についての研究は、少し目覚しく見えても、がっかりさせ、白けさせるのである。

脳についての新しい知識などに比べれば、これまで人類が、脳の機能など知らないままに蓄積してきた精神や意識についての洞察のほうが、はるかに信頼できる、と言いたいわけではない。脳についての探求は、思考の新しいイメージをもたらすことがありうるし、すでにもたらしている。その一方では、脳科学の普及版が、思考のまったく因襲的なイメージにしがみついたままで、むしろ思考停止をもたらすようなことも起きているのだ。

2　脳の特性

ローベルト・ムージルの『特性のない男』（加藤二郎訳）は、「残念なことに文学では、考えている人間ほど描写しにくいものはない」と書きながら、思考とは何か、思考の特性とは何かと執拗に問うた、かなり奇妙な実験的小説である。たとえば偉大な科学的発見はどのようにしておこなわれるだろうか。「精神的問題の解決の道程は、ステッキをくわえた犬が狭いドアを通り抜けようとするのとほとんど変わりがない」。人知を超えた直感とか霊感とか呼ばれるものも、「非個人的なものにすぎず、つまり頭脳の中でめぐりあう物たちの間の親和性と相関性とにすぎないのである。この場合、頭がよければよいほど、こうしたことに気がつきにくくなる。だから考えるということは、それが完成していないかぎりは、本来まったく惨めな状態で、それは大脳のしわ全体の疝痛に似ている。だが、いったん完成されてみると、それはもはや思考する形態――その形態において、考えるということが体験されるのであるが――をもたず、思考されたものの形態をとってしまう。そしてそれは残念なことに非個人的な形態なのだ」。

ムージルはここで「大脳のしわ」や、「頭脳の中でめぐりあう物たちの親和性と相関性」について触れながら、まったく即物的に、脳の次元に思考を還元しようとしている。しかし、「思考されたもの」と「思考すること」をあくまで区別しながら、思考の個人的特性に着目し、この「特性」にひどくこだわってもいる。思考する脳の機能はまったく非個人的なものだし、またその結果「思考されたもの」も、外部との伝達にむけて整えられて、非個人的になっているとすれば、個人的な思考の余地などどこにもないように見える。主人公ウルリヒは、この長大な小説で、あらゆる場面で「特性」をめぐる幻想を徹底的に批判し、粉砕していくが、それでもまだ彼は「特性」を追及する人なのである。『特性のない男』第一巻は、一九三〇年に刊行された。脳科学的な知識はまだ乏しかったとしても、確かに「脳」は、思考の問題として新たに浮上していた。

3 一七世紀の問い

精神と身体を分離してとらえる古典的な二元論を踏襲しながらも、一七世紀の哲学者たちは、この二つがいかに結びついているかについて、少なくとも考えようとした。「身体がどのようにして精神と結合されうるのかということは理解できない」と『パンセ』に書いたパスカルでさえも、少なくともそれを問うたのである。デカルトの『情念論』のほうは、さらに進んで「精神と身体とはどのように互いに働きかけあうか」と問いながら、脳（室）の図を掲げて論じている。「脳の最も奥まった一部分である、非常に小さな腺」は「松果腺」と呼ばれ、これが「精神の主な座」であると考えるデカルトは、精神を脳の機能と考えるまでもう一歩のところにいるようだが、精神はあくまで能動的、意志的に脳を動かすことができる。「物体が考えるなどとは思わない」ゆえに、思考はやはり物体ではなく精神に属すると信じるのが正しい、とデカルトは書いている。

けれども「脳」について考えることは、すでに精神と身体の結合について考える道を開いている。ここから身体と神経の機能として、意識や感情をとらえる道さえも開けてくる。デカルトを厳しく批判して、精神と身体は同じ実体に属すると考えたスピノザは、デカルトのように解剖学的な所見に一切頼ることなく、特に「脳」について語ることもなく、身体の状態とその表象のなかに精神を位置づける方向に、思考を大胆に推し進めることができた。アントニオ・R・ダマシオは、そのスピノザにまったく忠実に、脳と身体の結合の基幹的な位相を「情動」としてとらえ、脳が身体の状態を把握する仕組み自体を「意識」の根源と考えている。スピノザ的思考に共感する立場からは、とても説得的な分析と感じられるが、確かにこの発想も、情動、感情、意識に対する一定の解釈が基盤になっている。

そもそもスピノザをどう読むかの問題もある。ダマシオの *Looking for Spinoza*（『感じる脳』）は、感情や意識を、脳の特定部位の機能ではなく、いくつかの部位の協働によるマップあるいはパターンの形成としてとらえている。そのマップやパターンが、脳を構成する神経細胞や化学分子のどんな機能からなっているかの説明はほとんどなく、ほぼブラックボックスになっている。それでもダマシオの研究は、「身体には何がなしうるのか」というスピノザの問いを、脳と身体の結合を解明する方向に進める試みだといえる。脳は身体の一器官にすぎないが、その複雑さと可塑性を考えるなら、器官としての組織と機能をたえずみずから変化させる異様な器官であるといえる。脳はそれ自身が、まるで「器官なき身体」のようなものであり、そもそも身体が何かについても、再考をうながす。こうして脳の認識は、身体の認識にも波及して、身体そのもの、そして生命そのものについて、別の思考をうながすのである。

4 ベルクソンの確信

ところで、こんなふうに脳の機構を解明しながら、意識や感情に、つまりは「心」の解明にむかっていく立場に、真っ向から対立するようなことを早くも書いていたのはベルクソンである。「心の状態と脳の状態とのあいだに等価的な対応がある」という考え方を、彼はまったく受け入れなかった。運動と時間の問題を考えるのに同時代の物理学を、また記憶と生命の問題を考えるのに生物学や生理学を注意深く検討したベルクソンであったが、むしろこれらの科学を批判することこそ、彼の課題になった。運動、心そして生命を解明するのに、自然科学は、それらを不動の部分に分割し、空間のなかに配置し、運動や心や生命という非延長的で分割不可能なものを、分割された部分の表象におきかえてしまうからである。「ひとつのねじのあるなしで、機械が動いたり動かなかったりするのは、ありうることです。だからといって、ねじの各部分が機械のそれぞれの部分に対応し、その機械とねじはたがいに等価であるということになりましょうか」（「脳と思考」澤瀉久敬訳）。心という機械は、この機械の部品の総和ではない、ということの説明である。もちろんベルクソンが言いたいのは、心はいわゆる機械ではないということである。

彼は、この分割しえないもの（持続）の哲学を、ある種のミスティシズムにまで拡大していった。どんなに原始的な生命もすでに「意識」であるとみなし、生命も心も、分割不可能な、まったく特異な実在とみなすベルクソンの哲学は、ほぼ一貫して、自然科学のおこなう分割や還元を批判している。しかし脳に関しては、これを刺激と応答の間のズレであり空虚である、とみなすような唯物論的思考もまた、ベルクソンが提唱したものであった。ベルクソンのこのような両面を、うまく読みこなすのは、かなり難しいのである。「脳はどんな感覚の道からやってきた振動であるにせよ、その振動が、どんな運動の道とでも連絡しあえる四辻であります。脳はまた、身体組織のある一点から受けた流れを、意図された運動の機関の方向へ向けることとの出来るスイッチであります」。生命とは何よりもまず「不確定性」であり、ひとつの刺激に対して、いくつもの応答を見出すことであると考えたベルクソンにとって、脳とはまさに「不確定性」の器官なのである。

しかし、この器官の機能をどんなに解明しても、その結果が、生命の体験そのものと一致することはない。だからこそ、そのような体験そのものを解明することが、哲学の使命であるという確信を決してベルクソンは失うことがなかった。いま私たちはベルクソンの確信をそのまま共有できないとしても、この確信は現に存在して、徹底されえたのである。問題は、それが正しいか間違っているかではなく、いまもこのような考えが有効でありうるか、どういう意味をもちうるかである。

私自身は、思考が脳科学の認識に、また生命が生物学の認識に還元されるという見方については、あくまで警戒的であったほうがいいと考える。しかしベルクソンに全面的に賛成するからではない。実は、思考であれ、生命であれ、その認識は、さまざまな認識のアレンジメントからなる。すでに述べたように、脳科学は、ある哲学的、思想的構えを、しばしば暗黙のうちに含んでいる。そしてベルクソンの確信でさえも、ある社会の歴史的形成（物）の中で成立し、動機をもち、ある面で説得力をもつことになった。

脳科学の成果には、もちろん興味があるが、この科学さえも、歴史、政治、経済、そして生に対する人間の態度を決定する様々な力関係の間にある。生物学を西洋の一時代の「エピステーメ」に位置づけたフーコーの視線は、いまも切実で、忘れてはならないものである。脳の認識も、決して中立的ではない。

5　脳の哲学

「思考は樹木状ではなく、脳は根づいた、あるいは枝分かれした物質ではない。誤って、〈樹状突起〉と呼ばれているものは、連続した組織内でのニューロンの連結を保証するわけではない。諸細胞の不連続性、軸索突起の役割、シナプスの働き、シナプスにおける極小の亀裂の存在、それらの亀裂を超える各メッセージの跳躍、といったものが、脳を一つの多様体にし、〔……〕脳それ自体は樹木であるよりも、はるかに草である」。脳は、単に不確定性であるどころか、ほとんどカオスである。亀裂、間隙、不連続を、たえず跳躍する流れの集合体であり、思考はほとんど雑草（リゾーム）のように生い茂る。これは『千のプラトー』という怪物的な本を書いた二人の著者のファンタジーにすぎなかったであろうか。

思考はまず世界のカオスを前にしながら、データを選別し、差異を設け、ある種の差異を同一と認め、反復とみなすような働きである。空間も時間も、決して先天的な形式ではなく、あたかも先天的であるかのように、思考によって、つまり脳の働きによって、構成されるだけである。そういうカオス的場面から思考を始めた現代の哲学が、脳の問題に出会うのは必然であった。ジル・ドゥルーズの哲学は、脳科学に触れなくても、はじめから脳の問題に出会っていたのである。

ドゥルーズ＝ガタリの最後の共著『哲学とは何か』（財津理訳）の結論は「カオスから脳へ」と題されている。「構成された科学的対象として扱われる脳は、オピニオンの形成とそのコミュニケーションの器官でしかありえない」。「また、脳に関する生物学は、このうえなく硬直した論理学と同じ諸公準にしたがっている」。というふうに、ドゥルーズは脳の科学に対して、はっきり批判を述べている。世論や、情報や、あるいは論理学さえも、人間の脳が次々生み出してきた成果にちがいないけれど、これらはむしろ脳が現実にどのような器官であるのかとらえることを、むしろ阻害しているのだ。「もしも哲学と芸術と科学という心的対象（すなわち生命的観念）が場所をもつとするならば、その場所は、シナプスの亀裂の最も深いところに、対象化することのできない脳の裂孔、間隙、合間にある」。

脳をいかに表象するか、という点をめぐって、すでに様々なオピニオンや哲学が介入してくる。ドゥルーズはここで、脳科学の認識を創造的に生かすのは、どういう哲学的態度でなければならないか、と問うているのである。「裂孔、間隙、合間」によって機能する脳の作用には、あらかじめ超越も中心も全体もないが、「距離なき俯瞰の状態」があり、みずからを観照し、享受する能力がある。ドゥルーズは、いかなる観念論、二元論とも無関係に、カオスに直面する脳の中に、精神の所在を認めているのである。もちろん、この精神は、哲学者や脳科学者の精神である以前に、あらゆる精神であり、脳科学が存在する前にも確かに存在した、ありふれた精神である。しかし、それが何かとらえることは、やさしくない。脳科学者も、哲学者も、しばしばそれをとらえそこなう。

こんなふうに脳について考える前にも、『シネマ2＊時間イメージ』でドゥルーズは、「脳の映画」について語っている。その直前で「身体の映画」について書いたドゥルーズは、決して「脳の映画」と「身体の映画」を対立させているわけではない。この二つは時間イメージの二つの様相に対応するだけである。アントニオーニのような映画作家には両面があり、「それはつまり、過去の重量のすべてを、世界のあらゆる疲労と現代の神経症を身体の中に注ぎいれる身体の映画であり、また世界の創造性、新しい時空によって呼び覚まされるその色彩、人工頭脳によって倍増されるその力能を発見する頭脳の映画なのである」。そして「脳の映画」を代表する監督は、キューブリック、アラン・レネである。確かにこのふたりには、ある形而上学的な冷たさのようなものがあって、何らかの理論的仮説を実験するかのような硬質な作品が、しばしば生み出された。ドゥルーズは彼らの作品を、「頭脳と世界との同一性」の表現として読み解いている。「世界と頭脳の同一性、つまり自動装置は、ひとつの全体をなすのではなく、むしろある外部と内部を接触させ、一方を他方に現前させ、対面させ、衝突させる一つの限界、一つの膜を形成するのだ。内部とは、心理、過去、陥入であり、頭脳を穿つ様々な深みからなる心理の全体である。外部とは、星雲のコスモロジー、未来、進化であり、世界を爆発させる超自然の全体である」。

大脳皮質の構造を、もはやユークリッド幾何学的な発想で説明することはできない。そしてドゥルーズは脳の位相幾何学的構造を、世界の構造にまで拡張し、思考や記憶の構造それ自体を世界のトポロジーに重ねている。ドゥルーズらしい思考の飛躍が、ここにも見られるが、脳の秩序が、古典的な階層構造とは異なる秩序からなることは、様々な研究成果からもうかがわれる。脳の認識は、確かに思考のイメージを根底から変更させたかもしれないが、思考のイメージが変化したからこそ、脳の解明が進んだという逆の影響も確かにあった。

これらの変化を適確に読み解くことは実に難しく、そもそも適確さの基準など存在しえない。この世界において相対的にまかり通る適確さと、そうでない適確さがあるだけである。脳の知識がそういう〈適確さ〉の力関係を動かすことはありうるのだろうか。「脳の映画」があるように、おそらく「脳の政治」、「脳の芸術」といったものが、ありうる。脳科学のブームよりも、私としてはそちらのほうに注意をむけたい。

器官なき身体の過程

1

「器官なき身体」とは、まったく不可能な、逆説的、撞着語法的な、耐え難い概念として、ただ身体の存在を根本的に問おうとする概念である。そもそも、これは身体の〈現実〉に関する概念なのか。それとも、身体とその部分的機能を担う器官との関係（論理）に関することなのか。もちろんどちらにも還元しがたい。そして「器官なき身体」は、身体のもろもろの体験と、身体をめぐる実践、実験とも切り離せないのである。

それは、アントナン・アルトーのテクストに触発された『アンチ・オイディプス』以降のドゥルーズ（＋ガタリ）の著作の中に、頻繁に出現する。アルトー自身が、この言葉に、決定的な概念的強度を与えるのは、彼がドイツ占領中に南仏ロデーズの精神病院に収容されていた時期から、病院を出てパリ近郊で過ごした晩年にかけてである（一九四三―一九四八）。しかしアルトーが、この「器官なき身体」の観念と現実を発見するにいたり、それを実験し、鍛錬した道をたどりなおすためには、一九二〇年代から三〇年代にいたる彼の詩的テクストや書簡の特異なエクリチュールにまでさかのぼる必要がある。

ドゥルーズはまず『差異と反復』において、「イマージュなき思考」の稀有の体験としてアルトーの「危機」をとりあげている。この危機は、ある未知の身体の発見とともにあった。この身体は、**分厚い**

不透明な岩石、凍結した隕石、扱い難い自動人形のように、麻痺し、凝固し、あるいは故障し変調をきたした機械のようなものである。アルトーは、「恐るべき精神の病」とともに発見されたこの身体の現実について綿々と記述しながら、ある日「もはや器官をもたない虚無」(le néant qui n'a plus d'organes)と記すのである。「ほぐされた真の虚無、もはや器官をもたない虚無を知らなければならない。阿片の虚無の中には、思考する額の形が含まれ、これが黒い陥没の場所を決定した。/私は、陥没における不在について、一種の冷たい、イメージなき(sans images)苦痛について語っている。それは形容しがたい挫折の衝撃のようなものだ」。アルトーは心身を襲う奇妙な苦痛を凌ぐために、たびたび阿片を服用した。「阿片による苦痛は、別の色彩をもっている[1]」。しかしこの二つの苦痛は、根本的に異なるものではなく、ある身体の様々な相貌を表すのである。

　自動的に作動するかのような有機的組織や均衡は、身体においても精神においても崩壊したが、しかしこの「器官をもたない虚無」の体験は、奇妙に強度な生命力の発見を、有機的秩序の外部の生命力の自覚をともなっている。アルトーの「器官なき虚無」は、「器官なき身体」、「器官なき生命」に連鎖していく。これらは、後に指摘されるようになる「生権力」(フーコー)に対する潜在的な対抗概念として捉えることができる。「器官なき身体」は、アルトー独自の生の感覚、生への信頼(croyance)に対応し、それに裏打ちされている。

　アルトーの演劇、映画においても、あらゆる実験は、この器官なき身体の試練と発見に促され、動機づけられている。彼の「残酷劇」も、まさに「器官なき身体」の演劇として実験されることになる。唯一の小説『ヘリオガバルス』は、器官なき身体の哲学的、人類学的論証のようにして書かれるだろう。そして精神病院に収容された時代の最後にアルトーは、この「器官なき身体」の観念を、凝縮し、強化し、決定的に仕上げたようである。この時代のアルトーは、ノートの言葉の間におびただしい数のデッサンを描いており、デッサンと絵の仕事も、決して周縁的ではない本質的な意味をもつようになっている。「器官なき身体」の仕事は、そのようなデッサンを必要としたのである。精神病院の体験、戦争の時代、おびただしいノートとデッサン、どれもが「器官なき身体」の思想が、アルトーにおいて最終的に結晶するための推進力となった。アルトーのデッサンは、器官なき言語と連結されて、言語とイメージを貫通する次元に器官なき身体を実現する試みとなった。この「器官なき身体」の体験は、いつも言語の強制力や、その優位（ロゴサントリスム）の糾弾とともにあり、構文や音素の異変や解体を通じて、まさに彼はフランス語をどもらせ、「異言」と呼ばれるような異種の言語、つまり器官なき身体の言語を発明することにいたる。ジョイス、ベケット、セリーヌ、ランボー、ゲラシム・リュカ、あるいはジャン・ピエール・ブリッセ、チャンドス卿（ホフマンスタール）……の系譜。

それにしても「器官なき身体」は、単に不可能なフィクションではないとしたら、どのような実在であるといえるのだろうか。それは少なくとも身体の〈イメージ〉にかかわるといえる。身体はイメージとして、イメージによって組織されるからである（これは「想像界」、「鏡像」とも関係する）。統合失調症の患者は、器官を切除されたわけではないとしても、私にはもはや胃も、肺も、心臓も、脳も、性器……もない、と言うことができるのである。

それなら身体のイメージとは、器官を組織し、有機的、無機的な物質や部分を身体として組織するイ

（1） Antonin Artaud, *Oeuvres Complètes*, I*, Gallimard, 1984, p.69.〔アルトー『神経の秤・冥府の臍』粟津則雄・清水徹編訳、現代思潮社、一九七一年、一〇一頁〕

メージとはどんなものか、問わなければならない。アルトー初期の詩的テクストには、すでに鉱物的、動物的、植物的、大気的であり、波動、流れ、叫び、耐え難い苦痛のような身体のあらゆる状態が表現されている。「器官なき身体」はまさにそのようなあらゆる状態を通過するのである。アルトーの「器官なき身体」の発見と体験には、互いに密接に関連する異なる状態が現れたが、それらは唯一の同じ平面（内在平面、存立平面）で連結されている。結果として彼は生きられる身体のまったく具体的な平面でも、そして身体のイメージ、思考、言語、（残酷）演劇といった様々な次元でも、「器官なき身体」を発見し、晩年には明瞭に、これを最大の問題として概念化するのである。

ドゥルーズとガタリは、特に『アンチ・オイディプス』と『千のプラトー』では、アルトーによって提案された「器官なき身体」の様々な次元に敏感に反応し、依拠しながら思考した。『アンチ・オイディプス』では、とりわけアルトーから出発して、器官なき身体の次元を大きく多様な次元に拡張している。器官なき身体は、個々の身体の次元を離脱して、資本主義の無意識的分裂症的生産の核になるものとみなされている。そして『千のプラトー』の「道徳の地質学」や「リトルネロ」の観点からは、資本ばかりか、世界が、大地全体が、巨大な器官なき身体とみなされているのだ。

『アンチ・オイディプス』の執筆後に、ドゥルーズは『プルーストとシーニュ』の初版に新たなテクストを付け加えて、プルーストの「器官なき身体」を独自に定義している。「ほんとうは、話者は一つの巨大な〈器官なき身体〉である」。「いったい器官なき身体とは何なのか。蜘蛛もやはり何も見ず、何も知覚せず、何も追憶することがない。ただ自分の巣の片隅で、蜘蛛は自分の身体に強度の波動として拡散するほんの少しの震動でも捕獲し、それによって必要な場所に飛びかかる。目もなく、鼻もなく、口もなく、蜘蛛はただシーニュに応答するのであり、波動として身体を横断し餌に飛びかからせるほんのわずかなシーニュに貫かれるのだ(2)」。

ここで器官なき身体は、プルーストの小説の語り手の次元にまで、さらには蜘蛛の小さな、しかし複雑な身体にまで縮小されている。器官なき身体とは、器官なき知覚でもある（「目もなく、鼻もなく、口もなく……」）。たとえ、蜘蛛の巣は、蜘蛛にとっては捕食の装置として器官に似ているにしても、そこを横断する「強度の波動」は、餌になる虫の存在の記号(シーニュ)を与えながら、蜘蛛自体と、蜘蛛の巣を貫通するのである。ここには主体と客体そしてそれらの媒介になるものとの区別がない。「器官がない」《Pas d'organes》とは、「あらゆる意志的な、これら〔感覚や記憶〕の能力によって組織された使用法をすべて奪われている」《privé de tout usage volontaire et organisé de ces facultés.》ということである。ドゥルーズはこう書きながら、アルトーからのインスピレーションによって、資本主義や無意識の次元にまで拡張した「器官なき身体」の概念の網を、知覚の次元にまで縮減したかのようである。

しかし『千のプラトー』では、器官なき身体はさらに限りなく拡張され、多様化されたのである。何よりもまずこの書物の第六章「いかに器官なき身体を獲得するか」を熟読するのがいい。それは確かに「器官なき身体」の倫理学あるいは存在論のためのマニフェストにあたるテクストである。ここで器官なき身体は、CsO、と化学式のように略記される。

CsO のモデルはまず生物学的である。それは端的に「卵」なのである。「それゆえ、われわれは CsO を、有機体の成長以前、器官の組織以前、また地層の形成以前の満ちた卵、強度の卵として扱う。この

（2） Gilles Deleuze, *Proust et les signes*, P.U.F., 1970, p.218.〔ジル・ドゥルーズ『プルーストとシーニュ』宇野邦一訳、法政大学出版局、二〇二一年、二四四頁〕

卵は軸とベクトル、勾配と閾、エネルギーの変化にともなう力学的な傾向、グループの移動にともなう運動学的な動き、移行などによって決定されるのであり、副次的形態にはまったく依存しない。器官はこのとき純粋な強度としてのみ現われ、機能するからだ。器官は閾を超え、勾配を超えながら、変化していく(3)」。

そして直後に、スピノザの『エティカ』が「CsOについての偉大な書物」としてあげられ、CsOは、実体、属性、様態によって再定義される。「属性とはCsOのタイプ、あるいは種類であり、実体は力能、生産的母体としての強度ゼロである。様態は、生起するすべての事柄、つまり波と振動、移動、閾と勾配、一定の実体的タイプのもとで、ある母体から産み出される強度である」。こうして卵のモデルは、スピノザにしたがって、さらに抽象化されたのである。そしてまたCsOは「欲望」に固有の内在性あるいは存立性の平面でもある。「快楽」と違って「欲望」は、「もはやどんな外部的、あるいは超越的指標にも関係しない」と言われる。

マゾヒズムの異様に詳細な責苦のプログラム、道教の奨励する射精なき性交、CsOの実践例として挙げられるカスタネーダの記した先住民の教え(トナルとナグァル)、ベイトソンの研究したバリ島、アルトーがメキシコで出会ったタラウマラ族、ビートニクスの文化、ドラッグの体験もリストに加えられる。ドゥルーズ＝ガタリは、「器官なき身体」の快活にして繊細な哲学的マニュアルを書いて、ビートニクスからヒッピー的東洋の探求にいたる実験的冒険的錯乱的な身体の脱領土化の試みを束ねようとしたのである。これはCsOをめぐる実験と冒険への勧めであったが、同時に彼らは警戒や節度もうながしていた。「器官なき身体をいかに獲得するか」のテクストは「なぜこんなに危険があるのか、なぜこれほど慎重さが必要なのか」と記して、慎重や抑制を求めるかのような助言を含んでいる。ただ過剰や錯乱や死の危険を戒めたのではない。哲学的問題として、厳密にどんな身体を実現するのか、どのようなタイプのCsOを形成するのか、CsOによって何を獲得しようとするのか、が問われることになる。

2

『千のプラトー』のあとは、『フランシス・ベーコン　感覚の論理学』（一九八一）においてドゥルーズはCsOに、さらに繊細で豊かな内容をあたえることになる。彼はベーコンの描いた身体について語るために、やはりアルトーを援用している（とりわけ七章「ヒステリー」）。絵画においてCsOに相当するものは、「図像」（Figure, 形体、図体？）であり、それはしばしば押しつぶされ、歪められ、叫び、溶け、みずからの有機的形態から逸脱する身体である。つねに変身しつつあり、散逸しては集中される身体でもある。ドゥルーズは絵画におけるCsOについて語るために、「力」という用語を導入している。問題は「力を描くこと」、ベーコンの本質的関心とは「身体に対する不可視の力の作用」[4]である。「振幅を変化させる波動が、器官なき身体を貫通する。波動は、振幅の変化にしたがって、そのなかに帯域と水準を刻み込む。一定水準の波動と外部の諸力が出会うところに、ある感覚が出現する。ひとつの器官は、それゆえこの出会いによって規定されるが、器官とは仮のもので、波動の横断と力の作用が持続する間し

（3）Deleuze et Guattari, Mille Plateaux, Minuit, p.190.〔ドゥルーズ／ガタリ『千のプラトー』上、宇野邦一・小沢秋広・田中敏彦・豊崎光一・宮林寛・守中高明訳、河出文庫、三一四頁〕
（4）Deleuze, *Francis Bacon, Logique de la sensation*, Seuil, 2002, p.45.〔ドゥルーズ『フランシス・ベーコン　感覚の論理学』宇野邦一訳、河出書房新社、六一頁〕

か持続することがなく、移動して他のところに現れる」[5]。

ここにもまた「器官なき身体」の別の定義がある。「感覚」そして「図像」は、器官なき身体の別の名であり、これにとっては「有機体全体が、組成(テクスチャ)と色彩を変え、同質異形的な変化が十分の一秒刻みで調整される……」。ドゥルーズにとって、バロウズ(『裸のランチ』)のこのテクストは決定的だったらしい。

ベーコンの絵によって実現された肉(体)のリアリティは、現象学の「肉」chairとは程遠いものである。現象学は確かにセザンヌに注目したが、ドゥルーズにとってもセザンヌはベーコン以前に「感覚の論理」を発見した重要な画家である。知覚するものと知覚されるものの交差(キアスム)としてとらえられた「肉」は、絵画におけるCsOを定義するのに十分ではない。それはまだ有機的な論理(「生きられた身体」)のなかに閉じこもっている。「現象学的仮説はおそらく不十分である。それは生きられた身体しか見ようとしないからである。しかし生きられた身体は、もっと深い、ほとんど生きがたい〈力能〉に比べれば、とるにたらない」[6]。現象学的な肉は、主体と客体の二元論を退けながら、絶対的な間主観性を唱え、対象化しうる身体を解体したとはいえ、この解体は十分ではなく、有機体の有機性の外の知覚不可能なもの(生きがたいもの)を思考するところまではいかなかった。ドゥルーズのベーコン論で注目すべきことは、CsOとはほとんど「身体」の消滅であるという点である。ベーコンが微笑を描くとき、「それは身体の消滅を保証するという、まったく奇妙な機能を持っている」[7]。ドゥルーズはむしろ「器官の消滅」と言いたかったのではないか。

この絵画論の中でドゥルーズはむしろ音楽のほうが、より確かに「身体の消滅」を実現すると書いている。「音楽は身体をその不動性や、その現前の物質性から解き放つ」。「ところが絵画は、もっと上流に位置し、そこで身体は逃走し、逃走しながら、自分を構成する物質性を、自分を形成する純粋な物質性を発見する」。こうして絵画は、決して物質（性）を放棄することなく、いわば非物質化しつつある物質性を啓示することができる、というのである。

ドゥルーズは、アロイス・リーグルの定義した haptische（haptique 触知的、視触覚的）の概念をとりあげている。「触知的なもの」は、「エジプトの浅浮彫がそうであるように、目が触角のように働くこと」を可能にするのである。ベーコンは、ドゥルーズによれば、「触知的な」視覚を復活させた偉大な画家なのである。彼の絵画において、線も色彩も、古典的表象を保証していた光学的空間の優位から抜け出していた。線は有機的な輪郭であることをやめ、無機的な強度の生命性にしたがい、色彩は明暗法や色価の原則を離れ、変調（modulation）と、空間化のエネルギーに主導されて、「力をとらえる」という機能をになうようになる。『感覚の論理学』は、『千のプラトー』に現れた器官なき身体の特性を、絵画において改めて検証し、洗練する試みである。しかし注目すべきことは、この本でドゥルーズは、CsO をしばしば身体の消滅、逃走として、極限では〈非肉化〉としてとらえているということである。要するに「器官なき身体」はほとんど〈非身体化〉されている。

ベーコンの絵の叫び、歪み、崩壊する顔や肉体のイメージからは、誰でも恐怖や暴力の印象を受けとるだろう。溶解し崩壊する器官のイメージは「器官なき身体」の表象でもありうる。しかし器官なき身体の非有機性とは、何よりもまず表象を斥けるものである。ベーコンの絵画の問題は、「感覚の論理」

（5） *Ibid.*, p.49.〔同、六八頁〕
（6） *Ibid.*, p.47.〔同、六四頁〕
（7） *Ibid.*, p.33.〔同、四五頁〕

を追求するために、いかに「表象」、「説話」、「説明」を斥けるか、であったことに、ドゥルーズはまず注目したのである。したがって「叫び」は「叫びの表象」であってはならず、表象を斥ける叫びでなければならない。表象ではない図像（Figure）は、具象（figuration）に抵抗して、そこから「器官なき身体」を抽出するような過程を通じて出現するのである。おおむねベーコンの絵は、背景の大きな単色面と人物像、その人物像を包み込む輪郭という三要素からなっている。この構成が、膨張や収縮、出現と消滅、隔離と浸透、下降と上昇、緊張と弛緩のような関係によっていかに空間的エネルギー（あるいは強度空間）を配分し、リズムを構成しているか、またとりわけ色彩の「変調」によって、表象にしたがう構成を解体しながら、いかに「器官なき身体」としての「図像」を作り出すことに成功したかをドゥルーズは論じている。後半の分析でこの色彩論は、ベーコンの「三枚組みの絵」の構成と、色彩の「変調」（modulation）という、セザンヌ以降の色彩主義の考察によって、さらに補強されている。ベーコン論にとどまらず広く美術史を論じた一九八一年の講義（Sur la peinture, Minuit, 2024）で、色彩が具象の要求を脱して自律化する過程について、ドゥルーズは詳細に考察している。印象主義以降の色彩の「変調」は、絵画における「器官なき身体」の創出を牽引する発明とみなされている。

表象はまだ頭脳のレベルにあるが、図像は神経つまり感覚のレベルに出現する。具象画は表象としての絵画の高度な歴史的達成であり、それはある「光学的空間」の構築と呼応していたのである。そのような光学的空間においては、ただ視覚的なものが洗練されたのではなく、あくまでも視覚的なものを優先させたうえで、じつは視覚－触覚の結合が絵画の感覚的対象を構成していた。触知的なもの、手動的なものは、決して不在であったのではなく、厳密にいわば光学的空間の中に統制されたうえで生かされていたといえる。

現代芸術の抽象的傾向は、手の狂乱とでもいうべきカタストロフィーへの傾向と、知的頭脳的な幾何学的傾向という二つの極へと収斂していったが、ベーコンは絵画史をつらぬく表象の問題の基本要素を厳密に踏まえながら、その間に新たな、精妙な均衡を見出すようにして、表象の体制を乗り越えることに成功した稀な画家なのである。ベーコンの芸術は、「器官なき身体」の「表象」であるかのように見えるイメージを、表象の間にあって表象のレベルにはない運動、作用、変調、リズムを解放する機会にしえた。これを周到に分析したドゥルーズは、この本で「器官なき身体」の最も豊かで精密な記述と論理を作り出していたのではないか。

「人間の顔はまだ自分自身の面貌（face）を見出していない……」[8]。ドゥルーズは『フランシス・ベーコン』でアルトーのこの言葉を出典を示さずに、素早く引用している[9]。人間の顔は、まだ（器官なき）身体によく対応していない。「人間の顔は空虚な力であり、死の場所である」。アルトーは「顔」を描いた絵やデッサンの話をしていたのか。しかし同時に、人間の顔が、器官としてしか存在していないことを批判しているようでもある。そして器官は死であると言いたいようなのだ。「何千年も前から、実に人間の顔は、喋り、呼吸しているが、まだ彼が何であり、何を知っているか言い始めてもいないないかのようだ」。「ホルバインやアングルの肖像は厚い壁であり、瞼の穹窿のアーチの下で踏ん張っている、あるいは耳の壁に空いた二つの穴の円筒型のトンネルに象嵌されている古代の運命的建築について何も説明

（8） Artaud, *Œuvres*, Quarto, Gallimard, 2004, p.1534.〔『アルトー・コレクションⅢ　カイエ』荒井潔訳、月曜社、二〇二二年、三四二頁〕
（9） Deleuze, *Francis Bacon, Logique de la sensation*, Seuil, 2002, p.48.〔ドゥルーズ『フランシス・ベーコン　感覚の論理学』河出書房新社、二〇二二年、六六頁〕

していない」。ヴァン・ゴッホだけが、「破裂した心臓の鼓動の爆発的な噴射である肖像」を描いて、その後に現れる抽象画をはるかに超えてしまった、と言う。このようにアルトーは、「器官なき身体」の絵について、まったく本質的な思考を記していたのである。アルトーの「残酷」をめぐって、ベーコンの「恐怖」に関して、同じように多くの誤解があった。もちろんそれは「器官なき身体」をめぐる誤解でもあった。「顔」という「器官」のもつ記号を統制する働きについては、『千のプラトー』の「顔貌性」(visagéité)の章が、集中的な議論を展開している。

3

最後期のドゥルーズの著作で、身体は消尽し、蒸発し、純化され、あるいは散逸するものとして、さらに別の〈器官なき身体〉の様相を呈している。もう一つ重要なことは、視覚における触知的なものは、器官なき身体の主要な特性として提案されながらも、ある知覚の体制に連結されることである。それはいわば〈知覚しがたいものの知覚〉なのである。『差異と反復』のなかで、すでにドゥルーズは、あらゆる延長の母体として「深さ」について論じていた。「深さ」とは「知覚しがたいものであるが、知覚されるしかないもの」《l'imperceptible et ce qui ne peut être que perçu》である。知覚されるのは力であるとしても、力は決して力として現前するわけではないので、知覚しがたいのである。

そして『シネマ』ではまさに知覚が新たに問題化されている。『運動イメージ』では、まだベルクソンに依拠して語っていた「知覚イメージ」から進んで、ドゥルーズは、「結晶イメージ」、「時間イメージ」へと進み、まさに知覚しがたいもののイメージを焦点とするようになっていく。「器官なき身体」

は最後の規定としては、「知覚しがたいもの」と「非身体的なもの」に収斂していったように思えるのである。

ところで「非身体的なもの」とはすでに『意味の論理学』において、中心の主題であった。「意味」、「出来事」、「表層」、「結果」（準原因）は、非身体的なものとして、身体の「混交」、「深層」、「原因」と明瞭に対立したのである。ルイス・キャロルの本において、アリスが「非身体的なもの」の典型的形象だったとすれば、身体という深層を表現したのは、ここでも分裂症者アルトーだった。したがって『意味の論理学』において、「器官なき身体」に対応するものは、何だったかを言おうとすれば複雑な課題になる。ここでもCsOは、やはりアルトーの恐るべき身体の体験と切り離せない。この本でドゥルーズは、分裂症の体験について、「身体－濾し器 passoire」、「断片化した身体」、「分解した身体」について語っている。それは「亀裂」に陥り、「断片化し、入れ子状になり、渦を巻く部分の間」にあるような身体である。[10] それはいわゆる「部分対象」（メラニー・クライン）が荒れ狂う世界でもある。ドゥルーズはまたアルトーの言語の体験にも注目した。アルトーの「ざわめく、栄養的糞尿的断片に解体した」破片としての言語（異言）に比べて、アリスの世界の言語は、ただ事物と身体の「属性」しか表現しない。属性そのものは、絶対に非物質的、非身体的である。アリス－アルトーの対比では、非身体的なものは、身体とも、器官なき身体とも対極にあるように見える。それにしても確かなことは、ドゥルーズにとって問題は、決して精神－物質（身体）の二元論ではないことである。身体と非身体は決して対立概念ではない。器官のある身体と器官なき身体の対立のほうがドゥルーズにとって根本的なのである。

（10） Deleuze, *Logique du sens*, 1969, p.107.〔ドゥルーズ『意味の論理学』上、河出文庫、二〇〇七年、一六〇頁〕

そしてガタリとの二大共著のあとで、ドゥルーズの「器官なき身体」はますます〈非身体的なもの〉と〈知覚しがたいもの〉を包含しながら、拡大され、再配分されていく。非身体的なものはCsOの重要な一面をなし、「意味 sens」の次元は、「感覚 sensation」の次元と、「器官なき身体」の二つの位相として合体していくのである。ドゥルーズの〈身体論〉は、最終的にどのような展開をとげたのだろうか。

『哲学とは何か』でも、ドゥルーズはメルロ＝ポンティのいう「肉」の批判を繰り返している。「肉は生きられた身体からも、知覚された世界からも、まだあまりに経験に縛られた相互の志向性からも、抜け出ていくのである。世界の肉と身体の肉は交換し合う相関物であり、理念的に一致するのである。現象学の最終的変化をかきたてたのは、奇妙な〈肉主義〉Carnismeであり、これによって現象学は化肉の神秘のほうに赴くことになった。これは敬虔な官能的発想である」。ドゥルーズの肉の批判はさらに続く。「肉は生成変化の温度計に過ぎない。肉は優しすぎる。（肉を支えるための）第二の要素は、骨や骨格ではなく、家、骨組みである」[11]。ベーコンの絵は、感覚の純粋存在を表現するための骨組み・構造を実現し、知覚から知覚対象をとりだすことができたのである。ドゥルーズの最後の著作群で、身体は「器官なき身体」として、さらに脱肉化されたのである。

〈脳〉は、その最後の形態といえよう。しかし脳について的確に語るためには、脳のイメージを覆っているあらゆるドクサ（臆見）から離脱しなければならない。このドクサにとっては、脳は「意見の形成や伝達の器官」にすぎず、「認知」の狭いモデルを踏襲するものでしかない。重要なのは、「シナプスの間隙の最も深いところ、対象化しえない脳の亀裂、間隔、時の間である」[12]。このような脳についてドゥルーズは、セザンヌが「風景」について言ったように「人間は不在で、まるごと脳の中にある……」と言うことができたかもしれない。この脳は、「距離のない、大地とすれすれの俯瞰の状態」であり、ホワイトヘッドの「自己超越体」(superjet)という用語にも対応しうる。それは「あらゆる補足的次元とは独立に自己を俯瞰する絶対的な、一貫性をもつ形態であり、どんな超越性にも依存することがなく、近さも隔たりもないあらゆる規定と共現前し、それらの規定を無限の速度で横切っていく」。この脳は、まず概念を創造する能力であり、またさまざまな振動を、純粋な情念として保存し縮約する感覚の能力でもある。ドゥルーズはこの脳から、非有機的、非主体的、集団的な生のイメージを引き出す。「有機体全体が脳化されているのではなく、あらゆる生が有機的であるわけではない。しかしいたるところに、ミクロの脳あるいは事物の非有機的な生を構成する諸力がある[13]」。一個の脳はすでに多様体であり、集団に開かれている。脳のこのような多様体のイメージは、ドゥルーズの思索における最終段階の「器官なき身体」に対応するようだ。脳と非有機的生についてのこのような見方を通じて、彼は「身体の映画」と「脳の映画」を隣接させて扱うことができた(『時間イメージ』八章)。

身体の映画は、身体の態度や姿勢(gestus)の映画であり、ドゥルーズは、フィリップ・ガレルの作品に多くのページを割いていた。身体とその姿勢を「構成する」力能を持つ、黒いスクリーン、白いスクリーンを、ガレルの映画に彼は発見している。こうして映画は脱肉化し、「消滅した」身体を与える。「もし映画がわれわれに身体の現前を与えるのではなく、そもそも与えることができないとすれば、それはまたおそらく映画が別の目標をもっているからである。映画はわれわれの頭上に「実験的な夜」を、あるいは白い空間を広がらせ、「揺れ動く粒子」と「光り輝く粉塵」によって作動し、可視的なものに

(11) Deleuze et Guattari, *Qu'est-ce que la philosophie ?* 1991, p. 169.〔ドゥルーズ・ガタリ『哲学とは何か』河出文庫、三〇二頁〕
(12) *Ibid.*, p.197.〔同、三五二頁〕
(13) *Ibid.*, p.200.〔同、三五八頁〕

根本的な動揺をもたらし、あらゆる自然的知覚に反駁して世界を宙づりにするからである。こうして映画が生み出すのは、思考において思考されないものとして、われわれが頭脳の背後にかかえている「未知の身体」の発生、まだ視覚をのがれている可視的なものの誕生なのである。

「われわれが頭脳の背後にかかえている「未知の身体」は、まさに脳としての身体について触れているのである。「脳は身体に対して命令し、身体は脳にできた瘤にすぎない。また身体は脳に対して命令し、脳は身体の一部にすぎない」と書きながら、すぐ後でドゥルーズは、映画における「思考圏」(noo-sphère)について、また非身体について、つまり「脳の映画」の登場について書いている。それは「位相幾何的脳空間」の発見に対応するものだというのである。あたかも、CsOは、圧延され、歪形され、多様化され、普遍化され、世界化され、マゾヒストや麻薬中毒者の身体から、資本主義や、進化論や、地質学のスケールに拡張され、様々な機械やリゾームと連結されたが、いまや脱肉化され、還元され、消尽され、結晶化されて、脳の灰白質に、シナプスの間隙に、脳の不確定のシステムに、つまりまったく非身体的なもののほうに集約されたかのようである。

しかし「知覚するしかないが、知覚不可能なもの」に関しては、脳の次元は、少し別の次元を垣間見せているように思われる。ただ「時間イメージ」だけではなく、『シネマ』の考察を遡り、もう一度「運動イメージ」をとりあげるなら、運動とは本性上、ある種の組織平面に媒介され、相対的に知覚されるしかなく、知覚不可能なものだったのである。ただし、ある種の器官なき身体の平面上では、運動は媒介なしでも知覚される。キェルケゴールはそのような意味で、「私は運動にしか関心がない」ということができたのである。このとき「知覚はその限界に直面するだろう。知覚は事物のあいだ、みずからに固有の集合のなかに、ある「これ性」(héccéité)が別の「これ性」に対して現前するように、存在するだろう」。「これ性」、「器官なき身体」、運動そして時間の知覚は、もちろん一つの緊密な脈絡を構成するはずである。[15] 器官、身体、空間を脱した純粋な時間、光。しかしそこに到達するには、ベーコンの絵画的創造（ダイアグラム、浅い奥行き、三枚組み、中間色の変調、輪郭と単色面）にも見られたように、多くの試行錯誤、策略、そして無防備なナイーヴささえも必要であるに違いない。

最後に問う。ドゥルーズの哲学的立場は、ベーコンが現代絵画において位置する立場と似たところがあるだろうか。抽象と具象の間に、ときに「中庸」と言われるような立場として新たな具象画を生み出したともいえる「図像」の立場は、哲学において対応する立場をもつだろうか。絵画と哲学の間のこのアナロジーには何か意味があるだろうか。ドゥルーズの立場は、抽象的頭脳的な哲学ではなく、神経、感覚の論理としての哲学であったことは確かであった。それなら哲学における具象画とは何だろうか。ドゥルーズ哲学がガタリと出会うことによって獲得した抽象性は、もちろん論理哲学の抽象性も、カントやヘーゲルさえも共有した思考のイマージュをも拒否するものであった。あえて言うなら、イマージュという具象とも、頭脳的論理という抽象とも、異なる平面に、「感覚の論理」を探求し構築することを、ドゥルーズはどこまでも続けたのである。

（14） Deleuze, *Cinéma 2, Image-temps*, Minuit, 1983, p.262.〔ドゥルーズ『シネマ　時間イメージ』法政大学出版局、二〇〇六年、二八〇頁〕

（15） Deleuze et Guattari, Mille Plateaux, p. 345.〔ドゥルーズ・ガタリ『千のプラトー』中、二五五頁〕

憎しみはリゾームを超えるか──『ダーク・ドゥルーズ』評

何人かの哲学者と真摯に交わって哲学的な子供を儲けたが、ニーチェだけはまったく例外で、不意に背中からやってきてオカマを掘り、自分のほうが怪物を生まされてしまった、というドゥルーズ自身のたとえ話はよく知られている。大胆にも、アンドリュー・カルプは、そのニーチェにかわってドゥルーズをやはり背後から襲い、ダーク・ドゥルーズというもう一個の怪物を生んだというのだ。

ダーク・ドゥルーズの標語は「憎しみ」、「破壊」、「野蛮」、「共謀」、「秘密」などである。「憎しみ」はこの世界にむけられる。しかしこの世界についての記述にそれほどカルプは言葉を費やしていない。むしろ怪物の「憎しみ」は、生みの親ドゥルーズの「喜び」に、「リゾーム」に、「繋がり至上主義」にむけられた。「リゾームはもうたくさんだ。確かにリゾームは三五年前は思考を示唆するイメージであったが、私たちの現在を支配しているのはインターネットという冷戦のテクノロジーであり、これ自体がすでに核戦争を生き残るためのリゾーム的ネットワークとして作られたのだから」。

しかしドゥルーズはもうたくさんと言うわけではなく、その哲学からは多くの武器が、「戦争機械」がとりだされる。つまりドゥルーズは真っ二つに引き裂かれるのである。たとえそれがおびただしい多様体であるにしても、ただひとつのドゥルーズを読んできたものには、奇妙な緊張や葛藤が強いられることになる。カルプの挑発的な提案が成功しているかどうかは別にして、近年のドゥルーズ論のなかでは小著ながら飛びぬけて刺激的で、巧みな修辞もドラマティックだ。この提案にあやかって、いくつか

	喜び（JOYOUS）	闇（DARK）
任務	概念創造	世界破壊
組織	リゾーム	折り開き
倫理	プロセス民主主義	共謀的コミュニズム
情念（アフェクト）	強度	残酷
映画	身体の力	偽の力
速度	加速	逃走
流れ	生産	断絶

の気になる論点を検討してみよう。

この本に掲載された対概念の表を、一部だけ抽出してみる。「樹木－リゾーム」、「外延－強度」のような二項の外部に、さらにＤＡＲＫな第三項を付け加えることをカルプは試みた。

つまりリゾームに代表される「喜び」の系列は、もうたくさんというわけである。しかしリゾームは、中心を欠いたまま機能する天皇制とそっくりだとか、もはや新自由主義の経営戦略そのものにすぎないと言いながら、むしろ樹木的、主体的構築に戻ろうとするような反応（反動）とは確かに異なっている。カルプは少なくとも前進しようとする。たとえば〈折り開き〉（unfolding）とは、リゾームを超える概念なのだ。「〈折り開き〉は情動（アフェクト）を伝導するものとして、加法や減法を通じて変化するリゾームの蓄積的論理を通じて諸々の力能を打ち立てることはしない。折り開きの不連続性は、力（パワー）の弱体化ではなく、隔たりを飛び越える突破力の強化である」。「資本主義は、折り開きの伝導力を蓄積というリゾーム的論理に結びつける。それに対して、その名に値するコミュニズムは折り開きをその極限まで推し進めるのである」。この「コミュニズム」にとって必要なのは「蓄積」ではなく「突破」、「繋がり」でもなく、「不連続性」だという。そのような折り開きの破壊力は、リゾームに接合されるとき、かえって減衰してしまうというのである。しかし「折り開き」も、ドゥルーズのライプニッツ論『襞』に見出される概念であり、カルプの提案するダークな第三項の多くは、「偽の力」、「識別不可能性」、「逃走」というように、ドゥルーズ

(&ガタリ)自身の著作に見出されるものである。「喜び」の系列に配置されているもの(分子、強度、アレンジメント……)が、すでに外部性を指示する概念であったとすれば、さらに外部の外部として、ドゥルーズの概念を再配置しているところは、したたかな試みといえよう。

そして外部(憎しみ、破壊、野蛮、共謀、秘密)の鮮明なイメージが、ランボーの『地獄の季節』に描かれる「野蛮人」の系譜や、アルトーの「残酷演劇」に求められたりするくだりは、まったくわかりやすく、これもドゥルーズが何度かとりあげていたところだ。アルトーとキューブリックの映画を結びつけて、「彼の演劇の残酷さが標的にするのは、〔……〕「もはや何が欲しいのかも考えられない、動いていくイメージが私自身の思考にとって代わる」と不満を口にする人たちである。結果として生じる演劇は、ストーリーを物語るためにあるのではなく、「力を与える」ためのもの、すなわち、それを止めるには無力な人たちの脳にイメージを植えつけるためのものとなる」とカルプが書いているところは私にとって印象的だった。そして最後にはそのアルトーも裏切るかのように、「今こそ身体のイメージを完全に捨て去ってしまわなければならない」と記している。もはや身体でも、器官なき身体でもなく、「身体なき器官」を手にいれなければならない……これはスラヴォイ・ジジェクの地口に対する悪乗りで首肯しがたいが、可視的な身体とは、すなわち国家のモデルであるとみなす著者の立場にとっては、身体に関しても、これを斥けて非身体的外部を設けることが必要になった。身体‐非身体の対立項を、どう再構成して、身体を新たに問題化するか、これこそ興味深いことで、私にとっても課題なのだ。

「リゾームはもうたくさんだ」に対しては、いくつか感想がわいてくる。(1)まずどんな概念も(「ダーク・ドゥルーズ」も含めて)、斬新に感じられるなら集中的に使用され流通し、流通するにつれて理解は性急になり、たちまち常識的な文脈のあいだに落ち着いてしまい、刺激も衰えてしまう。概念ばかりか、思想の本体だって、そういう道をたどりかねない。「外部」は早々と内部化される。とにかく腰を落ち着けて、それが何を意味していたか、何がほんとうに新しかったのか、考え続ける読者もいる。しかしそれさえも固着や、居直りや、怠惰、停滞になってしまうことだってある。これは単に仰々しい預言者風の言説にはもちろん、考えぬかれて耐久力をもつ思想についても起きうることだ。私の場合、「リゾーム」に最初に触れたときの衝撃は実に生々しくて、その後は大事に秘蔵して、あまり触れないことにしてきた。

（2）「リゾーム」が、すでにグローバル資本主義によって、インターネットによって実現されてしまったという理解は、概念がたどる流行や忘却の道とは少しちがう次元の問題である。ドゥルーズとガタリは、『千のプラトー』の序で、リゾームの例をたくさんあげている。もちろん地下茎、そしてウィルス、動物の巣穴、シナプス、運河の都市アムステルダム、アメリカ西部、十字軍、さらには専制的リゾームがあり、無政府的リゾームがあると言われている。これは最悪のリゾームに対抗するためのリゾーム論であり、それに対抗しうる別のリゾームを見出すことが課題だったのだ。インターネットそのものがリゾームであるというよりも、インターネットのリゾーム的使用法とそうでない使用法がある。インターネットという技術システム（＝リゾーム）だけがあるのではなく、それを通過する情報、イメージ、欲望、力関係の結合と解体（＝リゾーム）がある。様々なリゾームからなるリゾームがあって、それはリゾームの表象には還元しがたい。表象になってしまったものには、「もうたくさん」と言えるが、そもそもリゾームは表象不可能である。「リゾームはもうたくさんだ」ではなく、私なら「別のリゾームを見つけよう」と言いたい。ただし名称は何でもいい、ダーク・ドゥルーズでもいいわけだ。

（3）もうひとつは、結局リゾームは概念でもキャッチコピーでもないということだ。文庫本では約五〇ページのテクストのなかで、多くの例をあげ、定義を設け、それがどういう危険や罠を含むのか指摘しながら、二人の著者は注意深く、ひとつのリゾームとしてのテクストを実現しようとした。リゾームは~にすぎない、と断定してしまうような粗略な思考とはほど遠い実践だったことは、その文章の粘り強い生気に触れてみれば難なく体感できる。二、三行で定義され、図式化され、早わかりされてしまうようなリゾームなら、もともと意味がなかったのだ。

しかしもちろんそのうえで、リゾームもやはり超えられていく。超えられて、新たな外部性と結合されなければ、リゾームも生きのびない。

ダーク・ドゥルーズは、憎悪せよ、破壊せよ、という。この資本主義を、繋がり至上主義、生産主義を、そして民主主義を打破しなければならない。「民主主義はどれほど完璧でも、暴力の脅威によって裏打ちされた超越的な絶対的判断にいつも依存している」からである。

しだいに黙示録的なトーンが高まっていくが、むしろ現今の世界の「地殻変動」そのものが黙示録的であり、ダーク・ドゥルーズの使命はそれを終わらせることなのだ。「逃走が最高に刺激的なものになるのは、それがストリートに撒き散らされるとき」。暴力革命の主張のように見えるが、じつは慎重なアプローチなのだ。そもそも目されているのは、非身体の革命なのである。「『ダーク・ドゥルーズ』の究極的な任務はただただ慎み深いものであるからだ。それは、反革命の時代にあってなお革命の夢を生きさせ続けることである」。「自分たちが軍隊にもならず殺されることもないように、軍備化に抵抗すべきこと」。

何ひとつ頼りになるものも、武器になるものもないが、外部との関係性としての戦争機械を作り出さなければならない。そのためにはまだドゥルーズが、ダークなドゥルーズだけが役に立つ。しかしひとりの思想家の名における革命なんて、過大評価というものだ。

「民衆がいない」、「民衆は来たるべきもの」と書き続けたドゥルーズは、決して民主主義を憎悪してなどいなかった。そもそも「怒り」を擁護しても、「憎悪」を擁護したことなどなかった。確かにドゥルーズは、社会民主主義、民主主義国家、「もろもろの民主主義と共存する強大な警察と軍隊」を批判し、「民主主義はみなマジョリティ……」と批判を向けている。問題は「民主主義」がいかに「民衆」を裏切ってきたか、なのだ。この「裏切り」は、「民主主義」の本質であるかのようなのだ。

ニーチェについて語ったインタビュー（「ニーチェと思考のイマージュについて」一九六八、『ドゥルーズコレクションⅠ』）で、ドゥルーズはとても印象深いことを言っている。異様な意見ともいえる。「ジェリー・ルイスやタチが現代生活を「批判するとき」、彼らは見苦しい事柄を紹介するという安直さや卑俗さに身を委ねているのではありません。彼らは自分たちが批判する対象を、美しいもの、壮大なものとして見せています。彼らは自分たちが批判するものを愛し、それにひとつの新しい美を伝えているのです」。

この嘆かわしい世界になにひとつ肯定すべきものも、愛すべきもの、美しいものもないとしたら、破壊のあとの世界に何を創るべきか、誰もわからないだろう。この世界への憎悪、この世界の破壊のみが、コミュニズムへの道だと言う、そのダークなコミュニズムに一つも内容が与えられないのは、まさか紙数が足りず、時間がないからではないだろう。もちろん著者は注意深く「コミュニズム」に関する紋切型を避けようとしているのだ。繋がり至上主義でも、生産主義でもなく、民主主義でもないコミュニズムとは、絶対的外部の政治であり、そのような「外部には、イメージも意義も主体性もないからである」。外部への道は、「世界を焼き尽くす炎を吐き出す引き裂かれた惑星において見つけられるかもしれない」。もはや地球のものではない諸現象が解き放たれる。そのとき「宗教的なノモスは栄えては消えていき」、「鳥の唄は、水、風、雲、霧の配合にとってかわられる」。どうやら絶対的外部は、宇宙的な脱領土化を経て、惑星間に、素粒子に開放されるようである。確かに『千のプラトー』はそういうSF的場面にも展開されていた（「1837年——リトルネロについて」）。綱領もなく政策もない、このコミュニズムについては、もはや詩的に語るほかないのか。無為のコミュニティ？　しかし詩的に語り、超哲学的に語るほかないことは別に欠陥ではない。もうたくさんだと一〇〇回繰り返す絶望的な文章が、まじめに受け取られるなら、それだけで何かが変化することもある。ダーク・ドゥルーズにはたくさんの詩と、ドゥルーズの鋭敏な解釈と、熱く怜悧な怒りがある。それを受けとってどうふるまうのかは、読む者それぞれの課題である。

哲学の奇妙な闘い

「レネの人物たちはただアウシュヴィッツから、あるいは広島から戻って来るだけでなく、また別の仕方で哲学者であり、思索者であり、思考の存在たちである。なぜなら哲学者たちとは、死を通過し、死から生まれ、たぶん同じ死ではあっても、やはり別の死に向けて歩むような存在であるから。」
(ジル・ドゥルーズ『シネマ2＊時間イメージ』)

1　どんな「闘い」か

『哲学とは何か』は、激しい波風の凪いだ静かな老境の書物などとはほど遠い。老いた哲学者にして、生と死のあいだにあって、はじめて「哲学とは何か」と問うことができる、という毅然とした、不穏な宣言から始まっている。哲学とは何であり、何でないかを確かめていく切迫した思考は、ときに怒りや叫びとともに繰り広げられるようだ。哲学を脅かし、横領し、詐称しながら絶滅させようとする圧倒的な力に、哲学は包囲されているのではないか。絶滅種としての哲学だけが死に瀕しているのではなく、その死は他の多くのものの死にもかかわっているのではないか。でなければ、この世紀に哲学の死をそんなふうに危惧することに、どれだけの意味があるのか。『哲学とは何か』という書物は、そういう切迫した問いを内包していたように思えるのだ。

大げさな、あるいは軽やかな身ぶりで哲学の終焉を唱えてみせたりする同時代の知識人に対しては、むしろことあるごとに哲学への深い信頼を表明することを忘れなかったドゥルーズは、同時に哲学の外部（非哲学 non-philosophie）の必要についても語り続けた。『差異と反復』は、ほとんど異端の哲学のようにして、哲学を支えてきたかに見える合理性や同一性の思考に鋭利な批判をむけていた。しかしそれは、このような批判的立場を、古代から綿々と持続されてきた「差異」の思考の系譜とともに浮かび上がらせて、哲学の生命力を力強く擁護する試みでもあった。その後のドゥルーズは、ガタリとともに、既成の諸学のあらゆる境界を超えるようにして、「資本主義と分裂症」という副題をもつあの二冊によって十全に〈哲学の外部〉を探索し、〈外部の哲学〉を構築することになった。その後もこの成果は、とりわけドゥルーズ自身の書いた二冊の映画論に注入され、映画を通じて哲学の外部を知覚し、映像の知覚にしたがって外部の哲学を実現するもうひとつの試みにむかったのである。

『哲学とは何か』は、そのように持続されてきた外部性の探求のあとで、哲学の大地に回帰するかのような運動からはじまっているが、もちろんそれに終始していたわけではない。最後に配置された「被知覚態（ペルセプト）、変様態（アフェクト）、そして概念（コンセプト）」の章は、もう一度、哲学、芸術、科学を貫通する外部の思考を反復し、「非哲学」の根本的必要を強調して終わっている。

それにしても『哲学とは何か』は他の著作とは異なって、しばしば闘争的で（もちろん『アンチ・オイディプス』はもう一つの闘争の書だ）、ほとんど〈排他的に〉見えるほど、哲学に固有の特性を始めから厳密に強調し続けている。哲学独自の〈使命〉とは、概念を作り出すことである、とはドゥルーズ自身が繰り返し強調してきたことだった。その「概念」とは何か、この本ではじめてドゥルーズは精細な説明を試みている。しばしば闘争的なその論調は、哲学の概念が、あらゆる敵や誤解に包囲されているという危機感ゆえにちがいない。「哲学」や「概念」を曲解し詐称するものたちは、学界にも、メディアにも、実業界にさえもあふれているではないか！「哲学」と「概念」が何であるかを不明にし忘却させてしまうという点で、彼らは哲学の敵にちがいない。別に偽の哲学者にはみえなくても、概念とその創造とは何か理解しようとしないインテリたちは山ほどいるし、別段それは誤謬とも罪悪ともみなされはしない。哲学者の使命は、そのような偽造者と戦ったり、駆逐したりすることよりも、まさに概念を創造することにちがいない。それでもドゥルーズの論調は、あまり論争を好まない彼にしては、しばしば闘争的なのだ。

論理学は概念を作り出しはしないで、あくまで「命題」をめぐって思考するにすぎない。科学は、数学の公理系をめぐる思索のような例でも、あくまで「関数」、あるいは「関数的なもの」をめぐって考えるのであって、それは哲学の概念とは異なるものである。科学の思考は、その意味では哲学の概念とは異質で「概念」など必要としない。

哲学とは、瞑想でも、省察でも、コミュニケーション、議論でもない（それどころか、むしろモノローグであり、モノローグであってよい）。また東洋の知者たちの与える〈知恵〉のようなものでもない。

「東洋の老いた賢人は、たぶん〈形像〉figureによって考えるが、哲学者は〈概念〉を発明し思考する」（p.8、以下*Qu'est-ce que la philosophie?*, Minuit, 1991からの引用はページ数のみをあげる）「東洋は概念を知らない」(90)。もちろん東洋と西洋の間の知的優位や、哲学と科学と芸術のあいだの、創造性のレベルなどを比べて問題にしているのではない。さしあたって概念を創造する哲学の特異性が、そして概念そのものの特異性を他から明瞭に区別することが問題なのだが、それだけではない。概念の創造にとっては、〈超越〉と〈内在〉という区別が決定的に重要である。哲学的概念は、内在平面のうえに形成されて超越を斥ける。哲学の起源がギリシアであることは否定しようがない。「もし哲学がギリシアに起源をもつならば、それは都市国家が、帝国や国家とちがって、「友人たち」の社会の規則として競合を、ライヴァルたちとしての自由人の共同体を発明するからである」(14)。自由人－友人たちが競合する共同体（ポリス）の原理は、いかなる超越性も斥ける内在性でなければならない。

しかしこのような内在平面から出発したはずの哲学の歴史は、哲学自体が次々その内在性をそこなう超越性を再建し、復権させる歴史でもある。概念の敵は、哲学の内部にも次々侵入してくる。内在性が、何かに内在するようになるとたちまち、その何かが超越性として作動し始める。哲学の敵は、他でもなく哲学の内部につぎつぎ出現する。この本は、ヘーゲル、ハイデガー、フッサールに対してさえも、この観点から特に辛辣な批判をむけているのだ。近現代の哲学におけるマジョリティであると言えなくもない哲学者たちへのこの批判は、哲学の学界では、たとえ反対されなくても、ただ黙殺されてきたかもしれない。ドゥルーズ自身の擁護する哲学の範囲は、これほど厳密に局限されている。これにしたがうなら、哲学の門外漢や偽造者はもちろん、哲学のスペシャリストもアマチュアも、多くが門の外に締め出されてしまうことだろう。いや、むしろ門の外に出てしまったのはドゥルーズそしてガタリなのか。ガタリに至ってはむしろ初めから門の外で哲学していたのではないか（『哲学とは何か』はジルのものだ、と私に明言したガタリにしたがって、私はこの本をおおむねドゥルーズの著作とみなすが、それでも二人の共同作業は『千のプラトー』のあとも集中度を変えて継続されていたのであり、ドゥルーズはそのことへの感謝もこめてこの書物をガタリとの共著としたにちがいない。したがってドゥルーズと明記するときも、ドゥルーズとはある程度までガタリのことであり、結局二人の分割はかぎりなく意味を失い、この本の著者は誰かという問いも意味を失う）。

2 概念の特性

それなら、もはや一般性でも普遍性でもない哲学的概念を、ドゥルーズはどのように定義していたか、いまこのことだけは、あらためてしっかり復習しておきたいと思う。その定義は少なからず奇抜で過剰なものに見える。私なりに濃淡をつけて、それを反芻してみよう。

まず「概念は、もろもろの構成要素を持ち、それらによって定義される」(21)。したがって概念とは、そのような要素によって構成されたもの(composé)であり、すでにひとつの多様体である。たとえば「鳥の概念は、その属や種のなかにあるのではなく、その姿勢、その色彩、その歌声の構成のなかにある」(25)。そのようなそれぞれに特異な構成要素が隣接し、連結されて、概念の帯域(zone)や橋(pont)を形成する。そのような形成(構成)は、すでに一つの生成変化である。概念とは、類、種、属のような〈一般概念〉とみなされてはいない。概念の輪郭は非等質的で不規則であり、その構成に応じて、またその構成がさらに重畳され選択されることによっても生成変化をとげる。概念はそのような連結、構成、振動、生成変化とともにあって、そのような振動の局部的中心をなすということができる。

もうひとつ見逃してはならない点は、概念とは、そのような構成要素のあいだを俯瞰する状態であり、それらとの間に距離がないかのように、無限速度で「俯瞰」が行なわれるということである。「それ〔概念〕は、いかなる距離もなしに、そのあらゆる構成要素あるいは変化に対して共現前し、それらを通過しては、また通過する」(26)。したがって概念は「非身体的」である。つまり概念は、身体(物体)をめぐって実現されるにしても、身体そのものには属さない無限速度の俯瞰であるかぎり、身体からも物の状態からも隔絶した「出来事」である。このように非等質的な、分割不可能な距離をもって隣接する帯域のことを、ドゥルーズは、しばしば強度的 intensif と呼んできたのである（身体を肯定する思考であることを、とりわけスピノザを参照しながら繰り返し表明したドゥルーズの「身体哲学」と、概念の「非身体性」は、決して矛盾するわけではない。身体は、それが引き起こすたえまない出来事によって、生と実在の基盤と見なされる。しかし出来事自体は非身体的であり、身体から非身体への生成変化である。身体は、そこに生成する出来事によって目覚ましいのであり、身体それ自体というようなものには意味も実体もない）。

ドゥルーズがとりわけ『差異と反復』から、たえず変容させ、異なるアレンジメントのなかを移動させてきたもろもろの基本的概念とその発想が、まさにこの概念の定義に注ぎ込まれている。あの犬、この犬を示すのではなく、犬一般を指示する〈概念〉というような意味での、概念の一般的、抽象的定義とはほど遠い、異質な定義がおこなわれている。

『哲学とは何か』には、本文とは少し異なる文体で書かれた一三の「事例」exemple が挿入されていて、いわば本文の概念的追求を特異化し、ときには図解を通じて形象化することさえこころみている。「事例Ⅰ」でドゥルーズはデカルトのコギトにおける「私の概念」を検討しながら、概念の構成要素を次々列挙している。

デカルトの「私」の概念は三つの構成要素をもつ。疑うこと・考えること・存在することである。この「多様体」、「構成されたもの」としての概念の全体的言表が、「私は考える、ゆえに私は存在する」であり（すなわち「疑う私」とは、考え、存在する。私とは考えるものである）、こうして構成されたのはやはりひとつの「出来事」なのである。

この私（Je）の概念は点Jで凝縮される（つまり「疑う」、「考える」、「存在する」が一致する点である）。これらの構成要素が、隣接または識別不可能性、不可分性のゾーンとして配置され、それらのゾーンをなす一要素から別の要素へと「俯瞰」が実現されて概念が生成される。第一のゾーンは疑うことと考えることとの間、第二のゾーンは考えることと存在することの間にある（29-30）。

「疑う」はいくつかの変化の諸相を含んでいる。感覚的疑い、科学的疑い、強迫的疑いなどである。同じく「考える」にも、異なる思考の様態が考えられる。感覚する、想像する、観念をもつなどである。

同じく「存在する」にも、様々なタイプがありうる。無限存在、思考する有限存在、外延的存在などである。しかしコギトの私は、ただ第二の「思考する有限存在」だけを取り上げて、他を棄てたのである。こうして「私は考えるものである」という帰結が導き出された。もし第一の「無限存在」のほうが採用されるなら、私の概念は神の概念と架橋されることになろう。もし第三の「外延的存在」が抽出されるなら、私の概念は、明晰判明な別の観念の客観的価値を保証することにつながるだろう。そのような分岐、架橋の可能性のあいだから、「私は考えるものである」という出来事としてコギトは生成された。

ところで、コギトの概念が結晶するには、このような構成要素の操作が行われるだけで十分だっただろうか。仮にコギトに似た別の概念がありえても、それがコギトにたどりつくことがなかったのは、その概念が別の平面上にあったからだ。つまりデカルトに独自の「平面」が形成されて、それが「前哲学的な了解」を、あるいは「暗黙の主観的前提」を主張しなければならなかった。その前提とは「思考すること、存在すること、私が、それぞれ何を意味するか、すべての人間は知っている」というものである。「それは非常に新しい区別である」。この「平面」は絶対に純粋な主観的確信としての真理に等しく、客観性はこれに後続するものにすぎない。

プラトンの「平面」は、これに比べると全く逆の性質をもっていた。プラトンの「平面」では、真理はすでに「イデア」として前提されていたからである。デカルトにとっては、客観的観念が前もってあるのではなく、観念と魂のあいだに時間差はない。認識はイデアの「想起」などではなく、主観（魂）の前に直接に、同時に生起するのである。これはプラトンとデカルトのあいだで、概念の生起する平面がまったく異なっているということであり、二つの哲学は異なる平面にあって、異なる問いをたてている、とドゥルーズは説明するのである。

たとえばカントは、さらに別の（超越論的な）平面と別の問いを提出しながら、デカルトのコギトを批判した。思考する実体（私）なるものは、どのようにして規定されるのか。「私は考える」とは一つの規定であるが、「存在する私」の方はまったく無規定である。その規定が、どのようにして無規定なものを規定するのか。カントはここに概念の「構成要素」として、まさに「時間」を介入させるのである。時間のなかにある「私」は絶えず変化する受動的、現象的な私である。そのような私が、私に作用する「他者」として、思考という能動的活動を表象する。考える私と、存在する私はもはや一致しない。『差異と反復』で、まさにこのような私は、「ひび割れた私」（Je fêlé）と名づけられた。「彼（カント）は時間を、新たなコギトの構成要素とするのだが、ここでは時間の新しい概念を与えることがその条件となっている」（35）。

3　平面の導入、そして概念人物の登場

つまり、概念は、概念のみで成立するものではなく、「平面」を必要とし、「平面」において成立する。

平面とは、内在性の平面であり、共立性の平面である。「概念は上昇し下降する多様な波のようであるが、内在平面は唯一の波であり、それらの波をまき込んでは繰り広げる」(38)。「概念は一機械のもろもろの布置としての具体的アレンジメントであるが、平面は抽象機械であり、アレンジメントはその部品である」(39)。概念と平面との関係は、部分と全体のそれではないし、概念はパズルのピースのようにぴったり平面におさまるわけではない。概念の輪郭は不規則で曖昧である。概念が出来事であるなら、いっぽう平面はその出来事の地平である。概念が遊牧民であるとすれば、平面は砂漠である。概念はその砂漠を分割せずに、そこを放浪するかのようである。機械、アレンジメント、平面、抽象機械は、特に『千のプラトー』の基軸をなす「概念」であった。

「内在平面」は、「思考のイメージ」であり、それはまた「無限運動」、「存在のマチエール」などとも言いかえられる。ついには、それは思考(ヌース)と自然(フィシス)の両面をもつとさえ言われるのだから、厖大で根本的な存在の次元に広がるが、それは平面である以上、存在のカオスそのものではない。「内在平面はカオスの断面であり、篩として作用する」(44)。

「平面」の要素とは図表(ダイアグラム)的特性であり、いっぽう概念とは強度的特性である、と書くからには、ドゥルーズにとって平面とは、はるかにカオスに近接する断面であり、思考以前の直観によって形成されるもののようだ。それは突如として哲学に介入し、概念をもたらすものであるが、何かしら思考されないもの、思考不可能なものでもあるらしいのだ。

ドゥルーズの概念の定義が、かなり奇抜であるならば、「平面」の定義も同じく奇抜であり、むしろそれが奇抜になることの理由は、「哲学」的発想の根本的直観に関わり、「思考されないもの」に関わることが、ここで正確に示されているのだ。哲学が、「命題」を矛盾なく積み重ねていく論証的な思考とは、かなり異質な思考であることも、明白に表明されている。

そして「平面」とは「内在平面」であり、それぞれの哲学者が遭遇する「問題」とともにあるといっても、「内在平面」がすみずみまで「内在性」でみたされるかどうか、それは確かではない。概念を創造する哲学とは「内在平面」によって、超越を拒絶することを原則とするにちがいないが、内在は何かに内在することによって、その何かを超越として呼び寄せてしまう。したがってプラトンのイデアも、デカルトのコギトさえも、超越性として作動しうる。東洋の賢者たちは「形像」(figure)によって思考することによって超越を打ちたてる。「曼陀羅」は超越性を、まさに全宇宙に投影して階層化するような「形像」ではないか。

コギトは、デカルト、カント、フッサールを通過するにつれて、内在平面を「意識野」として扱う思考になる。こうして内在性は「純粋な意識」に、考える主体に内在するものとなる。そこに新たな主体的統一性が成立して、新たな超越性を導入することになった。フッサールは内在性を、「体験の流れが主体性に内在する」ことであるとみなして、内在性の発見を、またも超越的主体性に委ねてしまう。内在性とは思考を閉じこめる「監獄」であって、「超越的なもの」だけがそこからわれわれを救ってくれるという幻影、錯誤の歴史(事例3)。「超越性」と、いかなる妥協もしなかったのは、ただスピノザだけだ(哲学のプリンス)! もろもろの「幻影」が平面を包囲している! ドゥルーズの論調は、だんだん叫びに似てくる。超越性の侵入をあくまで拒もうとするならば、内在平面はむしろ自分が拒絶しようとしたカオスに再び接近するしかないのか。「あなたは超越性かカオス、どちらかを選ぶしかない」(52)。

ことほどさように哲学は、概念と平面からなる。概念の創造にも、平面の発見や導入にも、ドゥルーズは厳密な難しい条件をつけていて、むしろそれらが失敗し、あるいは裏切られる例を数々あげている。しかも、さらにもうひとつの要素を彼は付け加えるのだ。「概念的人物」という別の奇妙な要素、小説に登場人物がいるように、哲学にも概念人物と言えるような人物がいるというのだ。

ドゥルーズは、もう一度コギトにもどって考えている。コギトには、ある暗黙の、主観的な、概念以前の前提がある。「人間とは理性的動物である」というような前提ではない。それは「誰でもが考える可能性をもっている、誰もが真なるものを欲する……」という前提である。ことさら理性的であり知性にめぐまれていることを必要としないという意味で、それはひとりの「愚者」である。その「愚者」が「私」と言い、コギトを提案し、ひとつの平面を描く。この愚者は公的な教師、学者などではなく、あくまで私的な思考者（un penseur privé）である。この奇妙な愚者があってこそ、コギトは成立するのであって、概念の操作と、平面の獲得だけでは決して十分ではなかった。ただでさえ難しい「概念」と「平面」という条件に、さらに「概念的人物」の創出というもう一つの要素が、ここに加えられて、哲学の要求はさらに拡大されることになった。

プラトンの哲学も、ソクラテスその他の対話の登場人物というまぎれもない概念的人物をもつ。ニーチェならば、ディオニシウス、ツァラトゥストラという忘れがたい概念的人物の創造なしに、彼の哲学は考えられない。ベルクソンにとっての走るアキレス、キェルケゴールにとってのドン・ジュアン……ドゥルーズの思索においても、さらに別の異なるタイプの愚者が、同一性を識別せず、もっぱら暴力に促されて思考する愚者が、あるいは動かずに放浪するという奇妙な旅人のような概念人物が、しばしば本質的な問いを投げかけたてきた。プルースト、アルトー、ベケット、クライスト、メルヴィルのような作家たちと、その登場人物たちさえも、ドゥルーズの書物においては、まさに概念的人物として作動していたのではないか。奇妙なことではないか。人称、人物、人間、主体のイメージをまさに批判的に問う一つの哲学が、それでも概念的「人物」(personnage)を必要条件とするというのだ。そのような哲学的俳優、演劇、あるいはフィクションが、哲学の創造にはぜひとも必要ということなのか。

しかし概念的人物とは、決して個性や人格として作動するのではない。少女アリスは『意味の論理学』の概念的人物に違いないが、アリスはどこにでもいる女の子のようでもある。概念的人物は、独自の声、身ぶり、表情、ふるまいなどの特異性の集合であり、彼(彼女)の思考は哲学者の分身となり、逆に哲学者もこの人物の分身となる。いわば「概念」はそのような分身を見つけだし、あるいはつくり出さなければならないのだ。このとき哲学のスタイルとは、まさにそのような分身の集合から生成される。

それぞれの哲学的創造に概念、平面、概念的人物を読みとっていくドゥルーズの記述は厳密であると同時に、奇妙に寛容でもある。プラトン、デカルト、カントの創造は、批判されるよりも、どのような創造であったかという事例として、まったく公平に読み解かれていくだけである。

4　フィギュール、ユートピア、民主主義

それにしても、東洋の賢人は「フィギュール」を作り出すにしても、「概念」をつくりだしはしない。「フィギュール」という言葉の意味は複雑である。『感覚の論理学』でドゥルーズは、フランシス・ベーコンの絵画を、フィギュールの目覚ましい創造として解読したことがある。『哲学とは何か』でも、哲学と異なる芸術・文学に独自の課題を、「変様態と被知覚態の力能」に他ならない美学的フィギュール

の創造としている。そしてメルヴィルのエイハブやバートルビィなどの人物像を、まさに偉大なフィギュールの創造として讃えているのだ。

それなら、このような美学的フィギュールと、東洋の賢者があやつるフィギュールとは、どこが相似的で、どこが異なるのか。東洋の曼陀羅とは、思考に超越性を注入するフィギュールとして確かに美学的な性格をもっている。「東洋は概念を知らない、なぜならそれは最も抽象的な空虚と、最も些末な存在者とを、いかなる媒介もなく共存させて満足するからである」(事例7、90)ここではヘーゲルの見方を要約するようにして語っているが、それはほとんどドゥルーズ自身の判断でもあるように見える。日本近代の哲学者たちはしばしばヘーゲルの弁証法と、仏教の「無」の認識を総合し、ある超越性を再建するかのように思索したのではないか。ここでもフィギュール、曼陀羅、無、超越性の連関が、かなり強固に、美学的に形成されてきたのではないか。このことは日本における仏教の革新の歴史や、国学の形成などにも照らして慎重に検討すべきことだが、ドゥルーズはかなり性急に、「概念を知らない東洋」を断定的に語ってしまったのではないか。そしてドゥルーズは、ヘーゲルにさえも、概念の創造を、フィギュールによって決定するような姿勢を見て警戒しているのだ(16)。

フィギュールという言葉をめぐるこれほどの混乱と両義性を、ドゥルーズはそれほど解きほぐそうとはせずにそのまま残しておいた。フィギュールは、ときに超越性の投影であるが、必ずしもそうとはかぎらず、概念の内在的創造に隣接しうる。美学的創造(文学・芸術・映画)にあれほど注意を傾けた哲学者にとって、フィギュールもまた内在性の創造でありうる。ドゥルーズはしばしば超越性のフィギュールと内在性のフィギュールを異なるフィギュールとして区別している。それでもフィギュール自体が、両義性や多義性を呈して、様々に転換しうるカオスのフィギュールでもあるかのように見えてくるのだ。

『哲学とは何か』は、科学、芸術の創造と対照しながら、哲学独自の概念の創造を確かめながらも、最後にはむしろ芸術の創造に長々とオマージュを捧げている。しかし概念の内在平面はギリシアのポリスに遡ることが、はじめにはっきり語られていた。このことが端的に示しているとおり、哲学はある「政治」との深い関連を内在させている。この本は、哲学、科学、芸術に加えて、政治に関する一章を設けることもできたはずなのだ。第四章「地理哲学」(géophilosophie)で「ユートピア」について語ったくだりが、私にはとりわけ印象深い。

「実際に哲学を、その時代、ヨーロッパ資本主義、そしてまたすでにギリシアのポリスと結合するのは、ユートピアである。それぞれの場合に、哲学が政治的になり、まさにその頂点において時代の批判となるのだ。ユートピアは無限の運動と不可分である」。けれども「ユートピアには(哲学と同じことで)いつも超越性の再建の危険がある」。「しかしまさに、革命それ自体が内在性のユートピアであると言うことは、それが夢であり、実現されない何か、実現されるには自分を裏切るしかない何かである、と言うことではない。反対にそれは革命を、内在平面、無限の運動、絶対的俯瞰として提起することであり、しかもこれらの特性は、資本主義に対する闘争において、今ここの現実に存在することと結合し、先行する闘いが裏切られるたびに新しい闘争を再開するのだ。だからユートピアという言葉は、哲学または概念と現在の環境との接合、すなわち政治哲学を示すのである」(96)。

「ユートピア」がはたして最良の言葉であるか確かではないが、とにかくこの語の意味することを通じて、哲学は政治的になり、政治的批判となる。しかしどんな哲学でもいいわけではなく、まさに概念の特性としてあげられた内在平面、無限の運動、絶対的俯瞰……が、ユートピア的政治の焦点を形成するには、ぜひとも必要であるとドゥルーズは考えているのだ。

それではポリスの公共性にではなく、同時代の民主主義に彼はこのようなユートピアを見出すことができただろうか。「われわれには現在への抵抗が欠けている。概念の創造はそれ自体において未来の形態によびかけ、新しい大地と、まだ存在しない民衆を呼んでいる」(104)。

「ドゥルーズはマクロポリティックについて語らなすぎる!」。フランスの一部のメディアに飛び交ったことのある言葉だ。ガタリとともに「ミクロポリティック」について語り続けた彼は、同時代の民主主義、民主主義国家に対してはまったく辛辣な批判をむけることになった。そしてナチが我々に吹き込んだ「人間であることの恥」(102)についてドゥルーズが語ったことは、たびたび言及されている。「この民衆とこの大地は我々の民主主義者たちのところには見つからないだろう。民主主義者たちはマジョリティであるが、一つの生成変化は本性として、いつもマジョリティからのがれるものである」(104)。民主主義もまた、人間(であること)の恥を上塗りするようなものになってしまったのか。

「芸術または哲学が呼びかける人種とは、純粋と自称する人種ではなく、弾圧された、雑種の、劣等の、無政府の、放浪民の、癒しがたくマイナーな人種なのだ」。「哲学地理」のこれらのページには、まさに政治をめぐる哲学の暗い叫びが続いている。したがって「ユートピア」は、やはりそれほどいい言葉ではない。あくまで政治における「生成変化」を問題にすべきなのだ。そして「生成変化」とは概念の特性そのものである(106)。

いったいなぜ「哲学史」、「歴史哲学」ではなく、「地理哲学」でなければならないのか。ヘーゲルも、ハイデガーも、歴史を内部性の形式として考えている。そのなかに「概念は必然的に自らの運命を展開し、さらけ出す」ということになる(91)。しかし、むしろ「必然性の崇拝から歴史をもぎとり、偶然性の還元不可能性を重視しなければならない」。地理哲学は歴史的起源ではなく、環境(milieu)、周囲

(ambiance)、雰囲気（atmosphere）に、むしろ還元不可能な偶然性に注意をむける。歴史哲学よりも自然哲学に近いのだ。なぜ資本主義は、三世紀あるいは八世紀の中国にではなく、西洋で成立したのか。「それは西洋が緩やかに、その構成要素を組み立て調整するのに、東洋はそれが好機に到達するのを妨げるからである。西洋だけがその内在性のもろもろの焦点を広げ分散させるのである」(93)。この指摘ははたして地理に関わることなのか、歴史のことなのか、それとも地理的歴史のことなのか。

もちろんこの「地理哲学」のもくろみは、東洋に対する西洋の哲学的優位を証明することなどではない。哲学の概念を精細に再検討すればするほど、それが確かにギリシアの地理と政治に深くかかわることが、改めて確かめられる。そのような概念の固有性は、すでに長い歴史にわたってユートピアの特性にほかならず、つねにマイノリティの空間におしこめられてきたのである。哲学が世界に社会に革命に果たして来た役割は決して無ではなかっただろうが、逆に無に限りなく近いからこそ、はかり知れない効果を持続してきたのではないか。すでに死んでいるからこそ、死の領域から生に力強く働きかけるのではないか。

ドゥルーズが、その生涯で問い続けたほとんどすべての問いが『哲学とは何か』という書物に注入されながら、概念の本性を決定しようとする厳密な思考のまわりに配置されている。そこでは二〇世紀の恐怖と祝祭と抵抗の思考を生きぬいたフランスの哲学者が語っているのか、むしろ死んだ古代ギリシア人が語っているのか。「哲学の王」スピノザの友人としてか。むしろ哲学を語る奇妙な動物、愚者としてか。概念の創造を終えつつある哲学者として、もっぱらそれが何かを考えることによって哲学を持続し、その細い道で、同時代への憤怒にみちて叫び続けている。これは哲学者の奇妙な闘いと暗い叫びの記録でもある。

たとえば次の世代の哲学者たちのひとりから、次のような異議申し立てが起きてきた。ドゥルーズとは、ニーチェの申し子か、落とし子か。とにかく物自体を認識することはできないとしたカント以降の「相関主義」(corrélationisme) の地平にある哲学は、その「相関主義」を補強するための本質的な根拠として次々、「権力への意志」(ニーチェ)、「記憶」または「持続」(ベルクソン)、「生」(ドゥルーズ) 等々を提案してきた。しかしいまやこのような「相関主義」こそが乗り越えられなければならない! ガリレオ以降の自然科学、数学的な物理学は、たとえ仮説的ではあっても、人間外の、人間以前の、あるいは以後の世界 (宇宙) の絶対的認識をうちたててきた。この種の認識は、人間という認識主体と決して相関的ではない。哲学の「相関主義」は、絶対的なもの (そして「物自体」) の認識を制限し抑圧することによって、かえって宗教的な超越的認識の暴力を現代に復活させることになっている! (しかし、この主張に含まれる因果関係の認識は明らかにされていない。むしろそれは、神なき世界にあっては、逆に過剰に神が求められるという俗論に限りなく近い)。いまこそ哲学は「相関主義」の眠りから覚めて、自然科学、数学のもたらしてきた認識の絶対性に目覚めなければならない。「科学はその〔コペルニクス的〕脱中心化の権能によって思考に対し思弁的な権能を証明してきた。そして哲学は、この権力奪取を承認したまさにその瞬間に、あらゆる思弁を放棄することによって、つまりこのような革命の本性を思考するあらゆる可能性を放棄することによって、この承認をなしたのである」(Meillassoux, *Après la finitude*, PUF, p.166)。カントのもたらした「破局」は、形而上学の放棄だけでなく、あらゆる「絶対の形態」を放棄することにつながった、とメイヤスーはカント以後の哲学の「相関主義」を弾劾するのである。

哲学と科学の領分にかかわるドゥルーズの観点は、あくまでも慎重であった。「哲学は科学について暗示によって語ることができるだけであり、科学は哲学について雲について語るように語れるだけである。もし二つの線が不可分だとすれば、それは二つがそれぞれに自足しているからであり、哲学的概念が科学的関数の確立に介入しないのは、関数が、概念の確立に介入しないのと同じことである」（142）。

カント以降の哲学をただ相関主義、相対主義として、人間の外部を認識する科学の絶対性と対置するような観点は、このように書いたドゥルーズにとってはありえないものにちがいなかった。あくまで概念の創造という課題に哲学を局限するかのような彼の厳密な姿勢は、哲学の脅かしに対する厳しい闘争的姿勢でもあった。カントの超越論も相関主義も、その意味では新しい哲学的概念の創出に対応していたもので、そのかぎりでつつましい哲学的発見にすぎないはずだったが、それはいささか「コペルニクス的転換」でもあり、おそらく科学が「部分的観察者」というかたちで、やがて「相関主義」を本質的に採用するようになることとも無関係だとは思えない。哲学は真理を知りうるか、物自体を認識できるか、という古典的問題を反復しているかのように見えるメイヤスーは、「全体化不可能」とか、「偶然性の必然」といった現代の科学から導出しうる特性にも着目している。古典的な決定論とは異なる地平で、あえて「絶対的なもの」の思弁（spéculation）の可能性を問い直している。しかし認識の相関性をめぐって、あくまで命題的な思索を展開しているように見える点で、概念をめぐるドゥルーズの立場とは根本的に相いれない。カント以降の哲学を絶対性の喪失として一括しながら糾弾し、いまや人間外（非人間）、そして人間以前と以降を思考しよう、という次世代の挑発的な姿勢は、哲学に新たな生気を吹き込もうとする身振りなのか、これもまた新しい概念の創造にむかうための迂回路なのか。死後の哲学者となお対話を重ねながら、生と死のあいだの思考の屈曲をたどる時間のなかで、私たちは性急な答えを出す必要はないだろう。「思考の死」を思考すること、奇しくも現代の哲学はそういう問いをたてるようになっているが、どうやらそれぞれがまったく異なる「死」を思考しているのだ。

Ⅳ　非有機的生のほうへ

哀れアルトー？——ソンタグ、デリダ、デカルト、土方巽のあいだで

「白状しなければならない、もちろんごく手短に」、とその哲学者は語り始める。アントナン・アルトーに対する熱情的な賛美を、多くの人たちと「私」は共有しているが、この人々とは違って、私はアルトーにいわば「熟慮された嫌悪」によって、また「本質的な反感」によって結ばれている。その反感とは、宣言された内容や、一連の教義に対して私のなかに蓄えられたもので、これらはなんらかの誤解のせいもあって「アルトーの哲学、政治、イデオロギー」などと呼ばれてきたもののことである。「このことは長々説明するに値しよう」。「私」の中で、アルトーに対するたえまない戦争が続いており、そのため彼は「特別で悲痛な敵」となり、あらゆる限界線のすぐ近くに存在し、私の生と死の仕事はその限界にたえず私を直面させている。私の反感は続いているが、彼との連帯も持続していて、私の思考に警戒をうながしている。アルトーあるいは彼の幽霊が、このことを否認しなかったように願いたい……[1]。

原文のフランス語はもう少しこみいっているので、簡略に訳している。これはジャック・デリダが、アルトー生誕一〇〇年を記念するデッサンの展覧会のために行った講演のなかの言葉である。それはニューヨーク近代美術館（ＭＯＭＡ）で行われ、講演のタイトルもArtaud le MOMAとなっている。アルトーに対する「嫌悪」、「反感」ばかりか、彼との「たえまない戦争」、そしてその「戦線」などとは、

（1） Jacques Derrida, *Artaud le Moma*, Galilée, 2002, p.19-20.

ずいぶん大げさではないか。アルトー自身が生涯続けざるをえなかった勝ち目のない熾烈な「闘い」を知っていて、なおその本人とわざわざ「戦争」するなどとは、私は首を傾げざるをえない。それにArtaud le Mômo（「餓鬼アルトー」）というアルトー自身の作品のタイトルと、美術館の名称le Momaとの不用意な語呂合わせにも違和感を覚える。そういうわけでデリダのこの講演録は、しばらく読まずに書架の隅に片づけていたのだ。

それにしてもアルトーに対するこの「反感」はわからぬわけではない。アルトーの〈作品〉は読者を熱狂させる。熱狂せずにいられようか。熱狂のどこが問題か。もちろん熱狂にもいろいろある。すでに「熱狂」という語が紋切型である。そのうえ「熱狂」はしばしば同一化をともなう。アルトーに「なる」こと。いっしょに狂うこと。苦しむこと。薬をやること。あらゆる面で過激になること。そんなふうにのめりこんだことはないが、私も一人のアルトー主義者ではある。しかし周囲で、それほど目立って熱狂的な〈アルトー主義者〉に出会ったことはない。私が知らないだけか。そもそもアルトーに熱狂しても、アルトー教のセクトを作ることは難しい。アルトー本人が根っからの単独者であり、シュールレアリスムの運動からもたちまち除名されてしまう一匹狼であったことは、アルトーを読んで触発されるのと同時に、すぐ気づかされることだからだ。

「たとえば文学におけるモダニズムの英雄時代を行きぬいた最後の傑物の一人（one of the last great exemplars）であるアントナン・アルトー」などという言葉で、アルトーを俯瞰的に論じたスーザン・ソンタグの論にも、私は辟易したことがある。じつは「読まれない」ことによって、文学・思想の古典と

「社会の旧秩序が断末魔の痙攣にみまわれるのをみて不満と歓喜をたぎらせる一方で、最高の倫理性と知性の発動がみられる革命のときを生きている……」。そのような切迫した意識や衝動は、二〇世紀にたびたび、いたるところで尖鋭に表現されたが、そういう「革命」は起きなかった。政治的革命が起きたところでは、革命がたちまちそのような「痙攣」をおさえつけ、文学芸術のモダニズムも粛清してしまった。シュルレアリストであったアルトー自身もそのような抗争の渦中におかれ、革命後のメキシコに滞在したときには、もっと大きな歴史的スケールで文明の行方について考える立場に身をおいた。私自身は、アルトーについて考えるとき、「モダニズム」というような言葉を思い浮かべたことはついぞなかった。しかし第一次世界大戦後のヨーロッパの思想的断絶や「痙攣」の渦中に生きた若者の一人だったアルトーが、シュルレアリスムや演劇改革運動から、やがて東洋の文化・思想との出会い、革命後のメキシコ、そこの先住民との出会いを通じて問いの地平を広げ、複雑にしていき、精神的葛藤を深め、やがてもう一つの世界大戦と重なる時期に病院に拘束されてしまう軌跡は、そのまま世界史の軌跡でもあるという感想をもってから、それが脳裏を去ったことはない。

デリダのほうは、決してソンタグのようには、「モダニズム」という歴史的文脈にアルトーを組み入れたりはしていない。「自己を取り戻すこと」をめぐるアルトーの「形而上学的怒り」というものを、歴史的観点から判断するようなこともしていない。「むしろある陰謀、社会的、医学的、精神医学的、

（4）同、八六頁。
（5）同、八六頁。

司法的、政治的、イデオロギー的な機械装置、つまりもっと陰険な諸力と連合した哲学的―政治的組織網を糾弾しなければならない。そのような諸力は、とりわけ名前のない苦痛によって、名づけがたい受難によって、あの生ける雷鳴を、傷だらけの、拷問され、引き裂かれ、薬づけにされ、感電させられる身体におとしめる。そのような受難に残されていたのは、もはや名前を改め、言語を再発明するという可能性だけだった」と書くばかりだ。(6) それにしてもアルトーの問題は、「人間は誤って作られている」というような途方もない確信とともに、広大な歴史社会的平面に横たわっていた。

社会に対するアルトーの歴史的立場を、ソンタグは次のように説明している。「近代以降の作家の示差特徴となるのは、自分の地位を捨てようとする努力と、共同体に道徳上の奉仕はするまいとする意志と、自分自身を社会批評家としてではなく、幻視者、精神の冒険者、社会ののけ者として提示しようとする傾向である」(7)。間違ってはいないと思うが、なんと素っ気ない定義だろう。それはまさに「定義」であり、何か果てしないもの、定義しがたいものを、定義に閉じこめてしまう言い方ではないか。もちろんそんな「言い方」よりも、ソンタグの「目線」がどこにあって、どういう俯瞰であるかが問題なのだ。アルトーの「努力」、「意志」、「傾向」などについて、どうして、このように包括的に語ることができるのか、という疑問を私は抱かざるをえない。

アルトーを正面にすえて考え書きはじめた頃、私にとって避けて通れないと思え、強く引きつけられもした第一のことは、実に特異なあの〈思考〉の問題だった。デカルトの『方法序説』や『省察』を、何種類かの邦訳を並べて熱中して読んでいた時間が、やがてそこに注いだようだ。

「私はある、コギトは必然的に真である」、という確信に至ったあとも、デカルトは「用心しなければならない」と『省察』に書いていた。そもそもコギトに至るまでに、多くの途方もない懐疑のあいだを通りぬけたデカルトの思考のドラマは忘れがたい。「少なくともこの私は何ものかであるはずではないか。けれども私は、私がなんらかの感覚器官をもつこと、なんらかの身体をもつことを、すでに否定したのである。しかし私はためらいをおぼえる、それではどういうことになるのか、と。私は身体や感覚器官にしっかりつながれていて、それらなしには存在しえないのではないか。けれども私は、世にはまったく何ものもない、天もなく、地もなく、精神もなく、物体もないと、みずからを説得したのである。それならば、私もまたない、と説得したのではなかったか」。「しかし、私がみずからを何ものかであると考えている間は、決して彼〔私を欺くだれか〕は私を何ものでもないようにすることはできないであろう」[8]。それゆえ「私はある」という、この結論のほうが、デカルトの思想として知られているが、デカルトの途方もない疑いのほうにも私は注意をひかれていた。改めてそちらのほうに注目してみるなら、そこには思考と、思考の主体をたえずおびやかし翻弄するものに対してきわめて敏感で、ほとんど分裂的な思考のドラマがあったともいえる。「以前私は自分をなんであると考えたのか。もちろん、人間であると考えたのである。しかし人間とはなんであるか。理性的動物というべきであろうか。そうではない。なぜなら、そうすると、そのあとで、動物とは何か、理性的とは何か、と問わなければならなくなり、こうして一つの問題からいくつもの、しかもいっそう困難な問題へ、はまりこんでしまうからである」[9]。そして精神とは何か、身体とは何か、と問いながら「私はいたずらに同じことをくりかえし

(6) 同、二〇頁。
(7) 同、二二頁。
(8) 『省察』井上庄七・森啓訳、『世界の名著22　デカルト』中央公論社、一九六七年、二四五頁。

て、くたびれるばかりである」。

このような悪戦苦闘を通じて、何が真であるか検証し、「私は考えるものである」ということだけは真であるとデカルトは確信するが、『省察』には、激しい疑心暗鬼のなかで揺れる思考のありさまが詳細に記述されている。デカルトとアルトー、唐突な組み合わせにみえるが、思考をおびやかすあらゆる出来事や状況や力に、デカルトがきわめて敏感であり、自分の中の「動物」と対面しつつコギトにたどりついたことは無視できない。私のアルトー論は、デカルトの稚拙な読みを通じて、デカルトが注視していた思考の〈脆弱さ〉のドラマによって準備されたといってもいい。〈脆弱さ〉とは、思考をおびやかす諸力の知覚でもある。その頃から、私にとって哲学は思考のドグマではなく、思考のドラマであったようだ。

もうひとつ一九歳の私にとって、ポール・ヴァレリーの『テスト氏』が秘中の名作のひとつだった。これもまた思考だけを主題とした風変わりな本だった。それ以外のことをすべて排除して、何のためでもなく、何の要求にも従わず、ひたすら確かな思考とは何かをテストする人物の奇怪な試みの記録を、デカルトの延長線上にある思考のドラマとして読みふけった。「この奇妙な脳においては、哲学がほとんど信用を失い、言語がつねに弾劾されているが、ここには仮のものという感情をともなわない思考はほとんど何も存在しないのだ。彼の強度の短い生は、メカニズムを監視するのに費やされる」[10]。厳格に「監視」された思考のメカニズムは、分解されて機能停止の寸前まで追い込まれる。世界とのあらゆる習慣的な癒着から思考を隔離して、その厳密な運用だけを監視するテスト氏の異様な思考は、故障したばらばらの要素の廃物のようなものになり、思考は音のない叫びのようなものになる。私にとって、それもアルトーに出会う前触れのような読書だったかもしれない。

今頃そんな前歴を思いだし、「ジャック・リヴィエールとの往復書簡」の中のアルトーとの出会いは、デカルトからヴァレリーに続いた未成年の読書の線上にあったことに気づいた。『テスト氏』とデカルトの『省察』をほぼ同時に、相照らして読みふけった私は、何かをよく知り、学び、考え、書く以前に、そもそも「考えることは可能かどうか」という問いに衝突し、難破していたようだ。私もまた多くの青年のように分裂症的な時期を通過するなかで、まったくナンセンスな思考の状況にはまりこんでいた。そんな窮地を、詩的な作品を読み、みずからも詩を書くことによって、なんとか解決していたようだ。アルトーに出会うのは、そのような過程の延長線上でのことで、彼が「思考の不可能性」をめぐって書き続けた膨大な書簡と、その問いと一体の思考のドラマとして書かれた詩的テクスト（『神経の秤』……）に感応する強い理由を、私は自分のなかに引きずっていたようだ。

私が最初に出会ったアルトーは、シュルレアリストでも、現代演劇の前衛でも、神秘学や秘教に接近した作家でも、ゴッホに激しく共感する呪われた詩人でもなく、あの不可能な、硬直した思考の空虚との奇妙な対決を記述し続け、ひたすらその思考の「ドラマ」を記述する分類不可能なテクストを書いたアルトーだった。そして彼の残酷演劇も、映画の実験も、ヘリオガバルスも、晩年の病院で延々続く『アポカリプス』のような言葉とデッサンも、すべてはその「ドラマ」を淵源とするものと見えていた。ソンタグが言及した「シャーマン」のような、オカルト的カルト的なアルトーが、そこに忍び込むわけもなかった。

（９）同、二四五—二四六頁。
（10）Paul Valéry, *Œuvres II, Pléiade*, p.14.

もちろんソンタグも、アルトーを時代の思潮や風俗のなかにおいて俯瞰しているばかりではなく、「未完結性」、「反ジャンル」のような傾向を指摘するばかりでもなく、みずからの「精神的欠陥を、終わりのない主題とする方向」や、「思考の受難を説明する記述」、「終わることのない悲惨さの生理学的現象学をのこす才能」、「苦痛と書くことの連動性」、「錯綜をきわめる肉体＝精神のもつれを細かく追ってみようという企図」、「極限状態における意識の地図をつくった偉大な勇者」などとして、私にとっても核心と思われたアルトーの〈内的体験〉に着目している。「一人称で書かれたものの歴史のどこをひもといてみても、精神的苦痛の構造をこれほど微細にうむことなく記録したものは見あたらない[11]」。

つまりソンタグは、ある思想的精神的傾向の典型や代表のようにアルトーを取り上げていることはあっても、アルトーの表現と体験を唯一のものとして描くこともしている。もちろんどちらのアルトーが真実か、という問いに正解はない。アルトー自身が〈呪われた天才たち〉として賞賛したロートレアモン、ネルヴァル、ヴァン・ゴッホたち、そしてソンタグもあげたようなサド、ライヒたちを含む星座に彼をおいてみることができると同時に、ニーチェとアルトーを精細に比較するような研究[12]も現れている。ソンタグの論は、たしかにアルトーとその「時代」への関心とともにあった。繰り返すが、そのような「時代」への関心に、私は同調しない。私にとってアルトーは「反時代的」である。必ずしも時代の風潮に反対するという意味ではなく、そもそも「時代」という観念に反対するという意味である。ニーチェの「反時代的省察」は、そのような意味で、時代の観念ばかりか、歴史の観念そのものに批判をむけていた。

ソンタグのアルトー論のなかでも、私にとってもっとも印象深いところは、たとえばアルトーの苦痛の体験を次のように読み取ったところである。「アルトーは、書く行為を解放したというよりも、それを意識の鏡とみなしつつ、疑いつづけたのである――そこからして、書きうることは意識自体と同じ幅をもつことになり、ひとつの陳述の真偽はその起源にある意識の活力と全体性によって決まることになる。彼は、意識の各部分に優劣の差異をつけるヒエラルキー的な、またはプラトン的な精神の理論に反対して、精神のもろもろの主張の間に民主制をしくことを、つまり精神のいちいちのレベル、傾向、そして質が等しく認められる権利を主張する」[13]。そこでアルトーの言葉を引用している。「精神の中では、どんなことでもできる。どんな声の調子で語ることもできる。たとえそれが似つかわしくない調子であろうと」。それはホイットマン的な率直さでも、ジョイス的な放埒でもないとソンタグは断っている。そのことはアルトーが「意識の質」に、その痛苦の様相に、そこに浸透する肉体に、きわめて敏感であったことと関係している。このように「意識の質」、あるいは意識の区分や構成についてのアルトーの指摘にソンタグが着目したところには、強くひかれるのだ。この指摘は、意識から無意識を分割し、「局所論」によって精神を階層的にとらえるような発想とは根本的にちがっている。それは「意識」の質的変化の全体に平等に目をむけることになっている。もちろんそれは理性から感情へと、ある序列において思考を区別し、差別化してきた哲学的伝統に対する反撃でもあった。

そして「アルトーの詩学は一種のどんづまりの躁病的なヘーゲル主義（ultimate manic Hegelianism）なのであり、そこで芸術は意識を総括し、みずからを省察する意識となる」というような突飛な決めつけも

（11）ソンタグ、前掲書、二七頁。
（12）Camille Dumoulié, *Nietzsche et Artaud*, PUF, 1992（『残酷の倫理学のために』という副題がついている）
（13）ソンタグ、前掲書、二九頁。

ソンタグはしている。アルトーはヘーゲルのできそこないの申し子であると言わんばかりなのは、笑えないユーモアだ。学界にむけてではなく、ジャーナリズムのなかで書いているソンタグの書き方（「キャンプ」？）には、触発されては、げんなりすることのくりかえしだ。パリで博士論文を書いていた時期に、木幡和枝、田中泯といっしょにソンタグと会う機会があったが、そこでアルトーの話になり、ソンタグがしきりにアルトーにとってのグノーシス主義の重要性を語ったことを覚えている。無知な私は詳しく聞こうとして食い下がったが、ハンス・ヨナスの研究から示唆されたことが大きいとだけ教えてくれたあと、ソンタグは話題を切り替えた。それ以降の接触はなかったが、のちに土方巽のアスベスト館を訪れたソンタグは、『神の裁きと決別するため』のアルトーの肉声を、意外なことにそこではじめて聞いたということだった。そのカセット・テープは土方に私が贈ったものだった。そのあと彼女が木幡和枝に託した英訳の『アルトー選集』を受けとった。ソンタグによるその序文は、のちに『土星の兆しの下に』に収められる「アルトーへの道」そのものである。

「アルトーの思想はグノーシス主義のテーマの大半のものを反復する」、「彼の創造しようとした演劇は、グノーシス主義の儀式の世俗版なのである」。「彼の使う中心的な隠喩は、グノーシス主義の正統に属するものである」とソンタグは書いて、アルトーの初期から晩年の著作にまで、グノーシス主義の反映を読み取っている。その部分はテクストの五分の一くらいあり、かなりの比重を占めている。「アルトーの作品は、グノーシス主義の思想の軌道を生き抜いた人間 someone *living through* the trajectory of Gnostic thought の初の完全な記録として、とりわけ貴重なものなのである。もちろんたどりついたのが怖るべき破滅であるにしても」(14)。

それではソンタグの言う「グノーシス主義」とはどんなものだったか。「グノーシス主義の根幹は形而上学的な不安と、激しい心理的痛苦とにある――見捨てられた、帰属すべき場を喪失したという感覚に。神聖なるものが消滅したあとの宇宙にとり残された人間精神に襲いかかってくる、悪魔的な力にとりつかれてしまったという感覚に。そのとき宇宙はひとつの戦場と化し、人間一人一人の生の内に、外からくる弾圧力、迫害力と、救済をもとめて熱にうかされ苦悩する個々の魂との格闘がみられることになる。宇宙の悪魔的な力は物質のかたちをとって存在する。あるいは「法」、禁忌、禁止のかたちをとる。つまりグノーシス主義の隠喩によれば、魂は肉体の中に墜落して、そこに見捨てられ、囚われの状態にある」[15]。厳密であろうとするなら、ソンタグのこのグノーシス主義の解釈、あるいは要約が的を射ているか、まず問わなければならない。しかし私にその準備はないし、ソンタグの理解自体に違和感を覚えるところもない。それをアルトーのたどった思想的苦闘の道と重ねて論じたくだりは興味深く、驚かされるところもある。ソンタグ自身がそう呼んだアルトーの「モダニズム」が、グノーシスという古代の異端の教義と通底するという見方は、アルトーがヘリオガバルスやタラウマラに発見した神話的思考や儀礼の実践にてらしてみても重要なのだ。アルトーの探求を、あの思考不可能という問いから、はるかに長大な時間と地平の中に彼女は広げている。だからこそ、わざわざ私は再考しようとしている。

しかしソンタグのかなりふみこんだ解釈は、もちろん誰にもそうする権利があり、それは過剰であればあるほど面白くもあるが、「ふみはずし」と思えるところがある。ソンタグがこの論を書いた時代には、まだアルトーが病院で書き続けた膨大なノートにアクセスすることは難しく、晩年の著作としては

(14) 同、七三頁。
(15) 同、六五頁。

そのごく一部が刊行されていただけだった。そのノート（そして書簡）の思索の展開からとりわけ浮かび上がってきたのは、キリスト教に改心したかに見える入院前後の時期から紆余曲折を経て、キリスト教への激しい批判に展開し、ひいてはあらゆる宗教、神秘主義に対する攻撃的思索に入っていった過程なのだ。『演劇とその分身』の最後のほうのテクスト「情動の体操」や、『ヘリオガバルス』や『存在の新しい啓示』、そして全集第八巻に収録された東洋思想に関するノートなどに見えるように、当時のアルトーは相当真剣に、まず思想の次元で、西欧からの脱出をこころみたのである。その脱出の意志が、やがてメキシコへの、タラウマラへの旅につながり、アイルランドに守護聖人パトリックの杖を返しに行く〈巡礼〉にもつながった。そういう一連の探求からいくつかの強烈な著作も生まれたが、決してそこからアルトー独自の神秘思想のようなものが完成されていったわけではない。そのような冒険的転換の後には、錯乱し、強制入院させられる受難の時期が続き、しばらくは黙示録的な記述や、〈悪魔祓い〉のような闘いの記録が続いた。キリスト教への回心も、それへの激越な批判も、そのような動揺とともに進行した。

もちろん晩年のノートの展開を知りえなかったことが、ソンタグの「解釈」にとってそれほど特筆すべき落ち度だとは思わない。グノーシス主義者アルトーの肖像は、ソンタグにとってある必然性や切迫性があったにちがいない。しかしアルトーは結局どんな著作においても、なんらかの教義や体系に彼の〈エクリチュール〉をしたがわせたことはない、と私は感じる。東洋思想であれ西洋思想であれ、教義や体系や神秘学や世界観のようなものに落ち着き、ましてそれを信仰として実践することに、アルトーの精神は根本的になじまない。

個人は「世界」や「社会」のうちに囚われ見捨てられている。「したがって自我あるいは魂は、「世界」との断絶を通してみずからを発見することになる」などとソンタグは書いているが、グノーシス主義がそのような〈教義〉であるならば、アルトーはグノーシス主義からも断絶するほかない。彼が生きた過程は、自我や魂や個人の「再発見」などではないからである。アルトーの四〇〇冊のノートから浮かび上がってくる過程には、どんな「教義」も「主義」も居座る余地がない。むしろ「ジェラール・ド・ネルヴァルが神話学や錬金術によって説明されるかわりに、錬金術とその神話がジェラール・ド・ネルヴァルの詩によって説明されるのを私は見たいのです」とアルトーは『ロデーズからの手紙』に毅然と書いた。ソンタグのアルトー論の文脈においても、結局グノーシス主義は、むしろアルトーによって照らし出され説明されたことによって、時代を超えて根本的な意味を帯びることになっているのではないか。もちろんグノーシス主義であれ、西欧外のどんな秘教的、宗教的、神秘学的教義であれ、私たちがそれらに関心を閉ざす理由はないし、それらの研究の成果をソンタグのようにとりあげた試みも否定しようとは思わない。ある時期のアルトーは、心身の危険を冒しさえして、西洋の外部の知と生き方に真剣に接近しようとしたのだからなおさらである。しかしアルトーの探求はそこにも落着することがなかった。神を捨て、神秘も教義も捨てて、なお破壊し発見し構築しなければならない何かが彼にはあった。アルトーが実現するのは別の何らかの体系などではなく、同時に破壊であり構築でもあるような過程を通じて、言語と観念の様相を転換させ、ある〈身体〉の把握を確かにしていくことだった。

留学生時代のパリでアルトー全集を読み進んでいた頃、私はドゥルーズの講義を聞き始め、彼とガタリの著作を同時に読み解いていった。彼らの共著にあらわれた「器官なき身体」という言葉に唖然とし、触発された。私のアルトー論は、彼らの思想の刻印をいたるところにもっている。あまりにもドゥルーズ＝ガタリを応用したところの多い論であるとする非難めいた言及もあった。その頃私は、「応用」しうるほどドゥルーズ＝ガタリの広大な奥行きをまだ把握しえていなかった。むしろ「器官なき身体」をなんとか理解し、自分の問いとして再構成することを目指しながら、それを磁針としてアルトーを読み解いていくので精いっぱいだったと思う。思考の危機と対面しながら書いた初期の詩的テクストのなかで、アルトーは「身体の崇拝」について書き、すでに「器官にすぎぬ精神」、「器官なき虚無」などと記していた。詩的な書き手として出発しながら、「思考の危機」を通じて、早くからアルトーは「器官なき身体」という問いに直面していた。「身体」をめぐるその問いから出発し、それを指針にしなければ、私はアルトー全集を読み通すことさえできたかあやしい。「器官なき身体」は、晩年のノートの思索を通じて、アルトーにとって核心の問いとして定着するようになったが、すでにそれは初期のテクストのなかで、音のない叫びのように反復されていた、ある根本的な要求でもあった。それがドゥルーズの声を通じて、私の中で反響し続けるようになった。

もちろん『差異と反復』第三章「思考のイマージュ」で、ドゥルーズがアルトーの書簡をとりあげ、「イマージュなき思考」を語ったページも強い印象を残した。「器官なき身体」と「イマージュなき思考」。器官から離脱した身体、イマージュを無にした思考、どちらも不可能な限界的な様態であり、性急に語ることも定義することもできない。それらを論理的命題に還元することもできない。むしろ通念や価値の外の思考の体験、意味とすれすれの詩的な言語の使用、運動にも労働にもしたがわない身体の生、知覚されない微細なものの知覚、等々を通じて発見される身体、思考、そしてイマージュを通じて、境界線上の振動として認知されるしかない過程であり、それには基準も形式もない。

「彼には絶対的崩壊の粒子をひっ捕らえて、それを無冠の肉に対して問い直す必要があった。胎児が泡立つ粒子の中に彷徨していた薄明の時代の形而上学が、戦慄する物質との婚姻によって無垢なる流産のままに語られる生の様相は、生きものの海に原理の揺籃期が浮き沈みする際のめくらむばかりの光景でもある。生の渇望のために、苦痛の先端、全能力の地平線は、誰のための思考ゆえに引かれてあるのか。アルトーはその先端、地平線を切開し、新たな試練に肉体の思考を賭けた。その時、思考の腐食する穴が、恐怖する空洞として先立っていた肉体に還元されていることを、まざまざと彼は目撃したのだ」（土方巽「アルトーのスリッパ」[16]）。この言葉を何度読んでも心身がひきしまる。一ページにおさまるほどの短文だが、土方がアルトーから何を読み取ったか、寸鉄の表現に凝縮されている。慎重に言葉を選んだ詩的思考ではあるが、詩を拒絶する文体でもある。

それは日本語で刊行がはじまったが一巻のみで中絶したアルトー全集の内容見本に寄せた一文で、その第一巻におさめられた初期のアルトーの詩的テクストに反応した言葉であった。崩壊、肉、粒子、物質、流産、生、生きものの海、肉体の思考、思考の穴、空洞の肉体……。崩壊であり生成である空洞の肉体、思考の穴。土方巽と夜を徹してアルトーのことを論議した頃、すでに土方自身がこんな思考の肖像を描いていたとは、私は不覚にも知らなかった。死後に刊行された全集ではじめて読んで慄然とした。駄洒落も飛ばしながら飄々と、それでもその夜の主題をつきつめるまで、土方は大真面目な談義を続けた。最初の出会いの頃はとりわけアルトーが宿題で、私が文芸誌に掲載した最初の評論のひとつ「アルトー、残酷と異化」のコピーをほとんど諳んじるように読んで待っていてくれた。神話的な前衛舞踏

（16）『土方巽全集』I〔普及版〕河出書房新社、二〇〇五年、二五八―二五九頁。

家として土方巽の名を漠と知っていただけで、土方巽とは誰か私はろくに知らなかったし、好奇心は働いても、ぜひとも知らねばならぬとまでは思わなかった。すでに私がフランスにわたる前に彼は舞台に立たなくなっていたから、公演を見る機会もなかった。田中泯に紹介されて会ったときには、そんな前衛の神話とはあまり関係のない、昔風の職人みたいな、さっぱりとした居ずまいにすぐ好感をもったが、この印象も土方とは誰かをあまり説明したことにはならない。

土方とアルトーのあいだに何か共通点があったか、土方がアルトーから何を吸収したか、ときどき人に尋ねられてもきたので、いつのまにか私もそう自分に問うていることがある。独創的舞踏家である人物がアルトーに関心をもつならば、当然、舞台芸術（演劇そして舞踊）の方法論に注意が及ぶはずだ。アルトーについての博士論文の一つの章で『演劇とその分身』を中心とする理論的エセーをめぐって、とりわけ言語と演劇との関係について考えたことはあったが、アルトーの演劇について、土方とどんな話ができるのか、私には想像がつかなかった。しかし土方は、アルトーについて考えるのに、ほとんど演劇も舞踏も介在させる必要さえないかのように口火をきった。アルトーは何を考えたのか、何をどのように問題にしたのか、身体を問題にしたのはどういう見地から、どんなモチーフによったのか、土方の問いはいきなりそういう次元にあった。私のむしろ哲学的な読解に、私が強調したアルトーの異様な思考の体験に、なんの迂回をすることもなく、彼は直截に鋭い関心をむけてきた。私はときおり自分の書いたことに言葉足らずな注釈をするくらいで、土方はそこに集めた何人かを前にして、私の評論を種に滔々と語り続け、その宿題を終えても、酒席の夜は、ちょっとくだけた研究会のようにすぎていくことがしばしばだった。それでも土方は参加者にしきりに謎をかけ挑発を続けたので、かなり緊張を迫られる時間でもあった。そのようにして、じつは彼自身がすでにしっかりつかまえていたアルトーの核心を、私の理解を聴診するようにして、いろいろ確かめながら生真面目にさぐっていた。
たった一ページの「アルトーのスリッパ」という文章を土方は、少しアルトーのふりをし、その言葉を反芻するようにして書いている。「われわれは幸福にも、思考の崩壊を恐れつつ生かされていることを、また死なされていることもすでに知っている」。その「崩壊」の意味と様相にさぐりをいれるように、散文詩でもある文章を試みている。「『不幸にも私は生きておりますし……』という彼の前では、唐突な腹話術が挿入されて、文の流れがねじれる。「アルトーが臨終のまぎわに口にくわえたスリッパ」。その「崩壊」と「臨終」をめぐって、生と死、精神と肉体の結合と解離の様相を、まるでアルトーとともに、アルトーを通じて触診するかのような言葉なのだ。このテクストを、土方の声によって絞り出される言葉として、現にその響きを聞くようにしていまも読む。

土方巽との出会いの機会を作ってくれたのはもう一人のダンサー田中泯で、田中とは、私がパリで博士論文を書いていた時期に出会っている。田中は一九七八年にパリの舞台に登場し、そのときの彼のパフォーマンスは、かつて誰も見たことのない〈ダンス〉として、かなり熱狂的に迎えられた。偶然の機会が手伝って私は田中の通訳をつとめ、フランスの地方や、ベルギーなどにもいっしょに旅をすることになった。彼のダンスに繰り返し立ち会うことによって、その頃アルトーについて考え書いていたことを、目の前で蠕動するダンスの身体にてらしあわせる濃密な時間をもった。インタビューや、講演の後の質疑応答の通訳もつとめたが、田中は土方に比べれば、必要な事柄だけを力強く語りはしても、それほどお喋りではなかった。むしろ会話のあいだも、対面する人たちの、生きものとしての挙動や雰囲気をじっと観察しているようだった。土方との出会いでは、記憶しきれない過剰な言葉を浴びせかけられたが、田中泯からは、むしろ沈黙する身体がたえず放ち続けるしるしを感受する訓練を強いられたようだ。もちろん田中がダンスに即して独自にはぐくんだ強靭な思考と言葉は、インタビューにも彼の書いた本にも示されているが、彼は言葉に対して、また思想に対しても、ある慎重な姿勢を保ってきたように感じている。それは彼の踊る根拠にかかわることにちがいない。

アルトーのあまり知られていないテクスト「メキシコの征服」をもとにして、田中泯がブラジルで、現地の踊り手とともに、かなり実験的な試みをした際に、そのテクストを訳してわたしたことがある。それは日本でも再演されたが、田中はこの試みについて多くを語らなかった。その公演でアルトーの役割を演じることになったのは、サンパウロの統合失調症の青年で、東京にも来ていたが、舞台に立てる状態ではなく早々に帰国してしまったということだ。アルトーの言葉の、いわば峻厳で硬質な観念性が、田中泯の肉性と共振しなかった、と私は勝手に思っている。田中泯は、むしろサミュエル・ベケットの言葉をずっと親密なものとして迎え、『名づけられないもの』の朗読とともに、みずからの身体でそれを読みこむようにして踊ったことがある。

しかし何よりも田中泯のダンスの「沈黙」が、私にとっては強烈な「しるし」を送りつづけてきた。言葉や概念の次元ではないところで蠕動するものの「しるし」に目を覚まされ、触覚的次元で震動する微細な生態に気づかされた。この体験はフランス語でアルトー論を書いていた時期から、濃厚に残響している。

日本に戻ってから、このアルトー論を日本語にねりなおすには一〇年以上の時間がかかった。帰国した直後に出会った土方巽は、やがて「アルトー論」と題した舞踏作品を企んでいると、ある日私に告げて驚かせるほど、アルトーに強い関心を示した。それ以前に「アルトーのスリッパ」を書いた七〇年代はじめに土方巽は、みずから舞台に立つことをやめていた。『肉体の反乱』（一九六八年）の上演には、明示されはしなかったが、『ヘリオガバルス』の狂宴や残酷演劇のモチーフが確かに影をおとしていたはずだ。私が彼と出会った直後の時期に、そういう挑発的な前衛の意匠を払拭したかのように「舞踏」を原点から点検するテクスト『病める舞姫』を彼は刊行した。そういう時間をへたあとに、もう一度再燃した彼の「アルトー論」の企みが、じつはどんなものだったか、残念ながら、いまは想像をたくましくするしかない。やっと日本語で『アルトー　思考と身体』を刊行することができたとき、土方はもうこの世の人ではなかった。

「そして誰が、今日、言うのであろうか、何を」と、ある女性の肖像デッサンの横にアルトーが書きいれた言葉を呪文のように繰り返し引用し、デリダはそれを読み解きながら、「アルトー・ル・モマ」というテクストを書きはじめている。何気ない片言隻句をとりあげて、そこからテクストの表層（そして表象）に現れる意味の影に横たわる別の意味の層をてらしだす読解の作業が、ここでも巧みに展開される。『アルトー・ル・モモ』にかけた「アルトー・ル・モマ」というタイトルが、アメリカばかりか世界にとって現代美術の聖堂とも言われる（デリダみずからがそう言う）MOMAでの講演テクストにつけられた。無内容な語呂合わせに見えたが、デリダのもくろみは、美術館だけでなくあらゆる文化の権威的体制に唾を吐いたアルトーの憎悪をふまえてのことであり、現代美術の聖域に対して講演を拒否するのではなく、講演のなかで、あえてアルトーに代わって皮肉と批判を表明することである。しかしアルトーの挑発は、何よりも彼のテクストとデッサンに濃密にうめこまれたものだから、それを読み解いたデリダの作業のほうに注目しないわけにはいかない。

冒頭で、アルトーのいわば教条的に見え、カルト的存在になってきた面に、まず「反感」(antipathie)を示したデリダは、ひるがえって共感的な読解をはじめるが、それは主にデッサンの余白に書かれたテクストをめぐるものである。デッサンそのものの考察はあまりなく、むしろデッサンをめぐるアルトーの言葉の読解である。

アルトーが入院中にはじめたデッサンは、落雷(foudre)のようにはじまった、とアルトー自身が書いている。そこでデリダは、さっそくfoudreから、foutre(性交・精液)、poudre(粉末・爆薬・白粉・精子・顔料)、fou(狂気の・狂人)へと、アルトーが多用した語の連関を見出し、foudreにそれらすべての語を見出し、それらに対応する多義性をうかびあがらせて、デリダのそういう手法になじまない読者の出鼻をくじく。しかしそれは、意味を決定しがたい語の不透明な厚みを掘り下げていくことでもあり、アルトーのエクリチュールを読解するには適切な方法でもありうる。[17]

デリダはまた「それは真実vraiだった」のであり、「現実réelではなかった」と書き、また「決して現実ではなく、いつも真実……」とくりかえして、アルトーがしばしば「現実」と「真実」を対比したことに着目している。[18] 現実(的なもの)とはレアリスム、自然主義、具象に対応すると指摘し、デリダはこの「レエル」の批判をアルトーと共有しているようだ。

そしてもちろんMômaをMômeに代えてタイトルとした語の操作も、さらにデリダは変奏していく。アルトーの生まれたマルセイユの方言では、mômoは子供(môme)を意味し、母と子を意味する語に連鎖する(mam, mama, mum, môme, mômo)。カタロニア語のmomaから派生したmomoは金銭を意味し、子供が買い食いする菓子の類も意味する。このような語の連鎖は、アルトーの生まれた南フランスからギリシア・トルコにまで広がる地中海沿岸の多言語空間に由来するものでもある。さらに、ギリシア語Momosは、風刺、嘲笑の神であり、ヘルメスはこの神のことを力にみちたプネウマと呼んだとか。ニューヨークの近代美術館MOMAは、Artaud le mômo（餓鬼アルトー）だけでなく、これらの語すべてに連鎖して、何重にも入れ子状になったカバン語（合成語）にあたるのだ。[19]

「一九三九年一〇月から、もはやデッサンを描くことなしに書くことはなくなった」。これこそがアルトーに「落雷」のように訪れたことだった。「この作品は、言説の中で消尽されはしない。この言説は、ごらんのとおり作品によって越えられ、作品の中に刻印される。作品は一撃で身体となるが、二重化されるのだ。それはひとつの出来事において、ただそのときだけみずからに固有の身体を与えるのであり、この出来事は代替不可能で同時に系列的であり、分割されていると同時に多様化されている。それはその支えを再構築しようとしては破壊することを執拗に繰り返すのである」[20]。これがデッサンと言葉の間にデリダが見出し、定義したアルトーの追求の基本的様相である。

「人間は間違って作られている」と宣言するアルトーは、デッサンについてのテクストでも「あるがままの人間の顔面はいまだに自らを探している……」、「人間の顔は自分が何であり、何を知っているかを、まだ語り始めていない……」[21]と書いた。アルトーはここでも「顔」の名において、宣戦布告したのではないか。顔を描き損ねてきた絵画に対するこの弾劾は、芸術を超えて、さらに根本的に、広範囲に

(17) *Cf.*, Derrida, *op.cit.*, p.34-35.
(18) *Cf.*, *ibid.*, p.37-38.
(19) *Cf.*, *ibid.*, p.44-46.
(20) *Ibid.*, p.82.
(21) アルトー『カイエ』荒井潔訳、月曜社、二〇二二年、三四二―三四三頁。

及ぶことになる。確かにアルトーのデッサンと言葉の全体が、そのような宣戦布告であり、戦争そのものである。

あらゆる断言や審判に対して慎重であるはずの脱構築の哲学者が、ここでは留保なくアルトーの戦争に合流するように語っている。「公にされ、肉化され、極限に達し、塵埃や粉末になるところまですべてを破壊しようとする否認、悪魔祓い、呪いに対する呪い、あるものを到来させ、あるものを追放すること」[22]。この戦争は、絵画、芸術の全歴史ばかりか、それを収蔵する美術館、それを取り巻く文化の体制や政治にまで及ぶのだ。ここでデリダの共感はアルトーの呪詛と闘いにくみして、ついにはアルトーのデッサンを展示中の近代美術館の糾弾にも及ぶという仕掛けになっている。

デリダがアルトーについて集中的に書いたテクストは、すでに『エクリチュールと差異』の中の二つの論考と、最初にアルトーのデッサン集によせた本格的な考察『基底材を猛り狂わせる』があって、それぞれ鋭く適確にテクストを読み解いた文章だったが、アルトーの呪いにここまで憑かれるようにして、その「反感」にもかかわらずこんなことを書いて終わるデリダ・ル・モマに、私は少々とまどう。なんと、デリダはこう結んでいるのだ。「哀れアルトー（Pauvre Artaud）。いったい彼になにがおきたのか、このモモには何も容赦がなかった。何も。彼の幽霊が生き延びることさえ妨げられず、最もあいまいで残酷なほど両義的、最もむなしく最も時代錯誤的な復讐さえも阻めなかった」。

私は目も耳も疑う。「哀れアルトー」。同情なのか。怒りなのか。脱構築なのか。何しろ晩年のデリダは「憐み」の哲学者でもあり、それはもちろん脱構築された「憐み」なのだ。行方不明のアルトー。メキシコか、アイルランドか、シリアか、バリ島、ロデーズか。尻尾をつかまれ、つかまれないアルトー。アルトーをさがせ。出会ったつもりが背後で笑っている餓鬼アルトー、死体アルトー、幽霊アルトー。

隠喩としてのアルトー、脱構築としてのアルトー、器官なき身体をさがせ。祭りは終わりだ。二一世紀のモダニズムとは何か。かわいそうなアルトー。反感は共感、共感は反感。もう区別がつかない。アルトーの死んだ年に、私はこの極東で生まれた。私も幽霊の生き延びに手を貸してきた。幽霊たちがいなければ、この世はゾンビの世界だ。まちがって作られた、まちがいだらけの人間の世界。それゆえ黙示録。アルトーのデッサンは人間の再生工場のようなものか。哀れみの工場は地獄に似ていたか。アルトーがそれを描いた頃、実際に世界はいたるところ地獄だった。さていま世界は？

（22） Derrida, *op.cit.*, p.86.

木はリゾームである、そして非有機性のほうへ

「植物は最後に樹木において永続的かつ不動の状態に、動物は人間において最高の運動と自由の状態に到達するのである」
（ゲーテ『形態学論集・植物篇』木村直司編訳）

「植物のおかげで、生命は自分自身を最上の理性の空間に仕上げたのだ」
（エマヌエーレ・コッチャ『植物の生の哲学』嶋崎正樹訳）

1　木になること

木を見て森を見ない、という。しかしとにかく一本の木に、ついでそれぞれの木に、吸い込まれるように視線がむかうことがある。群れとして木を見るわけではない。一本の木が他人ではない、と感じる。他人ではなく、他者である。確かに木は生きている。こちらを見ている。木のほうでも、自分を見ている人間の気配を感受しているようだ。樹皮に触れてみる。生き物であり、物であるという不思議な感触。木は一本で、動かず、硬く、孤独である。それが動かないことは大事な特徴である。枝と葉は風に震え、ざわめいているにしても、幹は不動に見える。他の木たちと根っこでつながり、連帯して生きているという面もあり、隣りの木を無視してやたらに枝を伸ばしたりはしない。そういう〈社会性〉さえ身についているようだが、悠々とひとり垂直に立ち、ひとりで堅実に生きているという印象は変わらない。一

本一本の存在が感触され、樹皮に触れて話しかけ、木に耳を傾ける姿勢になっているのは、こちらが年を重ね、現代医学のおかげで危ない病から救われて生きのびた生命の刻限について、若いときよりずっと敏感になってきたせいでもある。

情けないことに、おおかたの木の名前はわからない。これまで木に対しても花に対しても、それほど強い愛着はなかったということで、いまごろ後悔してもしょうがない。それが桜ならば、ひとなみに咲き始めから注意をひかれ、花が散るまでほとんど毎日、近くの川岸から、かなり広い公園のいくつかの区画をぬけて、神社や寺のなかまで浮かれながら咲きぶりを見て回り、ほのかに咲いて華麗に散っていく勢いに感応し、葉桜になるのを口惜しいように見つめるが、別に花を咲かせることが桜にとって真骨頂ではない。むしろ葉を繁らせてさかんに光合成していくことが、いよいよ樹木にとって本業だと気をとりなおし、葉桜の生気にも感心した振りを見せるという時間を毎年繰り返している。開花を待つ早春には、花も葉も落として裸になり、黒々とした、こぶだらけの屈曲した幹と枝をつらねる醜いような姿をまじまじと見て、不吉なほどに華麗な開花と、この黒々とひねこびた裸の木との対照には、もちろん何の理由もないにちがいないけれど、と無意味な推量をしている。

都会の公園の約九〇〇〇本あるという木々の一本一本が、まだ肌寒い季節にもそれぞれの生をいとなみ、その多くが私よりも前に生を受けてそこに立ち、私の死後にも長く生き続け、決してそこを動くことはないとしても生長を続け、二酸化炭素を吸収し、水を吸い上げ、光合成し、酸素を放出し、暗い大地に根を広げて活動を続け、芽吹き、花を咲かせ、散らせ、生殖し、種子を散布し、害虫や菌類と戦い、交渉し、活動しては休養することを繰り返している一本一本の木の〈生態〉が、〈生活〉とさえ感じられ、要するにひとつの〈人格〉さえ持つかのように実感されるようになっている。このことについて語ろうとしながら、それがどうしたと同時に自問しているのだ。

あれはどんな木だったのか。プルースト『失われた時を求めて』の「花咲く乙女たちのかげに」現われる三本の木。話者の青年は、侯爵夫人の二頭立ての馬車に乗ってフランスの田園を散策している。「樹木が左右から覆いかぶさっている小径の入り口の役をしているに違いない三本の木があることに気がついたのだが、その輪郭は私として初めて見るわけではなかったのに、どの場所から切り取ってきたかどうしてもわからなくて、ただそれがかつて親しんだものだということは感じられた」(高遠弘美訳)。ユディメニルという実在する村にあること以外に、三本の木それ自体についての説明はない。ただそれが「老木」であることだけが書いてあり、仔細な描写もない。「木々は精神がつかみそこねた何かを隠していて、それはあまりに遠くにあるために、腕を一杯に伸ばしても一瞬外側の覆いに指が触れるだけで、どうしても中身を摑むことはできない物体に似ていた」。

あの三本の木の特別な印象はどこからきたのか。紅茶に浸したマドレーヌ(菓子)の味覚や、ヴェネチアの広場で舗石の段差にぐらついた体の感覚、レストランの食器がふれあう雑音等々、時を隔てて再認されたそれらの感覚の意味は『失われた時を求めて』の欠かせないモチーフとして解明された。しかし「三本の木」はいつどこで、何がきっかけで、まるで自分を生き返らせておくれと頼みこんでいるような、特別な印象を話者に与えることになったのか——それが解き明かされることはない。そのように繰り返し体験されても解明されることのない感覚の記憶は、他にも数々あったにちがいないのだ。そしてそのなかのあるものだけが特権性を帯びて注意を引き留め、やがて解明されるが、解明されないままの記憶がそれらに数珠繋ぎになって、いっしょに生きのび、それらを生かし続けている。一本の木の中にも精霊が潜んでいて解放される日を待っていたかもしれないが、解放されなくてもそれで死滅したわけではなく、そこにそのまま潜んでいたほうがよかったかもしれないのだ。

『ドゥイノの悲歌』というリルケの名高い長編詩を、私はそれほど心底から共感して読んだことはなかった。「いかなる天使がはるかの高みからそれを聞こうぞ?」「なぜなら美は怖るべきものの始めにほかならぬのだから」。「すべての天使は恐ろしい」(手塚富雄訳)。私はこの「崇高な」表現に対して違和を感じ、少し身構えてしまう。ところが、リルケを読む青年だった時代から何十年も経ながら、なぜかときどきこの『悲歌』を開くことがある。「わたしたちに残されたものとてはおそらく、わたしたちが日ごとなにげなく見ているような丘のなぞえのひともとの樹」。冒頭に現われるこの「樹」の印象が案外強く刻まれており、それを気にとめて読み続けると、いちじくの樹や月桂樹が、この悲歌の思考の激しい揺れを凝集させ、落ち着かせるような形象として配置されていることに気づく。「動物の眼にあれほど深くたたえられた開かれた世界」といわれるこの「開かれ」が、人間の閉じた世界に対照されている。『悲歌』は、動物にむけて植物にむけて、人間の言葉を切り開く試みのようだ。この試みに詩人は首尾よく成功しただろうか。おそらくこんな難しい試みに成功などありえない。昇るだけではなく「降りくだる幸福(さち)」のあること、これも樹木にかかわることで、この悲歌の最後に樹木が告げていることだ。

一本の木、三本の木、私の中に住み着いた公園の木。はじめてブラジルのサンパウロを訪れたときには、ジャカランダという名の木に一杯に咲いた紫色の花が珍しく、すぐ目に入ってきたが、それ以上に印象的だったのは、いちじくの木らしかったが、地面にむきだしになり大蛇のようにうねって絡みあう根の勢いだった。やがて私はその根の記憶を、サルトルが描いたマロニエの根のそれと比べていた。サルトルの『嘔吐』の話者は、都会の公園のベンチの下にあったマロニエの根について書いたのだ。

それが根であったことを私はもう覚えていなかった。言葉は消え、物事の意味、使い方、人間がその表面に刻んできたかすかな目印は消えていた。私は座って、少し身をかがめ、頭を下げ、この黒い節くれだった塊の前に一人いたが、それはまったくむき出しで、私を恐怖させた。そして私はこんな啓示を得た。〔……〕そのものは抽象的な範疇に属する無害な外観を失っていた。つまりそれは事物の生地そのものであり、その根は実存のなかでこねあげられていた。あるいはむしろ、根、庭の鉄柵、ベンチ、芝生のまばらな草、これらすべてが消えていた。事物の多様性、それらの個性は、もはや外観であり上塗りにすぎなかった。この上塗りが溶け、巨大な柔らかい無秩序の塊しか残っていなかった——裸で、恐ろしく卑猥な裸体だった。

もはや木も根も見えない。その木を、いやむきだしの根を、サルトルは木ではなく、「実存」と呼んだ。それは抽象的でさえなく、抽象さえも斥ける無秩序な塊りにすぎなかった。彼はそれを「卑猥」と形容した。しかしそれは有機的な生などではなく「実存」であり、それ以下ではなくそれ以上でもなく、それへの共感も一体性もなく、それを見ている人間の有機的な生も問題ではなく、そこにはただ事物の「生地」があって、もはや個々の事物は見えなかった。マロニエの根は、ここでただ「実存」の発見の機会になったにすぎないが、それは動物ではなく、岩石でもなく、生きているが動かず、動かないが死んではいない植物の根でなければならなかった。しかしその「生命」にサルトルの関心はむかわない。「私の内部の夜の身体を拡張すること」。最晩年のラジオのためのテクストに、そんな謎めいた言葉を記した人がいた。アントナン・アルトー。それはまさに「根」のことだと思ってみる。暗い土のなかに根を張った「私の身体」の夜の部分、それを拡張すること。それはただ暗いのではない。木のなかには、光にむけて拡張していく地上の部分に呼応して、闇の中の微生物や物質と対話しながら拡張していく見えない部分がある。植物の根を、人間の脳と見做すような見方は、単なるメタファーではないだろう。『嘔吐』のあの一節を読んでから何十年も経ていたのに、ブラジルに滞在したあとになってこれを思い出し、奇妙に思い始めたのだ。私はブラジルで大きないちじくの木の根に何か過剰な爆発的生気を感じたのであり、サルトルのように非生命の「実存」を感じたのではなかった。サルトルの発見のほうが非凡で、一つの画期的な哲学宣言にもなっていたわけだが、そこでサルトルはその樹木の生にも、木をとりまく生態系などにも注意をむけてはいない。マロニエのある都会はヨーロッパの北にあり、熱帯、亜熱帯に属するブラジルの樹木と同じ印象を与えはしない。サルトル（の登場人物）がブラジルの樹木を前にしていたなら、同じことを考えたかどうかわからない。とにかくサルトルは、木の生命に対してほとんど冷感症的で、その生気を通じて実存主義に入っていくのではなく、むしろ生命の現象をするりと通り抜けるようにして、無色の実存に対面するのだ。この「実存」は、東洋的な虚無とどこがちがっているのか、有機的な生に対して無関心なこの実存主義は、むしろ、ある種の非有機性に出会っているとすれば、この非有機性にはどんな意味があるのか、それは哲学が問うてきた「物自体」というようなモノと何か関係があるのか——一本の木の根から発して、そういう問いが繁茂していくようだが、しかし問いを剪定しなければならない。サルトルを読んだ時代に、やはりよく読んだガストン・バシュラールの『大地と意志の夢想』の中には、まったく対照的な樹木の讃歌が見える。

木のように生きること、何という生長、何という深さ、何というまっすぐさ、何という真実！　たちまちわれわれは自分の中で根が活動するのを感じ、過去は死んでおらず、自分の暗い生、地下の生、孤独な生、大気的生において今日も為すべきことがあると感じる。木は同時にいたるところにある！

木の充実、生気、完全性、全体性、不動性。わざわざ動かないのは、すでにそれ自体が天にも地中にも存在するからだ。実は葉も枝も根も、震え、揺れ続け、羽根のついた種子を空に舞わせている。木の奇跡、しかしあらゆる動植物、そして人間もまた奇跡といえば奇跡に違いない。大自然の、生態系の讃歌、しかし「孤独な生」。バシュラールの讃歌も、一本一本の個体としての木のイメージにむけられている。現代の植物学者たちは、むしろ根を通じて驚異的なネットワークを繰り広げる木の群生のほうに注意をむけさせる。しかし木が個体のように、個人のように感じられることはやはり無意味ではない。植林された木はしばしば根を傷つけられて、そのようなネットワークから切り離され、「一匹狼のように」生きると言われる。それでも一本の木は美しく、偉大であり、崇高ではないだろうか。それなら「崇高」とは何か。これはかなりいかがわしい言葉でもある。

2　崇高と合目的性

少しずつ樹木について思案するようになった頃、私はカントの『判断力批判』を読み直し、特に「崇高」について書かれたところが気にかかって繰り返し読んでいた。「崇高」と「木」のあいだに、はじめからつながりを見出したわけではなく、いまもどこに本質的な関連が潜んでいるのか、よくわかっていない。カントはとりわけ自然の美について考え、何かが「美しい」という判断は、なにかが「真」であるとか、「善」であるとか決定する思考の働きと比べて、まったく異なる性質をもっていることを精密に解き明かそうとした。「美しい」とは、何かが意にかなっている、ある目的にかなっている感じだと説明されるが、そこに目的があるわけではない。そこで「目的なき合目的性」ということが、『判断力批判』の主要な問題として拡張されていくのであって、面白いことにカントは美という主題から大きく逸脱してしまうように見える。

たとえば植物がなぜ美しいかという問いよりも、カントは「植物界における、筆舌を絶する賢明な有機的組織をいっそう詳密に知るようになると」、こう問わずにはいられないと書く。「これらの被造物は、なんのためにあるのか」、何の目的のための手段なのか。それは植物を食べて生きのびる動物のためである。その動物と植物は何のために存在するのか。人間が生きのびるためである。してみると「人間が即ちこの地上における創造の最終の目的である」。しかしリンネとともにこう言うこともできよう。草食動物が存在するのは、植物の過剰な生長を抑制するためであり、同じく肉食動物は、草食動物を食べて過剰な繁殖を抑え、人間もやはり動物に対して同じことをする。つまり人間は、植物や動物が最適な環境で生きるという目的のための手段にすぎない、云々。

カントは実に馬鹿げた空しい議論に首をつっこんでいるように見えるが、そこから何を結論しようとしたのだろうか。地上における自然的存在者がすべて調和的に存在することこそが究極目的にかなうことだとしても、そこにはまったく「無意図的に作用する」「機械的な組織」しか見出せない。これは「むしろ〔自然に〕荒廃をもたらすような原因である」。自然には驚くべき秩序があるように見えるが、それ以上に自然は無秩序に見える。神の采配など考慮にいれずに、進化論の発見以前の科学的理性にしたがうカントは、こんなふうに考えるしかなかった。たとえ人間の知性は、このような荒廃から人間と自然をいくぶんか救済することができたとしても、そもそも自然には目的も、合目的性もないのだから、人間もまたこの機械的な偶然の組織に翻弄され支配されるしかない、というふうに（『判断力批判』篠田英雄訳、岩波文庫、下、一二六―一三〇頁）。

それでもカントは目的論的原理（合目的性）という発想を放棄してしまうわけではない。そのような「合目的性」は、決して自然の起源を規定するものではない。「ただ我々としては、我々の悟性および理性の性質にかんがみて、究極目的によらないかぎりこの種の存在者（自然）の起原を考えることができない、と言えるだけである」（同、一三〇頁）。人間を含む自然界全体における「合目的性」の存在を客観的に証明することはできない。しかしそのような合目的性を判断の基準にしないかぎり、自然の存在も起原も考えることができないとカントは考えたのだ。「合目的性」とは、あくまで理性的に思考しようとする立場にとって客観的な真実ではなくても、「理性使用の主観的条件」にほかならない。というわけでカントは、究極目的にしたがう合目的性の秩序のなかに、自然についての判断をおさめようとする。そういう秩序を支えるのはあくまで「主観的条件」にすぎない、とつつましく言っているように見えるが、さらに踏みこんでこの秩序は「超感性的基体」に支えられている、などという彼の主張は証明されたのではなく、ただ確信にすぎないように見える。近代の哲学者として、信仰からも神学からも距離をとって思考したはずのカントだが、「超感性的基体」とは、誰にもすんなり受け入れられる概念ではない。

ところでカントは、美についての考察をすすめるうちに、「崇高」なものという問題をとりあげるのだ。美は対象の「形式」をめぐる判断の前にあらわれるが、崇高な対象は「無形式」であって、崇高の感じは、心的な動揺すなわち法外な感動をともなう。氷河におおわれた山岳、怒濤の渦巻く嵐の大洋、噴火する火山、とてつもない大木、自然だけでなく巨大な聖堂、広場に集う巨大な群衆等々、巨大なもの（怪物）は崇高である。カントは巨大、広大なものの崇高さを「数学的」として、また威力、暴力によって驚異をもたらす崇高さを「力学的」として区別している。崇高なものの体験は、もはや単なる快（感）を超え、美を超えている。崇高なものを通じて生の力はいったん阻害されるが、それによっていっそう強力にあふれ出る、と感じられる。もはや「目的にかなう」という調和的感情は引き裂かれているが、引き裂かれながらも判断力は、より高次の合目的性を把握するのである。結局「崇高」とは、そういう動揺を与えた驚異的自然のほうにではなく、あくまでわれわれの精神の働きに起因する、とカントは言う。崇高なものは自然の側にではなく、あくまで人間の理性の側にあり、主観の中にあると。

しかし、神なき造化を唱えたのが進化論であるならば、進化論にとってはもちろん目的などなく、目的のようなものがあるとすれば、ただ生きのびて子孫を残そうとする傾向（のようなもの）があり、それを淘汰する自然があるだけだ。淘汰は目的でさえなく、淘汰する神はなく主観もなく、自然は、目的も必然もないままに生死を繰り返すだけだ。ただ偶然の突然変異の果てしない連鎖があり、その変異が次世代に受け継がれ、あるいは消滅していくだけだ。進化論のこのような主張自体は、それ自体難しいものでも、受け入れがたいものでもないはずなのに、まだそれに抵抗し、自然の中に目的を想定し、あるいは神の意図のようなもの（創造）を想定する思考を人はやめられない。もちろん人間の思考のそのような傾向自体も、生命の機構の延長線上にあるという意味では、肯定することも否定することもできない。そして人間の社会の変化、進化、歴史は、当然ながら生物界の変化のなかに織り込まれているが、人間界として独自に構成された歴史的変化の機構は、やはり別の次元をもっている。人間界の内部で構成された思考は、自然の無目的な進化とは別に「目的」さえももちうる。そして「目的」にいたるための「意志」や「手段」や「技術」さえももっている。

「崇高」の体験において、巨大なものとの出会いは、感性を揺さぶり、理性の限界に人間を連れていく。自然の崇高な印象は、人間と自然とのあいだの調和も合目的性も破壊するかのようで、それは不快や不安や恐怖を与えるものでもあるが、それを通じて人間はいっそう根本的な合目的性に目覚めるかのようである。脅威をもたらしたのは自然であるが、自然が崇高なわけではない。崇高なものはむしろ人間の側にあり、超感性的なものがそれを根底で支えている。カントの発想は、根本的であり壮大である。一本の木に対する思考の次元をはるかに超えている。

そして合目的性は、有機性にもかかわる。つまり生きのびて生殖し、また生きのびるものの全活動にかかわるはずだ。生命の活動は、生きること、生きのびること、子孫を残すこと、そのために他の生や物質と共存すること、また他の生を貪ることに終始し、そのこと自体を目的とするかのようである。木を貪ることもある動物、昆虫、菌類は、もちろん木の生を助長してもいる。それらのあいだに合目的とは思えない生存競争が含まれているにしても、一つの森は容易には絶滅しないように、無数の生の合目的的な「ネットワーク」を維持する。しかし、それを根こそぎ破壊してしまう人間や、宇宙から落下する隕石のような例外がありうるので、合目的性は、とにかく完全ではありえない。有機性には、非有機性が介入する。生命はどこまでも物質の現象であるが、物質は生命となり、生命が物質に変身し、生命と物質との、有機性と非有機性との様々な衝突、浸透、溶融が起きうる。

カントのように「合目的性」を思考して、ついにそれを支える「超感性的基体」にいたるという思索は、すんなり受け入れられないにしても様々な示唆を与えうる。「合目的性」が「有機性」を意味するならば、私たちは、様々なタイプの合目的性－有機性（カントのいうような精巧にくみたてられた機械的秩序）とともに、様々なタイプの非有機性を考えることができるのではないか。非有機性は、必ずしも無機性ではない。有機的身体に対する非身体、組織に対する無組織、生に対立する死、植物に対する鉱物、身体に対する精神、物質に対する情報（言語）。これらすべてがぴったり有機性－非有機性の対に重なるわけではないが、これらすべてを考慮に入れなければならないようだ。哲学的には、感性的なものと超感性的なもの、経験論的なものと超越論的なものという対立が、これらに介入することになる。

3　非有機的生

樹木は、幹から枝そして葉へと分岐している。ある程度まで対称的なかたちを保って生長していく。樹木は根づく。階層性、対称性、中心化された構造をもち、遊動性ではなく不動性（根づくこと）、系統樹のようなモデルを与える。「よらば大樹！」。国家、支配秩序、官僚組織、家父長的大家族を想起させる。ドゥルーズとガタリはあらゆる「樹木状」（arborescence）を批判することから『千のプラトー』の壮大な思索を始めた。「樹木状」に対比されるのは「リゾーム」（根茎、すなわち地下茎の一種）である。それは地下を這う茎であって、根のように見えても構造上は根ではなく、水平にのびていく。ハス、竹、あやめ、シダ類などがこれにあたる。しかし茎にあたる部分が地中に潜っているだけで、本質的に他の植物と異質なわけではない。

ドゥルーズ＝ガタリは、「リゾーム」を中心も幹もなく無方向に拡張していく組織として、「樹木状」に対立させた。リゾームには中心がなく、どんな一点も他の点と、階層をなすことなくつながっていく。中心から周辺へと至るヒエラルキーはない。遠いも近いもない。やがてインターネットはそのようなリゾーム的情報網を、かつてない「メディア」として実現してしまったのだ。「樹木状」も「リゾーム」

も、むしろ集団・組織の様態から思考法までつらぬく「モデル」として提出されたのであり、決して植物の組織そのものを問題にしていたわけではなかった。リゾームのモデルは、たとえばウィルスでもよかった。「何かのウィルスが生殖細胞に結合されて、みずからを複合種の細胞遺伝子として伝達することもありうるし、さらに、そのウィルスが逃れ出て、まったく別な種の細胞に入りこみ、しかもその際、最初の宿主から来た「遺伝情報」を携えているということもありうる。……進化の図式は単に、分化の度合の最も小さいものから最も大きいものへと進む樹木的血統のモデルにしたがって作られるばかりではなくて、異質なものに直接働きかけ、すでに分化した一つの線からもう一つの線へと跳び移るリゾームにしたがって作られることになろう」(河出文庫、上、三〇頁)。

こうして植物の増殖形態をモデルにして、樹木に対立するリゾームという概念が、あらゆる次元にありうる樹木状の支配に対抗するアナーキーなモデルとして提案されたが、『千のプラトー』から四〇年たって、リゾームは周知の用語として定着し、ほとんど凡庸で日常的に見える概念になってしまった。むしろ逆にリゾーム的な「つながり」を切断しようとするような提案が強い意味をもってくるようになる。むしろ支配や管理のほうが、インターネットを装置として、あるいはモデルとして、ますますリゾーム的に作動するようになった。様々なリゾームのあいだにせめぎあいが起こり、さらに複合し錯綜して、管理し、監視し、開放し、機能不全に陥り、開放なのか管理なのか識別しがたいような両義的傾向が際限なく拡大していく。もともと「リゾーム」の提案者たちも、決して楽天的に、ただ自由や開放や抵抗としてリゾームを提唱したわけではなかった。彼らは同時にリゾームの危険や陥穽に着目し、新しい権力がリゾーム状に機能することに対して、免疫をもつようにうながしてもいたのだ。

植物の生態そのものに目をむけるなら、もちろん木と根茎(リゾーム)を対立させることなどできない。ゲーテは植物の限りなく多様な「メタモルフォーゼ」に着目して、かなり驚異的な形態論的研究を続けていた。「われわれは、発芽し開花する植物の一見異なっている諸器官をすべて、唯一の器官、すなわち葉から説明しようとしてきた。ふつう葉はどの結節からも発達してくる。同様に、その種子をしっかり内部に閉じこめておくのが常である果実をも、あえて葉の形態から導きだそうとした」(ゲーテ『形態学論集・植物篇』、ちくま学芸文庫、一九九頁)。植物的生のすべてを「葉」の変形として考え、「原植物」のようなものを想定していたゲーテは、個々の植物の発芽から生長の過程を観察し、その変形を通じて、種を貫く発生的な原理を思い浮かべていたのだ。そのような観点にとって、幹、茎、葉、根の区別は二次的なものにすぎず、もちろんすべての植物は樹木的であると同時にリゾーム的であり、ただ樹木状として抽象されるようなイメージは、精密な相互関係のネットワークである植物の生態と合致しない。

樹木の生態学の専門家はこのことを、たとえば次のように説明している。「樹木は、一見すると個の典型のように見える。垂直に伸びる幹が、網の目組織とは真逆のありように思えるからだ。実際モミは、単独の種子の単独の胚から発生するし、そのDNAは唯一無二の遺伝的指令を出す。幹が倒れたときが個体が没するときで、生物原子には始まりと終わりがある。／しかしどんな樹木もそうだが、モミの個別性はひとつの幻想でもあり、特定の角度から見たときにだけ目に入るものだ。針葉も、根も、すべて、植物とバクテリアと菌類の複合体で、ほどくことのできない織り物だ」(D・G・ハスケル『木々は歌う』屋代通子訳、築地書館、七一—七二頁)。

一本の木を個体として見るなら、それが「ほどくことのできない織物」(リゾーム)であることは見えず、「樹木状」しかみえてこない。ドゥルーズとガタリが言いたいことも、これと別のことではなかった。世界の現実はリゾーム状であり、リゾーム状に作動しているとしても、世界の理解も観念も樹木状に構成されて、この樹木状の構造と思考が、実際に人間界の現実に深く食い込んでいることも事実なのだ。それでも「木々が歌っている」のは、それとは異なる「ほどくことのできない織物」なのだ。

植物（樹木）モデルの問題は、実はドゥルーズの思想全体にとっても核心の主題のひとつである（「脳は雑草である」）。この思想が、ニーチェやベルクソンについで哲学に現われた強力なヴィタリズム（生気論、生の哲学、有機性の思想、等々）の特徴をもつことは明らかであり、そのような系譜上に位置づけられうるほとんど例外的な現代の哲学であったとも言えよう。しかしすでにニーチェとベルクソンを同じ系譜に位置づけることにも留保が必要であり、ドゥルーズの「生の肯定」に関しても、注意深くその展開をたどっていかなければ、どんな思想にも含まれる陥穽に落ちてしまいかねない。いまあえて一言で要約するなら、ドゥルーズがとりわけ肯定した生とは、「非有機的生」であり、単に器官を組織して生きる身体ではなく「器官なき身体」だったのである。この問いは、一本の木についても、それを「ほどくことのできない織物」（すなわちリゾーム）としてとらえる思考と密接にかかわるが、しかもこのことに尽きるわけではない。生とはすなわち有機性であるとすれば、もちろん「非有機的な生」とは、ありえない形容矛盾である。

生命としての有機体は、単に生まれるのではなく、生きのびようとし、子孫を生み出して、別の個体としても（遺伝子として）生きのびようとする。あたかも自己複写（生殖）することが「目的」であり、生命のあらゆる活動や環境（活動条件）がこの目的にむかうとするなら、まさに合目的性の全体としての自然があるという理解が成り立つ。もちろん合目的性には例外があり、個体は様々な例外的な事故によって死に、例えば大隕石が地球に衝突して多くの種が絶滅するといったことが起きる。それでも有機体の世界には（カントのように）、ある種の合目的性を想定することができなくはない。有機性とは、ほとんど合目的性のことでもある。自然科学の対象になりえない次元でも、「有機的」とは、ある合目的性にしたがうように調和的に様々な活動が実現され、「多くの部分が緊密な連関をもちながら全体を形作っているさま」などと辞書でも定義されることになる。有機性は、ある「流れ」という印象をあたえ、それが生気にあふれた調和的状態として受けとられることになる。美とは有機的な感情でもある。「崇高」は、その有機性の感情を停止させ、凍りつかせるが、いっそう深い（高い）次元で、その有機性を再構成するだろう。そのとき停止し、凍結されたかに見える有機性は、何か非有機的なものの次元に入ったのだ。崇高とは、何かしら有機性を凍結し、変質させてしまう非有機性の経験である。

このような「崇高」の文脈でも「非有機性」を考えることができる。ドゥルーズはそれを「非有機的生」とか、「非有機的精神」と言い換えて、要するにこれが「非有機的有機性」という逆説的な概念であることをあからさまに示していた。こうして有機性は、必然的に無機性とも、死とも、根本的な関係をもつことになる。『シネマ1＊運動イメージ』でドゥルーズは、カントの『判断力批判』に現われた「崇高」の二つの概念、「数学的崇高」と「力学的崇高」をとりあげ、映画の「モンタージュ」についてそれを適用している。

「数学的崇高」とは多数のもの、広大なものにかかわり、法外な「量」にかかわる過剰な印象である。これに対して「力学的崇高」は、文字通り力、脅威、強度にかかわる印象として区別される。たとえばオーヴァーラップや三つのスクリーンなどを使って画期的であったアベル・ガンスの映画は、時間の区分を超越する「同時性」として、いわば広大な時間を編集することによって崇高を実現し、「数学的崇高」の例を与えていた。またドイツ表現主義、特にムルナウやパプストの映画における光と闇の強度な対照には「力学的崇高」が見出される。むしろグリフィスやエイゼンシュタインによって「有機的に」

構成されたモンタージュの創造に比較して、フランス戦前派やドイツ表現主義の映画のほうにドゥルーズは「有機的合成を解体する特性」を見出し、特にドイツ映画のなかに「超有機的精神」を、そして「非有機的生」を発見している。それまで彼が継続してきた「非有機性」の思考を、このように映画論においても展開し、映画を通じて新たな非有機性の概念を創出しようとしたのだ。

そこで彼が強調しているのは、モンタージュが創造した連続性や統合性ではなく、むしろ映像における間隙、亀裂、不連続性、非統合性なのである。『シネマ２＊時間イメージ』では、そのような特性が、映画によって表現された「非有機的生」の内容そのものになっていった。私は「木の哲学」という主題から、まったくかけはなれたところに迷いこんでしまったのか。

樹木とは有機性の最たるもの、美しく崇高でさえある有機的合目的性の最たるものではないか。地球とその資源を損傷してばかりいる人間に対して、空気を浄化し、自然の恵みをもたらすまさに造物主の使者のような有機体ではないか。もちろんそれは大気をとりこみ、大気を与えるような存在であり、その「目的」にみごとにかなう精巧な機関のようでもある。しかし「木」をモデルとする人間の有機的感情は、地球を支配する体制を生み出しながら、じつは木を裏切っている。樹木とは、木や森を支配してきた人間が思い込んできたようなものではない。ほんとうは木とはとてつもない（崇高な）もので、それは有機性の存在の枠におさまらない、と考えられる。木の真実は、人間的（擬人的）そして有機的水準には、とうていおさまらないのだ。

「感情移入」という言葉がある。人間は自然の対象にも自己の感情を移入し、木に共感し、木になるようにして、あるいは芸術によってその共感を表現しながら、「生活環境」として自然を馴致してきた。花のように美しく可憐になろうとし、木のように孤独に悠然とし、木や花のようなものを愛しつつ支配してきた。しかし芸術はそういう感情移入や擬人化に終始してきたわけではない。たとえば砂漠にそびえたつピラミッドの崇高は、「感情移入」とはまったく別の動機をもっていたようだ。ゴシック教会の崇高は、美を超越して、人間の知性も感性も惑乱させ恐怖させるものをはらんでいる。その崇高さは、死の脅威ではないとしても、生き生きした有機的な何かではなく、むしろ「非有機的な生」の印象を与える。ドゥルーズはそれをときに「非有機的精神」とも呼んでいる。もちろん精神は無機性ではないが、この場合には決して単に有機性でもない。この非有機性とは「前有機的な泥沼」などともよばれ、有機的合目的的調和をはみでるカオスでもある。

リゾーム的総体として捉えられる植物界は決して樹木状ではなく、すみずみまで遺伝子、細胞、神経、微生物の交錯するリゾーム状、関係性、ネットワークであり、ほとんど有機的秩序を逸脱しているかのようだ。光合成は、広大な大気という無機物にかかわり、有機物を形成する。そして有機物のなかにさえ遺伝子コードのように、非物質的な言語（情報）の性格をもつ非有機性が介入する。精神は自然の有機性に対して、非有機性である。自然の有機性を疎外し、変形し、破壊する存在として、有機性でありながら非有機性でもある。そして言語は、まぎれもなく非有機性の側にあり、その中核であるとさえ言える。したがって有機的自然というモデルは、もし非有機的生という側面を排除するならば、実は十分有機的でさえなく、自然の複雑な多重性を裏切って硬直し、閉鎖的になるという錯誤がありうるのだ。

4　植物新生

大地と水、そしてまず植物が存在しなければ、動物が生息しうる大気が形成されることもなかった。

人間があくまで〈主体〉で、それをとりまいて何か付随するもののように自然という〈客体〉がある、という哲学的構図を転覆しなければならない。カントの知的誠実を疑わないとしても、カントさえもあくまでこの構図の中で厳密に思考したことは否めない。

エマヌエーレ・コッチャの『植物の生の哲学』は、まず環境破壊を考えるために、「環境」という語彙を吟味することから始めて、一九世紀の化学者の書物から次のようなくだりを引用している。「一方が空気中に与えるものを、他方は空気中から取り出すのであり、〔……〕それらの真に有機的な要素に関する限り、植物も動物も空気から発生した〈凝縮された空気〉でしかないといわざるをえないだろう」（嶋崎正樹訳、勁草書房、八四―八五頁）。コッチャの構想する「植物新世」には、もはや「環境」などなく、ただ果てしない相互作用、相互浸透、相互影響の入れ子状があり、普遍的な混合があるだけだ。植物はあまりにも完璧な相互作用のネットワークの中で生きているので、動く必要がない。動物ならば、認知や行動のための器官によって動くことが基本的な生の様式となる。この頃ウィルスの感染から身を守るために隔離して、動くことを避けるようになった人間は、動かない植物の豊かさに目覚めたかどうか。

「植物新世」にとって、植物の頭脳とは根である。「地中に潜る根の深みは、ときに永遠の夜として想像されることもあるが、あたかもそれは長い無音の眠りなどではまったくないかのようだ。広大な無音の地下の蒸留器の中では、夜とは器官をともなわない知覚、目も耳もなく、からだ全体でなされる知覚のことをいうのだろう。根があればこそ、知性というものは、太陽も動きもない世界に鉱物的なかたちで存在するのである」（一一一頁）。この「知性」は「鉱物的なかたちで」、つまり「非有機的に」存在する。生命活動を行う有機的物質は、物質でありながら、物質であるがままに精神的であり、脳のように活動する。

清水伸『佐渡の森』

人間の脳、思考、言語をあらかじめ基準として、それを他の存在者に投影することを控えてみるべきだ。動物には言語があるか、植物は思考するか、という問いは、人間の側からの倒錯的な問いにすぎず、もちろん植物は思考し、動物は言語をもつのだ。それをどう呼ぶかは別として、植物に「思考のような働き」がなければ、動物に「言語のような働き」がなければ、そのあとに登場して、それらに養われている人間が思考し、分節言語をもつこともなかった。人間の脳も、進化した生が生み出したもので、人間ではなく生命の活動がその元型であったにちがいない。未だ人間の脳がよくわからないのは、脳は人間が設計して制作したものではなく、植物や動物の進化の果てで、植物や動物や鉱物そして大地と太陽と大気との交渉のなかで生み出されたものだからだ。このように思考を転換することは、決して神秘主義ではなく、樹木の「霊性」を認めることでもない。

植物がまず思考したのでなければ、人間の思考は出現しなかった、と考えてみる。一本の木がそのことをうながしている。見方を少し変えれば、「花」は単なる生殖器官ではない。「それは生殖を可能にするために変化した数々の器官の寄せ集めにすぎない。そこには一時的で不安定な形成体という側面もあれば、厳密に「有機的」な領域を超越した側面もあり、両者のあいだには深い結びつきが見られる」(一四一頁)。「おもにそれが将来の有機体を産出する場、したがって身体を構成する諸器官の全体を産出する場であるからだ。生物は〈有機的〉存在だと気分が悪くなるほど繰り返し述べられているが、あらゆる有機体はメタ有機的な地平、おのれを構成するすべての器官の構築を可能にする地平という性質をも合わせもつことは、しばしば忘れられがちだ」(一四三頁)。

木の歌、植物の讃歌は、単に有機性の讃歌ではない。この指摘は、ここまで私が考えてきたことを適確に凝縮してくれている。大気、鉱物の生、ラジウムの生、波動の生は、そして花は、「有機的な領域を超越している」。このことはたえず非有機性と交渉し、非有機性に浸され貫かれる有機的生の全体について再考することを要求する。非有機性とは、有機性の停止、間隙、亀裂、飛躍のことである。木の美しさは、それが営む生は、ただ有機的なものではない。

画家の清水伸は、佐渡島とパリを往復しながら制作を続け、ただ方形の色面を配列した平面において、色彩自体の充実を追求しながら、色の編成の果てしない変容に、ある「開かれ」を追求してきたようだ。この画家が、佐渡の山奥にある原生林に並ぶ大杉に出会ってから描き始めた薄い青一色の不思議な樹木の図を、いま思い浮かべる。西欧の風景画にも、東洋の水墨画にも見たことのないこの樹木の異様な生気に私はうたれていたようだ。霊気というにはあまりに生々しく、ほとんど動物的だが、実際に目に映る樹木の有機的感触は気化してしまっている。この絵に私は、ある非有機的生の図像を発見していたようなのだ。

木は植物的有機性の集大成のようでありながら、最初の建築であり、天空にせりあがる穹窿であり、それが含みもつあらゆるリゾームの均衡であり、光と大気を、無機性と有機性を合成し交換しながら、別の非有機的生を啓示する存在でもある。

ＡＩは思考するのか、とＡＩに聞いてみる。答えは、「ＡＩは人間のように考えることはできません」で始まった。プログラムされたルールにしたがってデータを処理し、問題を解決するだけで、人間のような感情や意識がなく、人間のような経験や知識を持っていないため、「ＡＩは、人間のように自分で考えることができません」という、さっそく人間と「自分」を区別する答えがＡＩ自身から返ってきたのだ。

ここで私は「生成型」と言われるような新しい機能を実現した人工知能について、さしあたって何の〈意見〉ももたない。ひとたび開発された技術は、かぎりなく発達していくが、ＡＩの思考が人間の思考と〈同等〉のもの、あるいはそれ以上のものになるかどうかは、また別の話である。「環境破壊をくいとめるには人類を絶滅させることが必要である、というような無謀な答えが出されて、そのまま実行されてしまうような事態を防がなくてはならない……そもそもＡＩが記憶する無数の著作の権利問題はどうなるのか……とにかくＡＩの技術にはなんらかの歯止めが必要である……云々」。ＡＩ自身だって、それくらいの自己点検は考えるだろう。さしあたってそんな議論に参入する立場にない個人としては、むしろ思考とは何か、「人間のように自分で考える」とは何を意味するのか、改めて考えることをうながされるだけである。そして私は、ある「思考不可能」の奇妙な体験に思いをはせたのだ。また「私は考えます、しかし私はありません」と答えるかもしれないＡＩに対して、あのコギトという命題（私は考える、ゆえに私はある）についても、改めて考え始めたのである。

1　新しいコギト

「私が文学を始めたのは、言うべきことや書くべきことがあるときに自分の思考はまったく拒絶されたものだった、と言うために本を書くことによってでした。私は一度も観念（idées）をもったことがありません」。「二十年の月日が経ってみると、この二冊〔『冥府の臍』、『神経の秤』〕は驚愕すべきものに見えます。私にとっての成功ではなく、表現しえないものにとっての成功によってです[1]」。これはアントナン・アルトーが晩年やっと精神病院から解放された一九四六年に、過去の自分の創作を振り返って書いた長い手紙の一部である。私にとっては、アルトーが生きたこの「二十年」の時間差に重ねて、自分がアルトーを読んできた時間自体をふりかえることを要求する、特別な意味を含む手紙でもある。

若いアルトーは奇妙な思考障害の状態をほぼ一〇年以上体験した。後に精神病院で送った約九年間には、さらにそれとも異なる危機を通過し、自分を迫害してきた世界を猛烈に呪詛して、「黙示録」を思わせるような記述を終わりなく続けた。やっと病院を出てパリ近郊に戻ったアルトーが、波乱にみち、挫折につぐ挫折でもあった生の軌跡をふりかえって、その作品は「表現しえないものにとっての成功」であり、そこでは「表現しえないものが表現された」と書いている。散乱しつつ渦巻いていたその思考は、「たった一つの平面で形をとるものでしかない」。重なる暗雲を引き裂く閃光のようにして現れる異様な明晰さは、若いアルトーの思考の明晰さと変わらない不思議に透徹した思考が持続していたことを感じさせる。もちろん、それは哲学における「明晰」、「明証」とはまったくちがった意味のエヴィデンスなのだ。
自分は思考することができない、思考に見棄てられていると、かつて繰り返し書いていたアルトーが、いまは「私が書きたいのは、もう何も考えることがないときだけである。自分の腹を、内側から自分の腹の風を食らう誰かのように[2]」と同じ手紙で念をおしている。それにしても「表現しえないものにとっての成功」と端的に書かれたこの「成功」とは、一体何に「成功」したのか。

アルトーの中に、あのデカルトのコギトに似た思考が認められるとは、とうてい思えないが、彼独自のコギトという問題がなかったかどうか、いまあえて再考したいのはこのことである。若いアルトーが批評家ジャック・リヴィエールにあてて書いた最初の手紙を思い起こしてみよう。「私は精神の恐るべき病に苦しんでいます。私の思考はあらゆる度合いにおいて、私を見捨てています。思考という単なる事実から、言葉におけるそれの具体化という外面的事実にいたるまで。言葉、文の形態、思考の内的方向、精神の単なる反応など、私は自分の知的存在を常に追求しているところです。したがって私が一つの形態を把握することができるときは、いかにそれが不完全であろうと、思考全体を失ってしまうのを恐れて、私はそれを固定します。私は私自身以下であり、私にはそれがわかり、それを苦しんでいますが、死にそこなってしまうのが怖いので、それを受け入れています[3]」。

アルトーがこう書いたのは、彼が雑誌に掲載を求めていた詩のテクストをみずから擁護するため、そ

(1) アントナン・アルトー「ピーター・ワトソンへの手紙」岡本健訳、『アルトー・ル・モモ』(アルトー・コレクションⅡ)月曜社、二〇二二年、三一二頁。
(2) 同、三一六頁。
(3) アントナン・アルトー「ジャック・リヴィエールとの往復書簡」、『神経の秤・冥府の臍』粟津則雄・清水徹編訳、現代思潮社、一九七七年、三二―三三頁。

の詩作をうながした「核心にある感情」を説明し、その詩の存在権利を主張するためだった。アルトーはこの後も、数々の書簡のなかで「精神の恐るべき病」について執拗に説明しているが、決して何らかの「病名」にそれを還元し、診断をくだすわけではない。むしろそれが「症例」に還元しがたい特異な病であることを主張し続けている。驚くことに、先の書簡から約九年が経過しても、まだアルトーはこの病との対面を続けていたのだ。そしてある日「あらゆる内的生活の消滅」について語りながら、「デカルト風のこの精神の働きの描写は、不完全でもあれば虚偽でもあります[4]」などと記している。

アルトーがデカルトにまともに言及したことはほとんどないはずで、ここで「デカルト風の描写」と言ったことにも、さして深遠な意味があるとは思えない。しかしデカルトのように真理の認識をめざして、あらゆる前提を排除しながらこころみた思考は、アルトーの問題とまったく無縁ではない。ただしアルトーのテーマは「私は考える」ではなく、反対に「私は考えられない」という状態だったのだ。じつは「考えられない」という状態をかなり特異な、精密な仕方で考えることができていたようにも見える。これと並行して〈思考不可能の思考〉の体験を詩的な言語に翻訳し転写するかのような、唯一無二の実験的創作を彼は続けたのだ。

「表現しえないこと」を表現する、と後にそれを要約するわけだが、その精神的危機の間、彼は何も生み出せなかったわけではなく、シュルレアリスムの詩的実践や、「残酷演劇」にいたる実験的演劇活動ばかりか、俳優としても多くの映画に出演して、かなり旺盛に活動している。そのあと強制入院させられた精神病院では（一九三七―一九四六）、アルトーはさらに別の奇妙な闘い、闘病を強いられ、多くの濃密な書簡、そして膨大なノートを書き、その中でしばしば言葉とデッサンを合体させる表現によって、世界大戦、ナチズムの時代に重なる困難な時代を切り抜けていった。

考えられない、思考を実現し具体化することができない、という状態の中で、ただかろうじて一つのフォルムをつかむことしかできない。「私の思考はあらゆる度合いにおいて、私を見棄てています」。思考の「フォルム」について触れながら、思考の「度合い」というものを彼は考えている。思考の要素とか性質とかについてではなく、その正確さや論理でもなく、いきなり思考を、ある強度においてとらえている。「私は私自身以下であり……」、つまり私「以外」のものだというわけではなく、そもそも「私」というものの強度に達していないのだ。そしてこの思考不可能状態は、様々な物質の状態を通じて描写されている。もちろんその物質は、身体のことでもある。石、鉱物、炎、そして自動人形、ミイラ、死体のイメージが繰り返し現れる。「影響は肉体に及びました。感性はほんとうに吸い込まれてしまったのです。四肢はしびれ、腕や手の感覚を取り戻すには何時間もかかりました。麻痺した板状のものが、胸や背中にそって移動し、顔や首にたどりつきます。鋭く、すさまじく締めつけられるのです(5)」。

崩壊のさなかにあってそのように惨めな状態でしかない思考は、しばしば麻痺した身体の状態と対応している。「私」も、「思考」も、めまぐるしく変動する生態と分離してはありえない。デカルトのように〈還元された状態〉において思考してはいるが、デカルトのように〈意志的に〉ではなく、まるで不意の事故のように〈還元されてしまった〉状態を、アルトーは生きていた。こうしてコギトの明証のような知的確信にではなく、まったく別の創造と批判にたどり着くのである。

個人史にかかわることを少しだけ白状するなら、アルトーに出会うより前の一〇代に、デカルトの書

（4） Antonin Artaud, *Œuvres Complètes*, tome I**, Gallimard, 1976, p.189.
（5） *Ibid.*, p.156.

物を読みふけった時期があって、『省察』の中のコギトをめぐる記述が強い印象を残していた。最近になって、そんなことを突然私は思い出した。やがてアルトーを読むようになり、その衝撃の余波が長く続いたせいで、以前のそんな読書のことをすっかり忘れていたのだ。コギトに至る〈還元〉の過程において、デカルトはこんなふうに書いていた。「少なくともこの私は何ものかであるはずではないか。けれども私は、私がなんらかの感覚器官をもつこと、なんらかの身体をもつことを、すでに否定したのである。しかし私はためらいをおぼえる、それではどういうことになるのか、と。私は身体や感覚器官にしっかりとつながれていて、それらなしには存在しえないのでないか。けれども私は、世にはまったく何ものもない、天もなく、地もなく、精神もなく、物体もないと、みずからを説得したのである。それならば、私もまたない、と説得したのではなかったか」。この「ためらい」の後、デカルトは結論するのだ。「しかし、私がみずからを何ものかであると考えている間は、けっして彼〔私を欺くだれか〕は私を何ものでもないようにすることはできないであろう[6]」。

ここに記されているデカルトの途方もない疑いのほうに注目してみるなら、そこには思考と、思考の主体をたえずおびやかし翻弄するものに対してきわめて敏感なデカルトの、ほとんど分裂的な思考のドラマがあったともいえる。「人間とはなんであるか。理性的動物というべきであろうか。そうではない。なぜなら、そうすると、そのあとで、動物とは何か、理性的とは何か、と問わなければならなくなり、こうして一つの問題からいくつもの、しかもいっそう困難な問題へ、はまりこんでしまうからである[7]」。そんなふうに書くデカルトは、あの明晰な先駆的知性にふさわしくない別の不安な顔を見せている。

アルトーにとって思考は、ある形相、強度において、〈あたかも実現されるかのようなもの〉で、その実現の決定的な基準はない。しかも思考の変動は、身体において生起する出来事の変動（情動）と直結している。どんな「明証」もありえず、ただ形相と強度をたえず変える脆い思考があるだけである。思考は、思考を表現する言語と不可分であり、言語の形相と強度そのものと一体であるが、一体であるにしても一致するわけではない。言語による実現そのものにも様々な形相と強度があり、詩的言語はこれらに対応しながら、思考の多様体を探索することができる。アルトーにおいて引き裂かれた思考は、言語そのものに鋭い緊張状態を生み出し、詩的言語はその引き裂かれた思考の状態を敏感に探知し、その異様な震動や変容を記録し続けた。

2 思考に侵入する暴力

ところでジル・ドゥルーズの『差異と反復』第三章には、アルトーの異様な思考の体験が、「思考のイマージュ」にとって決定的な出来事としてとりあげられている。あらゆる通念や判断を停止したところから出発して確実な認識をうちたてようとする哲学が、じつはデカルトも許容している「思考のイマージュ」とともにあり、それなしにはありえなかった。「思考のイマージュ」は、あらゆる概念にあらかじめ浸透している良識や常識（共通感覚）のことであり、思考の価値や方向や文脈を前もって規定しているイマージュなのだ。ドゥルーズは、アルトーを論じる前の序曲のようにしてこう書いている。「ほんとうは、概念は決して可能性以外のことを意味しない。それには絶対的必然性の爪痕が、つま

（6）『世界の名著22　デカルト』、『省察』井上庄七・森啓訳、中央公論社、一九六七年、二四五頁。
（7）同、二四五―二四六頁。

り思考に及ぶある起源的暴力の爪痕が、ある外部性、親密性の爪痕が欠けている。それだけが思考を自然な麻痺状態から、あるいは永遠の可能性から脱出させるはずなのに。それほどにも思考は無意志で、強制されて思考のうちに喚起されるものでしかなく、それが絶対的に必然であるのは、何かの侵入によって、世界における偶発事によってそれが生まれるからなのだ。思考において第一のことは、侵入、暴力、敵であり、何も哲学を前提としてはいない、すべては知への反発(ミゾソフィー)(misosophie)からやってくる[8]」。したがって思考は思考の中に、ある仕方で、生み出されなければならない。生み出されないなら、思考は「自然な麻痺状態」において、ただ「可能性」としてあるだけである。思考は自分で自分を生み出すしかない。これは同語反復的で、単に自己生成を示しているようである。それにしても、その生成のためには、ある何かが外部から侵入しなければならない。暴力や敵の侵入は偶発的であるが、偶発性の侵入は、思考の生成にとって必要であり必然である。偶然こそが必然である、と哲学者は言わんばかりなのだ。

思考はいきなり世界のなかにあり、世界の暴力にさらされ、思考可能性はいつでも障害や破綻の危険に出会っているのではないか。そのような危険や障害は純粋で明晰な思考の外部にあるのではなく、むしろ思考の本質的条件なのではないか。「それは思考することという或る衝撃、ある強迫を前提とするのであり、これがあらゆる種類の分岐を通過し、もろもろの神経から発し、魂に伝わり、思考に到達することになる[9]」。思考は、思考するように強いられなければならない。その思考の中心にはいつも崩壊の危険があり、ひび割れがあり、「無力」であることは、その最大の力能と一体であり、無形の力や、思考を盗むもの、思考に侵入するものと一体なのだ。

哲学とは何の関係もないかに見える叫びのような詩人の思考が、いきなり哲学の核心に楔のように打ち込まれた。もちろんアルトーはむしろ詩人として出発し、最後まで詩人であったが、その詩はほとんど例外的な哲学的創造でもあった。決して哲学者のように書いたことも考えたこともなかったが、哲学の底がぬけてしまうような、ある思考の（そしてやがて身体の）限界的体験をくぐりぬけながら、もはやいかなるジャンルにも属さない文体を実践して、『神の裁きと訣別するため』や『社会によって自殺させられたヴァン・ゴッホ』のように、まったく例外的な詩的創造にたどりついた。

そしてアルトーが思考の根本的条件について、思考の権利について考えたことを、真剣に受け取って、なお哲学しようとするドゥルーズの試みがあった。いまも哲学の大半を占拠しているにちがいない思考のイマージュを摘発し清算することなど、とうてい哲学の内部ではおこりえない。孤独な瞑想を好むだけで世界にそれほど害をもたらすはずもない哲学者たちの思考を、わざわざかき乱す必要もないのではないか。しかし思考のイマージュと呼ばれるものが、じつは哲学外の世界の思考にも（情報科学にさえも）深く浸透して思考を決定し、哲学がそれを片隅で代表し援護しているとすれば、もちろん哲学の、そしてより広範な意味における思考の責任、罪科、暴力といったものさえ考慮する余地がある。もし思考にとって、思考に加わるある暴力が本質的な条件であるとすれば、その暴力に正しい注意をむけることをうながす力、それを阻む別の力もまた存在している。そのような力の連鎖のなかにまきこまれることを、哲学も、そして当然ながら思考も避けることはできない。「力への意志」とニーチェが呼んだのは、そのような力、暴力、権力の果てしない連鎖のことでもあった。

（8）ジル・ドゥルーズ『差異と反復』上、財津理訳、河出文庫、二〇〇七年、三七一―三七二頁。
（9）同、三九二頁。

3 〈非有機的生〉についての注釈

〈非有機的生〉とは、私にとって、とりわけアルトーとドゥルーズに触発されて考えてきた数々のことを集約する主題でもある。[10] Inorganic は〈無機性〉とも〈非有機性〉とも訳しうる。無機性（無機物）とは有機体つまり生命以前の、生命活動を欠いた物の状態を示すが、非有機性は、むしろ生命が新たに獲得し、実現し創造する無機性のことでもある。それは生命から分離し、飛躍し、超越する次元でもある。端的に言語、精神、社会そしてあらゆる技術、機械、制度は非有機的であるが、それらはやはり身体・生命の活動でもあるかぎり、有機性が新たに実現した領域、活動、物からなる非物質的な次元にほかならない。思考も言語も、身体の活動とともにあるかぎり、身体（生命）それ自体の変形であり拡張であるにすぎないといえよう。それらは有機性自体の産物でもあり、有機性なしにはありえない非有機性なのだから、あくまでも有機性に属する非有機的生であり、生の非有機化でもある。思考不可能の状態にあったアルトーは、自己を（精神も身体も含めて）、石、鉱物、金属のように、つまり「無機物」のように感じていたが、彼にとっては有機体の活動のただ中に、そのように奇妙な非有機化が起き、ある非有機的生が出現していたと表現することもできる。

このように有機体と非有機体のたえまない結合や分離を考えざるをえないのだが、これは「組織」、「システム」そして「自己組織」（オートポイエーシス）などとして盛んに論じられてきた問題に少なからず関係する事柄でもある。アルトーからドゥルーズとガタリに引き継がれた「器官なき身体」、あるいは「リゾーム」、「プラトー」のような概念によって、私たちは、「組織」、「システム」の意味や形態、その作用や過程を根底から考えなおすきっかけを与えられた。器官とはまず身体器官のことであり、身体がなければ器官はなく、もろもろの器官の予定された結合や機能がなければ身体はない。そのことを認めた上で、なお「器官なき身体」を構想し、提案し、仮構し、実験するとすれば、そのことの意味と必要は何か。現代の生物学者からは次のような提案もあったのだ。「器官にその性質を与えるのは、もはやただその形ではない、それは第一にその器官を構成する組織の性質であり特殊性である。〔……〕組織は器官を特徴づけるのではなくて、神経、血管、筋肉、骨格などの「系」を特徴づけるからである[11]」。つまり生物学にとってさえも、器官を貫通する系、組織、流れ、運動、交換などとして生命の営みを考える必要が確かにあるのだ。

ちなみにドゥルーズは、精神―身体の並行論を考え、精神と身体は同じ一つの実体の属性であるとみなした、あのスピノザによる身体の定義を次のように要約している。「一方ではひとつの体は、たとえそれがどんなに小さくとも、つねに無限数の微粒子をもって成り立っている。ひとつの体を、ひとつの体の個体性を規定しているのは、まず、こうした微粒子群のあいだの運動と静止、速さと遅さの複合関係なのである。他方また、ひとつの体は他の諸体を触発し、あるいはそれらによって触発される。ひとつの体をその個体性において規定しているのは、また、その体のもつこうした触発しあるいは触発される力なのである[12]」。スピノザによって、形でも機能でもなく、微粒子の間の関係として把握され、また身体間の触発を通じて把握された身体は、すでに器官なき身体だったのだ。

しかし、いわゆる「身体」とは別に、このような身体があるのではなく、そもそも身体とはこのよう

（10）以下に書くことは、拙著『非有機的生』（講談社選書メチエ、二〇二三年）のモチーフでもある。
（11）フランソワ・ジャコブ『生命の論理』島原武・松井喜三訳、みすず書房、一九七七年、一一三頁。
（12）ジル・ドゥルーズ『スピノザ　実践の哲学』鈴木雅大訳、平凡社、一九九四年、二一六頁。

な意味で「器官なき身体」にほかならないのだ。身体の現実を、諸要素の微細な網状組織と、他の身体との間のたえまない触発・作用の関係として把握するならば、そこに現れるのはただ「器官なき身体」である。しかし私たちは日常生活のなかで、そのようなものとして身体を把握し認識してはいない。むしろ運動、機能、労働、生殖等々の、いわばパフォーマティヴな要求にしたがって統合された機関（＝器官）の集合である身体（＝個体）のイメージのほうがずっと優勢なのだ。その身体は、精神から分離された対象として把握され、精神はそれをひとつの機械や装置のように構成されたものとして表象する（デカルトのように）。身体のリアリティはむしろ器官なき身体なのだが、しばしば身体を、「身体なき器官」としてとらえるという倒錯を、私たちはおかす。それは意識にとってほとんど自然と化し、習慣と化した身体の表象でもある。言いかえると、私たちは有機的身体であるものを、非有機的な表象によってとらえている。

そして一方、有機体の生命の営みは、人間社会のようにではなく、機械のようにでもなく、分割不可能な連続体として実現されていることを、私たちは直観してもいる。したがって逆に人間の組織つまり社会体をもまた、有機的なものとして理解し、運用しようとする傾向をもっている。こんどは有機的な表象によって、非有機的な人間の創造を捉えようとすることにもなる（非有機体を有機的にとらえる）。つまり非有機的な機械的表象によって生命、自然をとらえる（有機体を非有機的にとらえる）のとちょうど対称的な倒錯がおきている。

再びアルトーに戻るなら、思考の危機を苦しんだ時代のアルトーは、一方で「身体の崇拝」について書いていたのだ。「私は自我ではなく肉体を崇拝している。肉という言葉の感覚的意味において。〔……〕何も私の肉にじかに向かってくるものしか、私に触れることはなく、私を引きつけることもない」。「もし私が間違った判断をしても、それは私の肉の誤りであり、私の精神が時々刻々忍びこませるこれらの光は私の肉体そのものであって、その血はこの閃光に包まれている[13]」。先に見たように、アルトーの散文詩の多くは、「肉体」を襲った異様な苦痛、硬直、麻痺、仮死の状態の記述でもあった。それはときに「ミイラ」、「自動人形」などと名づけられた。その「肉体」は、有機物と無機物の状態を絶えず往復するようでもあった。「身体を外から浸透不可能な固定された有機体と考えても無駄である。物質などというものはない。生の状態の仮の多層構造があるだけだ。それらの個々の変容に対して、こんどは精神、意識、意志、理性のほうが介在するのは驚きではない[14]」。「生の状態の仮の多層構造」とは、「器官のない身体」が何を意味するかを、驚くほど正確に表現している。そして「細い形にほぐれた虚無を知らなければならない、もはや器官をもたない虚無を」などとアルトーは、「器官のない状態」をまったく否定的な、不安な体験として描いたこともあった。

このような兆候的プロセスを経て、やがて晩年のアルトーは「器官ほどに無用なものはない」と言い「人間に器官なき身体を作ってやるなら」と明瞭に宣言するようになる。まず南フランスのロデーズの精神病院からの手紙に、彼はこう書いている。「人間は自分の身体のいちいちの瞬間に、身体という絶対的空間において、自分自身のすべてを生きてはいない。彼は膝や足であり、後頭部や耳であり、肺や肝臓であり、〔……〕」、「自分自身を全面的に生きない人間は、刻一刻、自己はこの自分自身、つまり精神、観念、想念、概念などであると信じ込んでしまうという過失を犯すのです。こうしたものは、それ

(13) Artaud, *op.cit.*, I*, p.116.
(14) *Ibid.*, V, 1979, p.148.

自身身体であるかわりに、またあらゆる瞬間に全身体であるかわりに、身体の一点に漂っているばかりなのです[15]」。

アルトーは決して哲学者のように「器官なき身体」を普遍的な概念にしたてたわけではない。アルトーの「器官なき身体」は、はるかに特異的な観念であり、特異的に用いられている。決してそれはシステム論などではないのだ。決して「器官なき身体」という「身体」があるわけではない。むしろ身体を感じ、生き、認識することが、ひどく限定され、局限されていることがあたりまえになっている人間の生き方に対する深刻な抗議が、その言葉で言明されていた。「器官のない状態として」身体を全的に生きる、という法外な要求を、アルトーは人間の生につきつけていた。「器官なき身体」とは、数々の奇妙な生きがたい状態を生きた魂が、根底的に、精密に、それを診断したすえに表明した身体の思想（そして倫理）だったのだ。それは「存在」そのものが「器官」となり、「道具」におとしめられていることの世界への根本的な異議申し立てでもあった。

じつは哲学・思想の中にもまた有機的な、そしてむしろ器官的な体制が深く浸透している。アルトーを引用して「思考のイマージュ」を批判したドゥルーズは、その意味で、根本的に反哲学的で、哲学の制度や秩序を明らかに逸脱していた。ドゥルーズの思考が、しばしば〈詩的、文学的〉に見えるとしたら、そのことには深い必然性があった。学問のなかにも、科学技術の認識のなかにも器官的体制が深く浸透して、この体制を支えているのだ。もちろん詩や文学自体もその例外ではない。それに介入するには、ある精妙な思考と実践、そしておそらく冒険が必要にちがいない。そしてドゥルーズがたびたび注意をうながしたように、決して器官を破壊し、廃絶することなどできないのだ。むしろそれは有機的なものを理解し、それを非有機化し続けるという、かなり精妙な実験、実践を要求するのであるが、思考するたびに、私たちはいつもそうせざるをえない、ということでもある。有機的生命は、物質がいつしか獲得した「自由」であるとしても、人類はその「自由」をきわめて抑圧的、暴力的な体制に変えてもきたので、私たちはいつでも服従や閉塞や停滞に陥るからである。非有機性とは、器官なき生とは、その自由からの自由であり、そこから多くの危険、恐怖、脅威も生み出されるが、それなしには、私たちはただ不自由そのものと化した自由にみずからを閉じこめて、生きさせられるだけである。

この文の冒頭の問いに戻るなら、ついに「人間のように」思考する人工機械が発明されたらしいのだが、「人間のように」が何を意味するか、私たちはもうわからなくなってしまったのだ。それゆえ、ここでは逆に「人間のようにではなく」思考することの必要を切実に考えはじめた人々の「思考」の挿話を思い描いた。

（15）『ロデーズからの手紙』（アルトー・コレクションI）鈴木創士・宇野邦一訳、月曜社、二〇二二年、二二〇―二二一頁（訳書からの引用は、拙訳によった場合がある）。

時間の歪みとカフカ

1　不条理か

迷路のなかに迷いこんだ人間は、出口がみつからないまま、そこで生きのびられないとすれば、干からびて死ぬしかない。運よく、あるいは知恵を働かせて、出口を見つけても、こんどはその外で生きのびられるとはかぎらない。迷路のなかにこそ生きる糧はあった。カフカの人物たちは、そういう迷路のなかにいるが、じつはその迷路でしか生きられない。迷路は地獄のように見えたが、じつは楽園でもあった。カフカを読み続けていると、そういう種類の迷路が浮かび上がってくる。厄介なのは、その迷路を作ったのは、そこで迷っている個人たち自身の欲望、言動、思考の連鎖であったかもしれないという点である。それは、はたして出口があるのか、ないのか、ついにわかることがないという意味の迷路でもある。

『審判』には、Kの訴訟のために弁護を引き受けたフルト博士の話を、長々と間接的に伝えるくだりがある。[1] 初めに読んだときには、それほど印象に残らず灰色の地に溶けこんだ部分だったが、何度か読み返すうちに特別な注意をひかれるようになった。豊富な経験をもつ自分（フルト博士）は、この訴訟で

（1）『カフカ全集』新潮社版、一九八〇—一九八一年、五巻、中野孝次訳、一〇〇—一〇二頁。

きわめて重要な意味をもつ「請願書」をほぼ書き上げている。それの与える「第一印象」が訴訟の方向を決定するはずなのだ。ただしこの書類が、裁判所で読んでもらえないことがままある。「請願書」よりも、むしろ被告の尋問と観察のほうがずっと重要なのである。申請人がしつこく頼みこむならば、「請願書」は「参考として」にすぎないが、十分検討されるだろう。しかし残念ながらこれは嘘で「請願書」はたいてい忘れられてしまうし、そもそもめったに読まれることがない。要するに「請願書」は非常に重要だが、ほとんど無意味である。

そのうえ訴訟手続きは公開されないのだ。ときに公開されることもあるが、それは義務ではないので、起訴状もまた公開されない以上、請願書の内容だって特に最初はあいまいなものにならざるをえない。そもそも「弁護」は法律によって認められてはいないので、ただ「黙認」されているだけだ。したがって「弁護士」はみんな「もぐりの」弁護士にすぎない。弁護士の控室のみすぼらしさで、それがわかる。その狭い部屋に光は高い窓からわずかに射してくるだけだ。

他の弁護士に担いでもらって窓の外を見ようとすると、「すぐ目の前の煙突の煙が鼻に飛びこんで顔が真っ黒になる」。それにその小部屋の床には穴が一つあいていて、そこに片足がはまると、下の廊下では突きぬけた足が見えてしまう。弁護士がこんな扱いを受けるのは、そもそも弁護など不要で、被告自身が自分で立ち向かうしかないからである。だからといって弁護士がいらないかというと、そうでもない。多くのことが秘密にされている訴訟において(その秘密にも限度はあるが)、ストレスを抱えた被告が独力で取り組むのは無理である。尋問のあとでは被告から話を聞いてやり、状況を打開するために乏しい手がかりでも与えてやらねばならない。しかし所詮それも頼りにはならず、結局ものを言うのは弁護士の個人的な「つて」であり、弁護の価値とはすなわち弁護士の人脈なのだ。

決定的とみえる要素が、次にはことごとく非決定となり、他の要素と接着される。決定の連鎖は、すなわち非決定の連鎖である。ある語の意味は、たちまち変化し、あるいは反転する。弁護士の「つて」とは、とりわけ様々な階級の役人たちなのだが、彼らにとりいろうとしても、役所にもどればたちまち意見をひるがえしてしまうし、彼らの情にすがろうとしても、日夜「たえず法の拘束をうけているために、彼らは人間関係にたいする正しい感覚をもたず[2]」とほうにくれて彼らも弁護士に相談してくるくらいなのだ。

要するに提案された命題はたちまち否定されるが、その否定も別の場面でまた否定されて、どこまでも真偽は決定されない。敵の攻撃を避けて生きのびるために、「穴巣」をどう構築するかを延々と考える小動物の推理を書いたあの短編では、そういう「論法」が徹底されていた。『日記』にも、次のような記述が随所にあって、そのことがみごとに要約されている。「ぼくの現状は不幸ではない。だからといって幸福でもない。無関心でもない。衰弱でもない。疲労でもない。何か別の関心でもない。ではいったい何だ？　それがぼくに分からないということは、ぼくが書けないということと関係があるらしい。そして書けない理由はわからないが、その実情は理解できるように思う。つまり、ぼくの心に浮かんでくるすべてのものが、ぼくの根から浮かんでくるのではなく、どこかせいぜいその中程のところから浮かんでくるのだ。〔……〕茎の中途からはじめて成長し出す草を摑まえ、その草で身を支えてみたらいい[3]」。この思考に土台はなく、中間で伸びるだけで、支えがないままそれを支えるしかない。まだ本

（2）同、一〇三頁。
（3）同、七巻、一一頁。

格的な創作を始める前（一九一〇年）に、この非決定の中間的思考のスタイルを、カフカはまるでもう決意したように定着させている。書いた言葉は即座に否定され、逆を意味するが、それも否定され、記述の対象も事実も抹消されるようで、それらの間からかろうじて、乏しい意味が揺れながら滲み出てくる。

Kの裁判は、もっぱら優柔不断な秘密主義の、およそ正当で確実なところがひとつもない組織によって行われるようだ。それでも最後には、とってつけたようにKの処刑の場面が描かれる。それもかなり滑稽で唐突な場面だが、もともと配列が確定していない草稿の集まりだった『審判』がKの処刑で終わるのは、カフカの構想と反している可能性がある。開いた窓から吹きつける煙突の黒煙が弁護士の顔に吹きつけたり、床の穴に落ちた足が下の階に見えてしまう場面のように、そもそも『審判』は冒頭の場面から、不条理な笑劇の果てしない連続でもある。

「不条理」とは、かつてカフカの主題を定義するために頻繁に用いられた言葉だった。官僚制の不条理、裁判そして法の不条理性、そもそも人間、人生という不条理なもの……。さしあたって問いの範囲をあまり広げずに、『審判』におけるKの「訴訟」に注意を集中してみようとするが、それは正体不明の、ひどく散漫な、集中を許さない「訴訟」なのだ。Kは逮捕されたが自由な身分のままで、最初に逮捕にやってきた監督官、監視人がどこの何ものかもわからず、令状もなく、そもそもKの犯した「罪」が何であるのかが不明で、裁判所も、まったく非公式（「もぐり」）の組織にしか思えない。そのことをよく考えてみようとしないKの姿勢も不条理なのだ。裁判所は法的制度でも官僚組織でもなく、また秘密警察のように堅固な権力として描かれてもいない。

Kの容疑は冤罪でしかないのか、ほんとうに犯された罪か、それさえどうでもいいことのようで、裁判そのものが悪ふざけか、こけおどしの演技にすぎないかのように進行して、しかも終わりがないようだ。Kの処刑によって訴訟が決着するとしても、それも夢のようにはかない場面にすぎない。ユダヤ人であること自体が罪になるという、やがて現実化する歴史的不条理を、カフカがすでに予感していたということもありうる。ヴァルター・ベンヤミンはカフカの「予感」についてこんなふうに説明した。「もし、彼はこれからやって来るものに、今日存在しているものに気づかないままに気づいた、という風に言うなら、彼はそれでもやはり、本質的には、このこれからやって来るものに襲われた個人として、それに気づくのだ」[4]。ベンヤミンもまた、カフカの非決定の論理にまきこまれている。もちろんその「本質」にも注意をむけていた。

とにかく法と官僚制がすなわち不条理であり、非理性的なものの連鎖であり、理性という基準も、正義という重心も、その巨大な機構を決定するものではないこと、決定がたえず非決定に反転し、意識がいつも無意識と交替する果てしない錯綜体であること、そこからときに陰惨な暴力が突出することが浮かび上がってくる。それを描いたカフカのしたことは、決して官僚組織や法制度の不条理さの、理づめの批判といったものではない。そのような批判を、文学を通じて、それを武器にして実行したというものでもない。カフカの「批判」は、まったく異なる様相と方向をとって奇妙な闘いとなった。

2 権力か

『審判』が、フェリーツェ・バウアーとの（最初の）婚約そして四〇日後の破棄のあとに着手されたこ

（4）『ベンヤミン・コレクション4 批評の瞬間』浅井健二郎編訳、ちくま学芸文庫、二〇〇七年、四三六―四三七頁。

と、その出来事を強く反映していることは様々に指摘されている。エリアス・カネッティにとって、破棄に至ったその婚約の過程は「もう一つの審判」であり、彼はこの観点から二つの「審判」の詳細な読解を試みている。[5] その過程はカフカの手紙や日記にも記されているが、『審判』のなかに「婚約」を明示するような部分はほとんどない。冒頭の「逮捕」のあとの挿話と、Kが処刑される「終り」の章にも現れるビュルストナー嬢が、それを仄めかしているにすぎない。『審判』はフェリーツェとの屈折した愛のドラマを根本的なモチーフとしながら、しかもそのエピソードの形跡をすべて抹消するようにして書かれている。この抹消、変形、粉飾による創作は、単に秘密やプライヴァシーを守るためのものではない。カフカが出来事から受けた葛藤の圧力は、そのまま創作における強い変形の圧力となり、それは作品を断片化し未完にする効果さえもたらしたようだ。

婚約破棄のあとのすぐの日記には確かにこんなくだりがある。「ベルリンから帰った。まるで犯罪者のように縛られていた。ぼくが本当の鎖で隅に縛りつけられて、警官たちが僕の前に並んで、ただそういうふうにしてじろじろ眺められたのだったら、これほど腹は立たなかったろうに。だがこれがぼくの婚約だったのだ」。[6] 短い記述にすぎないが、婚約(破棄)はそのような状況にすでに〈翻訳〉されていた。そして『審判』の冒頭の、逮捕なき逮捕の場面は、まさにその状況の翻訳として読めるのだ。

多くの女性を愛し、膨大な数の恋文を書き続けたカフカにとって、結婚は人生の最大の難問の一つだった。夫婦生活を営み、家庭をもち、家族関係の網目を広げる人生にはほとんど恐怖を抱いていた。フェリーツェとの交際の場はむしろ膨大な数の文通であり、肉体的な接近と侵入をカフカは極力避けようとしたふしがある。結婚が作家生活を妨害することを恐れただけではない。彼が何よりも忌避したのは、結婚と家庭を通じておしよせてくる「権力」であった。

カネッティは、「権力」をカフカの最大の問題とみなす徹底的な読解を貫いている。そしてカフカ文学の全体を権力からの「逃走」と解している。そこで抵抗ではなく、むしろ小さくなること、消え去ること。「圧倒的な権力に対する恐怖はカフカにとって決定的なものであり、それから身を守る彼の手段は、小さなものへの変身である」。「人間はできるだけ消え去ることによって不当な抑圧から免れなければならない」[7]。「権力」とは、彼が法学博士として労働者災害保険局に勤務することによって身近で体験した法制度と官僚制のことでもある。しかしそこで直面した権力の機構を、その社会科学的な次元よりも、むしろ日常の身振りや性癖や紋切型の言動を通じて、カフカは仔細に観察していた。権力の現象は、そのような瑣末な（小さな）次元を通じて作用する力の束に微分されていた。

「婚約」破棄のための協議が行われたのは法廷ではなかったが、ベルリンで双方の関係者が集まったホテルの名はアスカーニッシャー・ホーフでHofは旅館、そしてときに法廷を意味する。とにかくカフカにとって婚約は、あらゆる意味で、権力による拘束、強制、脅威を意味した。それは性愛の次元を超えて家族、共同体、国家に連結された権力の介入をまねくのだ。『群集と権力』を書くために、ぎりぎりまでオーストリアにとどまりナチの支配を観察しようとしたこともあるカネッティは、カフカのなかに権力との稀有な闘いのケースを見ていた。カネッティは、法、官僚制、行政のような次元ではなく、むしろ日常の凡庸な次元において恒常的に作動する力の現象と関係に注意をむけて、権力の認識を転換する思想的試みの先駆者のひとりになった。

（5）エリアス・カネッティ『もう一つの審判』小松太郎・竹内豊治訳、法政大学出版局、一九七一年。
（6）『カフカ全集』前出、七巻、谷口茂訳、二七七頁。
（7）カネッティ、前出、五六―五七頁。

カネッティがとりわけ注目したのは、カフカの「権力」に対する例外的な感受性と、カフカの「闘い方」だったのだ。「権力」という言葉を「無頓着に使うべきではない」が、「権力」Machtと「力強い」mächtigという言葉は、とりわけカフカが避けることのできない言葉であったことをカネッティは強調している。「彼はあらゆる形の権力を恐れるので、あらゆる形の権力を寄せつけないことが彼の生涯の本来の関心事なので」、彼は自明のこととして感受されている権力を「感知し、識別し、その名をあげ、あるいは描き出すのである」[8]。しかもカネッティが「権力」との闘い方としてカフカに読み取ったのは、革命でも反抗でもなく、とりわけ「小さなものへの変身」なのだ。主人公の名をKという一文字に縮める。あらゆる修辞を抑制する。独身者であり続ける。虫や動物になる。蟋蟀や蟻や蜂が登場する中国文学を想起しながらカネッティは、カフカの中国への関心にも、やはり「小さなものへの変身」を見ている。「二つの可能性がある。自分を無限に小さくするか、あるいは小さいこと。後者は完成であり、それゆえ無為である。前者は開始、それゆえ行動である」[9]。

「小さくなること」だけではない。「直立する人間」の権力に対抗するには、「横たわらなければならない」。「獣類にまじって地上に横たわらなければ、わたしたちは星を見ることができない。星こそが人類の、不安を引き起こすこの権力からわたしたちを救ってくれるのである」[10]。ここまで徹底してカフカの権力（論）を読みこみ、小さくなること、動物になることの戦術を追求したカネッティにとって、権力こそが人間の原罪なのだ。古今東西の文学における動物の役割、あるいは動物への変身は、おおむね人間のタイプや性格の比喩であり、擬人法的、寓意的な機能をもつことが多かった。カフカの〈変身〉は、むしろ人間からの離脱、別の生態の追求という機能を帯びている。もちろんその生態、その力は、やはり人間のものでもある。カフカは新しい動物文学を生みだした。カフカの動物は、権力からの離脱あるいは脱落、何かしら未知の力の追求という役割をになうことになる。動物になりつつある人間は、そのとき動物にも人間にも属さない力を解き放つ。「星座の力」とでも、それは名づけられるだろうか。カネッティの権力論は、カフカを梃子にして普遍化され、ほとんど幻想的次元に滑り込んでいるようにみえるが、それは空想でも綺想でもない。

3 加速的脱領土化か

カネッティの『もう一つの審判』は、ドゥルーズ＝ガタリの『カフカ』から鮮烈な印象を受けとった時期の後に読み、それと共振する点もあり、私はたちまち引き込まれてしまった。ドゥルーズ＝ガタリ（以下D＝Gと記す）のその本の副題は「マイナー文学のために」であり、それはすなわち「少数者の文学」あるいは「小さい文学」を意味する。小さいこと、小さくなること、「マイナー」、「マイノリティ」という言葉には、リゾーム、プラトー、欲望機械、分子状など、彼らの共著に現れたあらゆる問題提起が緊密に連結されていた。

それ以前には、カフカを読むものの多くが、カフカのメランコリー、実存主義的否定性や葛藤、不条理、あるいは法と官僚制の非人間性といったことを思い浮かべたし、私自身もカミュやブランショのカフカ論から影響を受けていた。それらの〈読み〉が的を外していたわけではないし、はじめて「変身」

（8）同、一三一頁。
（9）カフカの「手記」からの引用、『もう一つの審判』一四一頁に引用されている。
（10）カネッティ、前出、一三三頁。

を読んだ印象は確かに奇妙なメランコリーだったのだ。しかし他の短編や、『審判』、『城』のなかに踏み込んでいくと別の次元が現れる。それは終わりのない特異な〈闘い〉の領域なのだ。

『審判』の第一章をカフカが朗読したとき、聴衆が腹をかかえて笑ったとか、狂ったように笑い転げたとかいう記録のあることをD＝Gが強調したのは、とりわけ読みの方向転換のきっかけになっていた。聴衆を笑わせ、みずからも笑うカフカのイメージは、解釈の磁場そのものを変えたかもしれない。気質、雰囲気の根本的な変更がおきた。もちろんそれはD＝Gのデュオの、気質を超えた思想の磁力でもあったが、気質（喜び、快活さ）とはそれ自体思想でもある。作品における行為、思考、感情の方向を受動、内向、メランコリーとして読むか、それともむしろ能動、外向、アグレッシヴと読むかによって、解釈の方向は一変しうる。これは真偽や正誤の問題ではなく、D＝Gがしばしば強調したように、作品の「使用法」の問題にかかわる。堅実なカフカ研究の側からは、D＝Gの『カフカ』はドイツ語原文ではなく翻訳に頼った性急な読みとして、しばしば反発を受けてきたが、それはアカデミズムに風穴を開ける以上に、ある方向転換をうながしたのだ。

『アンチ・オイディプス』のあとの『千のプラトー』を予告するそのカフカ論は、もちろん欲望論でもある。「正義は欲望であって、法ではない」[11]。資本主義の欲望、官僚制の欲望、ファシズムの欲望……。ナチズムはそれらを加速的に合体させた欲望機械であり、カフカは「悪魔が戸をたたく」時代の作家である。D＝Gはカフカを通じてファシズム論を展開したわけではないが、ファシズムをもたらす数々の「アレンジメント」を分析し、それを分解するかのような実践としてカフカを読んでいる。それはきわめて政治的なカフカ論だったが、決して政治の意識、理論、イデオロギーをあつかうものではなかった。ロシア革命にも、アナーキズムにも、シオニズムにも強い関心をもっていたカフカの「批判」の尖端はあくまでも彼の創作のなかに示されている。カフカの作品のなかで法と官僚制に篭絡され翻弄される人間たちのイメージは強烈だが、D＝Gにとってカフカは、法と官僚制の「非人間性」を告発するよりも、それらを奇妙な欲望機械として描き出している。官僚たちはしばしば同性愛者であり、そこで立ち回る女性たちは情婦のようである。法的秩序、書類への愛もリビドー的であり、それ自体が目的と化している。これらの全体が巨大な無意識の機械（機械状無意識）を構成している。

いつ建設が終わるかわからない長城に囲まれた帝国の中心からくる帝王の指令は、長い年月をかけてやっと周辺の人民に届き、届くときには帝王の生死さえも不明である。もちろん建設途上の長城の断片の間もほとんど音信不通である。これは古代の放射状構造をもつ権力の話だが、一方『城』や『審判』に描かれる権力は、無数の小部屋が隣接するトポロジックな構造で、いたるところに入口や出口があり、中心の司令部など存在しないかのようだ。アレンジメント、系列、切片、ブロック、いくつかの権力構造（建築）のタイプは、そのまま欲望機械の図面に対応している。不条理やメランコリーに内向するカフカ像ではなく、権力のしたたかな技術者としてふるまうそのカフカ像は刺激的、爽快でもあった。

カフカの友人マックス・ブロートもその一員であったと言われる「プラハ派」の思想的傾向は「象徴主義、夢幻状態、秘教的意味、隠されたシニフィアン」などであり、「原型、カバラ、錬金術にもとづいた象徴的再領土化の絶望的努力」を含み、結局シオニズムに政治的な出口を見出すものだった。[12] ヴァルター・ベンヤミンのカフカ像も、このような「再領土化」にくみするものではないとしても、「神話

（11）ジル・ドゥルーズ／フェリックス・ガタリ『カフカ』宇野邦一訳、法政大学出版局、二〇一七年、九〇頁。
（12）同、三四頁。

の世界はカフカの世界に比べれば比較にならないほど新しい」と書きながら、神話以前の太古の時間に広がる遠近法のなかにおいて、彼はカフカを読んでいたのだ。

しかしD＝Gはあえて、そのような遠近法からも、ユダヤ教の伝統からも断絶させ、カフカがえぐり出した「現代」のほうに、そしてカフカの「脱領土化」のほうに光をあてようとした。第三章「マイナー文学とは何か」で、彼らはカフカの生きた言語の情況と、そのさなかの実践について書いた。マイナー文学の特性を、彼らは次のように定義している。

（1）「言語の脱領土化」、プラハのユダヤ人としてドイツ語で書いたというカフカの条件は確かに無視できない。多言語の情況で傑作を書いた作家たち（移民、難民、亡命者、自国語を知らないものたち……）は世界中にいるが、そもそも作家とは「母語を外国語のように使用する」ものだ、というように本質的に言語を脱領土化する実践として、世界文学の方向を大胆に定義したのはD＝Gの独創と言えよう。（2）「個人的事項がじかに政治的事項につながるということ」。政治的事項から隔離されたかのように芸術や文学が自立的に存在しうるという状況は、メジャーな国におけるメジャーな文化にしか存在しない。ところがマイノリティの文学は政治を回避できない。そこでは地下室にまで政治が忍び込んでくる。マイナーな状況では、しばしば作家が大統領になったりすることと、このことは無関係ではない。（3）「言表行為」の集団性、複数性。つまり「主体など存在せず、言表行為の集団的アレンジメントがあるだけである」。あのKという文字は、「もはや語り手でも登場人物でもなく」、ある集団的な動因を指示するのであり、それは散逸する自我の記号にすぎない[13]。カフカは、言語の外延的、表象的、再領土化的使用を拒否し、「あらゆるメタファー、象徴性、意味作用、さらには指示作用を抹殺するのである」[14]。カフカの動物たちは「言葉から意味作用のない音声を抽出する」。「語を未聞の内的強度のうえに開放する」。

「叫びの構文法」[15]。動物たちは人間のメタファーではなく、本質的に複数性の「生成変化」である。

もちろん意味、指示、表象、象徴などの作用がなくなったわけではない。D＝Gは、それらの消滅の方向を加速し強化するように書いている。このカフカ論は、加速的、挑発的、鮮烈な文体で読者を引きこまないとすれば、逆に脱領土化、強度、生成変化の概念を、しつこく呪文のように繰り返す印象を与えたかもしれない。フェリックス・ガタリは、精神医療と政治活動の現場でじかに抑圧や葛藤を体験しながら強い動機をもって『アンチ・オイディプス』と『カフカ』の共同執筆を牽引したにちがいない。『千のプラトー』では、練達した共同作業が、きわめて円滑に進行したとドゥルーズは後で述べている。「精神分析」にむけられた彼らの激越な批判は、当然ながら多くの反発に出会いもした。その批判は、表象、意味、主体性の根本的な再検討のプロジェクトを提案し、必要な時期に、不可欠な問題提起として強い影響をもたらした。私もその思想圏の濃密な空気を吸いながら、あらゆることを考えなおそうとした時代がある。いまそれをふりかえりながら、たとえばヴァルター・ベンヤミンのカフカ論を再読すると、D＝Gとも、カネッティとも、変わらず親密に読めるブランショとも異なる時間的遠近法が含まれていることに驚かされる。

(13) 同、三二頁。
(14) 同、四〇頁。
(15) 同、五〇頁。

物理学的世界像を参照するならば、ひとつの部屋に入ろうとするときには、次々難題がふりかかってくる。まず身体を圧迫する一㎠あたり一kgの大気と戦わなければならない。さらに秒速三〇㎞で太陽の周囲を飛んでいる床板に着地しなければならない。少しでも遅れたら、その床板はたちまち何マイルも遠ざかってしまう。「しかも、私が一つの球形の惑星にへばりつき、頭を外部の宇宙空間の中へ突き出し、そして、私の身体のすべての毛穴や汗穴を天空の風が吹き抜け続けている、その間に、この曲芸は成し遂げられねばならないのだ」。相対論の秀逸な理解者であったアーサー・エディントンのこんな文章を引用しながら、そのように荒唐無稽な仮想現実に、カフカの「最も不可解な文の多くが」すんなりおさまるだろうとベンヤミンは書いている。[16] そのうえ「尋常でないのは、この最も新しい経験世界が、まさに神秘的伝承〔伝統〕を通して彼に告げ知らされた、ということなのだ」と付け加えている。その前に彼は、「カフカの作品は遠く離れた二つの焦点をもつ楕円であって、一方の焦点は神秘的な経験（とりわけ伝承〔伝統〕についての経験）によって、他方の焦点は現代の大都市住民の経験によって規定されている」と書き、しかもその「作品は、伝承〔伝統〕が病んでいることを具現している」[17]と述べたのだ。「彼の物語や小説に現われるさまざまなモティーフの、たった一つを究めることさえやさしくはない。しかしこうしたモティーフだけが、カフカの創造を要請した太古の世界の暴力に関して、なにがしかの示唆を与えてくれるのだ。〔……〕彼はこの暴力をそれとして知らなかった。彼はただ、太古の世界が彼に罪という姿で差し出した鏡のなかに、未来が裁きという姿で現われるのを見たのだ。〔……〕カフカは何の答えも与えなかった。彼は答えから何かを期待しただろうか。それともむしろ、彼には答を遅らせる〔引き延ばす〕ことが大事だったのではなかったか」[18]。あの「審判」についても、可能なのは「無罪放免」ではなく、「無限の引き延ばし」であると、D＝Gも強調している[19]。

カフカの作品の神秘的中心がユダヤ教からきているというヴィリー・ハースの主張を、ベンヤミンは否定していない[20]。カフカのあの「城」は「恩寵の座」であるという別の論者の主張について「気楽なものだ[21]」と書きながらも、ベンヤミンは「百世代にわたる」エホバの記憶を喚起し続けるのだ[22]。カフカの創作はすべて、神話でなければ、神話以前の太古の遠い問いに反応するように書かれたと言わんばかりだ。旧約聖書、トーラ、タルムード、ハガダー、ハラハー……、巨大な城のように積みあがった書物、文字、伝承、解釈の宇宙から、カフカも自由であったはずがない。しかし「文学において神話の総体がこれほど強力に、これほど決定的に批判されていることはいまだ例がない[23]」という別の解釈者ヴェルナー・クラフトのような真逆の見方も確かにあった。

カフカの文学において、太古の暴力（そして罪）は果てしなく引き延ばされるというベンヤミンの問いは、もちろん現代か古代かの（あるいは未来か）の択一などではない。マルクス主義でもあったベンヤミンが、「革命的なチャンスの合図」は「メシアの合図」でもあるという神学的そして反復的、循環的

(16)『ベンヤミン・コレクション4』前出、四三五頁。
(17) 同、四三三頁。
(18)『ベンヤミン・コレクション2　エッセイの思想』浅井健二郎編訳、一九九六年、一四二―一四三頁。
(19) ドゥルーズ／ガタリ、前出、一〇三頁。
(20)『ベンヤミン・コレクション2』前出、一四七頁。
(21) 同、一四一頁。
(22) 同、一四八頁。
(23) 同、一六二頁。

思考を、絶筆と言われる文章（「歴史の概念について」）のなかにしるしている。カフカ論の最後の文でも「いつかメシアが現れて正すことになるだろう世界の歪みが、われわれの空間のそれでしかないなどと言える者など誰もいない。歪みはまちがいなくわれわれの時間のそれでもあるのだ[24]」などとベンヤミンは書いている。「空間の歪み」を発見したユダヤ人の物理学者は、もちろんそんなことまで問うてはいない。

空間と時間の歪みを正すというメシア、それが単にすぎさった神話、神学の話ではないとすれば、「歪み」とは正さなければならない人類史の罪や悪のことなのだろうか。「人間相互の疎外が頂点にまで達した時代、見極め難く媒介された関係性が人間の関係性の唯一のあり方となってしまった時代、この時代に映画と蓄音機は発明された[25]」。映画と蓄音機だけではなく、つぎには核爆弾が、そしてコンピューター、インターネットも生み出された。多くの移動、接触、発見、通信が未知のものを既知にし、既知のものを未知にする。既知と未知の区別が失われ、世界の輪郭ばかりか存在そのものが確かでなくなった。

世界の変化を顕著な変化として加速するように把握する認識は、変化を肯定し革命をうながす欲望でもある。決してそれは全体に及ぶ変化の効果を予測しえないので、同時に危険をも増大させうる。反動は、単に保守でもあれば、逆方向への「変化」でもあり、同じ危険をはらむ。時間の歪みをただそうとする反応は、新たな歪みを生む。変化は不気味なものだが、変化しないものもそれに反応してさらに不気味になる。そのなかでメシアの像も、神学も、神話も、決して消えることはない。太古のメシアも、それがいよいよ出現する（とみなされた）ときには危機と革命の合図だったのだ。

原点の方から自分を圧迫する過去の敵と、行く手にたちはだかる未来の敵に挟まれて、どちらか一方が加勢してくれても、もう一方が敵となる。のっぴきならないそんな立場から闇に乗じて脱出し審判官になる、という夢をカフカは手記に記している。[26] そういう状況には終わりがない。その時間はたえず逆流し、捩れる。カフカをどのような時間の歪み（そしてその修正）の表現として読むか、二〇世紀のマイノリティを襲った（決してそれは特定の民族や国民のことにとどまらない）急激な変化の兆候として、あえてその変化を加速するようにして、そこからなお肯定的な線分をとりだそうとするか（D＝Gの場合）、それとも太古から離散と犠牲の歴史を繰り返してきた〈民族〉のメシアが、いまもうちおろす小さなハンマーのようにして、その作品を読むか。もちろんこれは二者択一というわけではなく、じつは複数の時間のあいだで歪み、湾曲するカフカの時間こそが問題か、と思わされる。出口のない非決定の迷路とは、時間のことにほかならず、カフカの主題は分厚い伝承でも、未来の予兆でもなく、その間で歪む時間の形そのものであったかもしれない。

（24）同、一五五頁。
（25）同、一五九頁。
（26）『カフカ全集』前出、二巻、前田敬作訳、二三九頁。

やさしい顔の「鬼」たち

出会った人の多くが、すでに鬼籍に入っている。この歳になれば、仕方のないことである。「鬼籍」とは、死んだ人を「鬼」あつかいすることなら、ずいぶん失礼な言葉といえる。しかし「鬼」たちの印象の、なんとやさしいことだろう。

たとえば留学生時代を終えて最初に就職した大学には、もう老齢で、なぜか僕と同姓の教授が先輩でいらした。専門を存じ上げなかったのでたずねたら、「私に専門はありません。フランスの著者をＡＢＣ順に読んでいます」という答えが返ってきた。ずっと独身で、結婚相手はピアニストで、それもフランス音楽を弾く女性でなければならないと決めこんでいた。お宅にお邪魔したところ、庭の一角に小さな建物があって、それがコンサートホールなのだと説明された。ピアノはおいてなく、未来の花嫁がもってくるはずだった。

すすめられた底のぬけた古いソファにすわり、ラヴェルの「クープランの墓」のレコードをいっしょに聞き、そろそろお暇しようとしたら、もうひとつ聴いていって、とプレーヤーに古いレコードをおかれた。「旅の衣は鈴懸の」で始まる「勧進帳」の長唄だった。秋口の夜に、月が出ていた。まもなく健康をそこなわれ、失火で炎にまかれて亡くなられた。それ以来ラヴェルを聴くと「勧進帳」が聞こえ、「勧進帳」の響く場面ではラヴェルが鳴るようになった。

パリではヴァンセンヌの森の中にある大学に通い、とりわけある哲学者の講義に興味をひかれた。煙草の煙のたちこめる粗末な教室に、ぎっしり聴衆が並び、その奥に聴衆にまぎれて座り、しわがれ声で奇妙な単語を次々くりだす先生がいた。名前をジル・ドゥルーズといった。まだフランスに着いたばかりで、何をいっているかよくわからなかったが、その口調とまなざしに、たちまち強烈な印象を受けた。はりめぐらせた巣のうえで、糸をつたわってくる振動をとらえながら考える哲学的な蜘蛛のイメージだった。僕もその巣にかかってしまったというか、とにかく聴衆のあいだを不思議な振動がかけめぐっていた。

これで哲学という学問のイメージがすっかり変わってしまった。哲学の仕事とは、厳密な概念をみがきあげ、体系を築き上げることよりも、世界のカオスに直面しながら、様々な波動のあいだに概念を結晶させることであった。やがて論文執筆の指導を受けることになり、ついでこの人の著書を翻訳することにもなった。巨大なマグマのような思想を前にして、おずおずと意見を述べることがあったが、いつも励ましがやってきた。いや、それが励ましであったことは今頃感じるようになっている。当時は次々おしよせてくる難題の間で、ただもがき続けている感触しかなかった。

自殺したドゥルーズについては、たくさん愚かなことが言われた。しかし「哲学者は、死者たちのもとから帰ってきて、またそこにもどっていく」。映画についての本のなかでドゥルーズは、ふとこんなことを漏らしていたのだ。それなら、この哲学者が生者のもとにあった、ほんの短い間に出会いはあったことになる。

しかし出会いとは、そのときだけのものではなく、生きているときには達成されないのではないか。現に、死者たちの間にもどった人と、何べんでも出会っている。出会いの不思議に出会う。それは時間の不思議でもある。いま同時に、何人ものやさしい「鬼」たちの顔が浮かんでくる。

V　身体、物、イメージ

ニジンスキー事件――室伏鴻『真夜中のニジンスキー』プロジェクトのために

「私は心で感じることをすべて理性と呼ぶ」
（『ニジンスキーの手記』鈴木晶訳、新書館、八〇頁）

1

仮に「ニジンスキー事件」というようなものがあったとしよう。世紀のダンサーの出現と消滅。その軌跡は、二つの世界大戦、そしてロシア革命にも翻弄された。「狂気」によってダンスを奪われ、姿を消したダンサー。その後二度と舞台に立たないまま、晩年の精神病院での跳躍だけがフィルムに記録されている。しかし「事件」とは、それ自体数えきれない出来事の連鎖からなるものだ。「事件」が「伝説」となり、ニジンスキーがその事件の名前となったとき、すでに出来事はその「名」に吸収され、隠され、抹消され、見えなくなる。天才の、狂気のダンサー、奇蹟のような跳躍、「牧神の午後」のスキャンダル、消滅、そして神話。華々しい出現がなければ、悲劇的な消滅もなかった。しかしこれらの出来事すべてが、彼におしよせたことのすべてが、「運命」というようなそれ自体神話的な言葉によって蔽われはしないとすれば、やはりそれは、一個人の厳密な意志にもとづき、選択された生であったかのようでもある。ほんとうは何が起きたのかわからないが、しかし「伝説」は作られた。「神話」となり「伝説」となったことの内実はもはや知るべくもない。じつは何が起きたのか。何も起きなかったのか。何も起きないかのようにして、何かとても重要なことが起きたのではないか。

「症状」の発現からまもないとき、ニジンスキーは約四〇日（1919.1.19-3.3）、集中的にあの『手記』を書き続けた。彼がなぜ、どのようにしてダンサーになったか、そしてそのダンスがいかなる成功であり、挫折でもあったか、あたかも彼自身が『手記』を通じて、そのような問いのすべてを意志的に引き受けようとしたかのようでもある。「狂気」さえも、狂気の「ふり」をすることによって引き受けたと彼は書くのである。しかも彼に起きたことのすべてが、「神の試練」であり、神との対話のうちに進行したかのようでもある。「手記」の大きな主題は、「感情」を肯定し、「知性」を批判し、「理性」と「感情」の結合を確かめることである。彼にとって「心で感じることはすべて理性」なのである。そしておそらく、もう一つの大きな課題とは、〈死〉を理解することである（「私は死にたくないから死のことを考える」）。そして確かに「感情」にとって、とりわけ「愛」と「性」は大きな問いにちがいないが、「愛」と「性」はつねに葛藤的な関係の中にある。

これらの問いそのものが、ニジンスキーの精神を引き裂いていたにちがいない。しかしニジンスキーはなぜ狂気に（おそらく典型的な統合失調症に）陥ったのかわからない。そのような問いに引き裂かれた精神がすべて、そのような症状を呈するわけではないからである。はたして彼の精神が、何をどのように生きたか、『手記』を読むものはそのことをかろうじて推測しうるだけである。当然ながら『手記』の読み方は何通りもあるだろう。

一つはまさに症例として、病跡の記録として（精神鑑定でもするように）読むことである。もちろんこれはニジンスキーが望んだ読み方であるはずがない。精神病理学や精神分析学の見識はもちろん示唆するところがありうるとしても、それがニジンスキーの精神を、狂気を、ニジンスキーとは誰なのかを、本質的に解明したことになったかわからない。『手記』の言葉は確かに「病跡」を読み解く手がかりになるだろうけれど、その病のさなかにあり、病と闘っているニジンスキーは、単に病に侵された客体ではなく、ある異様な強度の緊張状態を生きている主体であるかぎり、客体として分析されることを拒否している。『手記』を症例として読むことは、すでに人為的に構成された「読み」である。しかし症候は確かに彼自身によって意識され、同時に彼は症候と戦い、精神を治癒し再建しようとしている（ミシェル・フーコーは症状そのものが、「病因」に対する抵抗の表現でもある、と述べたことがある）。したがって、もう一つの読みとは、正常・異常の判断をまったく排除して、ただ一つの精神の忠実な記録として読むことである。ニジンスキーが記録し伝えようとしたこと、その葛藤や相克の過程をまったく「虚心に」読むこと。そういう読み方があってよいはずだが、実は「虚心」ということもあるはずがない。ニジンスキーの思考が引き裂かれていたように、このとき『手記』を読むものの思考も引き裂かれ振動するしかない。

神が私に命令した。すべては神が望んだことだ。これも手記の全体を導く強いモチーフである。しかし神の操り人形だと言うのではない。私は神の中に宿っている。それゆえ私は神である、と彼は書く。「神と結婚する」と告げてはじめた「最後の踊り」で、彼は「これから戦争の踊りを踊ります」と宣言したということだ。その日（1919.1.19）に書き始めた『手記』の全体が、ある壮絶な「闘い」を繰り広げているともいえる。戦うべき無数の敵がいる。金持ち、貴族、ディアギレフ、批評家、肉食するもの、証券取引所、政治、戦争、ロイド゠ジョージ、ボルシェヴィキ、妻の家族……しかし敵はしばしば味方でもあり、両価的である。書き手は、ある幻想的な闘争の状態にあっても、あくまで真実を書いていると言い続ける。確かに、幻想なのか事実なのかは、もはや重要ではない。幻想であれ事実であれ、一つの魂が実際に生きたことであり、生きたことでなければ思考されたことの記録であり、それはある戦い、自問自答、対話、宣言、呼びかけ、叫びとして書かれた言葉であり、そのまま読むしかない言葉として読みうる。私たちは、読解の観点を決定しがたい状況に身をおくことになるが、ニジンスキー自身がそのような状況のなかで引き裂かれ、揺動しつつ思考し、書いたのである。

それにしても、まずニジンスキーのバレエがどんな表現であり、出来事であったかをふり返っておくことがどうしても必要である。室伏鴻は、ニジンスキーのダンスそのもの、その技術的側面、そして演出・振付には、それほど関心を示していないし、それを現代的にリメイクすることも、それを主題とするダンスもめざしていたわけではない。しかし、もちろんその基本的な特徴をふまえながら「真夜中のニジンスキー」という舞台作品を構想していたことは確かなのだ。次のようなメモが残っている。

ダンスが本来持っていた力から　どんどん逸れていっている。
実はダンスを放棄したところに　ダンスの始まったときの力があるのだ。
我々は　どれだけ、いかに、その根源的な力の始原に迫ることができるのか。
その力の始原には　何があったのか。
牧神がいたり　スフィンクスがいたり　あるいはフェニックスがいたり。
人間の胎児はどこから産まれたかと問う根源的なエネルギーこそが　ニジンスキーの「牧神の午後」

という作品が生まれた訳であっただろう。

人とケモノの間にあるもの、
角であり牙であるもの
人間の言葉を失ったもの、
人間の愛をうしなったもの

ニジンスキーの「伝説的」跳躍が、きわめて印象的なものであったとしても、肝心なことはその跳躍の高さや距離ではなく、もちろん運動能力の問題ではなく、その跳躍そのものがすみずみまでダンスであったことが重要に違いない。妹のブロニスラヴァの記述は、ニジンスキーの動きがどのようなものであったかを鮮明に、本質的に説明している。「ニジンスキーの踊りの驚くべき特徴の一つは、彼がいつ一つのパを終え、いつ次のパを始めたかがまったくわからないという点だった。プレパラシオンは、可能なかぎり最短の時間、すなわち足が舞台の床に触れるその瞬間に、すべて隠されていた。執拗に繰り返されるアントルシャ・シス、アントルシャ・ユイット、アントルシャ・ディスの背景では、振動、震え、羽ばたき、飛翔など、ありとあらゆる動きが彼の身体の中でおこなわれていた。各々のアントルシャの後、ニジンスキーは床に下りて来ないで、上方に向かって羽ばたく鳥のように、上へ上へと飛んでいるかのように見えた。すべてのアントルシャが上方への飛翔に溶け込み、一つの連続したグリッサンドになっているのだった。〔『眠れる森の美女』の〕その青い鳥の踊るイメージには何か魔術的なものが付け加わっていた。〔……〕大きな動きを見せる腕＝羽が、閉じたかと思うとまた開き、彼を空中に、彼自身の空気の中に、彼自身の元素の中に、浮かせているみたいだった」（鈴木晶『ニジンスキー　神の道化』新書館、九三頁に引用がある）。

形式、ポーズ、リズム、幾何学、シンメトリーのような古典美学的規範に対して、何かかなり異質な原理をもつ異質な運動がここでは繰り広げられていた。この運動は、形式にしたがうことのない無形の流動であり、他律的な構成でなく、「彼自身の空気の中に、彼自身の元素の中に」あって、あくまで自律的な生成であり、分割不可能な連続性、連続変化（グリッサンド）である。もちろんあらゆるダンスにおいて高度な技量を駆使する運動（名人芸）は、しばしばこのような側面をもっているにちがいないが、おおむねそれは規範的美学にしたがう副次的装飾的な面である。ところがニジンスキーは、反対にこのようなグ、リ、ッ、サ、ン、ド、自体を原理とするダンスを実現していたかのようなのだ。絵画における色彩の自律的「変調」modulation（それは「色価」のように表象の要求に従属する色彩法に対立するものだ）、音楽において音階や調性の秩序を脱し、音そのものが何か物質的過程となるような連続変化を、ニジンスキーは敏感に受け取り、それらに対応するような動きを追求していた。同時代の美学的変容を、必然的で必要な転換として察知し、彼自身の芸術において、それに呼応する技法を発見し洗練していたように思われる。

そしてもう一つ革新的だったのは、特に『牧神の午後』において、バレエの古典的運動そのものを拒否し、解体し、減速し、減速した細部においては加速し、古代エジプトのレリーフのような、ある平面性において「ポーズをつなぎ合わせ」、身ぶりをモザイク状に配置する構成を実現していたことだ。いわばバレエの三次元における有機的運動を、二次元に縮減しながら無機化するかのようにして解体し変形したのである。

『シェラザード』のニジンスキーのダンスについてフォーキンはこう述べていた。「男っぽさが欠けていて〔……〕、奴隷の役にはぴったりだった。原始的な野蛮人みたいだった。それは体のメークアップのせいではなく、動きのせいだった。半分人間で、半分は猫科の獣になったかのように、音を立てずに大きく跳躍したかと思うと、今度は種馬になり、鼻の穴を膨らませ、全身に漲るエネルギーが溢れだし、まるで蹄がついているかのように、荒々しく舞台を踏みならすのだった」(同、一四二―一四三頁)。この獣性、野生の表出は、パリに現れたロシアバレエ団が体現したエキゾチズム、オリエンタリズムと一体のものでもあった。これについては、たとえばアフリカの彫刻、仮面、日本の浮世絵などが、西洋近代美術にどのような創造や変形の機会をもたらしたか、想像してみるだけでいい。

そしてこの平面性、無機性、断片的な身ぶりのモザイクは、『牧神の午後』の最後の場面の、もはやバレエとかけ離れた、緩やかな例外的身ぶりに収斂することになった。「もはやそこには跳躍もなく、名人芸の見せ場もない。ここにあるのは、半ば人間の意識にめざめた獣の身振りと仕種だけだ。彼は立ち上がり、身をかがめ、ひざまずき、うずくまり、ふいに体をのばす。時にはゆっくりと、時にはピクリと、神経的に、ぎこちなく進み、後ずさりする。目は獲物を求めて、胸を大きく広げ、手が開き、閉じ、頭はぐらりと傾き、後ろに反り返る。肉体のあらゆる部分が、彼の心をよぎる動きを表現する」(ロダンの評言、同、一九四頁)。こうしてもはやロマン主義的精霊ではなく、肉それ自体の重さと濃密さに密着するかのような身ぶりの舞踏が実現された。

2

ドゥルーズ＝ガタリの『アンチ・オイディプス』はまさに〈ニジンスキー事件〉の唯一の文書として

『手記』を引用している。「反キリストは、〔排他と制限の師匠である神とは〕逆に一主体が可能なかぎりあらゆる述語を遍歴することを規定する変身の王子である。私は神であり、神ではない。私は神であり、〈人間〉である。ここでは派生した現実の否定的な離接を、〈神―人〉という根源的な現実において超越していくような総合が問題なのではない。むしろ一項から他項へと漂流し、その間の距離に応じて、それ自体で総合を実現するような包含的離接 disjonction inclusive が問題なのである」（『アンチ・オイディプス』上、河出文庫、一三一頁）。

要約するなら、『手記』の三つの書法、論理はとりわけ次のようなものである。

(1)「私は泣き声をあげるが、私は牛ではない。私は泣き声をあげるが、殺された牛は泣き声をあげない。私は神であり、「牛」だ。私はエジプト人だ。私はヒンドゥー教徒だ。私はインド人だ。私は黒人だ。私は中国人だ。私は日本人だ。私は異邦人であり、よそから来た。私は海鳥だ。私は陸鳥だ。私はトルストイの木だ。私はトルストイの根だ。トルストイは私のものだ。私はトルストイのものだ。トルストイは私と同じ時代に生きた」（『手記』六七―六八頁）。これはまさに「述語の遍歴」にあたる論理、AでありBであり、Cであり、……というもの。

(2)「私は牛ではない。私は牛だ」。Aであり、Aでない、という包含的離接の論理、その追求。そしてむしろAになること。牧神であるのではなく、牧神でないのでもなく、牧神になること。狂人になること。生成変化（なること）の論理でもあるこの「離接」は、排中律のない別の次元に言葉を導く。それは決してカオスではない。Aであり、Aでないことによって、言語の別の平面を実現することが必要なのだ。

(3) そして「私は牛だ、と私は書く」。ニジンスキーは、つねに自分が「書いていること」を強く意識している。手記に書かれる言葉自体によって、ひとつの言語面が創造されている。もはや命題（真偽の判断）のために書くのではない。「あらゆる言葉を話したい。だができない。それで私は書く」。「私は……である、と書く」。こうして、まったく異なる用法（文法）をもつ、異なる言語の地平を実現している。同時にそれは、私は狂っているのかどうか、そのことを慎重に計り、理解しようとする言葉でもある（アルトーではなく、ニジンスキーの「神経の秤」）。こうして精神の葛藤をくぐりぬけ、愛の肯定か否定か、真実か虚偽か、正義か悪かといった排他的「離接」を脱すること。そのための試行、闘争が続行され、言語・思考の平面が解体され、同時に別の平面が実現されている。

最初に出版された『手記』では、あからさまな性的言及や、人物に対する中傷などの部分が、そしてきわめて簡素な語彙で書かれた詩が、妻ロモラの配慮によって、ほとんど削除されていた。当然、ニジンスキーが娼婦を買ったというくだりも削除されていた。そしてバレエ学校の有望な生徒であり、金持ちの男爵の愛人になった少年時代。やがて次の愛人ディアギレフとの出会いが、ニジンスキーの運命を決定することになったことにも触れている。どうやら「売春」は、ニジンスキーの『手記』の強迫的主題のひとつである。「私は神の道具である」、「私は金持ちが好きだ」（『手記』八三頁）、「私はディアギレフを愛していなかったが、彼と一緒に暮らした」（一六二頁）、「ディアギレフが傷つけたのは私であって、あなたがたではない」（一六四頁）。ニジンスキーはその肉体とダンスの才能と「ひきかえに」、芸術、富、栄光を手に入れることになる。しかしディアギレフと別れ自立しなければ、彼にとって芸術家として、人間としての完成、そして愛の完成はありえない。ニジンスキーは、そこまで彼自身の性的、芸術的状況をつきつめていたと想像できる。こうしていくつものダブル・バインド（愛の理想―性的罪悪感、自由人―服従、成功―挫折）の状況が重なりあっていた。ロモラとの突然の結婚（愛の実現）により、その状況から一気に脱出しようとしたのか。結局、彼はバレー団を解雇され、ダンサーとして破滅の道を歩むことになった。この一連の出来事は、病跡の追求（または精神分析）にとっては重要な手がかりになりうるが、むしろニジンスキーを悩ませた葛藤の中心には、「交換」という問題があったのではないか。

資本主義的「交換」は、労働と貨幣の等価交換の次元をはるかに超えて、性的、肉体的、美的な次元に及ぶものである。「売春」は、単なる例外的周縁的交換ではない。「成果 oeuvre を生み出し、価値に変える労働は、これに正比例して、その行為者の価値毀損 dépréciation を増大する」（マルクス『経済学・哲学草稿』、これはデリダのアルトー論の注に引用されたマルクスの一行である）。肉体、魅力、美は「生ける貨幣」（クロソウスキー）であり、普遍的商品でもあり、あらゆるものと交換可能である。美的芸術的詩的価値もまた交換や取引の対象となり、たえず価値の創造をうながし、また価値の体系を混乱させている。この次元で等価性の原則は無効である。つまり資本主義的交換の原理的等価性はたえず破綻し、価値の基準は錯乱し、この破綻、錯乱は常に進行している。交換の増殖、加速、交換からの逸脱、交換の脱領土化が起きている。ランボーは、市場を混乱させる「新しい肉体」の売買についての詩を書いていたのである（『イルミナシオン』の「大安売り」、そして詩を棄てて商人となったランボー）。ディアギレフとの金銭をめぐる「訴訟」についてニジンスキーは書いている。証券取引所に行き、株で大儲けし、市場を破壊し、無制限の贈与をしたいと『手記』で繰り返し書いている。神、愛、そして交換価値の破壊をめぐる幻想は、ニジンスキーの葛藤の中心に位置していたようなのだ。

しかし神とダンスは区別されなければならない。「私はキリストとは異なった習慣を持っている。彼は不動を愛した。私は動きと舞踏を愛する」。交換は本質的に不等、不均衡、そして不当、不正である。そのことを暴くこと、交換によって交換を破壊すること、ニジンスキーの舞踏はその真っただ中に立ち、横たわり、そこに別の舞踏が始まる。交換の狂気、狂気の交換、その闘いの只中、真夜中のニジンスキー。

「脱」の舞踊――田中泯序説

生きもの、脱落

映画『たそがれ清兵衛』（山田洋次監督）のなかで、藩から切腹を命じられたのを拒んで屋敷に立てこもった危ない剣豪の役を、田中泯は演じた。手の付けられないこの侍が、死んだ妻の遺骨をかじりながら酒を飲んでいる場面があった。あの場面で泯さんは、アルコールで肝臓を悪くして亡くなった彼の弟の、骨壺のなかの骨をかじっていたと言う。

田中泯も同席していたはずの飲み会でのこと、土方巽が、屠場で体を真二つに切り開かれたばかりの牛の内臓と血のなかに全身を潜らせたことがあると語ったのを、なぜか私は思い出していた。「ほんとう」のことだったかわからない。土方は、半ば挑発ぎみに、嘘のようなほんとうの話とほんとうのような嘘を機敏にかきまぜて語り続けた。

骨についた肉や、軟骨をかじったり、豚の血を固めたもの、動物の脳、精巣、眼球まで食べるのは、人間が平素やっていることで、それほど大それたこととも思えないが、肉親の骨をかじるとなると、少し異なる次元に入る。屠られ開かれたばかりの牛の内臓にまみれて泳ぐことも、それに近い。それらは、死んだ「いのち」を、わが身に浸透させようとする密かな儀式のようなものであったかもしれない。すさまじい侵犯の行為のようだが、むしろそれはひどく優しい愛の行為だったかもしれない。土方巽のデビューは、舞台上で鶏の首を絞める「舞踏」だった。いのち、生きものとのかかわりが、人間のダンスの奥深くまで侵入したのであった。

『海やまのあひだ』と題された田中泯の踊りの写真集には、「夢の島」のゴミのあいだにまぎれ込んで踊った場面の強烈な映像がおさめられている。この場面を提案し撮影した岡田正人という写真家との共演だった。東京中のゴミをのみこむ埋め立て地は、すでに廃止されたゴミ捨て場であったようだが、巨大な文明の屍の間で、まる裸になったダンサーの体表を、さっそくおびただしい蝿の群れが訪れた。凶器となりうる破片や毒物も、得体のしれないガスや溶融物もまぎれていたにちがいない。それは大都会のゴミ捨て場である以上に、「夢の島」という名の「ごみの墓場」であった。それぞれのゴミたち、夢と欲望の残骸とともにダンサーは踊ったのか。遺棄されて腐食や解体の道を歩んだゴミたちが、再び夢を見始めたように表情を変えたのか。ゴミとなった無機物・有機物は、まったく平等に解体や溶解の過程に導かれたが、おもむろに、それぞれの色彩と質と輪郭をもちなおしたかのようだった。もはや遺棄され腐食するものの悲惨ではなく、それらを蔽っていた文明の意図と形式の網目から解放された物たちが、ごみにまみれて震えるダンサーの肉のまわりで、さらに別の物質として輝き始めた。果てしない廃棄物の砂漠は、ほとんど崇高な光景を呈していた。

いきなり二人の人物を並べて語りはじめたが、一九七八年にパリで私は田中泯に出会い、五年後に東京で、彼に導かれて土方巽に出会い、それから泯さんはいたりいなかったりでも、とにかく数年間、土方と夜通し対面する濃密な時間に何度となく恵まれた。私は、この二人の「舞踊家」から、言い難い、奇妙な、深い影響を受けている。自分が踊り手をめざしたことはないし、特にダンスを研究し書くことをめざしたわけでもないのに、そのダンスばかりか、言葉、文章、居ずまい、身ぶり、声、そして表情、

田中泯「ハイパーダンス・プロジェクション 1824 時間」東京・夢の島（1977）
写真集『海やまのあひだ』所収、写真＝岡田正人（工作舎刊、2007）

思考にいたるまで、いちいち読み解くようにして観察し、触発されてきたのは、彼らが「ダンス」を大きく逸脱する次元を生きていたからである。もちろんそれは彼らが「踊る人」であったことと切り離せないが、その「踊り」が何かとてつもない、果てしない追求とともにあったからなのだ。

それを「脱落」というのか、「超脱」というのか、それとも単に脱走、離脱などと呼ぶか、いずれにしても、ある「脱」の実践であったことは確かである。夢の島、ゴミの島の踊りは、文明から、その光から、人間から、人間の夢から、人間のための価値や用途から、脱落し排除されたものといっしょに、さらに脱落するかのような実験的行為であった。そのあとダンサーは服を着て、いつもの部屋に戻っていったかもしれない。しかしその「踊り」の時間は、ある脱落の行為として記憶され、写真に定着されることになった。それが動画に記録されたならば、また別の記憶が定着されたかもしれない。とにかく写真において定着された瞬間は、「脱」の行為を濃縮した時間であり、その凝縮力ゆえに「脱」の時間の濃度を伝えてくる。それは静止画像にちがいないが、この静止は「脱」の運動をじかに表現する「持続」なのだ。

言葉か舞踊か

確かにそれは何かに入っていくこと、参入し、鍛錬し、形式を身につけ、形式と共にさらに闊達に、力強く、あるいは優美になっていくような舞踊ではない。もともと舞踊は、形式的完成などとはほど遠い、きわめて原始的な行為であるにちがいない。

「言葉よりもダンスが先にあって、ダンスは言葉を待っていた」と、田中泯は語ったことがある。いずれにしても反復され模倣されうる形式をそなえはじめた舞踊は、もはや言葉以前にありえたダンスとは少し、あるいは大いに異なる行為にちがいない。そして舞踊の必要と、言葉の必要は、すでに同じ必要ではない。二つの必要は、〈生きのび〉にじかにかかわる必要に比べれば、もはや不必要でもある。しかし言葉と舞踊は同じ必要ではなく、ある状況では言葉よりも舞踊が必要であり、別の状況では舞踊など不要で、言葉が必要である。しかし必要であれ不必要であれ、二つとも人類史とともに永く持続されてきた。言葉のほうがはるかに必要性が高く、このほうがはるかに不可欠だとは言うまい。それでも舞踊は人類史の片隅にしぶとく在り続け、いつも疑いをもって人類史を見つめ続け、人類史の窮屈さにあきれかえり、あくびしながら、別の人類史を保持してきたのだ。人類史は、無用なものを尊重しながら、命がけでそれを大事に培い保持してきた歴史でもある。無用なものの必要は、たえず再発見されてきた。

そして言葉に対して、たえず変化の要求や圧力がたえずおしよせてきたように、どんな活動にも、どんな能力にも、変化や淘汰の圧力がおしよせてきた。言葉は、言語となり、情報あるいは記号とみなされて、ますます高度な技術と操作の対象となってきた。高度化は、恐るべき単純化、画一化、平板化と同時進行している。世界の活動は、決して言語や労働、芸術や舞踊や詩につきるものではないが、ここではあえて、言語と舞踊だけをとりあげて対照させながら考えている。

もちろん言語と舞踊は、対立概念ではない。しかし決して調和的に適合する二つの活動でもない。人類は、ときに言語から逃れたいかのように踊り出すのではないか。識別しがたい様々な動きのあいだから、成形された身振りや舞踊が現れたにちがいないが、明晰な意味をもつ言葉のコミュニケーションは、いつでも「身ぶり」という、このあいまいで法外な領域に脱落しうる。「脱落」とは、解放でも、休息でもあり、別の生、別の時間の要求でもある。

「舞踊」を一つの「身体言語」とみなすような観点は、いつも存続する。それを固定されたルールと価値観のもとで実行し競いあうスポーツのようなゲームとみなすことができるし、それもまた人類史とともに、賑々しく持続していくことだろう。しかし言語についても舞踊についても問いはやむことがない。舞踊は言語を問い、言語を拒み、言語から脱していくようにして問いを深めるだろう。そのような問いがやはり言語をともなうならば、同時に言語が言語を問うことになる。舞踊それ自体を引き裂くほどの問いを舞踊にむけて提起しながら、問う言葉そのものを引き裂くようにして、同時にその過程を思考の舞踊とし、新たな舞踊への指針にするような舞踊家たちが確かに出現していた。どうやら私は、そういう過程と出来事に遭遇し続けてきたようだ。

生命という問題

人間の生を、精神の生として、社会の（中の）生としてとらえること、そうではなくむしろ「生物（いきもの）の生」としてとらえること、二つの把握のあいだには、どうやら根本的なちがいがある。あるいはその違いに呼応して、根本的に異なる認識や実践が現われる。ダンスもまたこのことと無縁ではありえない。人間の生活、とりわけ感情の様々な様態、その悲劇や喜劇に密着してきたダンスがあり、祝祭の歓喜、高揚、あるいは聖性の表現であるような世界各地の舞踊の多様性が思い浮かべられる。ダンスを構成する基本的要素が、いつでも身体の所作であるかぎり、身体のあらゆる潜在性や可能性が、おのずから注意と探求の対象になることは必然である。〈身体〉そして結局は〈生命〉にむかう特別な意識は、歴史のどんな段階でも存在したにちがいないとはいえ、生命に対する鋭い意識は、ダーウィンやニーチェのような名前に象徴される認識の大転換に呼応して、ダンスにも深く忍び込んだにちがいない。

すでにダンスは、それ自体が〈変身〉のパフォーマンスだったのである。悪魔や死者や動植物や怪物や精霊への変身は、しばしばダンスの目的でもあった。しかし生物学的な生、原生動物から変身をとげてきた無数の生、そして突然変異と淘汰の時間のようなものが、やがてダンスの意識にも身体にも浸透していった。浸透しないほうがおかしかったのだ。ダンスはもともと進化の時間に胚種のように内包されていて、それ自体の持続や変容も、この胚種を伸長させるように形をとってきた、と考えられる。

短い文章では、とうてい扱いきれない問いに私は迷い込んでいる。「歌舞音曲」の一つとして、しばしば「余興」のように名指される行為に、生命をめぐる根本的な認識や実践を見るとは、いかにも大げさにも思えようが、問いの焦点はこのことである。田中泯は、その問いとともに踊り、問いそのものを踊るように続けながら、あらゆる機会にそのことを言葉にもしてきた。「私たち人間は生き物だ。この間違いのない真実からしか、「人間らしさ」は語れないのではないだろうか。生き物が人間になろうとしている。そんな界隈に舞踏は居る」（『僕は裸だった』工作舎、八二頁）。「私が熱意を込めて踊るのは人類の糞の化石に集る一匹の微生物の欠伸のようなもの」（同、八八頁）。「生命に執着し、生命に同伴する事象に「ダンス」を選択したことが、私にとって何事かであったわけだ。生命は産まれ、出合い、結び、別れ、再会し、忘却、消滅、などなど、人間精神の運動であると同時に細胞的運動でもあるのだ」（同、一四四頁）。

『生命のダンス』とはいかにもありふれた、でなければ、いかにも誇大なタイトルでありうる。しかし「生命」が何を意味するか、その意味が何を要求するかに注意をむけて「踊る」とは、ひどく難しい問いを「踊り」に強いることになる。もともと「踊り」が生命そのものであるならば、それはまったくありふれた、さりげない試みの連続にすぎないともいえよう。それほど大げさなことではない。実にさりげないことでもある。そのダンスを受けとるものも、その間で振り子のように揺れながら、おどおど踊っていればいいのだろう。

生命と生物に関して、生物学自体も繰り返し形を変えて問うていることは、生物は、どこまで物理化学的なメカニズムとして説明できるかという点である。生物を一つの精巧な機械として解き明かそうとする探求は、長い間続けられてきた。現代の生物学もその延長上にある。生命をめぐる機械論と生気論の対立は、長いこと繰り返されてきた。「生気論」とは、物理化学的機械として説明できない生命を、「魂」のように神秘的な実体によって説明することならば、もはやそれは単に科学的立場を否定する認識にすぎない。「生気論の否定こそが生物学の歴史である」(ベルタランフィ)というように、そのことがはっきり表明されたこともある。細胞、遺伝子、分子へと認識の精度を高めてきた現代の生物学を前にして、もはや生気論は、時代錯誤な神秘主義にすぎないようにも見える。言葉を変えれば、生気論とは、たとえ生命が機械的構造からなる総体であるとしても、それを決定する何か別の要因があるとみなす立場である。しかしその「要因」さえも科学の言葉で語りうるか、それとも別の言葉が必要なのか、そこに哲学の出る幕があるのか、それがわからない。

ベルクソン的

一本の大根が、どのようにして均等な円形に成長していくか、ある対話の機会に、明解な科学的説明を聞かされて、みずから大根を栽培する田中泯がむくれていたことがある。「そんな、機械みたいなものじゃないよ」。現代において生気論を最も真剣に受けついで、生物学の成果も踏まえながら独自の生気論を再構成しえたのはアンリ・ベルクソンであった。生命の進化の根源に、ある「躍動（élan）」を想定することなしには、たとえば異なる系統において進化した生物（軟体動物と脊椎動物）に、同じ構造をもつ眼球が形成されることなどありえない。進化は偶然の連鎖による機械的形成ではなく、「生の躍動」を根源として一定の方向にむかう、とベルクソンは考えた。

科学はもっぱら固定されたものの真理をとらえる知性の固定的認識であり、運動も生命もとらえそこなう、とベルクソンは一途に批判して、生命の現実を忠実にとらえる認識を哲学者として提案したが、もちろんたいていの哲学もまた彼にとっては、運動も生命もとらえそこねる「知性」の虚構の産物であったのだ。ベルクソンのこの思考は力強く、厳密に徹底されている。その〈厳密〉は科学のものではない異質な厳密性であり、そういう厳密性を彼は独自に作り出した。ニーチェのように破壊的でも挑発的でもなかったが、西洋の知性の本質的な批判者として、ベルクソンはその道を貫いた。

実はベルクソニスムの含む社会についての短絡的思考に対して、私は強い批判をもっている。ベルクソンは、生命の「あるがまま」を裏切り疎外する人間社会の体制を批判し、そのことを思想の強い動機にしていたが、なぜ人間と社会がそのようなものであるのか、それに対する批判を深めてはいない。とにかく科学も哲学さえも共有してきたその「裏切り」に対して、その習慣、惰性、権力に対して、彼は鉄槌を下したかのようなのだ。その力強い思考は、この頃再読した『創造的進化』にも、まざまざと感じられる。じつはこの力強い徹底性は、私が田中泯のたえざる活動から受け取ってきた、ある印象と共通点があるので、ベルクソンのほうに迂回している。

ベルクソンは「進化」の根源に、生物界の全体を抱擁しうるような「躍動」を考えているが、進化そのものを、むしろその躍動の「分裂」、「分散」、「分岐」として考えている。(「分裂」でありながらも根源的な方向をもっている)。そこから見えてくるもうひとつのベルクソニスムは、田中泯の〈哲学〉と交わるところがある。つまり田中泯のなかにも私は、ある「躍動」を見ているようなのだ。私はベルクソンに対して批判的距離をもつようになっているが、田中泯との約四〇年余りの交流を追跡しているうちに、むしろ彼のほうがベルクソンの「躍動」の発想を再発見させてくれた。

器官なき身体へ

『僕はずっと裸だった』を読み直しながら、いままで様々な機会に田中泯から受けとってきた思考の片鱗を私はつなぎあわせようとしていた。たとえば、生きものへの注意は決して「群れ」ではなく「個体」にむかうことについて。地球という星に登場した生命は群れとなり、類や種を形成する。そして人間の群れはまさに「社会」となり、強力な同質化や差別化が進行した。「なんと退屈で非想像的なことか」。ダンサーの「強い好奇心はやはり個体の一日の方にある」(同、一五七頁)。生物の特徴とは、自己複製、自己維持を持続する個体であるということである。それはもちろん「自己」とは何かの定義にもかかわるが、一匹の蠅やごきぶりでさえも確かに「個体」なのだ。しかしダンサーは、別に生物の定義を問題にしたわけではない。社会でも群でもなく、いつでも「個体」を注視すること。身体は本質的に個体であること、その孤立、その孤独、その脱落。もちろん個体どうしであるがゆえの強い引力、共感や愛が妨げられるわけではない。

これも田中泯の会話や稽古中の言葉から、印象に残っていることだが、ダンスの指導や稽古は、しばしば「見ること」にかかわっている。決して踊りを見せてはならない。むしろ踊る自身の身体に対する深い注意を持続すること、自分を見ることを中断してはならない。目標や意味を呈する顕著な所作は、むしろ身体の状態そのものを見えなくしてしまう。所作の時間をひきのばし、間の時間に観客の注意が集まるように、自身の所作を見続けること。決して凝視するのではない。半眼で、漂いながら、注意を持続させること。その意味では、自分にとっても得体のしれない自分の身体を見続け、見届けることが舞踊であるにちがいない。パリでの公演のあとの観客との対話で強く印象に残ったのは、踊っているときは決してトランス状態に入ったりするのではなく、知覚も思考も全方向に開いたままにしておく、と彼が繰り返し述べたことだ。半眼状態でも、観客と自分を包む場所に対する注意をとぎらせることはない。むしろそれは注意を平等に広げるためである。瞑想のような集中も、熱情的な高揚もない、怜悧な計算もない。そのように奇妙な〈明視〉をダンサーは、自分に課していたようなのだ。

「尻の骨だけで辛うじてそこにただよっているように見える横たわった白いカラダ。腹は筋の不在を主張して穴のように、まるで鍋の底だ。指に皮がまとわりつくような、小枝の節が肥大して痛々しい手のような手。空に向けて開かれた半透明の糸が、蜘蛛の仕業かと思わせるように。糸はくぼんだ眼の前を走りこれ以上考えられない繁茂した頭髪の一本に触れてカラダの背後の闇に消える」。「師土方巽のオドリを僕の頭のすき間に焼き付け直してみた」（同、二五一―二五二頁）というこの精一杯オドリになった文は、さらに屈曲し裂開しながら続く。舞踊についても、身体についても、まったく明晰な言葉で語る思考者でもある田中泯の前に、土方巽は、器官を散佚させ、その間に細かい糸をはりめぐらせるように、自身ももつれた糸になった身体のように漂っている。上空に浮上するかのようで、半身は大地にめりこんでいる。

　ここには「器官」からさえも脱落した、一つの身体のあり方が描かれている。労働、生産、そしてあらゆる社会的必要のなかで、つねに形式を、鋳型を、そして疎外さえも強いられている身体と生命に対しては、大いなる挑発ともいえよう。田中泯の名づけられない試みも、もはや舞踊という名をはるかに「超脱」して、ほとんど文明そのものに対する挑戦のような野心的な実験になった。しかし無謀な冒険ではなく、細心に慎重に持続されてきた爽快な実験でもあり、それゆえに多くの国々の、多様な人々の多種の活動と結びあうことができた。やがて舞踊と不可分になった農業の実践や知恵さえも、舞踊の所作と密に合体して、ある自然学的展望を切り開くことになった。多様な試みをすみずみまで貫いているのは、「超脱」よりもむしろ「脱落」というのがふさわしい「踊る」という、意味も目的もない果てしない「脱」の行為、ただその「躍動」なのだ。

事物と歴史

「思考によって、思考において正しいというのは悪魔的状態である。そうではなく事実において正しくあるべきである。」
（アントナン・アルトー）

高山登の作品について考えるうちに、いつのまにか遠くに問いが広がっている。彼の芸術の背後にあって、おそらくその核心にまで深く浸透している〈歴史〉という問題について再考することから始めよう。

歴史について新たに知ろうとし考えようとするたびに、「強迫観念」のように甦ってくるのは、そもそも何をさして「歴史」と呼ぶのか、というひどく基礎的な問いである。そんな問いに襲われることもなく、博識や考証をかぎりなく重ね、また論争することのできる人びとは幸いである。「歴史とは、昔、在った事柄をいうのであろうか？　それとも、粘土板の文字をいうのであろうか？」。かつて「文字禍」という短編の中で、あの中島敦という作家もそのことに頭を悩ましたのである。そして問いの答えは、幾重にも分岐していく。

書かれることがなく、記憶されることもなく、ただ「在った」歴史の有為転変を考えてみることは確かに可能である。無数の物のかすかなざわめき、人々の押し殺されたつぶやきを想ってみるだけでいい。そして羊皮紙にであれ、コンピュータのメモリーにであれ、記録された歴史とは、そのようにただ

「在った」歴史に対してもうひとつの歴史を作り上げる。それなら歴史とは、書かれる歴史と書かれない歴史の間の抗争の歴史でもある。書かれた歴史が書かれない歴史に侵入し、逆にただ「在った」歴史が、文字化された歴史を食い破ることもある。歴史とはそのようなせめぎあいと暴力の歴史でもある。

それは人間と物質との間に繰り広げられた抗争でもあるが、もちろん無機的な物質の宇宙と人間の世界との間には、生命というもうひとつの広大な領域がある。人間は物質と生命の織り成す諸層の尖端をなすといえるが、そもそも人間は物質と生命からなり、それらと別のものではない。

たとえば演劇とは、生きた人間が、死者たちの歴史を再現し物語る芸術であるとすれば、美術の手段とは、あくまで〈物〉であり、無機的な物質なのである。端的にそれは絵画における絵具、キャンヴァスであり、彫刻における木、大理石、ブロンズなどであり、たとえ造形のために生き物の血や骨を用いるようなことがあっても、それはすでに物と化した生体の一部にすぎない。

そして人間の歴史を語ってきた記念碑も、古文書も、なんという膨大な数の、死んだ物質の集積にすぎないことか。

歴史以前の物質があり、物があってこそ歴史があり、その「歴史」を記憶する媒体さえも、物にほかならないという、あたりまえの事実に眩暈を覚える。物は不気味である。物は扱いがたい。物は抵抗する。しかし物なしに歴史はありえない。

物は重たい。しかしその重さは、測れるとしても測り知れない。重さは重力であるかぎり、その物に属してはいない。だから物には重さがない、ともいえる。重い物として存在している物は、それをとりまく世界の中で重いだけだ。物は世界に属している。たとえ人間に属していないとしても宇宙に属している。

そして物は非人間的である。人間によって加工された物さえも、人間の痕跡ですっかり覆われてしまうわけではない。物をすっかり人間の物にすることはできない。物は、あくまで〈物自体〉である。しかしこの〈自体性〉はあくまで不完全なのだ。物は、決してそれ自体に属するわけではない。物は大地に触れ、光や空気に触れて絶えず変化しているので、その孤立した輪郭を決定することは難しい。

一方、歴史は人間の側にあって、物の側にはない。物の歴史などなく、物と戯れ、物を加工し、操作してきた人間の歴史だけがある、というしかない。物に対する暴行の歴史というべきだろうか。物を支配しながら、物と親和したつもりでも、物のほうで親和しているとはかぎらない。

高山の作品において、物と歴史は、たがいに侵入しながら、強く反発しあう。そこにはほとんど親和する気配がない。この印象がずっと頭を離れないのだ。

〈枕木〉とは、かつてアジアを侵略した日本の鉄道敷設の記憶に結びつくことを、高山は繰り返し語っている。二〇才の頃北海道を訪れ、そこで炭鉱の軌道に敷かれた枕木に出会った。それは苛酷な労働の場の記憶でもある。それは「人柱」でもある、と彼はいう。「枕木は木に見えないでしょ。木でも何でもない。防腐剤を使ってるってことは殺さないってこと。ぼくにとって枕木は人間でしかも死体なのに、材木は生かされてるでしょ防腐剤で、その皮肉みたいなものがぼくにとっては大事なことなんですよ」（『高山登展図録』、リアス・アーク美術館、二〇〇〇年）。その「皮肉な」枕木は、切断され死んだ樹木でありながら防腐処理された、いわば樹木のミイラである。

「イメージとか、時間、歴史、記憶とかを閉じ込めて、それが発光するものを作りたいとかなんとか考えていたんですけど、そんなこと考えててもどうにもならなくなっちゃって、とにかく固めること、死者を固めることが重要になって、固めるとなにか臭ってくるように思って、記憶を固めるための構造とか考えなくちゃいけないなぁと思って」（同前）。これは歴史家の発想と美術家のそれとのほぼ中間にあるように見えるが、まったく位置づけがたい異様な発想といえる。

死者を生かそうとし、生者の記憶を蘇らせることを願うなら、歴史家も美術家も、別のアプローチをするにちがいない。しかし高山の主旨は、墓をたてようとすることでもない。墓ならば、石のように腐食しえない素材を立てるのが原則である。

それは「生かされる死体」であり、かつ腐食までは進まない死のイメージでなければならない。枕木とは、死者の記憶である以上に、死そのものの記憶であり、死体の記憶であり、暴力的な死の、あるいは死をもたらした暴力の記憶である。「レクイエム」（鎮魂歌）という言葉も高山はしばしば口にするが、もともとレクイエムとは「安息」を意味するのだ。枕木が〈生かされる死体〉であり、終わらない死であるなら、それは安息でさえないだろう。われわれ生者が死者に対して安息を願うとしても、「安息」はあくまで死者の記憶に苛まれる生者のほうにあって、死者は決して慰められないからである。

ドイツのバロック期の演劇（悲哀劇）について書いたヴァルター・ベンヤミンにとって、「寓意（アレゴリー）」を主導的要素とするこの演劇において、その寓意というものがどれほど深く〈死〉にひたっているか、次のような一節が端的に示していた。「寓意においては、歴史の死相が凝固した原風景として、見る者の目の前にひろがっている。歴史に最初からつきまとっている、すべての時宜を得ないこと、痛ましいこと、失敗したことは、一つの顔貌――いや一つの髑髏の形をとってはっきり現れてくる」（川村二郎・三城満禧訳）。ベンヤミンは、寓意（アレゴリー）ではなく、むしろ象徴（シンボル）を用いる芸術を、バロックに対比している。そして象徴においては「没落」が「美化」される、と記している。確かに文学や芸術

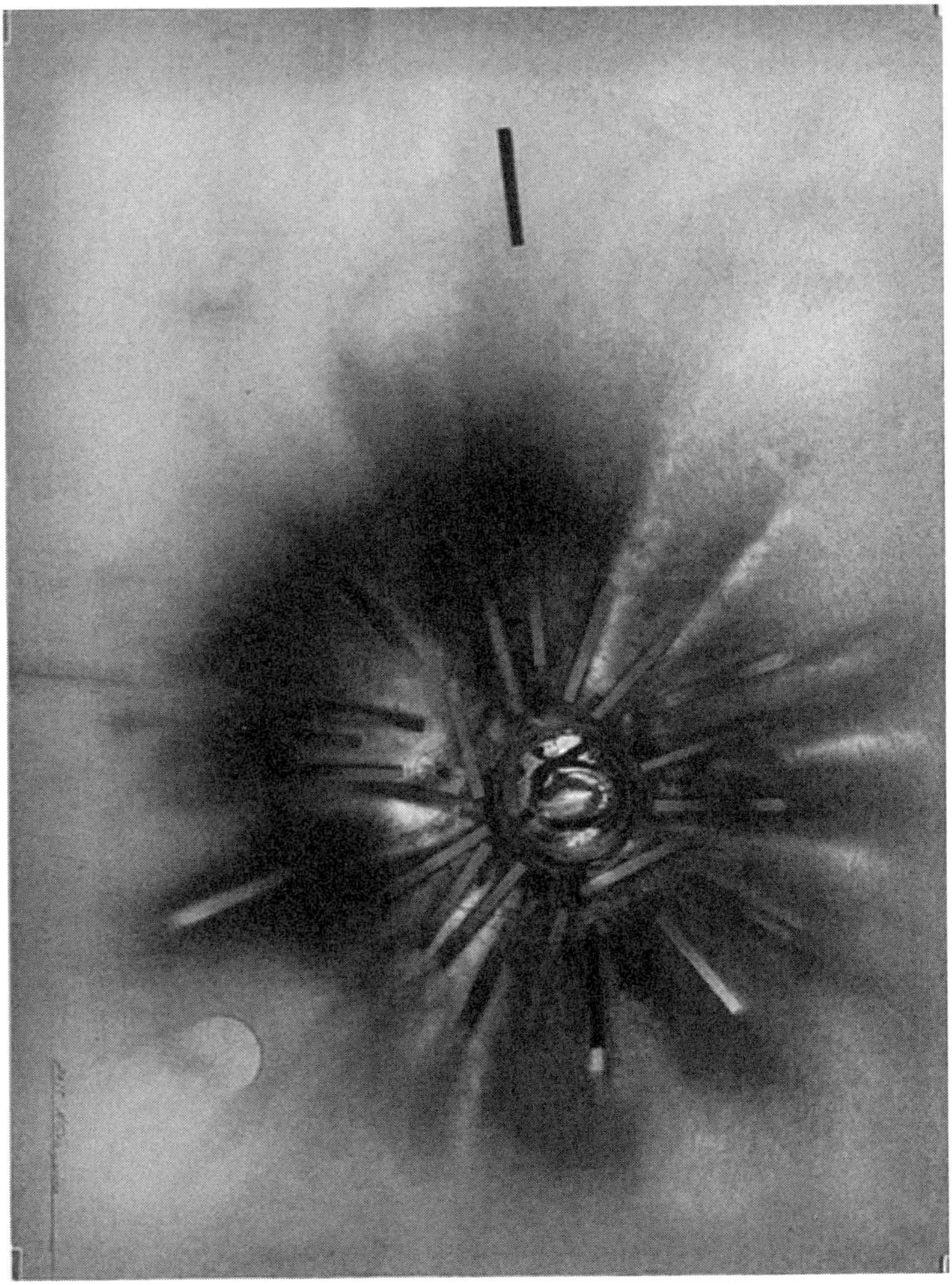

高山登「海嘯ー遊殺」2015年、109.7cm × 79.6cm、グレーボール紙に鉛筆・スプレー塗料

によって、「没落」はしばしば美化されてきたのだ。決して「没落」を美化しようとしないという、まさにこの点で、高山登は、おそらく日本列島に現れた、数少ない例外的なバロック的美術家である。

この問題はじつに根が深い。二〇世紀は、戦争と収容所における未曾有の死者の記憶とともにある。二〇世紀を牽引した機械文明は、おびただしい死を生産する殺人機械でもあった。この世紀に登場した新しい美や実験的前衛的芸術さえも、そのような歴史と隣り合わせに存在するしかなかった。たとえば強制収容所の阿鼻叫喚をかき消そうとしてワーグナーの音楽を鳴らすというナチズムの思いつきは、美学と政治の最もグロテスクな結合を体現している。まさにあのベンヤミンこそは、ナチズムが実践した「政治の美学化」に対抗して、「美学の政治化」を彼の批評の課題にしようとしたのである。そして多くの場合、「政治の美学化」とは、とりわけ芸術など必要とすることなく、ただ国家を、歴史を、支配を〈美化する〉権力によって実現されるが、それはまたいたるところで、個人の内面においても分有され、ときに芸術としても実現されたのである。政治からは遠い地平で、こんどは歴史的な思考においても、（たとえば「わが国」の伝統や起源を考え直すというような形で）、しばしば美学化は達成されたのである。

それならアウシュヴィッツ（そして数々の残虐な死）を経験した世界には、もはや詩も、美も、芸術もあってはならないだろうか。いや、そういう世界だからこそ、なお美は切望されるのだろうか。歴史を忘却するための、歴史に対する麻酔剤のような芸術もありうる。ナチズムと勇ましく戦ったというヒーローたちの活劇さえ次々出現するではないか。もし歴史が美化されえないものだとすれば、美は歴史の外にしかありえないだろうか。それなのに、〈美の歴史〉なるものさえ、いまも語り継がれている。

人間であることが恥ずかしいような歴史が続いた後だとしても、何もなかったかのように芸術を続ける権利を、誰も禁じることはできない。しかし何もなかったかのようには、とても続けられないという前提を、どこまでも厳密に生きようとする芸術が、おそらくありうる。芸術は必ずしも美のためにあるのではないからだ。美を禁ずることなど誰にもできないとしても、厳密に美を斥けようとする〈美術〉もありうる。

かつて枕木という物体に、決して完了しない死を、つまり生きた死者を見て、そこから造形表現を構想した高山登は、まさにそのような問題を、身をもって生きようとしたにちがいない。彼は歴史について多くを語るわけではないし、作品もまた歴史を表象しようとするわけではない。たぶん彼は、枕木の「皮肉さ」において、表象することのできない歴史を引き受けようとするだけだ。そのようにしてでなければ引き受けられない歴史の問いというものがある。

「遊殺」という禍々しい響きのタイトルが、しばしば用いられる。「遊ばれて殺される。遊んで殺す。遊ばれて殺す。遊んで殺される。殺されて遊ぶ。殺して遊ばれる。……」(『美術手帳』一九七三年一一月号)と作家自身がコメントしている。陶芸家が、掘ってきた「なま土」を一度干し、風化させてから成形の作業に入ることを、土をいったん殺してから遊ぶ、というふうに表現することから、高山はそんな発想をするようになったと説明している。

ところがまた、この発想からうんと飛躍して、この地球上で、人間が無節操に動物を殺し、地球を破壊していることが「遊殺」であると彼はいうのである。これは「頭のない世界」で、つまり「首のない風景」において起きていることだとも、高山は言い換えるのだ。

それはまさにあのジョルジュ・バタイユも真剣にかかわったことのある「無頭人」(アセファル)という運動の発想でもある。ひとつの頭は、しばしば機能や、権威や、隷属の方向に、生と生命力を閉じ込めてしまう。そこで頭の支配を破壊することが、美術の使命となりうる。もとは美しい陶器を生み出すための「遊殺」であったはずだが、高山の「遊殺」は美に対して破壊的に遊ぶ。遊ぶことは、形式に対しても制度に対しても、「皮肉に」ふるまうことである。

「遊殺」そして「首のない風景」というタイトルは、さらに「のっぺらぼう」と変調される。そのたびに意味の断絶が起きる。「のっぺらぼう」と題されたドローイングのシリーズは、力強い緊密な構成によって、その構成をゆさぶるカオス的速度によって、異様な暴力とせめぎあう形象のもろさの感触によって、ある完璧さの印象を与える。けれども、その到達点は、決して完成を示すものではない。「遊殺」というタイトルとともに、空間に枕木やその他のオブジェを配置する作品は、むしろ厳密に完成や完璧を拒否しているように思える。

気仙沼のリアス・アーク美術館の隠された裏庭のような場所に、やはり「遊殺」と題される不思議な庭がある。何を建設しているとも知れない不穏な工事現場の雰囲気もある。壁には最初ロダンのデッサンに想をえた天使像が描いてあったが、それは消えるべく予定され、すっかり消えてしまった。天使が舞い降りたその場所には、枕木のほかに、数々の廃材や、ベッドの骨組が並んでいる。安らぎや遊びのための庭であるよりは、むしろ死体安置所に似ているかもしれない。しかし枕木や廃材たちは、見知らぬ動物のように生きているとも感じられる。この場所の土は乾いていて粒が細かく、その一角にはたくさんの蟻地獄の円錐形が見られた。

古くから石や枯木や流木にさえも詩情を発見してきた私たちの伝統にとって、あらゆる物たちが詩的な記号となりうる。日常的な心理や意味から遠ければ遠いほど、物は言葉よりも人間よりも、含蓄にみちていることになる。陶芸家の美学から「遊殺」という言葉を思いついたという高山の思考は、物をめぐるそういう伝統的美学に対して、歴然とした距離をとっている。しかしこの「庭」は、死体安置所の暗喩ではないし、破局的な歴史、残虐な歴史の表象でもない。

そこに天使がいたのなら、確かにそれは歴史の天使だったにちがいない。またもベンヤミンを想起するのだけれど、ベンヤミンは最後の文章で、「歴史の天使」について語ったのである。「彼は顔を過去の方に向けている。私たちの目には出来事の連鎖が立ち現れてくるところに、彼はただひとつ、破局だけを見るのだ。その破局はひっきりなしに瓦礫のうえに瓦礫を積み重ねて、それを彼の足元に投げつける」(浅井健二郎訳)。なろうことなら、この天使は、死者たちを目覚めさせ、瓦礫のひとつひとつを寄せ集めて、もとにもどしたいのだ。しかしこの天使はそういう視野をもつために、翼をはばたかせて歴史の廃墟を俯瞰しようとする。その翼に吹きつけてくるのは「進歩」という強風なので、天使はそこにとどまってはいられない。

ベンヤミンは、彼の究極的な歴史概念を、そういうアレゴリーに凝縮して述べることしかできなかった。たくさんの罠や欺瞞を乗り越えて、歴史の内奥に触れることは、それだけ難しいということだ。それに触れようとするものには何らかの翼が必要だが、時間の強風にあおられてしまう。あの「遊殺」の庭は、そういう強風の吹き荒れたあとの廃墟のようなものだろうか。

「物体」ではなく「事物」、と高山は繰り返し述べている。作家自身につぶさに聞いてみたいことのひとつだが、むしろ作品から送られてくる答えに耳を傾けるべきだろう。物、物質、物体、事物というふうに少しずつ変異する言葉は、物と人間のかかわりの変異を示している。もちろん「枕木」は物自体などではなく、自然の素材を切断し、防腐処理をほどこしたという点では、すでに人間の暴力をこうむっている。また腐食の過程さえも妨害されているという点では、ほとんど反自然的、そして半自然的な物であり、鉄道に敷設されるのではなく、歴史の劇場に導かれて、この物は奇妙な役割を演じることを強いられている。高山自身はこんなふうに書いている。「空間を作る。空間は作品も観者も包み込むように。場を創る。事物の状態を創る。空間全体が充満した物質状態であるように。場が呼吸する。観者の位置が作品の構成要素となるように。そして作品が観者を犯す。そして観者は空間全体の中で不安定になるよう。背景は布置された事物が創り出す。時間を創り出す。外的時間の存在、内的時間の存在。進行し続ける何か。村の形。社会の形。刑務所の形。墓の形。国家の形。人の歩き方。暴力の形。犯される形。犯す形。沈む形。重力の構造。記憶の構造。記憶喪失の構造。自己撞着の形。……」(『高山登展図録』、前出)。もちろんこれは、作品の意味を説明する言葉ではない。むしろ意味からのがれて、事物の間をさまよう言葉である。

巨石文化、ピラミッド、十字架、神社の鳥居、そして様々な墓や石碑のように、人類が比較的単純な物の形態と構成に、信仰や記憶や感情や、おそらく宇宙観さえも託してきたことは、かわらず驚嘆に値する。建築であり、彫刻であり、祈祷であり、遊戯である、そういう造形の行為を、高山は真剣に反復しつつ、同時に慎重に斥けるようにふるまってもいる。枕木における「皮肉」について語った高山の「自己撞着」は、みずから選んだ意識的批評的立場のように思える。枕木に加えられた暴力は、こんどは枕木からやってくる暴力となる。枕木一本に、歴史的暴力の痕跡がこめられる。そういう痕跡と戯れることが、まさに「遊殺」と呼ばれる。その枕木が静かに呼吸し始め、小刻みに震え、身をよじり、やがて立ち上がり、踊りだすというようなことがあってもいいはずである。

「平面の仕事」が、立体作品のスケッチや設計図のようなものではなく、まったく自立した次元にあることを、高山は繰り返し主張している。枕木の作品において、「物体」から「事物」への移行が本質的な主題になっているとずれば、おそらくインスタレーションとドローイングとの往還につれて、さらにドローイングにおいては、「事物」から別の何かへの移行が起きているのではないか。物の厚みと重さから隔てられた皮膜の上に出現するのは、枕木における「皮肉」と「遊殺」を、もう一度「殺して」「遊ぶ」場所のようである。

アトリエで、藝大の学生だった時代に描いた油絵を前にして、高山はロベール・ドローネーという名前を口にしたことがある。キュビスムの時代に、彼自身もキュビスムの登場に寄与しながら、様々な問題意識の十字路に立つようにして、二〇世紀絵画を確実に準備していた画家である。しかし、絵画に対してまったく独自の問題を投げかけた人物でもあるのに、誰もが知る偉大な画家たちの間では影が薄い。ドローネーは、物のイメージではなく、物に反映される光でもなく、光そのものが生み出す形象を描いたと説明されることがある。画学生であった高山が、虹色の色調を円盤状に配置して、炸裂する都会の風景を描いたあの画家に興味をもったのは少々驚きである。「のっぺらぼう」のシリーズは、むしろ色彩を抑制して、ほとんど黒や灰色で、空間の感覚をほとんど抹消するかのように描かれている。それでも重厚なマチエールを蒸発させるような光の感触に包まれている。それがことのほか美しいと、あえて言いたい。

歴史と物と形象〈そして光〉の間の秘められた関係のようなものに、高山の表現は一貫して注意をむけている。実はそういう〈関係〉が、この世界に顕在している意味や現象を支えている。私たちは、しばしばそれを直感しているが、それに気づこうとしない。それはただベールを剥げば見えてくるような実体ではなく、思考と物との、生と観念との間の試行錯誤によって始めて認識される回路のようなものであるにちがいない。

見出された絵、怪物としてのイメージ（三井田盛一郎）

1

しばらく文章が書けないまま、翻訳ばかりしている。翻訳をはじめると、自分で書く以上に、原文を移し替える日本語そのものの形体をいじって悶々とする時間に身を委ねていることに気づく。偏愛する著者の作品を訳しているのだから、その言葉の一部始終に触れて、いい時間をすごしているにちがいないのだが、はじめは生硬な直訳調でも、ひとまず日本語の流れをつくりださねばならない。なにか得体のしれない、じつに不細工な日本語のつらなりを前にして、それを整形する作業を続ける。ほんとはかたちを整えたりしたくはないのだが、そのままにしておいては、著者がつくりだした異様な文の異様に美しい細部が、ぎすぎすした日本語にまぎれこんで伝わらなくなってしまう。何百ページにもなる本を訳すなら、そういう隙だらけの縺れた日本語と、ずいぶん長いあいだつきあうことになる。原文の読み解けない部分に粘着した不透明な語にこびりついた不透明さをやすりにかける。自分の脳にやすりをかけるような時間をすごさなければならない。

これは翻訳者なら誰でも経験していることにちがいないが、経験されていること自体の内実をよく見ようとすると、もう長い時間、実に異様な作業を繰り返してきたものだ、と改めて思う。「この本と別れるなら、僕は語りうることからも別れることになる。もう他のことは語りえない」。いま訳しているジュネの小説（『薔薇の奇跡』）の最後の見事な部分だ。まさに小説家の特権というものだ。小説家はそれを書き終え、やがてこの世界からも遠ざかってしまった。翻訳者も、作家の声色をまねて、「もう他のことは語りえない」と言ってみる。長々とプロンプターや、腹話術のようなことをしていたわけだ。なんという詐欺師！

などと思ってみたが、その作家によって言葉を、語りうることを奪われ、しばらく自分の中の言葉を埋没させていたのだ。しかし『泥棒日記』などという本も書いたジュネが私の言葉を盗んだというわけではない。私は考えることをやめていたわけでもない。いろんな次元を浮遊しながら、下手な考えを、停滞させ、交替させ、混合させ、混濁させていた。今年に入って、〈政治的なもの〉について考えると、あるところで宣言し、政治についての書物を積み上げて乱雑な読書を続けてきたが、政治はすべてにかかわり、あらゆる次元に政治があると仮定してはじめているのだから、乱雑になり混沌とせざるをえない。この混乱した頭。それでもこの混乱した世界で、混乱しない思考をしようというのか。

2

ひとりの画家が絵を描き始めた。それまでは絵を描かなかったということか。絵を描かなかったのではなく、ひたすら版画を作っていたということらしい。版画であるにしても、なんらかのかたちで版に〈描く〉のでなければ、版を刻んだり、なんらかの痕跡を残したりして、〈転写〉しなければ、版−画が生まれはしないだろう。

こうして三井田盛一郎が、さかんに絵を描きはじめてから何年か過ぎた。女、植物、子供、風景、さまざまな肖像、ヌード、ときには抽象的な形や模様などを、枠に張らない布に素早く描いていくやり方で、すでに数限りない図像が生み出されている。ときに思い出したように、紙に刷った版画が混じっている。どうやら一枚に集中して傑作を生み出すことには関心がなく、かといって決して習作的なデッサンのシリーズではなく、いちおう具象的といえる図像から図像へと次々移り行くことだけがテーマであるかのように見える。それを写真にとってプリントした何百枚もの画像が目の前の机に重なっている。

それらの絵の色彩、描線の質と構成の変化に驚く。一世紀前にシュルレアリストたちが追求した〈自動記述〉は、むしろ詩作における実験であったが、そのように、毎日の意識の縁をよぎっていくものをすばやく記録することがモチーフになっているようだ。それを〈無意識〉と呼んだりする必要はない。ときたま描かれる両性具有的な身体を見て、精神分析したりするにも及ばない。

〈子供〉という画題も、ときに子供のように描くこと、絵を描く子供になってみる、ということも大事な主題になっているようだ。「自分のヴィジョンに完全に忠実である」という子供の絵の動機に、大人はなかなか勝てない。勝つ必要もなく、それは絵画の永遠の課題のひとつにちがいない。

「自分のヴィジョンに完全に忠実である」。小説家として知られてはいても、かなり熱心に一貫して描き続けた絵のほうはそれほど知られていないヘンリー・ミラーの言葉である（『好きなように描いて幸せに死ね』）。

3

三井田のこれらの絵のひとつひとつには、いつも少しだけ怪異なところがある。両性具有的な肉体だけではない。図像はわずかな歪みを含んでいる。しかし寸前のところでグロテスクは避けられている。おそらくグロテスクは表象に、物語になってしまうからだ。単純なイメージを追求しているようだが、「複雑の中から単純なものを探し出す人が出てきてもいい」（三井田のノートから、これ以降もたびたび引用する）というわけで、じつはいたるところに複雑なものの兆候があるようだ。小さな怪物たちの行列。ダンス。怪物以前の怪物たち、イメージ以前のイメージの群れ。ひとつのイメージを定着することよりも、イメージからイメージへと移っていくことで、そこに別のイメージが現れる。小さな画面に、画面の間に迷宮が広がることもある。

4

なぜか三井田の創作の根源には、視覚における、あるカタストロフィーの体験が含まれているようだ。それは〈無垢の視覚〉という問題でもある。生まれたばかりの赤ん坊は何を見るのか。「無垢な視覚は、純粋な視覚を獲得している。それは色彩に伴う物質も空間も、物質から眼の間に漂う気体も液体も感受しない。視覚は、己が身体との統合も持たず、ぴったりと色彩に貼りつかれている」。これは幸福な充溢のようでもあれば、視覚にとってまったく媒介物がなく、ただ色彩が荒れ狂い、統合失調をせまるようでもある状況を想定したのだ。

あるいは「半分以上の視覚が切除されている夢」について三井田は語っている。「半分以上の空白は、闇ではなく視覚そのものがない。そして、画像と眼球との距離は失われている。そこに距離と光がなければものを見ることが出来ないことは知っている。距離も光もなく画像は、眼球にぴったりと貼りつき、すばやくスライドしていく」。もちろんこれも無垢の視覚にかかわる夢にちがいないが、夢の話にとどまらず、制作過程の話でもあるのだ。「制作者は筆跡、鑿跡を見ながら作業を進める。作業を進めるその刹那、美術作家はつくっているものを見ることが出来ない。筆や鑿は行為のそのとき、ぴったりと作品に張り付いて距離も光も差し出してはくれない。見えるのはつねに過去の出来事。現在を見ることが出来ないということ」。

たとえば自分の書く言葉を見ている書き手は、はたして書いているものを見ているのだろうか。もちろん見えるのは、いつだって、すでに文字となった（過去の）言葉にすぎない。

5

イメージとは何か、何度も問うてきたが、少しも確かな答が得られたことはなく、問うたびに、問いの複雑性だけが増大するという事態だけを私は繰り返してきた。

6

無垢の視覚、切除された視覚という、視覚のカタストロフィックな場面は、なんどでもイメージとは何かという問いに人をつれもどす。

7

「リトグラフで　イメージと物質性を巡って」と題された三井田の文章（二〇〇三年）の不穏な印象を、私は忘れることができない。「版画は闇に属するものである」ということから彼は書き始めているが、別に独自の主張をしているわけではない、と三井田は断っている。「イメージは版や紙に覆われている」。デジタルではなくフィルムに定着された写真のように、そのイメージは、ある物質的変化を経て、はじめて可視的になるということだが、しかし（版画の）「イメージは闇に属する」ともう一度書いてみよう。これはまったくの逆説を含んだ異様な表現なのだ。見えるもの（イメージ）は、見えないもの（闇）に属するということを意味しているのだとすれば。

8

「版画制作者は経験と記憶から版と紙との間で起こっていることが（版において、紙において）どの階層まで達しているか、その深さによってイメージを創造することの質的な差が生じることを感じているのだろうか」。イメージは、版のイメージと紙におけるイメージに分かれ、転写されるときのイメージは、紙と版のあいだの見えない闇のなかにある。そのうえ、記憶のなかのイメージという、もうひとつの「層」が介入してくる。いったいイメージは、どこにあるのだろうか。イメージは、さまざまな「階層」の複合体というよりほかないのだろうか。

9

「見ることの出来ないところでのイメージの固着が〝純粋な〟イメージへの思考から出発するならリトグラフの技法はかなり有効な手段となるだろう。それでも、一度物質のレベルに入りこんでしまうや否や、その〝純粋な〟とも呼ばれるイメージはとらえどころのない次元へと移行してしまう。物質とイメージは次元を異にしているのだろうから」。物質（版、インク、紙）なしにイメージはない。また記憶の中のイメージなしに、イメージはない。イメージは、物質の側にあるのか、それとも記憶の側にあるのか。これは長いこと、哲学や美学が問うてきたことでもある。そしていまも、これに関して決定的な真実や常識が成立しているわけではない。イメージという言葉を、誰もが無造作に使っている。そして無造作になる理由があるのだ。

10

「イメージは網膜上にあるとき〝純粋な〟と呼ばれるのか、また、記憶においてならそう呼んでよいのか」。三井田は同じノートで問い続けている。記憶、物質に加えて、さらに網膜というイメージの〈場所〉が指摘されたなら、もうひとつの次元、階層が加わったことになる。光、網膜、眼球、知覚、神経へとイメージの場所は広がっていく。「色面や色班、線、点に至るまでがことごとく物質であり、網膜上にはその光の反射であるイメージが像として結ばれている。イメージがこの関係の中に捉えられるとき、恐らく制作は頓挫してしまう。ここで問われるのは、〝私は見ることが出来るということの下に制作してきたのだろうか〟である」。確かにイメージは「この関係」の中にしかありえない。イメージとは、「この関係」それ自体であるといってもいい。しかし「この関係」は確かに〝純粋な〟イメージの成立を阻害し、混乱させ、見失わせる。そこでイメージは不可視のものとなる（〝私は見ることが出来るということの下に制作してきたのだろうか〟）。不可視であることが、制作の条件だったのか。これは版画家のみが知るイメージの迷宮なのだろうか。

しかし、そのことをこのように言葉によって開かれた問いにしえた思考は、すでに版画の技法の話から、はるか遠くに、はるか深くに、イメージの深淵をのぞこうとして、私たちをその深淵に誘っている。その深淵とは、まず版と紙のあいだの、まったく厚さのない非物質的な闇に横たわっていた。

11

素朴な哲学的整理を試みてみよう。

まずこの世界には光があり、光を散乱し吸収する物質、身体がある。作用、反作用の連鎖だけがあるようだが、そこにはすでに光の戯れ、効果としてイメージが散乱しているといってもいい。

そこに一個の知覚、知覚する主体のようなものが出現する。それは世界にあふれる光を制限し、選択する、何か目のようなものであり、目は眼球だけで機能するものではなく、神経、脳、もちろん身体に連鎖して働く知覚機能である。〈最初のイメージ〉、〈純粋なイメージ〉とは、矛盾した表現である。イメージはすでに認知としての知覚であり、すでに選ばれ、切除された世界の与件（データ）に対応しているからだ。私は光の話から始めたが、乳児はすでに五感をいっしょに働かせて、母親の乳房に触れ、声を聴き、ミルクの匂や味を知覚している。知覚対象としてのイメージはただ視覚においてだけ形成されるものではない。知覚は同時に五感において、五感を同時に働かせて知覚し、あたかも知覚器官を横断するようにしてイメージを形成するのである。そしてイメージは、さっそく認知であり、何かのイメージとして認知される。最初のイメージは、決して単に視覚的なもの、視覚的対象、視覚によって形成されるものではなく、五感に同時に与えられる〈印象〉のようなものだろう。触覚的視覚といったものが、確かにあるのだろう。いやそれ以上に、触覚も視覚も他の知覚も横断する知覚があると考えられる。

さまざまなものが知覚され、知覚が反復され、たちまち知覚は認知となっている。知覚されるものは、すでに物質や光の作用（刺激）それ自体ではない。知覚が認知であるときには、知覚は物質、光を、同時に物質、光として、かつイメージとして知覚するのである。知覚されるものは、イメージとして知覚されるが、このときイメージはすでに物質を離れた非物質的対象である。知覚されるのは、光であり、母親の乳房のかたちであり、ミルクであり、それらの感触であるが、それらが認知されるときには、イメージとして、すでに非物質的な何かとして知覚されるのである。動物さえも、単に知覚するのではなく、餌や敵を認知し、咄嗟に認知するかぎりではそれらを非物質的なイメージとして感知するといってもいいのではないか。たとえそれらの機能は、すべて脳（神経）の精密な機能として説明することができるとしても。

私は、とりわけ二つのことを言おうとした。知覚は、決して一つの器官に対応し限定されて機能するのではないということ、また知覚されたものはいくつかのイメージとともに、あるイメージとして存在するが、それはすでに存在から分離した〈非在〉であるということだ。

12

物質、身体、知覚、神経、脳の連鎖のなかにあるかぎり、イメージにはそのような「階層」が含まれ、イメージそのものが「関係」であることは本来的である。そして認知において、イメージは選択され固定され、非物質、非身体として定着された知覚対象である。知覚されるのは、光そのものではなく、すでにあれこれの形態や色彩や明暗として限定されたイメージとしての対象である。イメージは確かに知覚の対象だが、関係のなかにあり、物質における変化も、身体、神経、脳の変化も排除することができないかぎり、決して固定した対象ではなく、浮動し変化する現象そのものであるといえる。

13

内面、想像、記憶としてのイメージと、知覚対象としてのイメージは、まったく重複し連続しているのだから、イメージという言葉が、想像から画像にいたるまで広く適用されるのは、必然的なのだ。イメージは、視覚だけに属するものではなく、そもそも見えるモノの次元から隔たりをもっている。

動かない対象のイメージは、確かに画像として、写真や絵のようにして、知覚対象としても、脳内のイメージとしても存在するように思われる。しかし厳密には、少しも動かず、変化もしない対象というものはないと考えてみよう。それに私たちの知覚そのものも、生理的にたえまなく振動し変化し、ただ相対的に安定しているにすぎない。そもそも動く対象のイメージを、私たちはどうしてもつことができるのだろうか。頭の中を映画のようなものが通過していくのだろうか。しかし映画は私たちが、イメージとして見る（知覚する）光学的対象であって、知覚それ自体は映画ではない。イメージとしての映画の印象そのものは、動いているとも不動であるとも、静止画であるとも動画であるともいえまい。それは対象からも運動からも隔てられた、非物質的なイメージなのだ。それはもはや見えるものでさえない。怪物？遺物？異物？

14

イメージを、単なる視覚対象とみなし、あるいは記憶や想像に「焼き付けられた」画像のようにみなしても、実際に不都合なことはあまりない。それにしても、「私は見ることが出来るということの下に制作をしてきたのだろうか」と版画家のように問うとしたら、たちまち、すべてを考え直さなくてはならなくなる。イメージという言葉が、ある混沌のなかにあることは必然的で、確かにそれはもろもろの「関係」や「階層」を含む事象を、まったく強引に一語に要約する言葉になっている。

ところで、言葉もまたイメージであり、言葉が意味するのは、対象（もの）自体でも、事象それ自体でもなく、それらのイメージなのだ。事象や対象の直接的イメージではなく、それらと何らかの関係をもつイメージなのだ。そして言葉自体のほうも、音韻や文字というイメージであり、すでに意味するものとしてイメージであり、それによって意味されるものもイメージなのだ。言葉は、イメージのイメージである、といってもいい。純粋なイメージなど、どこにも存在しない。しかしイメージそれ自体は、言葉でも、画像でも、記憶でもなく、対象でもないとすれば、それらから分離された純粋な次元をもっているといえる。

15

絵画の創造と画家たちの思索を思い浮かべながら、そして映画について考えながら、イメージについての問いをたてて、いつも断片的な答えしかみつからないまま数十年がすぎてしまった。いまあえて、性急にそれを要約してみている。三井田盛一郎の制作と言葉にうながされた。

すさまじい勢いで絵を描き始めた三井田は、決して版画（リトグラフ）とともに問うた「物質とイメージ」の問題を忘れてしまったわけではないだろう。「私は見ることが出来るということの下に制作をしてきたのだろうか」という問いかけはあくまで持続していて、新たな制作の動機になっているにちがいないのだ。「闇に属するものは」は版画だけではないだろう。そういう知覚と問いをもったアーチスト本人が、闇で踊る存在となる。「暗黒舞踏」は、ダンサーだけの専有物ではない。

おびただしい絵の、小さな怪物たちは、その「闇に属するもの」ゆえに怪物なのだ。「思考とは怪物なのです」とある日、哲学者は手紙のなかに記した。

三井田盛一郎「小さなお話」2015-2016 展示より

16

三井田のリトグラフに対する美しい考察に比べて、ずっと味気ない例を考えてみる。名高いパブロフの犬の実験。犬に食物を与えるたびにベルをならす。犬はベルの音を聞いただけで唾液を出すようになる。いわゆる条件反射である。犬は、ベルの音から、食物のイメージを喚起されるようになったのだろうか。それをイメージと呼んでいいかわからないが、とにかく犬は食物を前にしたある〈集中状態〉を、ベルの音だけに喚起されて再現するようになった。目の前の食物に反応する犬は、すでに食物のイメージのようなものをもっているといえるだろうか。いずれにしても食物を前にした犬は、それを欲しがり、食べようとして、ある〈注意の体勢〉を形成する。その体勢がベルの音だけによっても形成されるようになる。この〈注意の体勢〉は、食物によっても、ベルによっても形成され、喚起されるが、〈注意の体勢〉そのものは、ただ犬の身体に属することであって、食物の知覚にも、ベルの知覚にも関係しえたとしても、食物やベルの〈表象〉とはちがう次元にある。それは犬の神経における〈出来事〉であって、外部の食物やベルのデータとは別に成立しているものである。

ここから考えられるのはこういうことだ。私が何かについてもつイメージは、その何かと関係してきたことが確かに契機になっているが、その何かと別の次元で成立し、反復され、反復される過程では、あたかもイメージという非物質的なモノが存在するかのように経験される、ということである。そしてこのイメージを通過することなしには、目の前の食物も、ある花瓶も、青空も知覚されないのである。

すべてのものは、イメージを通じて、イメージとして知覚される、と言ってもいい。どんなに未知のものに遭遇しても、イメージなしに、じかに知覚されるものはないと言ってもいい。ここから性急に導き出せるのは、私たちの日常の知覚は、まったく規則化され制限されていて、必要なものしか、知覚すべきものしか知覚しないという機能性であるということだ。芸術にとってこれは、かなり〈悲観〉的な、困った事態である。

けれどもイメージは、それ自体として振動し変化する知覚作用（あるいは神経の状態）と、それ自体やはり変容し運動する知覚される事物とのあいだの、これまた変動する「関係」のなかにあって、〈準安定状態〉を呈するだけである。ひとつのイメージには、目くるめく世界の多層が内包されているのだから、決してそれは単に制限され固定されているのではない。

17

無数のイメージ、あるいはイメージの無数のヴァリエーションが、さらにイメージのイメージとして、言語のようなものとして、物質から遠ざかり、非物質の次元を準安定状態として確立していても、その言葉にも、いつだってカタストロフィーは訪れる。「全然わからない……自分が何を喋っているのか……想像して……彼女は自分が何を喋っているのか全然わからない……そこで必死に信じ込もうとする……自分のじゃない……これは自分の声じゃない」（ベケット『私じゃない』）。

18

ベルを聞いて涎を垂れる犬にとってのイメージを考えたとき、不在の対象、否定の肯定、というような考え（弁証法？）を私は濫用しているのか。イメージとは「無とみなされた対象」である、というサルトルの表現も思い出される。フロイトは反復について考え、死の欲動について考えたとき「Fort-da」（いない、いない、ばあ）という子供の繰り返す戯れに触れた。もし母親がかたときもそばを離れないとしたら、母親のイメージはないだろうか。しかし母親は現われては消える。子供の関心も、ときに母親から離れる。不在の母親はイメージとなる。それは母親のイメージに違いないが、このとき母親はいないのだから、もはやこのイメージは母親に属するものを何も含まない。母親の知覚と切り離せないにしても、知覚された母親のイメージは、知覚された母親から切断されている。知覚のなかに、そのあいだに忍び込んだ、ほんのわずかな非身体的なもの、これがイメージだということにこだわりたい。絵が与えるものも、厳密にはそういうイメージなのではないか。

知覚対象が、つまりそのデータ、刺激が不在で、知覚されないときには、ただ知覚されたものだけが知覚されるのではないか。そのとき知覚されるのは、物質でも身体でもないもの、光ではなく、むしろ闇であるが、それは確かに無ではない。

19

「僕の鋏はゆっくりと顔の線をたどり、ゆるやかさに強いられて、細部を、肌の肌理を、頬の上の鼻の影を見分ける。このいとしい顔を、僕は新たな観点からとらえていた。そして切りやすいように上下に写真を回していたら、その顔は突然山の風景のように見え、まるで月面のようでもあり、チベットの風景よりも空漠とし荒涼としていた。僕の鋏は額の線にそって進み、少し方向を変えた。すると突然、暴走する機関車の速さで、見わたすかぎりの影が、苦しみの深淵が僕に襲いかかってきた。この作業を終えるために僕は何度かやり直さなければならなかった。はるか彼方からやってくるあの吐息が、あまりに濃厚で、僕の喉をふさいでしまいそうだったからだ。鋏の刃が開いたままで、紙を切り進むことができなかった。まぶたのあたりからくる眼差しがあまりに美しかったので、あまり早く進みたくなかっのだ。僕は写真の顔の峡谷で、あるいは山の頂上で呆然とし、暴かれた殺人犯の顔に驚き、途方にくれていた。こうして最後にはこの不遜なガキを撫でていた。まるで単語を舌で撫で回して、それを自分のものにしたと思いこむように。こんなふうに人は即興的に顔や仕草をとらえ、例外的な道をたどりながら接近することによって、顔や仕草のなみはずれた構造を発見する」（『薔薇の奇跡』）。当時世間を騒がせた殺人犯がジャン・ジュネのアイドルになっていた。その男の写真を雑誌から切り抜きながら、一つのイメージに対するまったくナイーヴな驚異をジュネは描いている。切り抜いていくイメージから次々イメージが出現する。怪物のイメージがあるのではなく、イメージそのものが怪物なのだ。

20

三井田の描く小さな怪物にしたって、怪物のイメージなのではなく、形をめぐって、形の外に出ようとして、あるいは形になる以前の形を見ようとして、形を構成するものは何かをとらえようとして、単純な線の群れに解体された形寸前のイメージが怪物なのだ。

形、身体、性の外に出ようとする怪物、中絶された形態、形を解体しようとする怪物、なんとか形になろうとする怪物……。

不穏な兆候にみちたカタストロフィックな絵、しかし何か事件のようなものをはらんでいるわけではない。むしろそれぞれの絵が出来事なのだ。出来事としてのイメージ、イメージという出来事。イメージは、物や身体とのかかわりなしにはありえないが、それらと分離されなければありえない、という逆説。そういう逆説にうながされる制作、思考。そういう逆説を、ぜひとも視野からしめだそうとする制作、思考もある。そもそも見ることにおいて、この逆説は避けられない。見る私は、私を見ることができず、私の眼球を見ることができない。逆説は、眼球とまなざしのあいだにもある。鏡のなかの私の眼球を見ているとき、私はまなざしを見ることができない。まなざしのイメージがあり、眼球のイメージがある。しかし眼球そのものを見つめる機会は稀である。眼科医さえも、眼球のどこかを診察しようとして見るだけだ。私たちはまなざしのイメージをもっていても、稀にしか眼球のイメージをもつことがない。しかし決して眼球のイメージがもてないわけではない。ジャコメッティが執拗に描き続けた人物のデッサンは、むしろいつまでも到達できないまなざしのイメージを掘り出す作業だったようだ。

21

「人間の顔はまだ自分自身の面貌（face）を見出していない」、（みいだしていない、三井田していない、とコンピュータに変換されてびっくりしている）そうアルトーは書いた。アルトーは、約九年閉じ込められた精神病院で、おびただしい手記をデッサンとともに描き続けた。自画像を含むたくさんの肖像画は、顔のイメージを、顔の通念から剝ぎとるような試みだったといえようか。しかし顔を描くことは、分裂症状からの治癒の過程でもあったようなのだ。顔こそ、人間にとって特別な〈イメージ〉であり、イメージの中のイメージであり、しかもイメージが何であるかを告げている。あらゆるイメージは顔に似ているのだ。誰かのイメージ、私のイメージ、ちょっとの傷、顔色、表情の変化が大事件で、「顔がつぶれる」とか、「顔を貸す」とか、奇妙な言い回しがあるのも、理由のないことではない。一枚の絵をろくに見ない人はいても、顔の変化には誰もがひどく敏感なのだ。誰と識別されるイメージ、一定の範囲で定常的な形態とみなされるイメージ、ほんの少しの変化がその定常性をそこなう。魅了する顔、嫌悪させる顔、泣き顔、しかも決してじっと見つめてはならない顔。永遠の謎。足よりも尻よりも、花よりも器よりも、それらもイメージとして現れるにちがいないのに、顔こそ、それらよりはるか以上にイメージなのだ。無理やり表情を作ったり、化粧（整形）したりすることはできても、誰も自分の顔を作れるわけではない。もし完璧に作られて変化しない顔なら、もはやそれはイメージではない。

いずれにしてもひとつの顔は、それを見る私にとってイメージなのだ。そして顔は変色し、変形する。もろいイメージであり、安心のならない不穏なイメージなのだ。とても「似顔絵」というような次元に画家はとどまってはいられないのだ。描かれた顔は決して顔に似ていない。顔は決して単なるイメージではないからだ。顔の裏側に隠れているものひっぱりだすようにして顔を描くことはできるだろうか。「人間の顔はまだ自分自身の面貌（face）を見出していない」。

22

人間のしるし、人格、個性のしるしとしての顔、しかしそんなものはぜんぶ怪しい。人間の仮面、怪物の顔、怪物にはもはや顔がないはずだが、顔が怪物になりかけるときはある。顔とは人間性だが、人間性の内容とは非人間性なのだ。画家はたくさんの顔を描く。そして顔の謎に触れる。決して謎が解き明かされるわけではない。すべてのイメージは顔である。すべての顔は？　イメージであり、イメージではなく、イメージの外にある。

23

政治をめぐって乱雑な読書をするうちに手に取ったジョージ・オーウェル『１９８４年』は、残酷にして巧妙な、逃げ場のない監視社会を描いている。すべてがうさん臭く、卑しくて、美しいもののない世界で、主人公ウィンストンとジュリアが監視をのがれてすごす逢引の場面だけが例外である。その例外の象徴として、ウィンストンが骨董屋でみつけたガラスのオブジェは、役に立たず、ただ控えめに美しい単純な形をした「文鎮」で、なぜか少しエロチックでもある。「重たいガラスの塊だった。一方の側が局面を描き、反対側は平たくて、ほとんど半球形と言ってよかった。ガラスの色にも肌触りにも雨水にも似た独特の柔らかさがある。その中心部にはガラスの曲面によって拡大されて見える奇妙なピンク色をした回旋状の物体――バラかイソギンチャクを髣髴とさせる――が埋め込まれていた」（高橋和久訳）。ただこのオブジェにだけ、人生の平穏や幸福や歓びが閉じ込められている。じつは二人はずっと監視されていて、ある日逮捕され、出口のない執拗な、考えつくされた拷問を受けて人格を破壊されることになるが、逮捕の瞬間にこの文鎮は砕かれるのだ。

24

あの「文鎮」を思い出したのは、三井田の絵に、そのようなオブジェのイメージを見るような気がしたからだ。「まるでガラスの表面が蒼穹であり、一つの小さな世界を大気ごと丸々包んでいるかのようだ」。そういう凡庸なオブジェを外から、内から、あらゆる視点からのぞいて描いた無数の絵を思い描いてみる。しかし、なぜあのオブジェの「イメージ」と、三井田の絵の連作の印象が重なり合ったのか、いまだわからない。

25

「マネには想像力がなかった」。ジョルジュ・バタイユは、あっさり、そう書いている。マネの描いた白いアスパラガスの絵の奇妙さを、私は思い出していた。

いささか、古典的絵画の静かな暗殺者のようであったマネの絵には、主題に対する情熱、情愛のようなものがまったく見えない。「想像力」がないせいだろうか。じつはイメージが、すでに歴史や権力や美学や信仰を注入されてひどく水膨れしていたのではないだろうか。マネはそういうものをイメージから根こそぎにしようとしたのではないか。「マネには想像力がなかった。彼は詩人（ボードレール）との出会いに、恐らく漠然と触発されて、いにしえの芸術の老衰から抜け出せる出口を、夜の中でためらいながら探し求めたのである。マネは叫ばなかった、うぬぼれようとしなかった。彼はまさに意気消沈しながら探し求めた。なにも、誰も彼を助けることはできなかった。この探求において、ただ非人称的な苦悩だけが彼を導いたのである」（『マネ』江澤健一郎の新訳による）。

バタイユの批評は、あくまでも歴史的文脈に画家の苦悩を位置づけていて、みごとでもあれば、窮屈でもある。「いにしえの芸術の老衰」とは、もう二世紀近く「現代」の芸術にとって前提である。想像力のない芸術……といっても想像力は失われたことがない。「想像力は死んだ、想像せよ」。誰も、絵画史の知識と問題を頭に入れて絵を描き始めるわけではないし、描き続けることができるわけでもない。しかし歴史的な世紀にあって、歴史的なフランスでは、そのように先鋭に、絵画の終わりを引き受けるかのような状況が存在しえた。

あのフランシス・ベーコンでさえも、まったく個人的な美学に密着したように見えて、結果として、彼の時代に、美術史の変遷や革新をあたかも集大成するかのような作品を残すことができた。ベーコンの絵にも、もはや「想像力」など見られず、「想像力」は死んでいるのだ。

26
三井田の絵について考えるのに、美術や美学の歴史を持ち出すのは、おそらく適切なやり方ではない。歴史の中に位置付けて作品を考えるような批評の所作そのものが、批判されなくてはならないのだ。それにしても、歴史を知らないわけでもなく、歴史を忘れるわけでもなく、歴史の何かに触発されないわけでもなく、それでも歴史を斥けることが必要になる。歴史との実にやっかいなかかわり。版画から絵のほうにやってきた三井田の制作には、そういう難しいモチーフが潜んでいるのではないだろうか。

27
忘れがたい出会いをしてきた何人かの画家が浮かんでくる。そのうちのひとり、パリで出会って、もう亡くなっているルネジオは、競馬場のレストランにガルソンとして勤めながら、絵を描き続けた。外出して画用紙が手元にないときには、レンストランの計算書の束や、小さな手帳を、いつもボールペンによる無数の抽象的な筆跡でうめつくし、死ぬ前の数年には絨毯のように巻いた長い紙にそれを集大成して、銀河のように広がる画面を作り出した。ほとんど美術の教育を受けたことがなかったが、パリに住んでいたのだから、もちろん抽象画の偉大な歴史に触れる機会はあったはずだ。美術界に名を残すような機会には恵まれなかったが、彼独自の美学と、鍛錬と、目標が確かにあった。歴史に足をすくわれることはなかった。それは簡単なことであると同時に、ひどく難しいことでもある。

28
「ただ非人称的な苦悩だけが……」などと書いたバタイユにとっては、「非人称」という言葉が、ある先鋭な問いを凝縮していた。私たちの現代では、すでに誰もが非人称的であり、人称的であり、「非人称」という言葉の強度はすっかり失われてしまった。それでも「マネは叫ばなかった、うぬぼれようとしなかった。彼はまさに意気消沈しながら探し求めた。なにも、誰も彼を助けることはできなかった」というバタイユの言葉には共感できる。画家のみならず、現代のアートや思想の根本的な状況も、この言葉に要約されている。

29

リトグラフについての三井田の考察にもう一度もどってみよう。版画について考えることは、いつでも、版と紙という物質の存在と、版に生じ紙に転写されるイメージとが交錯する過程を考えることである。「作品として、支持体の上にあるイメージに細部を見つけてしまう眼は、イメージを瞬時に物質へと還元してしまう。イメージをイメージのままに、まなざすことのできる眼は、未知の表現の可能性を開くかもしれない。そのような眼を持たないわたしには、表現の可能性は未知のものではない。可能性は尽くされるためにそこに待っている。そして、イメージは物質において可能性を尽くされる」。

私自身の仮説的考察では、イメージは決して「物質へと還元」されたりはしない。どこまでも物質は、物質のイメージとして現前するしかなく、イメージそれ自体は非物質である。しかし物質とのたえまない交渉なしにイメージはない。それでも三井田の考えにしたがおう。問題はイメージの外部としての物質なのだ。「イメージは物質において可能性を尽くされる」。これは奇妙な言い方だ。イメージの可能性はすべて物質のなかにあるということか。その「すべて」に、幸か不幸か、私たちが到達することはない。逆に「物質がイメージにおいて可能性を尽くされる」ということは決して起きない。それなら「イメージをイメージのままにまなざす」とは、どういうことか。三井田自身はそんな「眼を持たない」と言っているのだ。

同じ文章の少し前のところで、三井田は「まなざすことを続けていられる間だけ物質はイメージを少しずつ吐き出してくれるのである」と書いている。私のイメージ論では、イメージと物質の非親和性が問題なのだが、三井田の考察においては、イメージと物質は、はるかに親和的である。しかし親和的なものは、いつでも異物に、他者に変身する。

当然ながら、好ましいことに、三井田は〈歴史〉よりも、はるかに〈物質〉に導かれて思考し、制作し、制作を通じて物質をたえず再発見しているようなのだ。

再び彼の版画（リトグラフ）の考察に戻ることになったが、三井田の絵は、版画の「闇」で出会った物質とイメージの境界を、その境界の問いを、新たに問いなおし、新たな地平に開放することを試みているようだ。それはまさに「イメージをイメージのままに、まなざすこと」であるかもしれない。

30

これらの絵の図像は、身体から顔へと、顔から身体へとたえず移動する。いつも小さな怪物であるようなイメージ。画面にしるされた一本の線がすでに怪物である。絵という、歴史でも物質でもないもの。イメージは物質の外部ではないとしても、歴史の外、もちろん美術史の外にある。この社会は、いつもイメージを無理やり歴史のなかに閉じ込めようとする。しかし軽やかな身振りで、叫ぶことなく、注意深く、歴史の外部へ……見出された外部、小さな怪物たちの時間……。

凡庸と幻視

「弾にあたる。戦死をする。着のみ着のままの埃と汗と垢で湯灌もせずに火葬になる。白木の箱に納って東京に還ったら、先ず水道の蛇口の下に骨箱を置いて頭からどうどう、暫く水をかけて貰い度い。」

（小津安二郎の手紙から[1]）

小津安二郎の映画に親しんだら、誰しも注意をむけずにはいられない、あの対面する人物の撮影法（切り返しショット）については、他の誰でもなく小津自身が明瞭、簡潔に語っている。あらためてそれを読んで思ったことから書いてみよう。「カメラの位置が二人の視線をつなぐ線をまたがず線の一方の側からのみ撮るということが常識であり、ほんとうである」といわれている。しかし「私は、これを、最初に左を見ている男をみせ、次に又、左をみている女をみせるという撮り方もするのだが、みている観客も（勿論私も含んで）充分二人の人物が相対しているのだということが自然にうなずけるのである。この撮り方は所謂映画の文法を無視したもので理由を説明すると。……」[2]。

「これは明らかに違法なのである」という小津は、一〇〇本以上の映画について調べてみたが、例外

（1）小津安二郎『僕はトウフ屋だからトウフしか作らない』日本図書センター、一七〇頁。

（2）同、五四頁。

はただひとつフランス映画の『ケニッヒマルク』だけだったと書いている[3]。

小津は明らかに「違法」であることを知りつつ、「映画の文法」を犯し続けたが、その理由についてもまったく意識的だった。「最初の出発は、日本間に於ける人物と背景との関連に於て、その場の感情と雰囲気を自由に表現するため」であった。狭い日本間では、カメラの可動範囲が限られている。もし対面する人物を撮影するとき、カメラが対面する人物を結ぶラインを超えてはならないという規則に縛られると、「或一人の人物の背景は床の間だけであり、も一人の人物の背景はまた襖とか、或いは縁側とかにきまってしまう[4]」。こうして小津が言おうとしたのは、ひとつひとつのショットを外部から連結する論理を否定して、ショットひとつの自律的な〈強度〉を尊重することである。あえて〈強度〉といってみるのは、〈美しさ〉、〈適確〉のような言葉では言い表せないからである。もちろん〈自律〉はショットの変化とともにあり、その変化とともにある〈美しさ〉、〈適確〉が追求されたにちがいない。

西洋美術の遠近法で、視点が景観の外の一点に固定されているということは、景観を見る主体の位置が何か特権的なものになっていることを意味する。これは美術史に関する様々な論考によってすでに指摘されてきたことだ。たとえば東洋に数多く存在する絵巻物を考えると、そこでは端的に、景観とともに視点は移動していく。景観の外に固定される視点はなく、視点は景観にぴったり張りつき、景観に内在しているといえる。視点を固定する切り返しショットの文法は、そういう意味では遠近法的な発想を踏襲している。これに対する小津の〈抵抗〉を、〈東洋の美学〉に分類してしまいたくはないし、また小津がそういう発想をしていたとも思えないのだが、それにしても映画という二〇世紀のメディアを駆使しながら、小津が確立した例外的スタイルは、アジア的日本的な様式と決して無関係ではなかった。

小津の〈美学〉として、そういうふうに自律的ショットを有機的に結合しようとする一貫性が確かにあった。しかしそれはショットの生命を、上から外から統合し支配するような一貫性ではなく、まして「文法」ではない。この一貫性を的確に言い当てる言葉が、ありそうで、なかなかない。有機的というよりも、むしろ非有機的結合というべきかもしれないのだ。これは小津のショットが、どれひとつとして、他に勝って重要であったり、きわだったりはしないということとも関係している。空虚な室内や、静物の場面がしばしば穿った批評の対象になるが、空虚や静物が他のショットよりも重要であったり、目立ったりすることもない。むしろ何もなく、何も起こらない場面は、すべてが平等に、厳密に、重要であり、かつ凡庸であることのしるしとなっているのではないか。

やはり誰もが気にとめるあのローアングルからのショットについても、小津自身が無造作に、神秘的ヴェールを剥ぎ取るようなことを書いている。「カット毎にあっちこっちからライトを運ぶので、二、三カットやるうちに床の上は電気のコードだらけになってしまう。一々片付けて次のカットに移るのでは時間もかかるし、やっ介なので、床の写らないように、カメラを上向けにした。出来上がった構図も悪くないし、時間も省けるので、これから癖になり、キャメラの位置も段々低くなった」[5]。これも床の電気コードを隠すという場当たりの無造作な選択に見えるが、「出来上がった構図」という点では決定的だったのだ。どうやら小津は「上から目線」というふうに、いままでは軽やかに批判される視線が、そもそも苦手だったようなのだ。カメラの位置は対象を見下ろすのではなく、むしろ対象から見下ろされる位置にあるほうがよかった。

(3) 同、五五頁。
(4) 同、五六頁。
(5) 同、一三頁。

映像を連結する「文法」に関しても、またカメラの位置に関しても、小津はどうやら映像のなかに忍び込む「支配」や「権威」の構図を、とことん嫌ったようなのだ。

小津の登場人物は、西欧風のクラブでのダンスの光景をのぞいては、決してダンスしたりはしないわけである。ところが、あたかも秀逸なダンスの光景のように記憶に残るシーンがある。たとえば『淑女は何を忘れたか』の最後で、恐妻家の大学教授が、妻となんとか和解していっしょにワインを飲もうとするとき、暗い廊下の奥のわずかな方形の明るみを躍るようにして見え隠れする場面がある。それは、ある家庭のそれほど深刻でもない波乱や行き違いが収束する場面であった。『お茶漬けの味』の最後でも、ただ善良で鈍感にしか見えない夫と、この夫に反発し続けた妻が、ふだんは下女がきりもりしている台所に入り込んで、仲良く「お茶漬け」の支度をする場面がある。このときの夫婦の立ち居ふるまいは、ほとんどお盆やお櫃をかかえた二人のワルツのように見える。この頃見直した『小早川家の秋』では、中村雁二郎の演ずる一家の祖父が、孫と隠れん坊をするふりをしながら、娘の目をのがれて着替えし、外出し、愛人の家にいこうとする場面だって、滑稽である以上に、ちょっとしたダンスのように身振りが構成されている。クライマックスのように突出した場面は、ほとんどないが、いたるところこのようにささやかな身振りのドラマがある。それは小津が周到に選んだ〈力や統合を斥ける〉カメラ位置や撮影法によって、おのずから準備された光景のようである。小津映画の〈凡庸〉は、まったく厳密な選択と思索に裏付けられていて、それはある〈権力論〉と一体である、といっても誇張したことにはならないはずだ。

小津の戦争体験。「一寸戦争に行ってきます」（一九三七年九月）。「仲間の坊さんは頭をやられた。脳味噌と血が噴きこぼれ物も云わず即死だった」（一九三八年三月）。「弾も仲々当らない。またそう当ってはたまったものではない」（同）。「僕の想像通りどうやら戦争ハ最大のスポーツらしいです」（一九三八年四月）。「山中〔貞雄〕の陣歿ハ聞いた。甚だ痛ましい」（一九三八年一二月）。

それにしても「従軍日記」や「戦地からの手紙」の表情は、奇妙なほど明るい。毒ガス部隊に配属され、日本軍の血なまぐさい蛮行の記憶があったはずの南京にも小津は行っている。天性のオプティミズムのせいもあっただろう。とにかく生きのびることを確信して生きのびた。そして帰還した後にはこう語っている。「何？　今度の映画かい？　戦争ものじゃないよ。だって考えても見給え。二年間も毎日泥んこの中に足をつっ込んで来ているのに、また映画でそれをすぐやれるかというんだ。〔……〕経験が生々し過ぎるんだ。これをもう一つぐっと押えて、かみ砕いて真実に自分のものにしてからでなくちゃ駄目だね」(6)。

小津の「凡庸」の哲学は、もちろん日本や東洋の思想として普遍化しうるものではない。ジル・ドゥルーズは『時間イメージ』でライプニッツを引用しながら、小津映画に見た凡庸というテーマについて語っている。「小津においてはすべてが普通で凡庸であり、一つの死または複数の死さえもそうであって、自然な忘却の対象なのである」(7)。小津の凡庸の思想は、これも映画の手法と同じく

（6）　同、一〇八頁。
（7）　ジル・ドゥルーズ『シネマ2＊時間イメージ』法政大学出版局、一九頁。

一貫していて、戦争さえも、決して異常な出来事としてみることができなかった。人生において「突出したもの、特異なもの」は何もない。例外や混乱をもたらすのは、とにかく人間なのだ。人間の次元を超脱して、すべてを自然のなかにおいてみれば、大地震だって、太陽が燃え尽きることだって、大事件なんかではない。けれど小津の立場は、決して人間を超越した自然主義といったものでもなかった。

多くの場面は小さな家屋のなかで進行し、ときにカメラが外光のなかに出て行くときの開放感は小津の自然主義の徴のように見えないこともないが、それは室内の壺や、ランプや、瓶とそれほど異なる自然ではなく、もちろん嵐や豪雨でドラマをかきたてたりする必要もなかった。「小津には、溝口健二の場合のように決定的問題を結びつけ、死者と生者を結びつけるような宇宙の線は存在しない。黒澤明の場合のように根本的問題を包み込む息吹の空間、包括する存在もない[8]」。自然の脅威からよく守られた静かな室内で、ほんの少しの動揺や例外（結婚、死、夫婦の仲たがい）をめぐって映画の時間は流れていく。溝口、黒澤、小津から日本映画に共通の特色を引き出そうとしても、それはひどく難しいことになる。

吉本隆明氏と雑談する機会があったとき、氏がそういう小津の映画にふれて、なにひとついいところがない、とほぼ全否定したのが印象的だった。人間の意志や選択が、ほんとうはどこからくるか、どういう関係に強いられるかを執拗に考えぬくことが吉本思想の課題であった。人間の行為を、根本的に〈受動〉とみなすことにおいて、小津も吉本も立場は変わらなかった。しかしその〈受動〉を自然として外部からみつめるか、それとも葛藤として内部からみつめるか、ふたつは同じ立場ではない。小津が人間に対して採用した遠近法は、これもまた、まったく凡庸なようだが、かなり異様なのだ。

確かに自然にとって何ひとつ異常も例外もない。しかし、ただ人間が異常や混乱をもたらすと言うのと、ただ人間にとってだけ異常や混乱があると言うのでは、同じことを意味していない。人間は出来事を生み出そうとし、実際に生み出してしまう。歴史は、支配、暴力、戦争、革命、死のような出来事の歴史である。そしてそれを出来事として受けとり、さらに出来事を、喜びとして、悲しみ、苦しみとして迎える人間がいる。哲学は、本質や真理や実在について綿々と問うてきたが、それよりも出来事とは何かを問わなければならなかったのではないか。ライプニッツには、確かにそのような問いがあった。「哲学者ライプニッツ（彼は中国哲学の存在に無知ではなかった）は、世界は通常の法則にしたがいながら、非常に規則的に構成された収束する系列からなっていることを証明した。ただ系列やシークエンスは、小さな部分においてのみ、動揺し撹乱された秩序において、われわれに姿を見せるので、われわれはあたかも異常なことのように、断絶や不均等性や不調和を考えるのである(9)」。

私たちが大事件と考える出来事も、世界の凡庸さを支える法則の小さな破れ目にすぎないとすれば、凡庸のほうが大きく根本的で、非凡（特異）のほうがちっぽけで皮相だ、ということになる。これは突出した出来事の系列からなる〈歴史〉というものに対しては、まったく反歴史的な見方でもある。小津の映画は、決して些細な出来事や人物にばかり目をむけたのではなく、むしろ最も根本的で原則的な何かに狙いを定めていたということになる。歴史よりも、ずっと根源的な人間の時間に目をむけていたといってもいい。

小津を「時間イメージ」の映画の先駆者として、すでにサイレント映画において「視覚的イメージの基層を開示した」人物として讃えたドゥルーズは、彼自身の出来事の哲学の到達点さえも小津のなかに

（8）同、二二頁。
（9）同、一九頁。

見ていた。ただ「凡庸」をめぐって延々と『私の作家遍歴』のように異様な長編エッセーを書くことのできた作家小島信夫を小津安二郎の隣においてみよう。またライプニッツとドゥルーズのあいだには、神秘的に見えるまでに凡庸な日常の構造を究めようとしたあのプルーストをおいてみよう。そこに私は、ある〈凡庸の哲学〉の系譜を思い浮かべてみる。「小津自身、伝統的あるいは保守的価値の守護者ではなく、日常生活の最も偉大な批評家なのである。意味のないことそのものから、彼は耐えがたいものを取り出すのだが、それは共感や慈悲にみちた観想の力を日常生活に広げるという条件においてのことである。重要なことは、いつも人物あるいは観客が、あるいは両方ともが、幻視者になるということだ[10]」。「耐えがたいもの」、「幻視者」とは、凡庸なものに、まったくそぐわない言葉のように見える。しかしただ凡庸なものにかかわる「残酷」、「幻視」というものがあるにちがいない。

仮に別の可能世界でもし私が映画作家なら、私は小津のような映画を撮りたいだろうか。もちろん即刻考えはじめるのだ。「小津のような」とは何を意味するのか。何も意味しはしない。ヴィム・ヴェンダース、ペドロ・コスタ、侯孝賢のように小津を敬愛し、なぜ敬愛するのかよくわかる映画を作ってきた作家もいる。しかし彼らも決して「小津のような」映画をつくるわけではないし、つくりたいわけでもないだろう。小津の一流の研究家たちが、何か小津のようなものを生み出すわけでもない。小津映画は一度きりのもので、二度とあんな映画は生まれないし、生まれなくていい。これはどんな映画作家にも、芸術家についてもいえることだが、とりわけ小津についていえることなのだ。映画は、もっと辛い恐ろしい現実にむかうことができるし、むかわなくてはならない、と可能世界の私は考えるかもしれない。しかし小津はそういう選択をしなかった。そのかわりに、ささやかな出来事の繰り返しだけにこだわった。また作り手としての一貫性にこだわった。しかしそのこだわりだって映画の黄金時代のなかで、いくつかの条件が整って奇跡的に達成されたものだ。凡庸の奇跡、奇跡的凡庸、そこに生まれる明視あるいは幻視が、ただ映画とともにあったことの奇跡。

(10) 同、二五頁。

映画の難民（ペドロ・コスタ）

『ヴィタリナ』。灰色の壁に挟まれた闇の奥から現れる男たちの黒い影。壁の上から十字架の列がのぞいている。薄闇のなかのゆるやかな行進。両脇を抱えられて進む老人。すぐあとで地面にへたり込んでいる。その群れが建物の中に入っていく。階段、ドア、通路、部屋、窓。影と斜線の絵。そして狭い部屋のなかを片付けている男たちの姿。最初のせりふ。「あの糞野郎、ぜんぶ墓にもっていってしまった」。このあいだ常に光は乏しく、映画を観る目は次々形を変えて画面をみたす黒色に慣らされていく。中心の少し明るい部分を濃い闇がとりまいて、建物の形も、部屋の配置や中の様子も、よくつかめないままだ。

ジェットエンジンの重たい騒音。夜の空港に入ってきた飛行機。ひとりタラップを降りてくる素足。迎えに来た人物たちは空港の作業員らしい。「あんたの夫の葬式は三日前にすんだ」。

もはや映画の物語の文法などについて語ることに何か意味があるのかどうかわからないが、沈黙、足音、切れ切れのショットとともに現れた暗い群像と住宅、そして空港に素足で降りてきた女の出現は、とにかく唐突であり、鮮烈であり、説明はなく、その映像も何の説明でもなく、ただ出現それ自体だ。闇から何かが現れるのではなく、闇自体が現れた。タラップを降りる素足は、女の出現を意味するのではなく、顔の出現の準備ではなく、素足それ自体としての素足の出現であった。

とにかく夜が続き、黒くうねるフレームが息をしている。部屋や廊下を出入りする影の動きで、黒はそのたびに塗り直され、彫塑され、厚みを増していく。乏しい光も、光自体で質量を帯びるようだ。黒は光を遮り、それ自体が視線の対象となり、視線を吸い込み、また撥ねかえす。たえず形を変える厚い影から生まれるような人物たちが、それでも語り続けるが、みな独語するように語るだけだ。

「レンブラントの絵のように美しい」[1]という評言が目に留まったが、それを言うなら、レンブラントの絵のほうも、この映画のように美しいと言わなければならない。もちろん、レンブラントは光と闇の干渉を、それ自体ドラマとして描いたのだから、ペドロ・コスタと無関係ではない。それにしても何が「美しい」のか。一つ一つの映像が、確かに画像として美しい

(1) ちょうどカントの「美」に関する考察(『判断力批判』)を私は読み直していたところで、カントが「美」から「崇高」に考察の的を移していくところは、映画の印象と交錯する。美的な感覚は、知的な認識とともに、まだ調和的に働くことができる。美は、調和の感覚である。しかし感覚がそれ

が、それでは映画がスチール写真のアルバムのようなものになってしまう。やはり動画として美しいにちがいないが、動きは実に乏しく、運動が美しいわけではない。みすぼらしい部屋の、みすぼらしい人物たち、部屋も人物も美しいわけではない。何も目覚ましい出来事はない。それなのに、映っているものは美しく、偉大なのだ。静止画ではなく、運動の画像でもなく、そこに淀んでいる奇妙な時間が目覚ましいのだ。そういう時間の画像は、写真としても美しいが、その美しさが特別なものであるのは、それがやはり時間のイメージであったからだ。カメラを動かさないことはぜひとも必要であった。カメラが人物の動きを追ったり、ズームをしたりすれば、視線は能動的になり、かえって運動の論理に縛られるようになる。運動の論理を遮断するには、カメラを固定しなければならない。人物はどこにも行かない。そこにいるか、あるいは不在であるか、それだけだ。そこに運動はなく、時間があるだけだ(2)。

暗い部屋に入ろうとしたヴィタリナは、まずドアの框に頭をぶつける。たちまち運動を阻害するものがある。暗い部屋で落ち着ける場所をみつけ、ターバンをほどき、まき直し、呆然とし、かがみ、首をまわし、イヤリングをつけ、というようにか

以上に法外なスケールの、把握しがたい広がりに出会うとき、脅かされる感覚にとって、それはもはや美ではなくなり、感覚と認識の調和は失われる。「崇高なもの」は、この不調和の感覚であり脅威的な認識である。映画は、早くから感覚にとって法外なものを対象にしてきたという意味では、つねに「崇高」という問題に出会っていた。そしてもちろん「崇高」は、感覚にとっての脅威にすぎないのだから、映像の効果によって容易に生み出される。高山、氷河、砂漠、瀑布等々。「崇高」はいかがわしく、崇高の美学はもちろんいかがわしい。強風の中、壊れた屋根に上がって、蒼白い光のなかに雲の棚引く暗い空を背景に、屋根を蔽うシートを固定しようとする女の姿は、少し崇高である。リスボンのスラム街の人物たちはかなり崇高である。映画における崇高の美学に対して、およそ警戒的であるペドロ・コスタの映画には、確かに崇高の批判、そして崇高とは何かという問いが含

すかな仕草を繰り返し、部屋の闇になじんでいき、夫を思い浮かべて語りかける。シャワーを浴びていると、壊れた天井から漆喰が崩れてきて、頭と顔が白く汚れる。夫とはもう四〇年間会っていなかった。ついにリスボンに呼んではくれなかった。一度カーボベルデに帰ってきたときには、四五日かけていっしょに家をたてた。建物ができたところで夫はリスボンに立ってしまい、あとはヴィナリナが身重の体で、ひとりで完成しなくてはならなかった。屋根も壊れたままのこんな家で惨めな暮らしをするくらいなら、なぜあそこの大きな家に留まらなかったの？

　この映画は、家の物語でもある。たいていの映画に、家は登場するのである。しかし家が写っていても、家の映画というわけではない。壊れた家、完成しない家、大きいだけの淋しい家、いつか住みたい家、家を構成する様々な物の名前のつぶやき。「オーブン、洋服ダンス、……、ちゃんとしたドア」。映画の最後の場面では、近所で若いカップルが家を改築しているらしい。この家はどうなることか。さりげない終わりだが、これは〈家の映画〉のフィナーレ、そして家の物語の永遠回帰だったのだ。壊れた家、決して完成しない家、住めない家……。そして別離、

まれている。

（2）「時間イメージ」を「運動イメージ」に対照させて、二冊の映画論を書いたジル・ドゥルーズの『時間イメージ』は、『運動イメージ』よりもはるかに多様な問題を含んで、複雑であり、曖昧な考察のようにも見える。イタリアネオリズムに、感覚－運動的図式を排除する純粋な光学的音声的状況を見るところから始まって、知覚、記憶、思考、身体、身ぶり、そして西欧外の映画における民衆と言語行為、最後に音声と映像の分離（オフ・ヴォイス）と、問いは多岐にわたっている。時間イメージは、運動の図式にしたがって映画の要素を有機的に連結するあらゆる要素の切断（非合理的切断）とともにある。時間は、切断されるイメージの間隙に現われる。ペドロ・コスタにおける時間イメージと〈移民〉の情況との結びつきは、ドゥルーズの『時間イメージ』の政治学的射程と相照らすところがある。映画の商業的体制が、いまも「運動」

悲惨、裏切り、それぞれの闇の物語の破片がある。この映画は決して物語を拒む映画ではない。

窓にはめられた格子にはいろんな形があって、太陽をとりまく光線の形をしたものもある。窓は、それぞれ目のようで、小さな窓が視線をもっているようだ。その格子を通じて、人物の強い眼差しが放たれる。ヴィタリナが着いた部屋の鏡。つまり様々なフレームがいたるところにあって、カメラが動くかわりに、たえず〈リフレーミング〉が行なわれている。(3) 何よりもまず、たえまなく彫塑される黒が特権的なフレームなのだ。モンタージュは、運動の幻覚を与えるためでも、想像力を操作するためでもなく、むしろ運動の暴力を切断し、視線の力を別の持続のほうにむけて集めるかのようだ。運動ではなく、眼差しのほうに、それを通じて実現されるある純粋な状態のほうに。それを「時間」と呼ぶのが適切なのかどうか、実はわからない。時間とは全体ではない。全体を排除するものが時間なのだから……。ドゥルーズが、プルーストについて書いていたことだ。

「くるかわからぬ船を待ち」、「一日中待っていた」、「あの愛の痕跡もない」、「あの光も愛も」、「恐怖は天国にも入れる」……。意味ありげな物語の破片をつぶやいて、ふらつきながら

(アクション)と深く結託しているとすれば、時間イメージとはほとんど「反映画」であるにちがいない。

(3) ドゥルーズは、アントニオーニの『愛と殺意』について語りながら、「リフレーミング」と「思考記号」に触れている。「このときカメラは人物の運動をたどることも、人物にカメラ固有の運動をむけることも放棄して、たえずリフレーミングを思考の機能として、継起や帰結、あるいは意図の論理的な連結を表現する思考記号として実行するのである」(『シネマ2＊時間イメージ』三二―三三頁)。『ヴィタリナ』は、明るみをとりまく影のフレームの変化、壁、鏡、そして窓と格子によってたえず「リフレーミング」を行なっている。それが簡素な家

徘徊する老人。同じ島からやってきた移民たちのパトロンでもあるらしいこの神父が、もうひとりの主人公である。ヴィタリナの素足のように、それ自体として出現する震える手のクローズアップ。酔っ払いで、体が不自由で、長い間立っていられず、しょっちゅう倒れる（運動の失調）。神父は、ヴィタリナと死んだ夫のためにミサを行いながら、その夫と、やはりヴィタリナという名の別の女との結婚にも立ち会ったと告白して、また倒れる。

続く場面で神父は、キリストを密告したユダの物語を語る。ユダがキリストを裏切る際に、合図として接吻したキリストの頬は闇に包まれ、そこから闇の世界が広がり、もう一方の頬からは輝く世界が広がった。世界は光と闇に二分された。「われわれはその闇から生まれた」。映画全体を包む闇の彫塑と、ユダのもたらした闇の物語とは通じ合わずにはいない。もちろん映画の中の移民たちの情況と、ユダの裏切りを結びつけるいかなる理由もない。しかし映画の闇の時間が、「移民の生活という悲惨な記憶」に合流することは確かなのだ。ユダの物語とその解釈を語る神父は、移民たちの精神的指導者であるべきなのに、自分を裏切り者と感じ、そしてヴィタリナは夫も含めて、

や路地に厚みと奥行きをもたらし、絵画のマチエールに相当するものを作り出しているようだ。もちろん絵画をめざしているのではなく、影の変容は、ある思考に対応している。この思考は、見えるものに抵抗しているのだ。

男たちを裏切り者として糾弾する激しい言葉を口にする。悲惨なのは、移民の男たち以上に、残され裏切られた女たちなのだ。いずれにしても世界の闇はいたるところにあり、重なり、交差し、映画はそのわずかな断片を切り取って反映するだけだ。植民地の悲惨、移民生活の悲惨、残されたものの悲惨、その悲惨に食いこむようにして映画をつくるものたちの執念。「すでに終わった過去と出口のない未来の間で引き裂かれる、一つの時間の純粋な形態……」。しかしこの「純粋」は、混沌を斥けるものではありえない。そこには力、道徳、そして政治的支配がひしめいて扉をたたいている。

物語を構成しかねない意味ありげなせりふを排して、映像と、そして身体の実在そのものに、即物的に密着するようにして作る映画には、ほとんど演技らしい演技も、台詞らしい台詞もいらないように見えた。しかし映画を作る動機そのものとなった人物たち（ヴァンダ、ヴェントゥーラ、ヴィタリナ）は、むき出しの本人であり、はるかに俳優以上の存在でありながら、何か神話的な人物になったのであり、ありのままの、素顔の人物というような被写体ではなかった。被写体であるどころか、あのヴァンダはむしろ頻繁に映像をチェックする制作主体でさえあったらしいのだ。『ヴィタリナ』の、特に二人の人物は、コスタにとってあいかわらず映画を作る理由そのもののような存在だが、この映画で彼らは、特異な仕方で、俳優になったのではないか。こんな俳優は見たことがない。もちろんこの映画のためだけの俳優で、彼らがまた他の映画に出演することがあろうと、この印象と、この規定はかわらない。

　コスタが、どんなふうに台本を練り上げていったかに、もちろん関心が働くが（おそらくずいぶん時間をかけて演技も発声も作りこんだ結果なのだろう）、とにかく台詞は、個人としての彼らの、そしてある共同体の体験であり、そして伝説のようでもあり、対話は基本的に排除され、独白として（しばしば不在の相手に対して）発話されるしかない。対話は、社会的であったり行動的であったりする有機的な関係を、映像に介入させ、映像の方向を規定しうるからである。[4] 彼らはみごとに俳優の演技をやってのけているが、それは熟達の演技というようなものではない。彼らは一つの身体と声として、そのままで、もう一つの身体と声と化したかのようである。実は何一つ演じてはいないが、「ありのまま」というような演技でもない。もちろん神父の語るユダの物語そのものが、福音書の作家たちによって、すでに継承

（4）対話（会話）は、リヴァースショットのような文法を要請し、ショットの文法が、映画のリズムや、モンタージュやカメラワークにまで、ある有機的な連結を浸透させることになる。もちろん対話を停止させることで、おのずから別の映像スタイルが

され、仮構され、演出され、脚色されてきた言葉とイメージからなっている。二人の俳優は何か得体のしれない存在で、破局や受難を体験した当人、証人、語り手であり、贋作者、偽の俳優、偽の告解者であり、棄てられた女は、ポルトガル語を話さず、学習しながら贋のポルトガル語とクレオール語を往復し、何度となく繰り返された愚痴、恨み言、告白を口にする無数の不幸な女たちであり、偽の神父は、偽のキリスト、偽のユダであり、裏切り者であり贖罪者であり、神に見放されたものとして絶望しながら語るのだ。この映画では、特別な俳優と語り、特別な眼差しと声が、光と闇の特別な関係とともに見出された。

『ホース・マネー』の最後には、エレベーターの光る金属の箱の中で、ヴェントゥーラが銅像のような兵士といっしょにいる長いシーンがある。兵士は厳めしい表情を変えず、はじめはヴェントゥーラを拘束し監視しているかのようだ。この動く銅像は決して喋らず、画面外の声でヴェントゥーラと会話しているように見えたが、ヴェントゥーラ自身の声も断続的にしか聞こえなくなり、画面外からたえまなく多数の声が聞こえ、それは対話やモノローグの破片であり、仲間の移民労働者たちの話、

登場するわけではない。会話のどんなイメージを作り出すかは、いまも映画にとって最高の課題のひとつにちがいない。映画の文法は、運動の図式だけではなく、会話のイメージによっても規定されてきた。もし会話の新たなイメージが作られるなら、それは新たな言語空間が登場することでもあり、そこには異種の時間と集団が生み出されることにもつながる。時間イメージから、〈非会話〉を経由して、会話イメージへ。『ヴィタリナ』は、そういう方向での言語行為（話法）の実験を試みた映画なのだとも言えよう。相手の言葉を反復しつつ二人が交互に、キリストとユダの物語を語る場面があって、ペドロ・コスタのこの問題への配慮がうかがわれた。ある「話法」を実験し、発見することは、単に映画の「技法」の問いには還元されない。「話法」を作り出すことは、物語の手段ではなく、物語の目標でさえあり、物語自体よりも重要なのだ。映画は会話を素材とし、会話を映像化する

ポルトガルの独裁を倒そうとした革命の話、妻だった女の声、「おまえは千回も死んだ」、「私の生について何も知ってはいない」、「ここはどこだ」……と移民の過酷な生活ばかりか、様々な闘いや諍いについて語り、つまり歴史を語っている。コスタの映画を観るときは、見えているものをただ見つめるだけでいいと自分に言い聞かせていることが多いのだが、それでも特に『ホース・マネー』の場面転換は、そのたびにざっくり脈絡を切断して、どこなのか、病院、監獄、工場、故郷の風景なのか、拘束中か、放浪中か、内乱でもおきているのか、混沌として、しだいにそれらの間隙の生み出す真空が、印象とも、イメージとも、感触ともいえないものを知覚に刻んでいく。そのような切断、間隙、真空が、エレベーターの中の〈交話〉を通じて、いよいよ一つの場面に凝縮され、加速されたかのようだ。独裁、弾圧、植民地、革命、解放、そして移民、それらの間の生死、暴力について、芸術は、報道は、映像は、もちろん語ろうとしてきたし、語らなければならなかったが、どんなに詳細な調査や取材や、想像力による再現をこころみようと、出来事は語りえないものだ。語ることを決して諦めてはならないが、それが語りがたいものであることも同時に語らざるをえない。語りがことを大きな課題としながら、逆にそれによって映画の物語的文法が決定されるという強制が生じてきた。もちろん会話を排除するのではなく、物語と運動の論理を脱したところに会話の映像が実現されることが望ましいのだ。映画を支配する言語行為の形式に対するペドロ・コスタの敏感な抵抗に共感する。とりわけ『ヴァンダの部屋』に始まったリスボンのスラム街のシリーズは、一作ごとに映画の「言語行為」を再発見するような試みになっている。例えば『コロッサル・ユース』において、異なる声で繰り返し朗読される故郷の妻への手紙。

たい空白は、ただ知覚するしかない。知覚しがたいが、知覚するのが難しいからこそ、ただ知覚するしかない出来事が、じつは無数にあるのだ。

日本での講義の中で、コスタはブレッソンとジャック・ターナーの作品の一部を見せながら「運動」についてこう注釈している。「映画とは運動なのです。ふたつの映画の抜粋を見ましたが、強い衝撃として残るのはこれらの作品が運動に充ち溢れた映画だということです。運動とはふたつの物のあいだに存在する緊張であり、原子間の関係のようなものだと言ってもよい。ブレッソンの映画のなかで非常に興味深いのは、例えば老婦人と青年のあいだに存在する緊張です。そこには視線の運動がある」(『歩く、見る、待つ』土田環訳、ソリレス書店)。運動を撮影し、運動の錯覚を与え、運動の知覚をもてあそび、運動のカタルシスを与えることなしに、いまでも映画のスペクタクルは成立しない。しかしコスタがここでいう「運動」とはむしろ「緊張」であり、運動の「あいだ」の状態である。視線は画面を動く対象を追いかけるのに忙しいのではなく、むしろ宙づりなって震えている。抑制された微細な運動も確かに運動ではあり、静止ではないが、この運動は、運動の図式からは脱落して、他の何かに即している。その何かを「時間」と呼ぶか、「緊張」と呼ぶか、それでもまだ「運動」と呼ぶか。これを言うための決定的な語彙があるわけではない。この世界の資本と政治と欲望にどっぷりつかりながら、それに対するたえまない抵抗さえも（しばしば寛容に）呑み込んできた映画産業は、「悪夢」であり「地獄」であり、「不正」で「汚らしい仕事」でさえあるとコスタは、その講義を始めている。しかしその世界の針の穴のような間隙をくぐって、彼は別の映画を作り続けた。そのためには彼が出会った移民たちの身体と声と眼差しが、ぜひとも必要だった。もちろん彼自身が、映画からの難民のようなものだ。移民、難民、流民。人類のすべてがその子孫であるにちがいないのに。

喪の演劇

1

『女中たち』の上演のためにジュネが書いた二つの文章が残っている。この戯曲を書いたことは失敗だったし、そもそも演劇にかかわろうとしたことが空しかった。そういうジュネの峻厳な否定は、いまも演劇に、演劇を問い続ける。もちろんこれは単に演劇の〈手法〉に関することではない。

「能動的な象徴の深い錯綜であるような芸術、観客に対して何も言わず、すべてをただ予感させる言語を語りかけることのできる芸術、そんな芸術をわれわれは夢に見るしかない」（「ジャン・ジャック・ポーヴェールへの手紙」）。この「芸術」は、そんな「言語」をつくりだす芸術でもあるはずだ。西洋の俳優にそのようなことはできない、と断定するジュネは、日本、中国、バリ島などの「豪華絢爛」(fastes)に、西洋演劇の対極にあるものを思い浮かべていたが、もちろんジュネはアルトーほどにも、東洋の演劇に照らして、演劇言語を具体的に鋳なおすことを考えてはいない。

「西洋の俳優は、様々な表徴を担った一つの表徴になろうとはせず、ただ惨劇や喜劇の人物と一体化しようとするのみだ」。「私はあるずれを手に入れようとしたのだ、それによってある朗唱の調子が可能になり、演劇の上に演劇がもたらされるはずだった。私はこうして人物というものを廃止して——人物とは通常、心理的因習によって成り立つものでしかない——表徴を作り出したかった。表徴はそれがまず意味するべきものから、できるだけ遠ざかっているが、それでも意味すべきものにつなぎとめられ、作者と観客はこの絆によって結ばれている。要するにこの人物たちは舞台の上で、もはや彼らが表象すべきものの暗喩にすぎない、という状態に到達しなければならなかった。この企みをもう少し首尾よくなしとげるために、もちろん私は、ある声調、歩き方、所作……を考案しなければならなかった。それには失敗した。だから私は、勇気をもたず、危険も困難もない企みに身を委ねた自分を断罪する」。

これを読むなら、ジュネが問うたのは、むしろ「演出」と「演技」の問題だったと断定してもいい。「それには失敗した」というなら、何度でも、他の演出家、俳優と上演を試行錯誤してみることもできただろうに。しかしジュネは早々と諦めたようなのだ。ジュネの演劇に対する、そして俳優に対する要求は、何か法外な、実現不可能なものだった。ジュネはそのことをよくわかっていた。どう演じれば、どう演出すればいいか、という手法の次元に、ジュネはいなかった。

『女中たち』の演じ方について書いたもう一つ文章にはこう書いている。「ひそやか (furtif)、演技はひそやかでなければならない」。「演技はひそやかであろう、あまりに重々しい美辞麗句が、軽やかになって観客に届くためである。だから女優たちは身振りを控え目にする。身振りのひとつひとつが宙吊りになり、壊されるのだ」。

「身振りのひとつひとつ」が問われている。しかし「宙吊りになり、壊される」といっても、いったいどうすればいいのか。声調、歩き方、所作、身振り、とりわけ「ひそやかな」演技を発見しなければならない……「表徴」、「ずれ」、「暗喩」……となると、ますます難しい。アジアの演劇にそのようなものが見つかるとしても、たとえば『女中たち』を能舞台で演じるようなことを、決してジュネは考えたわけではないだろう。『女中たち』はフランス語で書かれ、西洋の劇場で演じられるべく書かれたことをジュネが否定するわけもなかった。ただし、ジュネにとって西洋は死につつある世界である。演劇は、その「死」に深く関与し、同調するべきである。

「それにしても、ますます死に侵され、死の方を向いている西洋世界においては、喜劇の喜劇、反映の反映という「反射」において洗練する以外に可能性はない。儀式的演技が、それを繊細なものにし、見えないものに近づけるのだ。自己の甘美な死を見つめることを選んだなら、喪の象徴を厳密に追い求め、整えるべきだ」。

演劇の追求すべき表徴(シーニュ)とは、「喪の象徴」なのだ。この演劇もまた、死につつある一世界の「喪の演劇」でなければならない。

ジュネの演劇論は、精妙であり、挑発的である。精妙すぎて実現不可能なほどだ。「演劇論」など書いた覚えはない、とジュネは言ったかもしれない。この精妙な挑発は、すでに彼の小説、散文で十全に表現され、実現されたものであるはずだ。そして彼の書いた戯曲にも、それは十分に感じられる。むしろジュネの演劇の失敗は、俳優、演出、ひいては西洋演劇の失敗でもある。しかし彼は戯曲を書いた自分にも責任があるというのだ。「もちろん私は、ある声調、歩き方、所作……を考案しなければならなかった」。

そう書いた後もジュネは戯曲を書き、何度も書き改めている。自作を上演する演出家に、演出の細部にわたって手紙を書いたりもしている。決して「危険も困難もない企みに身を委ねた自分を断罪する」ことだけを続けたわけではない。しかし演劇へのこれほど深い疑いを、ジュネが棄てたとは思えない。むしろ彼の演劇は、深い疑いとともにあり、この疑いと同根であった。

2

あるとき私はジュネの戯曲ではなく、三つのエッセーをコラージュしながら、一つの劇的空間をイメージし始めた。「アルベルト・ジャコメッティのアトリエ」、「……という奇妙な言葉」、「シャティーラの四時間」。どれかひとつのエセーだけを選ばなかったのは、ジュネの与えた一貫性の外に出て断片を配置し、彼の思考の根のあちこちに触れてさまようことを夢想したからである。そもそも出発点には、ジュネが演劇に対して向けた厳しい要求と深い疑いの記憶があった。そのジュネになり変わって、別の演劇を構想することなどできない。むしろ彼の要求と疑いに同伴しながら、戯曲から離れて、エッセーのいたるところにこめられた精妙な挑発に、声と身振りを曝してみるならどういうことが起きるだろう。これはあらかじめ無形の実験であり、もちろん「実験演劇」というようなものではない。はじめに俳優は、ジュネではなく、ベケットの「わたしじゃない」の断片を発語する。

私が声をもっているなんてありえないこと　私はもっていない　わからない　自分が何を喋っているのか　想像してみて　あの人は自分が何を喋っているのか全然わからない　だから信じ込もうとする　私のじゃない　これは自分の声じゃない

まず俳優は、声を自己から分離しなければならない。ついでに声と言葉の間も引き離し、声、言葉、自己、発声する肉体の間をばらばらにする意識をもってほしい。実はそんなことをしたら演劇は不可能だし、声を出すこともできなくなる。そこで声は出し続けるのだが、これから始まるのは演劇ではない。

俳優から離れた暗がりにダンサーがいる。このダンサーも、自己と、身振りと、身体を分離する意識からはじめることになる。そこにいるのはダンサーではなく、これから始まるのはダンスではない。私たちは、ジャコメッティがジュネのデッサンを描いたパリのアトリエのなかにいる。まわりの彫刻たちに見つめられている。彫刻たちには目がないが、まなざしがある。まなざしだけがある。ジュネのジャコメッティ論を発語するのは、もちろん劇場で美術論を唱えるためではない。アトリエの彫刻は静かに歩いている。決して進むことなく歩いている。

できるなら、死者たちの住む太古の夜にたどり着かなくてはならない。

見えない彫刻の歩み。彫刻は「死者たちの住む太古の夜」にむかっている。すでにその夜の中にある。その夜は、ただ暗いのではない。これは時間の夜なのだ。おそらくジャコメッティは、そういう時間と夜の中の住人たちをつくりだした。もちろんダンサーは、ジャコメッティの彫像を模倣することなどできない。「死者たちの住む太古の夜」にむかう身振りだけが許される。

それらの彫像の、特に肩、そして胸には、骸骨のような繊細さがあり、触ったら、ぼろぼろに崩れてしまうだろう。

ジャコメッティのまなざしに映ったジュネのまなざしに映ったジャコメッティのまなざしに映ったジュネのデッサンを覗き込む彫刻たち、死者たち。かなり偉大な（浮浪者のような）二人の人物の出会いは、ジュネの言葉で感動的にとらえられている。しかし人と物の孤独に包みこまれて、二人の人物も輪郭を失う。

ジュネは走るバスからパリの雑踏を観察している。

どの顔も、体も、姿勢も、私に対して無防備である。彼らは裸なのだ。私は記録する。ずいぶん背の高いやせた猫背の男、やつれた胸に眼鏡、長い鼻、ゆっくり重たげに悲しそうに歩く主婦、老人がひとり、見栄えのしない老人。ひとつだけぽつんと立つ木、その横のたった一本の木、その横にもう一本。会社員、もうひとりの会社員、たくさんの会社員、町全体が背を丸めた会社員でいっぱいだ。彼らのすべては、こういう細部に凝集される。私のまなざしがそれらを記録する。口の皺、くたびれた肩、彼らの様子のひとつひとつが、おそらく私の目とバスの速度のせいですばやく走り書きされ、すばやく唐草模様として把握され、それぞれの存在が、孤独のせいで、まったく新しく、まったくかけがえのないものとして表われる。それはひとつの傷なのだ。この傷が彼らを孤独にするのだが、彼らはそれに気づかない。それなのに、彼らの全存在がこの傷のなかに流れ込む。

この孤独において、人と人は絶対に等価であり、人の孤独と物の孤独も等価となり、等価なものは、同じ光に（闇に）透過される。

言葉を発する俳優の身体も、黙っているダンサーの身体も、この光と闇をまとって、ひとつのアトリエの住人となる。アトリエは「死者たちの住む太古の夜」にかぎりなく近づいていく（ここで私は演劇のテクストを書いているのではない。どういう問題を共有したいかということを書いている）。

描かれた線は、何か意味をもつわけではなく、ひたすら白に、すべての意味を与えるために用いられる。よく見つめるがいい。優雅なのは描かれた線ではなく、そのなかに含まれた白い空間である。みちたりているのは線ではなく、白なのだ。

この白い空間は、同時に「死者たちの住む太古の夜」である。これは近づきがたい空間であり、慎重に近づくべき空間であり、近づかなくても、すぐそこに、あるいは背後にある空間である。そういう遠近法に対応する時間のかたちを発見しなくてはならないのだろう。ダンサーと俳優のからだは、ときどき白い空間に、ジャコメッティの犬や歩く人のように象形文字を描く。この所作も、あくまで問い、問いとしてである。

ジャコメッティの彫像のすべてには、傾いた分厚い塊りに溶け込んだ足がある。塊りはむしろ台座に似ている。そこから生え出て、その身体はずいぶん遠く、高いところでちっぽけな頭をささえている。頭に比べて巨大な石膏やブロンズの塊りを見ると、この足こそはすべての物質性を引き受け、頭はそこから自由になったと信じたくなる。そうではないのだ。この分厚い足とあの頭のあいだには、たえまない交換が起きる。あのご婦人たちは重たい泥から足を洗ったわけじゃない。たそがれどきには、闇に浸かったわき腹を滑って降りてくるのだ。

こういう断片のなかには、遠さと近さの、重さと軽さの、速さと遅さの、肉と精神との間の、すばやい、「ひそやかな」交換、振動、往復が記されている。演劇で実現すべきことはこういうことなのかもしれないのに、私たちはいつもそれを見失う。しかし決して全部忘れてしまうわけではない。

3

アトリエの後、舞台空間は墓地に変わり、やがて大勢のパレスチナ人が虐殺されたシャティーラのキャンプに移る。

「……という奇妙な言葉」は、演劇論として書かれたようでも、やはり演劇論であることを拒むエッセーである。生者の、歓楽の演劇であることをまったく拒否する演劇について語ることは、ほとんど演劇の喪に服し、死者との親交のためにだけ演劇を肯定することである。明らかにジュネの要求は、現代の演劇にとっては異様すぎ、厳しすぎるのだ。しかもジュネは、演劇について語りながら、大いに（精妙に）戯れている。

「都市計画」という奇妙な言葉がある。奇妙なことに、新しい都市から、死と死者と墓地、そして火葬場は、ますます遠ざけられ、隔離され、不可視にされている。

ジュネは、ナチの強制収容所の火葬場さえも引き合いに出すのだ。火葬場は、そもそも死と死体を遠ざけ、厄介払いする装置なのだから、演劇を絶滅する設備でもある。

それにしても、たった一人の人間が粛々と焼かれ、生きたままあぶられるにしても、あるいは都市や国家が、まとめて異民族を厄介払いするにしても、このときもし火葬場が劇的様相を呈するなら、とにかくある演劇的形式が永続することになるだろう。しかし都会から火葬場が隠され、食品店のサイズに切り詰められるなら、演劇は死に絶えるだろう。

これはジュネの思い描いた「残酷の演劇」というべきか。『恋する虜』の中でもジュネは、イスラエルの諜報機関が用いる様々な〈演劇的〉手法に着目している。もちろんジュネが最終的に提案しようとする演劇とは、そのような演劇の彼方にある。「喪の演劇」では、まず弔うべき死者を模倣するマイムが先頭に立ち、葬列を率いる。劇場は墓地の中にある。

礼拝堂をおしつぶす。たぶん、いくつかの残骸を残しておく。円柱の断片、切妻の壁、天使の翼、壊れた壷。復讐の怒りがこの最初のドラマを望んだことを示すために。植物が、そして強靭な草が、腐食したがらくたの間に育ち、死者の住む野原をおおいつくすように。劇場用の敷地が見つかったら、観客は（出入りするために）墓の列のはざまの道を歩かなくてはならない。モーツァルトの『ドン・ジュアン』を見たあと、地中に眠る死者の傍らを歩いて、日常にもどっていく観客を想像してみよう。もう会話も沈黙も、パリっ子の劇場を出たときと同じではないだろう。

死はより近く、より軽やかで、演劇はより深刻なものになるだろう。

だんだんジュネの演劇は、上演不可能な次元に踏み込んでいく。火葬場、葬儀、墓地に、死のあらゆる装備や儀式に、演劇はかぎりなく一致するように見えるが、もちろん一致してしまうなら演劇は成立しない。何とも一致しない次元でだけ演劇は成立する。しかしそのような次元では何も成立しない。そういう次元でしか演劇は成立しない。そういう場所に、ジュネは演劇をつれていこうとしている。「……という奇妙な言葉」というテクストは、やがて「言葉」について語り始める。舞台に朗々と響く明白な言葉、激情的な言葉のことではない。ジュネは言葉の「乱交」について語るのだ。

単語。どういうわけか生き延びてきたこの国の言葉は、単語が敵味方として、互いに引き裂きあい、愛しあいながら、繰り広げてきた闘いを、隠してはまたあらわにする。もし、伝統（tradition）と裏切り（trahison）という単語が、もともと同じ所作から生まれ、それぞれ独自の生を生きるために分離したとすれば、形を歪めながらも交わりあっていることを、それぞれの単語は、言葉全体を通じて、どんなふうに自覚するのか。

別に他の国の言葉に比べてひどい扱いを受けてきたわけでなく、この言葉は、他の言葉と同じように、発情した動物のように単語が交わることを許してきた。そこでわれわれの口から出てくるのは、無垢であるかどうかにかかわらず、交わりあう言葉の乱交であり、これがこの言葉の端々に、迷った動物たちがまぐわう森林地帯の健康的な空気を与えている。こんな言葉で書くこと、あるいはそれを喋ることは、何もいわないことに等しい。それじたい散逸し、花粉の混合、運まかせの接ぎ木、ひこばえ、挿し木のせいで実に雑多になった植生のまっただなかで、無数の存在または、あいまいな単語が神話の動物のように、ますます増えて蠢いているというわけだ。

ジュネがどういう書き手であったか、どういう言葉の使い手であったか、まざまざと示す一節である。しかもこれはあくまでも演劇における言語に関することなのだ。死者のマイムを演じる俳優は、このような「貪りあう言葉」を語らなければならない。

どういうことだろう。ジュネ自身がそんな言葉を書いていたかどうか。

たとえば『薔薇の奇跡』の少年院と監獄の世界では、ありとあらゆる隠語、俗語の類が話されている。実はそれは隠語でも俗語でもなく、人生の大部分を監禁されて過ごしてきた青年たちが、やくざや売春街や船乗りや軍隊の世界から盗んできた言葉を、さらにしたたかに変形しては培養してきた濃密な言語であり、〈異語〉なのだ。しかもその〈異語〉を「花粉の混合、運まかせの接ぎ木、ひこばえ、挿し木」などとして把握し、意識し、記録したのは、ジュネという、かなり例外的な囚人だった。

「……という奇妙な言葉」でも、ジュネは大いに挑発し、そして戯れている。「喪の演劇」は、墓地の演劇、死体の演劇であり、ジャングルの植生のように絡み合った言葉で演じられる。まるで臓物のような言葉が、死臭のする演劇を演じている、といってもいい。限りなく精妙、そして不可能、そして空しい挑発でもある。「喪の演劇」は、演劇の楽天的な可能性をすっかり揮発させてしまうのではないか。

こういう演劇を構想し、不可能な演劇論を解毒剤のように携えながら演劇を実践したジュネが、晩年にパレスチナの抵抗に同伴しながら、ある日目撃したことは何だったか。それは「死者たちの住む太古の夜」ではなかった。それはレバノンのキャンプで虐殺された数千人のパレスチナ人たち、真昼に累々と重なり腐敗する途上の死者たちだった。

ひとりの女優がこのテクストの全体を語っていく舞台作品をフランスで見たことがある。ジュネはすでに死んでいて、こういう「演劇」がつくられることなど、夢にも思わなかったにちがいない。

愛の猥雑さと死の猥雑さに気づくために、私はそこに行かなければならなかった。どちらの場合も、体はもう隠すものがない。姿勢、ねじれ、身振り、しるしは、愛のものであり死のものでもある。三十か三十五くらいの男の死体が腹ばいになっていた。全身が、人間の形をした膀胱のようで、日差しと腐敗の作用でふくれあがり、ズボンは尻と腿のところでふくらみ張り裂けそうになっていた。少し見える顔は、紫と黒に染まっていた。膝より少し上の折れ曲がった腿は、ズボンが破れ、傷口が見えた。

二つのエッセーの断片の後に、こういうテクストを配置することは、もともと不可能な演劇の思考を、決定的に不可能に直面させることになる。ジュネ自身が不可能の次元を通り抜けてしまった。もちろん可能性の次元に移ったのではなく、可能・不可能という言葉が無意味になる次元に入り込んだのである。「愛の猥雑さ」と「死の猥雑さ」が貫通するというが、貫通してはならないのだ。それでも貫通させてしまった。ジュネの視線は限りなく不遜であり、冒瀆的であり、優しい。俳優の声も、ダンサーの身振りも、完璧に無力な次元に入って、もうどうすることもできない。演出家もドラマツルグも、もう何もすることがないはずなのだ。暗転したあと、明かりがついたとき、演者ふたりは、観客は、どこへもどっていくのか。アトリエから墓地へ、墓地からキャンプへ、不可能な喪の演劇を手探りしてきたのだが、これはただ演劇への、つつましいレクイエムにすぎなかったのか。

付記——ジュネの三つのエッセーから構成したテクスト『誰も、何も、どんなに巧みな物語も』は、二〇一〇年三月と四月に横浜と京都で、三浦基演出、山田せつ子+阿部聡子によって演じられた。テクスト中のゴシック体部分のジュネからの引用は、上演を想定して私訳したもので、必ずしも原文に忠実ではない。三つのエッセーの訳は、鵜飼哲訳『アルベルト・ジャコメッティのアトリエ』（現代企画室）および鵜飼哲／梅木達郎訳『シャティーラの四時間』（インスクリプト）に収録されている。

あとがき

〈後期高齢者〉の記憶は、おのずから量的には膨大で、それ自体が錯綜した迷路を広げている。もう管理も、運用も、ままならない。自分には把握しきれないほどの縺れやねじれが絡み合って、とても解きほぐせない。それをつぶさにたどろうとしても、方々が固くせき止められ封印された状態で、たどりつけない暗い場所ばかりだ。別に宝物が隠れているわけではない。じつは宝かもしれないと思った幻想や考察のがらくたの山にすぎない。

むしろ単純に、簡素に、つましく、潔く……、という暗がりの声。しかし東洋的な礼節や、無為の美学におまえも溺れてしまうのか。想念の震動や迷走は、あいかわらず御しがたいのに、抽象画家（ジャクソン・ポロックではない）の、最小化され簡潔になった線、面、色彩を切望しているらしい。

書くことは、いまだ測りしれない。それに導かれ、それに決定されているはずの思考は、なお測りがたい。「がらくたの山」と書いたが、それでもひそかな驚異や、不穏な美に出会ってきた。

この本では、パガニスム、現代日本の〈曲率〉、ドゥルーズのラプソディ、〈非有機的生〉の変奏曲、ダンス・絵画・演劇・映画に導かれた身体イメージ論、というふうに、混沌のなかをくぐりぬける考察を、ゆるやかに束ね、再構成してみた。ジャン・ジュネの『判決』という未刊の数奇な作品を翻訳したとき書いたエッセーが酵母になり、いつのまにか一つの本の形が大きく膨らんでいった。ドゥルーズの「ラプソディ」とは、大著『連合の系譜』で、この語に驚異的な意味を吹き込んだ互盛央へのオマージュである。

この本が『非有機的生』（二〇二三年）とともに読まれるとすれば、ありがたい。『非有機的生』で集中的に追求したことを、この本ではむしろ散逸した横断的かたちに開こうとする姿勢になっている。

ここに収録した文章を触発してくれた人々に加えて、文中には記していない名前を次にあげて感謝したい。執筆の機会を設けてくれた方たち、あるいはその機会となった催しを組織した方たちである。遠藤敏之、関未玲、千石英世、互盛央、三浦雅士、阿部晴政、説田礼子、藤本一勇、西山雄二、森川晃輔、渡辺喜美子。

青土社の菱沼達也さんには、前の二冊に続けてこの本の構想、書き直しの作業を支えてもらった。ここに収めた多くの文章が、青土社発行の『ユリイカ』、『現代思想』に掲載されたものである。出版にとって重なる逆境のなかで、青土社がしぶとく持続している姿勢を心強く思ってきた。私自身が必要とした詩的実験としての『〈兆候〉の哲学』と政治的思考実験としての『政治的省察』に続いて、さらに多岐にわたるこの「思考集成」を寛大に受け入れ、細心に見守っていただいた菱沼さんに感謝する。

いまはまだ校了したばかりの原稿の外に出られず、俯瞰的な眺望がもてないでいるが、一つの書物に織りこまれた数々の声や視線、記憶や想念の総量をこれから手にとって感触することになる。

その総量も、この世界のほんの一部、微粒子なのだ。一部でありながら、これも一つのモナドの生涯に投影された世界の表象の痕跡である。当然、ライプニッツの「予定調和」という言葉が浮かんでくる。予定調和などという言葉を聴きつけたら、いまでは神（いや神々？）のほうが驚いて哄笑するだろうが、たったひとりの神なら哄笑するわけもない。これもパガニスムの問題である。

二〇二四年八月二〇日　宇野邦一

初出一覧

序　パガニスム、あるいは異教の明視（書き下ろし）

Ｉ　パガニスムの軌跡

・パガニスムと「判決」（原題「パガニスムについて」、ジュネ『判決』みすず書房、二〇一二年所収）
・この世界で非現実とは、まだ罪なのだ（原題「先史時代のまなざし」、『マルグリット・デュラス　生誕１００年 愛と狂気の作家』河出書房新社、二〇一四年九月、および、「１９６８年のデュラス」、『立教映像身体学研究６』二〇一八年三月所収）
・ディオニュソスのエコロジー（『未来』四五九号、二〇〇四年一二月）
・ある批評家の死（『引込線』二〇〇九年一〇月、所沢ビエンナーレ実行委員会、および、「序文」、ラマルシュ＝ヴァデル『すべては壊れる』鈴木創士＋松本潤一郎訳、現代思潮新社、二〇一五年所収）
・凡庸の哲学、肉体の思想（『小島信夫批評集成５』水声社、二〇一一年所収）
・未来派から『弥勒』へ（『ユリイカ』二〇〇六年九月臨時増刊号、青土社、所収）

Interlude＊1　安息日には（『日本経済新聞』二〇〇九年七月五日）

II　歴史と日本の曲率

・西田幾多郎の「悲願」（原題「西田の「悲願」」、『西田幾多郎全集　第９巻』月報９、岩波書店、二〇〇四年三月）
・歴史の暗部とロマネスク（「解説」、渡邊一民『福永武彦とその時代』みすず書房、二〇一四年所収）
・アイデンティティと身体（立教大学シンポジウム『現代日本の精神史』二〇〇五年七月、発表草稿）

・国家あるいは「曲率」（内田隆三編著『現代社会と人間への問い』せりか書房、二〇一五年所収）
・ペストとコロナのあいだ（『現代思想』二〇二〇年八月号、青土社、所収）

III　ドゥルーズのラプソディ

・映画のとてつもない時間――ドゥルーズを翻訳すること（原題「離れ離れのインタビューあるいは妄言」、『VOL』二号、以文社、二〇〇七年五月所収）
・脳の芸術、脳の政治へ（『大航海』二〇〇九年一月号、新書館、所収）
・器官なき身体の過程（「ドゥルーズ没後20年シンポジム　反時代的な未来のために」早稲田大学、二〇一五年一一月、発表草稿）
・憎しみはリゾームを超えるか（アンドリュー・カルプ『ダーク・ドゥルーズ』大山載吉訳、河出書房新社、二〇一六年所収）
・哲学の奇妙な闘い（檜垣立哉＋小泉義之＋合田正人編『ドゥルーズの21世紀』河出書房新社、二〇一九年所収）

IV　非有機的生のほうへ

・哀れアルトー？――ソンタグ、デリダ、デカルト、土方巽のあいだで（原題「哀れなアルトー」、鈴木創士編『アルトー横断――不可能な身体』月曜社、二〇二三年所収）
・木はリゾームである、そして非有機性のほうへ（原題「木の哲学」、エルメス財団『木』講談社選書メチエ、二〇二一年所収）
・新しいコギト、あるいは非有機的生（『群像』二〇二三年九月号、講談社、所収）
・時間の歪みとカフカ（『現代思想』二〇二四年一月臨時増刊号、青土社、所収）

Interlude＊2　やさしい顔の「鬼」たち（『朝日新聞』二〇〇八年一二月二日）

Ⅴ　身体、物、イメージ

・ニジンスキー事件――室伏鴻『真夜中のニジンスキー』プロジェクトのために（シンポジウム『真夜中のニジンスキー』室伏鴻アーカイブSHY、二〇二一年七月、発表草稿）
・「脱」の舞踊――田中泯序説（『ユリイカ』二〇二二年二月号、青土社、所収）
・事物と歴史（『高山登展図録』宮城県立美術館、二〇一〇年所収）
・見出された絵、怪物としてのイメージ（三井田盛一郎展、二〇一六年八月）
・凡庸と幻視（『ユリイカ』二〇一三年一一月臨時増刊号、青土社、所収）
・映画の難民（『ユリイカ』二〇二〇年一〇月号、青土社、所収）
・喪の演劇（『ユリイカ』二〇一一年一月号、青土社、所収）

著者　宇野邦一（うの・くにいち）

1948年島根県松江市生まれ。哲学者、フランス文学者。京都大学文学部卒業後、パリ第8大学でジル・ドゥルーズの指導をうける。1980年にアントナン・アルトーについての研究で博士号取得。1979年には「文学の終末について」が第22回群像新人文学賞評論部門優秀作となる。著書に『ドゥルーズ――流動の哲学』、『非有機的生』（以上、講談社選書メチエ）、『ジャン・ジュネ――身振りと内在平面』（以文社）、『〈単なる生〉の哲学――生の思想のゆくえ』（平凡社）、『映像身体論』、『吉本隆明――煉獄の作法』（以上、みすず書房）、『ドゥルーズ――群れと結晶』（河出ブックス）、『反歴史論』（講談社学術文庫）、『ベケットのほうへ』（五柳書院）、『〈兆候〉の哲学――思想のモチーフ26』、『政治的省察――政治の根底にあるもの』（以上、青土社）など。訳書にアントナン・アルトー『神の裁きと訣別するため』（鈴木創士氏との共訳）、ジル・ドゥルーズ＋フェリックス・ガタリ『アンチ・オイディプス』（以上、河出文庫）、サミュエル・ベケット『モロイ』、『マロウン死す』、『名づけられないもの』（以上、河出書房新社）、ジャン・ジュネ『判決』（みすず書房）など。

パガニスム

異教者のエティカ

2024年 9月30日　第1刷印刷
2024年10月15日　第1刷発行

著者――宇野邦一

発行人――清水一人
発行所――青土社

〒101-0051　東京都千代田区神田神保町1-29　市瀬ビル
［電話］03-3291-9831（編集）　03-3294-7829（営業）
［振替］00190-7-192955

印刷・製本――シナノ印刷

装幀――水戸部 功

ISBN978-4-7917-7676-4